2021
四川调查年鉴
SICHUAN SURVEY YEARBOOK

国家统计局四川调查总队　编
Compiled by Survey Office of the National Bureau of Statistics in Sichuan

© 中国统计出版社有限公司 2021
版权所有。未经许可，本书的任何部分不得以任何方式在世界任何地区以任何文字翻印、拷贝、仿制或转载。

© 2021 China Statistics Press Co., Ltd.
All rights reserved. No part of the publication may be reproduced or transmitted in any form or by any means, electronic or mechanical, including photocopying, recording, or any information storage and retrieval system, without written permission from the publisher.

图书在版编目（CIP）数据

四川调查年鉴. 2021 / 国家统计局四川调查总队编. -- 北京 : 中国统计出版社, 2021.7
ISBN 978-7-5037-9514-5

Ⅰ. ①四… Ⅱ. ①国… Ⅲ. ①统计资料－四川－2021－年鉴 Ⅳ. ①C832.71-54

中国版本图书馆 CIP 数据核字（2021）第 117484 号

四川调查年鉴 -2021

作　　者 / 国家统计局四川调查总队
责任编辑 / 李　冲
编　　辑 / 张　洁
封面设计 / 李雪燕
出版发行 / 中国统计出版社有限公司
通信地址 / 北京市丰台区西三环南路甲 6 号　邮政编码 /100073
电　　话 / 邮购（010）63376909　书店（010）68783171
网　　址 / http://www.zgtjcbs.com/
印　　刷 / 河北鑫兆源印刷有限公司
经　　销 / 新华书店
开　　本 / 880mm×1230mm　1/16
字　　数 / 480 千字
印　　张 / 18　2 彩页
版　　别 / 2021 年 7 月第 1 版
版　　次 / 2021 年 7 月第 1 次印刷
定　　价 / 318.00 元

本书附同版本 CD-ROM 一张，光盘内容以书面文字为准。
如有印装差错，由本社发行部调换。

四川调查总队向国家统计局总统计师曾玉平（左三）汇报党建工作开展情况

四川调查总队召开干部大会宣布班子调整

四川调查总队青年理论学习小组专题学习暨“五四”青年座谈会

四川调查总队青年志愿者开展周末大扫除活动

四川调查总队机关迎“七一”党员“政治生日”主题党日活动

四川调查总队召开学习贯彻十九届四中全会精神专题视频会议

四川调查总队创建全国文明单位动员大会

四川调查总队党组2020年第二轮巡察工作动员培训会

四川调查总队在凉山州金阳县丝窝乡开展金秋助学活动

四川调查总队在成都召开机关老同志重阳节座谈会

第十一届中国统计开放日四川分会场活动在成都市龙泉驿区洛带镇博客楼拉开序幕

四川调查总队召开新闻发布会，向在川主要媒体发布2020年四川省主要民生数据

四川调查总队召开全省国家调查工作会议

四川调查总队党组成员、纪检组长岳忠诚（左二）带队检查新冠疫情防护

锐意进取　再启征程
奋力开创四川国家调查工作新局面

2020年是极不平凡的一年，国家统计局四川调查队系统坚持以习近平新时代中国特色社会主义思想为指引，认真贯彻落实党中央、国务院及国家统计局党组各项决策部署，在总队党组的坚强领导下，坚持疫情防控和统计调查工作“两手抓”，聚焦重点任务，强化工作统筹，积极推进统计现代化改革，努力在调查事业改革发展新征程中创造一流业绩，取得积极成效。总队机关成功创建第六届全国文明单位，荣获国家统计局创建模范机关先进单位、四川省直机关青年学习标兵集体等荣誉称号。

一、攻坚克难，2020年工作取得新成绩

一年来，国家统计局四川调查队系统党的建设不断加强，全面从严治党持续深化，调查职能作用有效发挥，新冠疫情防控取得成效，统计法治建设巩固提升，调查业务工作有序实施，脱贫攻坚普查扎实推进，精神文明建设成果丰硕。

（一）系统党的建设不断加强。坚决贯彻落实党中央各项决策部署，深入开展“让党中央放心、让人民群众满意的模范机关”创建活动，持续巩固深化“不忘初心、牢记使命”主题教育成果，扎实抓好意识形态工作，系统党建工作成绩斐然。深化理论武装，全系统扎实开展理论学习，深入学习习近平新时代中国特色社会主义思想，及时跟进学习习近平总书记最新重要讲话指示批示精神，组织开展党的十九届四中全会精神集中轮训和十九届五中全会精神学习宣讲，总队党组和一批市县队党组分别荣获省市县机关理论学习中心组先进单位。2020年荣获国家统计局创建模范机关先进单位。提高青年干部理论素养，总队机关青年理论学习小组获得“省直机关青年学习标兵集体”荣誉称号。深入推进基层党组织规范化建设，圆满完成总队机关党委、机关纪委、机关工会、系统青联换届工作。在全系统组织召开“厉行勤俭节约、反对餐饮浪费”专题组织生活会，深入开展“不忘初心、不负韶华”主题党日活动，扎实推进“灯下黑”问题专项整治。继续抓好对口帮扶工作，总队和凉山队等市县队加大资金投入，发展特色产业，开展“以购代捐”“暖冬行动”“点亮工程”和“金秋助学”等活动，帮扶成效进一步巩固。落实党建工作责任制，印发《四川市县调查队党组书记抓基层党建工作述职评议考核实施办法》，形成一级抓一级、层层抓落实的党建工作良好局面，

宜宾队推进党建品牌建设获得国家局领导和驻委纪检组领导高度肯定，内江队探索党建与住户调查融合发展亮点突出，雅安队强化党建引领抓班子队伍建设取得明显成效。组织开展 2020 年度系统干部职工思想动态调查分析，有针对性地做好思想政治教育。

（二）新冠疫情防控取得成效。坚持把打赢疫情防控阻击战作为重大政治责任，认真落实各项部署，抓实抓细系统疫情防控工作。截至目前，全系统近千名干部职工无一人感染新冠肺炎病毒。加强组织领导，疫情暴发后，总队第一时间成立疫情防控工作领导小组，先后召开 14 次党组会暨疫情防控领导小组会，学习习近平总书记关于疫情防控系列重要讲话指示批示精神，贯彻落实国家统计局疫情防控部署要求，研究系统疫情防控和统计调查工作。各市县队严格按照属地管理要求，慎终如始抓好卫生消杀、人员防护、后勤保障、常态管理等各项措施，坚决做到外防输入、内防反弹。严明疫情防控工作纪律，坚决执行疫情防控各项规定，认真做好系统干部职工健康排查和零报告工作，确保防控措施落地落实。系统广大干部在打赢疫情防控阻击战中主动履职，有效发挥作用，千方百计做好数据生产，确保疫情期间统计工作不断不乱。组织评选抗击疫情优秀共产党员、先进基层党组织，对 3 个先进集体、32 名优秀个人进行表彰和奖励。

（三）脱贫攻坚普查扎实推进。脱贫攻坚普查是一件大事，是调查系统第一次牵头承担的重大国家普查任务。总队坚决贯彻国家局决策部署，尽锐出战、攻坚克难，有序推进脱贫攻坚普查，先后三次在全国会上作经验交流。强化组织保障，组建省、市、县三级普查工作领导机构及工作机构，明确工作职责，科学制定各级普查方案。强化要素保障，全系统协调各级各部门抽选普查人员 1.15 万名，协调财政部门落实普查经费 1.68 亿元，协调推进 PAD 等各项物资采购，确保普查物资按时到位。强化业务保障，完成 800 余名市、县师资和 3.5 万余名业务人员的培训，完成脱贫攻坚普查全国教学视频摄制工作，编写应用模板和审核程序，得到国家普查办充分肯定，并在第二批普查中推广使用。强化工作推进，顺利完成第一批普查、现场督导、国家普查办集中审核验收和事后质量抽查工作。省普查办下沉凉山组建前线指挥部，与凉山州和有关县普查办克服困难、积极努力，高质量完成第二批 7 个县普查及国家普查办集中验收审核任务。两批共计完成 74 个县、1.98 万个村、86.81 万户建档立卡贫困户的普查及数据验收工作。同时，受省委、省政府委托，还组织完成了 87 个非国定贫困县、2.44 万个村、101.13 万户建档立卡贫困户的省级脱贫攻坚调查工作。

（四）调查业务工作有序实施。按照年度工作安排，统筹推进各项重点业务工作。积极推进农业调查归口管理，采取“3+1”模式分类开展粮食统计调查归口管理，完成 780 个村民小组、非粮食生产大县 2340 个样方调查摸底工作；制定实施《四川省主要畜禽监测归口管理工作办法》，在非生猪生产大县开展主要畜禽监测重点调查，南充队等市县队深化农业归口管理改革，确保改革顺利有效实施。稳步推进劳动力调查工作，积极向省政府汇报，与省级部门沟通协作，征求各市州意见，制定劳动力调查扩样方案。扎实做好住户调查样本轮换工作，指导基层加强调研、全面摸底、细化方案，做好各项保障工作，有序实施新户培训、试记账和样本代表性评估工作，如期开展正式记账。认真开展价格调查基期轮换，做好权数专项调查，联合多部门开展权数评估，牵头完成国家西南片区消价权数会审上报，顺利确定新一轮基期的基本分类和代表规格品。高效完成疫情对四川企业生产经营影响情况调查、全面从严治党民意调查、社会心态调查和文明城市测评等重大专项调查工作。

（五）统计法治建设巩固提升。狠抓统计法治宣传，按照国家统计局部署，组织动员系统干部和社会公众积极参与，扎实开展2020年全国统计法律法规知识竞赛活动，荣获全国调查队系统优秀组织奖第一名，成都队等市县队广泛动员、精心组织，取得优异成绩。加强执法队伍建设，全系统64人通过执法资格证考试。夯实统计基层基础，规范住户调查县级台账和采购经理调查企业台账，高质量推进住户调查电子记账和农民工E调查，强化基础数据检查核查，通过交叉检查、电话抽查、实地检查等多种方式，组织开展专业基础工作检查，强化工作薄弱地区的管理指导，严格把控源头基础数据质量。持续推进调查能力建设，通过集中专题培训、分片分类培训等多种方式，进一步提高基层调查业务技能。完善业务基础管理制度，建立辅助调查员管理办法，加强系统辅助调查员动态管理。完善数据质量管理办法，建立《畜牧业统计调查数据审核评估实施细则》，增强数据评估的匹配性和协调性。

（六）调查职能作用有效发挥。加强疫情影响监测调查，聚焦春耕生产、生猪产能恢复、企业复工复产、脱贫攻坚、农民工返岗就业等热点问题，集中系统力量，开展约稿调查和专题调研32次，向国家统计局和省委省政府报送高质量信息。跟踪分析经济运行趋势，建立采购经理调查重点企业运营跟踪机制，密切关注企业生产经营状况。完善农情信息系统，组织292名农情信息观察员开展定期调查。加强劳动就业、农业生产、居民收入、价格运行等重点指标分析研判，积极参与做好物价联动机制实施。抓好统计信息分析工作，2020年总队撰写报送各类信息分析474篇，中办国办、国家统计局及省“两办”采用204篇次，省部级以上领导批示20篇次，在省委办公厅、省政府办公厅考核中分别位居第2位和第3位，广安队等市县队积极构建新机制优化调查服务，取得良好成效。加强统计新闻宣传，每季度举办媒体发布会，有效引导社会预期。积极向《中国信息报》等重点媒体投稿，系统2篇稿件荣获“好新闻”二、三等奖。开展中国统计开放日主题宣传，抓好总队官方微信、微博和抖音等新媒体的运行维护。

（七）精神文明建设成果丰硕。积极推动总队机关文明单位创建升级，明确重点任务，强化组织领导，认真统筹谋划，落实创建责任。加强学习型机关建设，积极营造机关书香文化，组织开展丰富多彩文化活动，全面深化机关文化建设。加大投入力度，改造提升机关环境，精心制作形象宣传片，提高文明单位创建实效。经过坚持不懈的长期努力，总队机关成功创建第六届全国文明单位。持续推动系统文明单位创建，一体化推进省市县三级文明单位联创活动，加强市县调查队文明单位创建工作的组织指导，大力宣传系统内文明创建工作的好做法、好举措，推广文明创建工作的成功经验和先进事迹。截至目前，全省系统67个市县调查队中共有7个队成功创建省级文明单位、38个队成功创建市级文明单位，14个队成功创建县级文明单位。

（八）全面从严治党持续深化。认真履行全面从严治党主体责任，扎实抓好系统党风廉政建设。深化巡视整改，对标巡视回访反馈意见，制定整改方案，落实整改责任，组织召开专题会议再动员再部署，推动巡视回访反馈问题全面整改到位。严格系统管理，严格执行请示报告制度，每月向国家统计局报告重点工作推进情况，得到国家统计局领导充分肯定。认真落实保密工作责任，组织开展数据管理保密安全排查和系统网络安全隐患排查处置。加强财务监管，统筹资金保障办公设施改造、车辆更新、机房升级等重点支出。加强干部队伍建设和监督管理，调整优化27个市县调查队班子，选拔任用干部50名；抓好领导干部个人事项报告工作，抽查核查46名干部，均做到如实报告，一致率为100%。强化正风肃纪，组织开展不规范公务接待和津补贴发放问题再清理、再排查、再整改，积极化解“存量”问题；稳步推进系统巡察工作，先后两轮对19个市县调查队党组开展政治巡察；强化监督执纪问责，全年受理信访举报7件，处置问题线索8条，对2名干部进行函询。

一年来，全系统政务管理、人才培养、群团工会、老干部服务等各项工作也交出了满意的答卷。极不平凡、极具挑战的2020年已经过去，站在“两个一百年”的历史交汇点，再回首“十三五”期间，在国家统计局党组的坚强领导下，总队党组班子带领全系统上下同心、聚力发展，克服困难和挑战，各项工作取得了新的进展。我们不断夯实基层基础工作，调查数据质量稳步提升；我们高质量推进电子记账、遥感测量和E调查，信息化建设迈上新台阶；我们坚持聚焦主业主责，强化经济形势分析研判，统计服务职能有效发挥；我们实施人才工程，干部队伍年龄结构不断优化；我们同城整合3个县级调查队，新建5个县级调查队，调查力量布局更加合理；我们持续深化党的建设，认真落实“两个责任”，全系统风清气正的政治生态不断巩固。这五年，我们的变化真真切切，我们的成绩有目共睹。这些成绩是国家统计局坚强领导的结果，是社会各界大力支持的结果，更是全系统广大干部职工辛勤耕耘、默默付出、奋力拼搏的结果。

二、勇担使命，努力在改革发展新征程中创造一流业绩

习近平总书记在省部级主要领导干部学习贯彻党的十九届五中全会精神专题研讨班开班式上发表重要讲话时强调，要深入学习、坚决贯彻党的十九届五中全会精神，准确把握新发展阶段，深入贯彻新发展理念，加快构建新发展格局，推动“十四五”时期高质量发展，确保全面建设社会主义现代化国家开好局、起好步。服务“三个新

发展”是新时代赋予我们国家调查队系统的新使命。新阶段、新理念、新格局呼唤新作为，我们要深刻认识肩负的新使命新任务，按照国家局的统一部署，积极推进统计现代化改革，紧密结合自身实际，奋力拼搏、积极进取，努力在调查事业改革发展新征程中创造一流业绩。

勇担新的时代使命，必须准确把握新时代新要求，做到因时而动、顺势而为。当前及今后一段时期，我们要坚持新发展理念，全面贯彻中央关于统计工作的重要决策部署，在统计调查工作中体现新发展理念对发展的指挥棒作用。牢固树立统计监督意识，认真履行国家调查的监督职责，加强对统计法律法规执行、经济运行态势、落实重大决策部署、重大目标实现进程、重大政策执行效果等监督，努力构建系统完整、协同高效、约束有力的统计监督体系。坚决扛起防惩统计造假的政治责任，切实加大统计执法检查力度，对各类违纪违法行为“零容忍”，构建良好的统计生态环境；我们要把握新发展阶段，深刻学习领会习近平总书记关于新发展阶段的一系列重要论述，加强有关“六稳”工作统计调查监测，完善有关“六保”任务落实监测分析体系，加强对重要国计民生和社会发展状况的统计监测评价，加快构建与国家治理体系和治理能力现代化相适应的统计调查分析体系，努力做到统计数据真实反映经济发展质量变革、效率变革和动力变革进程，服务高质量发展；我们要聚焦新发展格局，进一步完善系统管理的体制机制，探索创新统计制度方法和调查工作体系，特别是在经济社会、劳动就业、收入分配、居民生活、乡村振兴等领域统计调查的探索创新，形成体现四川特点的改革措施、改革案例，服务加快构建以国内大循环为主体、国内国际双循环相互促进的新发展格局。制定实施进一步加强基层基础建设工作的意见，加快形成组织体系完善、人员队伍稳定、调查行为规范、技术手段先进、保障条件完备的基层基础工作体系。

勇担新的时代使命，必须正确认识面临的机遇优势、挑战短板，做到心中有数、积极应对。当前及今后一段时期，我们的机遇和优势非常明显。进入新发展阶段、贯彻新发展理念、构建新发展格局，各级党委政府更加重视统计调查工作、统计调查职能发挥空间更加广阔、现代信息化技术加快应用；经过较长时期的改革发展、积累沉淀，调查队系统具有的国家调查的品牌优势、垂直管理的体制优势、直接调查的工作优势已经凸显，这些机遇和优势为我们组织实施国家统计快速反应制度、深入开展经济社会重大问题和经济发展专项调查、积极服务国家宏观调控和经济社会管理、服务国家治理体系和治理能力现代化提供了坚实的基础保障。与此同时，我们面临的挑战和存在的短板也十分突出。从改革因素看，调查队体制改革红利边际效益递减，越往后改革空间越小、难度越大；从内部动因看，我们一些干部干事创业境界不高，创先争优意识不强，追求更高水平工作的努力不够，工作成效与四川调查大省的地位不相匹配；从工作层面看，国家任务越来越重，粮食产量调查从 82 个县增加到 134 个、主要畜禽监测调查由97个县增加到176个，劳动力调查由40个县增加到154个，管理半径越来越宽，监管难度越来越大，源头数据质量还存在挑战。

勇担新的时代使命，必须弘扬时代精神，坚持站高谋远、争创一流。宁吉喆局长在今年的工作报告中指出，要大力弘扬“为民调查、崇法唯实”的新时代国家调查队精神，我们要切实践行，牢记党的根本宗旨，不忘初心使命，尊法守法用法，崇尚法治，依法调查，依法管事管数管人，做到数据实、服务实、作风实。一要争创一流的党建工作。系统党员干部要坚定政治立场，不断增强“四个意识”、坚定“四个自信”、做到“两个维护”；自觉践行“全心全意为人民服务”的根本宗旨，厚植为民情怀，永葆为民初心；全系统党的领导更加有力，党的方针政策有效落实；党建工作特色鲜明，与业务工作深度融合，党建品牌亮点突出；党组织战斗堡垒作用充分发挥，党员先锋模范作用充分体现。二要确保一流的数据质量。在调查工作中严格遵守法律法规和统计政令，严格执行国家统计方法制度；样本管理严谨，基础工作规范，质量保障机制完善，源头数据清洁；广泛应用现代信息技术，数据采集更加快捷高效，反映经济社会运行状况更加准确；体制优势充分发挥，独立调查、独立报告、独立监督职能履责到位，抗干扰能力强，确保数据真实可信，彰显国家调查公信力。三要强化一流的调查服务。围绕中心、服务大局意识更强，服务发展、服务决策更加精准，统计调查监测预警职能充分发挥；直接调查覆盖更广、速度更快、质效更高，国家调查“轻骑兵”优势充分发挥；积极参与重点课题研究、重大决策咨询、中长期规划编制，专业优势充分发挥，调查服务更加务实，国家调查品牌更加响亮。四要打造一流的人才队伍。切实践行新时代国家调查精神，传承调查队系统优良传统，态度严谨，作风扎实；干部队伍人岗相适、人尽其才，干事创业氛围更加浓厚，整体合力充分发挥；人才队伍更加专业化、年轻化，专业结构、年龄梯队更加合理，专业能力、工作成果更加突出，在全国统计系统具有较大影响力。

勇担新的时代使命，必须增强进取意识，不甘落后、奋力拼搏。要敢于争先。当前，国家调查系统你追我赶的竞争态势愈加激烈，不进则退、慢进也是退，落后就要吃亏。要树立业绩导向，坚持以业绩论英雄，在目标管理、班子考核、干部晋升等方面，进一步完善干部评价和奖惩机制，让实干者实惠、让吃苦者吃香、让有为者有位，激励干部敢于扛红旗、敢于争第一，推动四川调查系统各项工作走在全国前列。要敢于破难。随着事业不断发展，我们面临管理模式老化、队伍激情退化等制约发展的瓶颈问题，以及人少事多矛盾突出、点外调查监管难度增大、经费资源相对短缺、干部考核激励机制不健全等多方面的困难。面对这些问题，我们不能回避、不能绕行，要敢于攻坚、勇于破难，积极探索进一步优化系统管理机制、整合调查网点布局、建立干部有效激励新机制，用改革创新的思维破解难题、推动发展。要敢于从严。进入新发展阶段，我们的思想观念、能力素质、工作状态、作风纪律等不能停留在过去时，要进一步提高思想认识，坚持严管就是厚爱，对焦点矛盾要敢抓敢管，对不良现象和行为要敢于动真碰硬，对违纪违规问题要敢于执纪问责，真正把纪律规矩挺在前面。

勇担新的时代使命，必须狠抓融合、敢闯新路，既要雷厉风行，更要久久为功。狠抓党建与业务深度融合，实现“双促进双提升”。要以政治视角看业务，聚焦发展大局，找准党建与业务融合的着力点和突破口，结合自身特点，深入实施“党建+”工程，系统打造四川调查党建品牌。通过典型引领、标杆带动，建好战斗堡垒，激发党员活力，发挥先锋作用，助力改革发展。狠抓现代信息技术应用与调查方法制度改革深度融合。抓住国家推进统计调查现代化改革、加强信息化建设的政策机遇，积极推动空间遥感、网络电子记账、行政记录、大数据等新调查技术、新分析方法的广泛应用，进一步优化基层网点科学抽样，改进调查组织方式和管理制度，综合提升数据采集和质量把控能力，更好释放调查生产力，提高工作效益。狠抓服务经济社会发展与实现自身发展深度融合。坚持把服务需求和自身发展需求结合起来，充分发挥统计调查职能，在以更高水准、更高层次的产品和服务满足各级党政及社会公众对统计调查产品需求的同时，因势利导，因地制宜，着力解决自身发展中存在的困难和问题，努力在服务中发展好，在发展中服务好。狠抓人才成长与事业发展深度融合。人才是事业发展最宝贵的资源，硬实力软实力归根结底是靠人才实力。要充分发挥职务职级并行等政策条件，创新干部人事管理方式，鼓励系统干部根据自身能力特点和调查事业发展找准定位，既要大力培养复合型人才，又要根据统计调查部门的业务属性，着力培养各类高精尖的业务专才，以人才成长推动事业发展，以事业发展促进人才成长。

三、砥砺奋进，扎扎实实推动2021年工作取得新成效

2021年，是“十四五”开局之年，也是统计现代化建设的开局之年，我们将迎来建党100周年和调查队系统改革15周年。全省调查队系统工作的总体思路是：坚持以习近平新时代中国特色社会主义思想为指导，深入贯彻党的十九大和十九届二中、三中、四中、五中全会精神，深入贯彻中央及省委经济工作会议精神，全面落实全国统计工作会议要求，认真抓好统计改革各项部署，坚持以党的政治建设为统领，以推动统计现代化改革为主线，以提高统计调查数据质量为中心，着力提升统计调查治理能力和水平，充分发挥统计监督职能作用，高质量服务经济社会发展，纵深推进全面从严治党，为“十四五”开局作出更大的贡献。

（一）以深化改革为重点，高质量做好调查业务工作。着力提升在疫情防控常态化下的调查能力，聚焦主责主业，坚定不移地推动国家局重点改革工作部署在四川落地见效，严格标准，主动作为，力争在国家局工作考核中有二分之一的调查业务工作进入优秀行列。稳步推进劳动力调查扩样工作。加强向党委政府沟通汇报，增进部门协作配合，协调落实组织保障、人员保障和经费保障，搞好宣传发动，压实工作责任，明确任务分工，科学开展抽样，强化培训指导，扎实推动劳动力调查扩样及调查工作

有序开展。继续推进粮食和畜禽调查归口管理。分类组织产粮大县和非大县粮食抽样监测调查，加大农作物面积遥感测量、主要农作物空间分布长势无人机测量等新技术应用力度，搞准搞实耕地“非农化、非粮化”状况，服务国家粮食安全战略。统筹做好生猪调出大县调查监测和非大县开展主要畜禽监测重点调查，进一步抓好生猪大县月度调查，加强数据审核，为生猪稳产保供提供精准服务。启动新一轮国际比较项目（ICP）调查。按照国家局的安排，科学抽选调查城市，合理选取调查规格品，加大统筹协调，高质高效推进国际比较项目调查工作。优化采购经理样本结构。通过对行业及规模分布的重新规划，调整优化采购经理样本结构，更好地发挥采购经理指数的监测和预警作用。做好脱贫普查后续工作。开展脱贫普查总结考核和先进表彰，开发普查数据资料，整理归档普查资料，完善普查各项后续工作。抓好重点专项调查。组织实施文明城市测评和全面从严治党民意调查，启动服务零售结构调查工作，做好邮政快递价格调查工作。其他业务专业也要密切与国家局业务司的沟通联系，明确工作要求，高标准完成各项调查任务。

（二）以法治建设为抓手，不断提高数据真实性。坚持依法治统、依法调查，紧盯数据源头和生产过程关键环节，确保调查数据真实可信，法治工作努力走在全国调查队系统的前列。深化学习，不断夯实统计法治思想基础。采取多种形式，组织全系统干部持续深入学习习近平总书记关于统计工作的重要讲话指示批示精神，结合工作实际，系统学习《统计法》及其实施条例，深化对中央《意见》《办法》《规定》的认识，将学习收获转化为推动调查工作、提高数据质量的强大动力。加强执法能力建设，提升统计执法水平。对统计执法人员开展系统培训，进一步规范执法检查流程，打造一支高素质统计执法队伍。畅通统计违法行为举报渠道，提高发现、掌握统计造假、弄虚作假线索的能力。加强统计普法宣传，不断提高社会的统计法治意识。适时组织开展统计法治宣传活动，通过接受群众咨询服务、发放宣传单等形式，宣传《统计法》等统计法律法规，进一步提高社会各界依法配合调查的意识和观念。巩固调查基层基础，强化源头数据管控。修订相关专业调查工作规范化操作规程，严格规范辅助调查员管理，常态化开展基层调查队伍培训。通过线上、线下灵活多样的方式，深入开展基础工作检查，坚持检查情况公开通报，切实督促落实整改责任。开展数据质量检查，核查源头数据。组建统计数据质量核查工作组，对源头数据存在问题进行深入核查，进一步完善数据质量评估办法，确保源头统计数据真实可靠。

（三）以信息分析为突破，大力提升服务水平。主动服务新阶段发展大局，发挥快速调查优势，生产调查精品，加强信息报送，推动调查服务质与量“双提升”，信息分析工作继续保持在省级部门的领先地位，争取步入全国调查队系统第一方阵。进一步强化民生调查的“温度”。发挥国家调查作用，抓好粮食、生猪、就业、收入等民生保障领域的统计监测，持续跟踪重要生产资料、主要农副产品和价格变动情况，为做好“六稳”工作、落实“六保”任务提供统计支撑。进一步强化监测预警的“准度”。在满足进度数据需求的同时，加强数据分析解读，强化监测预警，深入研判经济运行的新趋势、新特点、新亮点、新拐点、新问题，为党委政府宏观调控和科学决策提供具有前瞻性、针对性的统计分析服务。进一步强化专题调研的“深度”。 精准对接服务需求，结合党中央、国务院重大决策部署和省委省政府重大改革政策的落实，围绕国内国际双循环、成渝“双城”经济圈建设、巩固拓展脱贫攻坚成果、乡村振兴战略实施等开展重大课题研究，加强系统联动、内外合作，组织科研攻关，开展专题调研，打造有影响力的统计调查产品。进一步强化新闻宣传的“热度”。加强与新闻媒体联系协作，关注热点重点，加快推送速度，统筹做好统计数据发布解读，把牢舆情引导主动权。抓好建党100周年和统计开放日等重大节点宣传活动，办好总队“两微”等新媒体，推进统计宣传的动感化、形象化、可视化，提高新闻宣传效果。用好国家局“一网一报两刊”，在全国调查队系统内展示四川系统的形象和工作成效。

（四）以现代技术为支撑，努力提高工作质效。积极推动现代信息技术在统计调查工作中的应用力度，不断提高对数据质量的把控能力和工作效益，推动系统信息化建设取得明显进展。探索价格调查大数据应用。扩大商超扫描价格数据应用范围，规范网络采价方法。提高电子记账质量。按照“质量为先，注重规范”原则推进电子记账工作，确保电子记账率达75%以上，住户E调查覆盖90%以上，利用平台监管功能加强数据审核和质量监督。提高涉农调查现代信息技术水平。拓展农业监测数据展示平台功能，探索农作物遥感信息智能识别与自动提取试点，利用空分影像技术跟踪监测耕地利用状况。继续推进部分地区开展畜牧业可视化调查试点。探索新媒体平台调查工作。在一些“短、平、快”的小型调查项目中，探索使用新媒体平台，增强直接调查能力，提高快速调查效率。抓好系统网络安全。严格落实网络安全责任制，加强网络安全检查，有序推进信息化创新工作。按照国家统计局部署，稳步实施农民工监测、住户调查等数据处理平台外、内网转换，确保数据安全稳定、工作有序推进。

（五）以培养激励为手段，切实激发队伍活力。立足系统发展实际，创新干部工作和人才培养方式，促进系统人心更加凝聚、队伍作风更加务实、干事环境更加优化，为实现一流业绩提供有力的组织保障，干部人事工作继续走在全国前列。选优配强各级班子。坚持新时期“好干部”标准，加快领导干部年轻化进程，切实把想干事、能干事、干成事的干部及时发现出来、任用起来。多元化开展领导干部交流任职，畅通干部纵向、横向交流渠道，不断提高推动事业发展的各种能力。加强年轻干部培养。进一步规范系统选调基层年轻干部工作，继续推进年轻干部到基层锻炼，使年轻干部在担当中历练、在尽责中成长。加大系统干部帮助工作力度，强化优秀年轻干部教育培训，开展系统青年干部统计建模竞赛。统筹职务职级并行。以业绩为导向，统筹系统职务职级资源，用好职务职级并行政策，畅通职级晋升通道，加快干部流转，促进专业人才成长，确保改革红利最大化、职数使用最大化、干部利益最大化、激发动力最大化。加强干部教育培训。加强教育培训工作的统筹规划，充分运用系统和地方培训资源，开展思想教育、党性教育和专业技能培训，有计划、分批次组织系统骨干力量集训提高。创新人才培养平台，充分发挥专业骨干的作用，探索“师父带徒弟”、课题主研人、首席统计师等方式培训专业人才。健全干部激励机制。建立干部业绩档案和负面清单，有依据、可量化地科学识别任用干部。统筹组织开展系统内干部遴选工作，畅通基层干部流动渠道，给基层优秀干部提供更大、更好、更高展示才华的平台。

（六）以规范管理为核心，有力提升管理效能。规范工作运行程序，明确工作管理方式，做到管理有章可循，不断提高管理的规范化水平，在全国调查队系统中创造四川管理经验。规范行政管理。落实国家局内审工作要求，新建、完善一批机关内部管理制度。严格执行中央八项规定精神，统筹好调研安排，持续精文简会，切实为基层减负。组织开展对公务接待和津补贴发放不规范专项治理成效的监督检查。严格执行请示报告制度，研究制定系统重大事项请示报告清单。落实安全保密工作管理责任，加强安全保密警示教育，强化安全保密检查。严格财务管理。牢固树立“过紧日子”思想，突出保证基层工作需要，开源节流，精打细算，把钱花在刀刃上，切实提高资金使用绩效。进一步健全内部控制体系，加大系统财务检查和内部审计力度。加强网络管理。强化网络安全管理，加快接入党政外网，推进内网改版，升级视频会议系统，改造 OA 办公系统，继续利用 OA 办公系统推进行政管理规范化。优化业绩管理。完善考核模式，探索更贴合市县队实情的差异化分类考核新机制，加强考核结果的运用，改进全省调查队系统考核奖励制度，着力构建创先争优机制，形成你追我赶、竞相向上的良性发展态势。

四、提高站位，开创系统党的建设新局面

牢固树立“抓好党建是最大政绩”的理念，全面贯彻落实新时代党的建设总要求，切实肩负起全面从严治党主体责任，为新时代四川调查事业高质量发展提供坚强的政治保证。

（一）坚持把政治建设摆在首位。深入学习习近平新时代中国特色社会主义思想和习近平总书记关于统计工作的重要讲话指示批示精神，不断提高政治判断力、政治领悟力、政治执行力，牢牢把握正确的政治方向，确保党中央大政方针在四川调查队系统不折不扣落地落实。组织开展党的十九届五中全会精神集中轮训，巩固深化主题教育成果，抓好意识形态工作，不断增强“四个意识”、坚定“四个自信”、做到“两个维护”。深入推进模范机关创建，进一步细化创建目标、落实创建措施、突出自身特色，推动各项工作走在前、作表率。

（二）着力打造系统党建特色品牌。制定实施系统党建特色品牌建设行动方案，广泛开展具有国家调查特色、层级工作特色和地方区域特色的党建工作，共同打造系

统党建品牌。着力在品牌创建中着力构建机关党建长效机制，建立督导基层党建工作制度，一体推进系统党支部标准化规范化建设，强化督促检查和教育培训，有效衔接乡村振兴帮扶工作，巩固“灯下黑”专项整治，加强对群团组织的领导和管理，把党建品牌创建成果转化为推动调查事业更高质量、更有效率、更可持续发展的长久动力。

（三）组织开展建党100周年活动。把开展庆祝活动与学习宣传贯彻习近平新时代中国特色社会主义思想和党的十九届五中全会精神结合起来，明确活动主题，统筹各方力量，深入开展党史、新中国史、改革开放史、共和国统计史教育，深刻体验党的崇高信仰和伟大精神，讲述党领导人民的百年奋斗故事，广泛开展评选表彰、走访慰问、入党宣誓、党日活动等各类生动活泼、群众喜闻乐见的主题宣传教育活动，大力唱响时代主旋律，激发全系统广大干部职工爱党爱国爱社会主义的巨大热情，凝聚奋进新时代、实现民族复兴的磅礴力量。

（四）推动系统精神文明建设再上新台阶。各级党组织要加强对精神文明建设的领导，认真总结开展精神文明建设的成功经验，结合弘扬新时代国家调查队精神，深化社会主义核心价值观教育。以纪念国家调查队成立15周年为契机，开展内容丰富、形式适当的精神文明教育活动。注重打造有效载体、营造建设氛围，增强创建活动的吸引力和生动性，不断提升干部职工的参与感、获得感和满意度。尚未开展创建的市县队要尽快启动，已经创建的要继续提升，进一步涵养统计调查文化、提高文明素养，努力营造安心、开心、舒心的干事创业氛围。

（五）持之以恒推进正风肃纪。提高政治站位，强化责任担当，坚持“严”的主基调，大力营造风清气正的良好政治生态。突出抓细抓实，以坚持纠“四风”为导向，严格落实基层减负举措，让基层干部集中精力干事业、心无旁骛抓落实。坚决贯彻执行中央八项规定精神，防止老问题复燃、新问题萌生、小问题做大，深化公务接待、津贴补贴发放不规范问题再次专项治理成效，坚决把存量问题清零，坚决杜绝问题增量。要重视支持纪检干部队伍建设，确保“三转”成效，市县队纪检组切实聚焦纪检主责主业。规范运用监督执纪“四种形态”，强化执纪问责，对违规违纪行为，严肃查处。加强警示教育，让党员干部知敬畏、存戒惧、守底线，习惯在受监督和约束的环境中工作生活。突出抓长抓常，健全长效机制，认真检视制度制定和执行方面存在的问题，健全作风建设制度体系，加强纪律政策法规宣传，构建监督协调协作机制，使严查严管高压态势习化于常。

（六）严格落实管党治队责任。开好系统全面从严治党工作会议和专题研究会，制定2021年全面从严治党主体责任清单，抓好管党治队责任制落实。抓住“关键少数”，坚持以上率下，持续推进“四好一强”领导班子建设，切实提高与工作和责任相匹配的政治能力、战略眼光、专业水平，严抓严管、守土尽责，形成以上率下、齐抓共管的良好局面。把牢“关键环节”，坚持以点带面，建立总队廉政风险管理防控评估机制，印发《廉政风险防控手册》《调查队系统警示案例汇编》；认真贯彻纪检监察体制改革试点工作方案，积极推动改革试点向市县队延伸。运用“关键手段”，坚持以巡促改，深化国家统计局巡视回访整改落实，稳步推进系统巡察工作。2021 年安排两轮巡察，涉及 19 个市县调查队党组，累计覆盖面力争达到 100%。巡察结果将作为工作考核评价、干部选拔任用的重要依据。

精彩是拼搏出来的，幸福是奋斗出来的。让我们更加紧密地团结在以习近平同志为核心的党中央周围，更加精准地贯彻国家统计局的决策部署，坚定信心，勠力同心，锐意进取，真抓实干，奋力开启四川国家调查工作新征程，再写四川国家调查工作新篇章，以优异成绩迎接建党 100 周年！

2007-2020年四川城镇居民人均可支配收入

（单位：元）

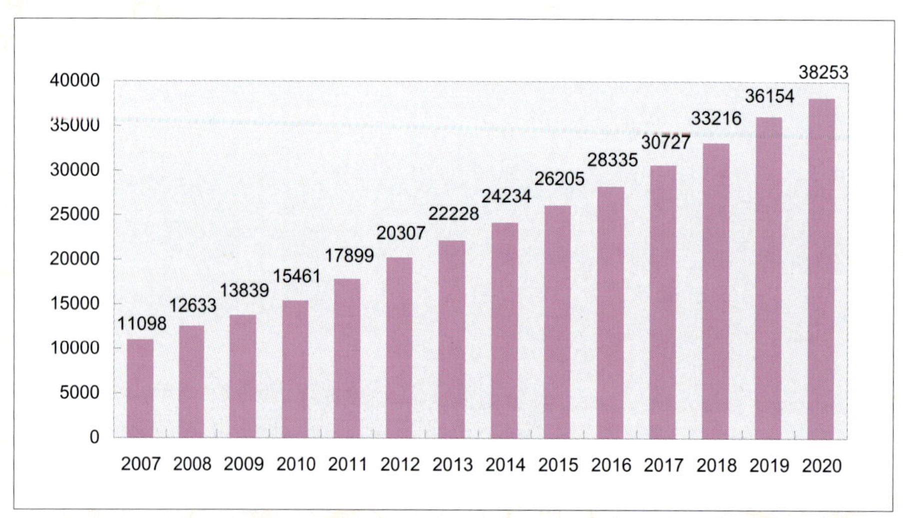

2007-2020年四川农村居民人均可支配收入

（单位：元）

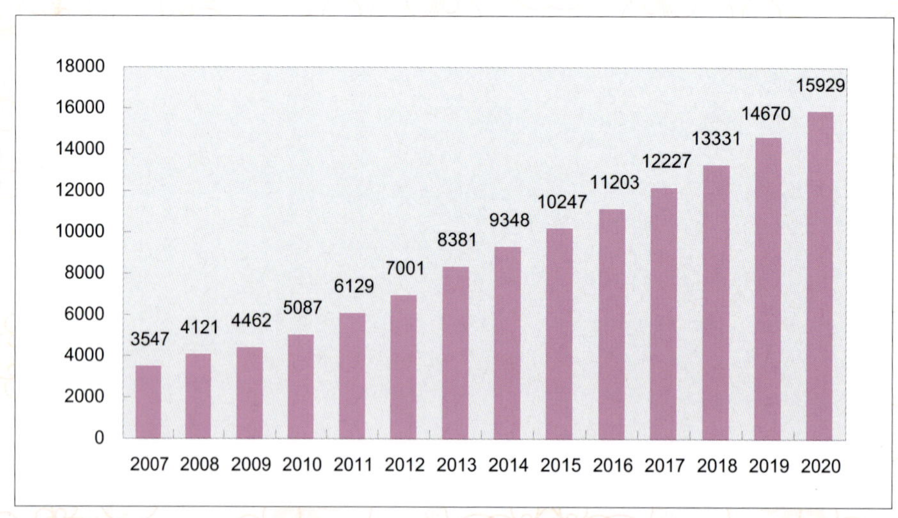

2007-2020 年四川城镇居民人均生活消费支出

（单位：元）

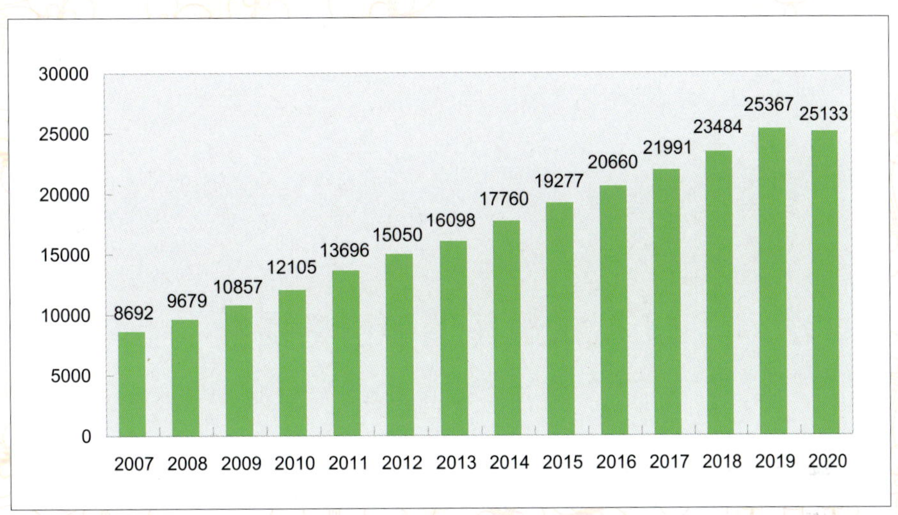

2007-2020 年四川农村居民人均生活消费支出

（单位：元）

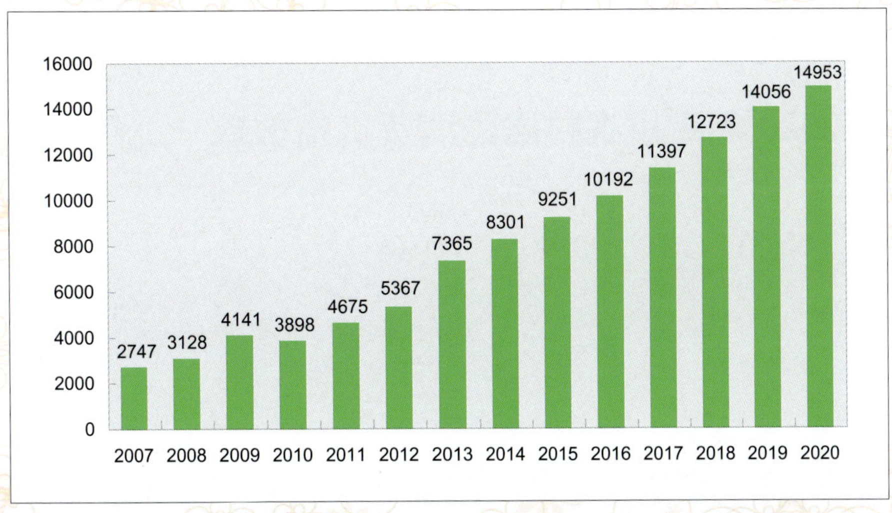

注：从 2013 年起，国家统计局开展了城乡一体化住户收支和生活状况调查，与 2012 年前的分城镇和农村住户调查的调查范围、调查方法、指标口径有所不同。

2001-2020 年四川居民消费价格指数（上年 =100）

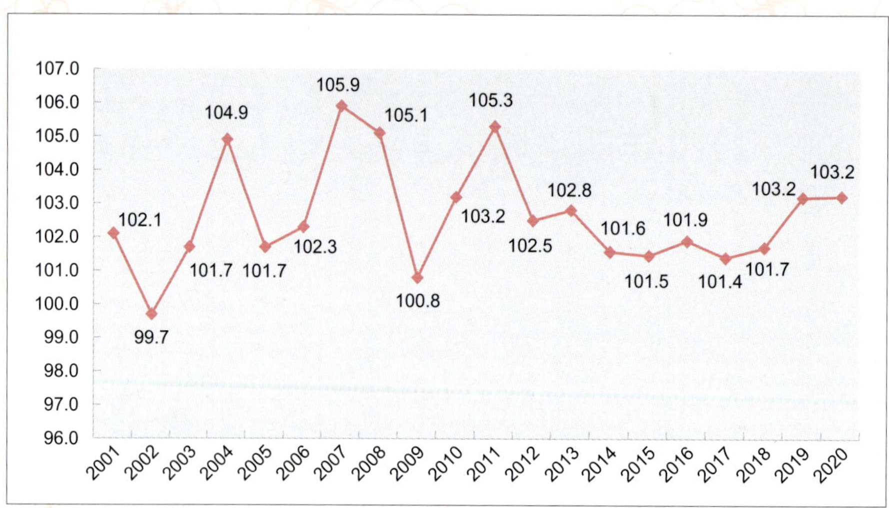

2001-2020 年四川城市居民消费价格指数（上年 =100）

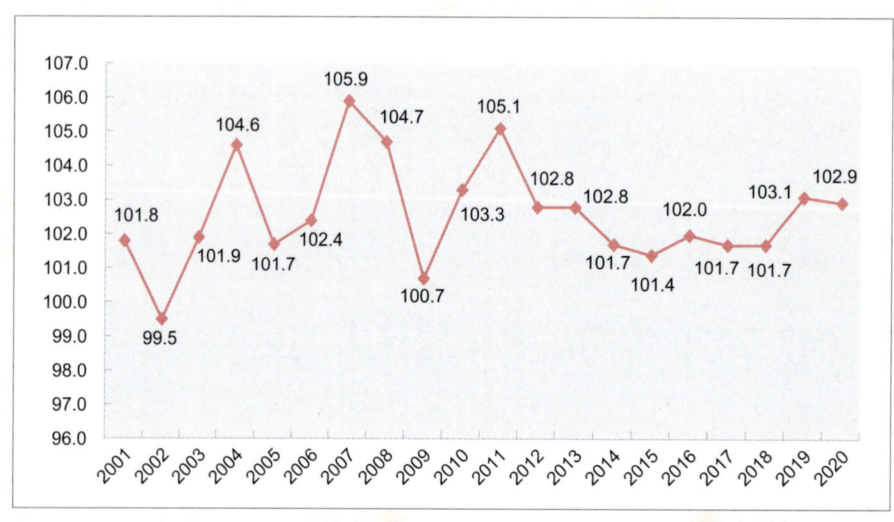

2001-2020 年四川农村居民消费价格指数（上年 =100）

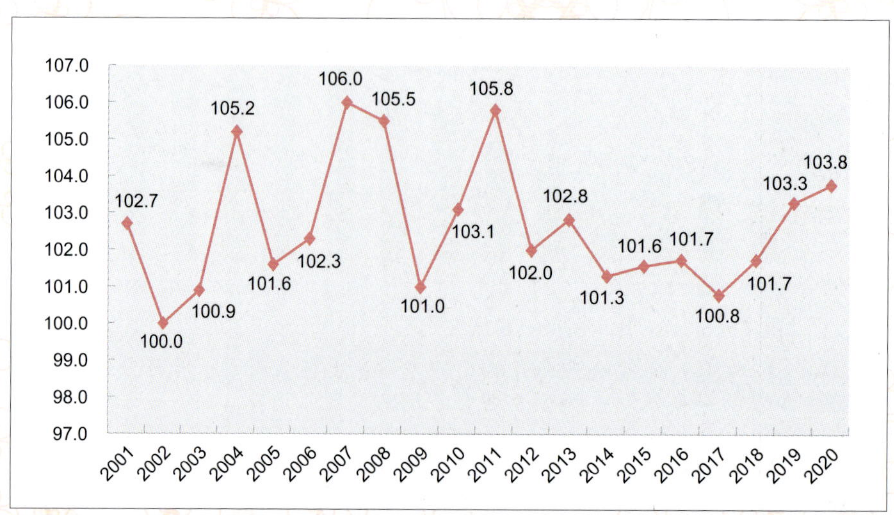

2001-2020 年四川商品零售价格指数（上年 =100）

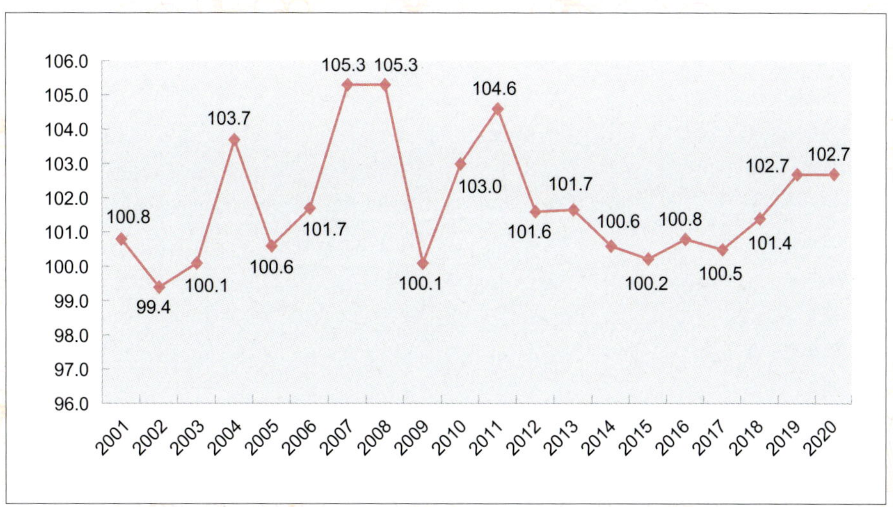

2001-2020 年四川城市商品零售价格指数（上年 =100）

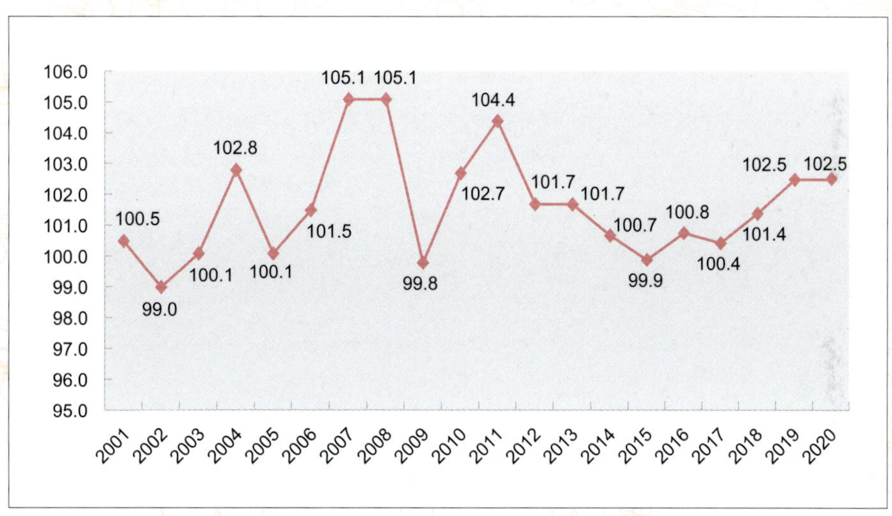

2001-2020 年四川农村商品零售价格指数（上年 =100）

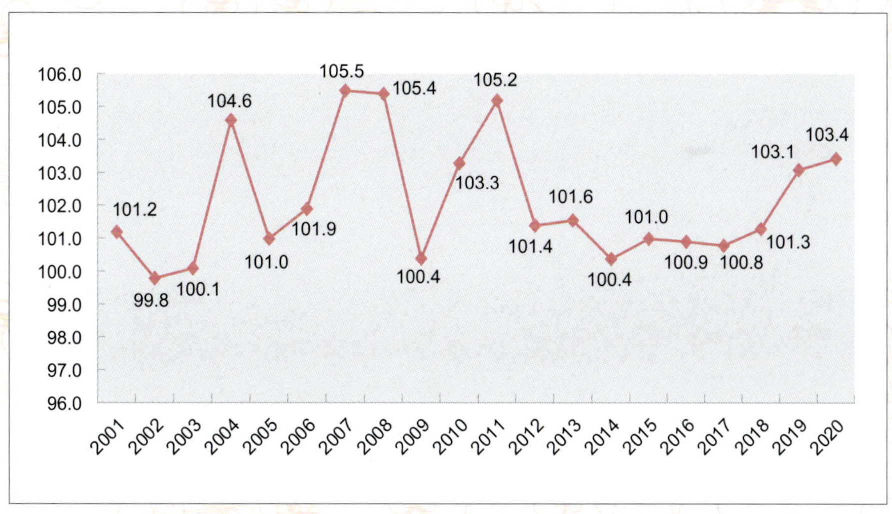

2001-2020 年四川农业生产资料价格指数（上年 =100）

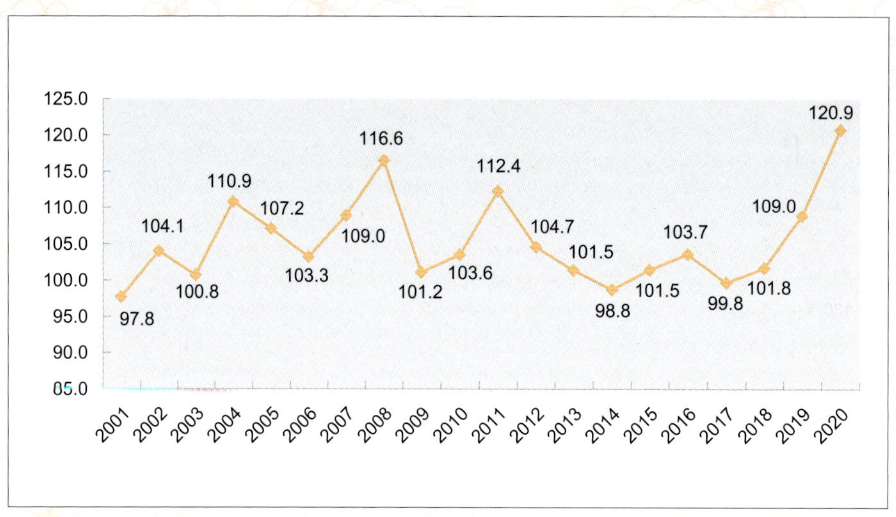

2020 年四川分月工业生产者出厂价格环比指数

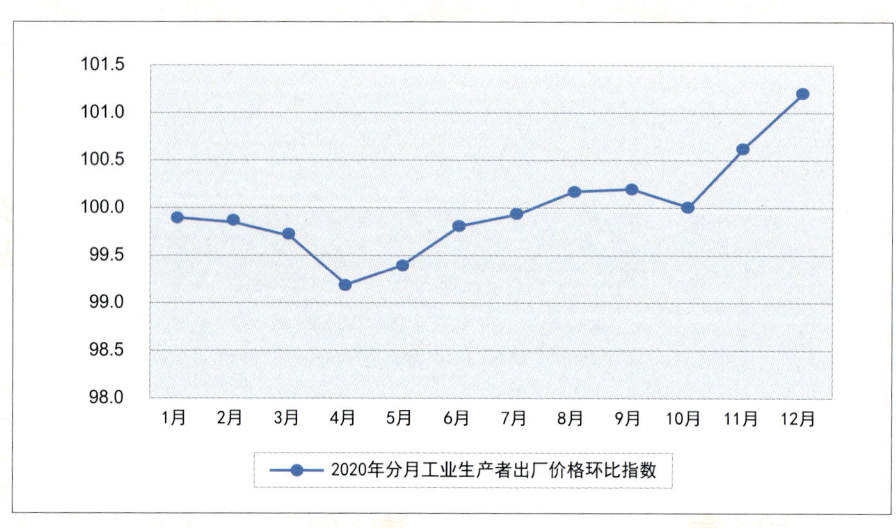

2020 年四川分月工业生产者购进价格环比指数

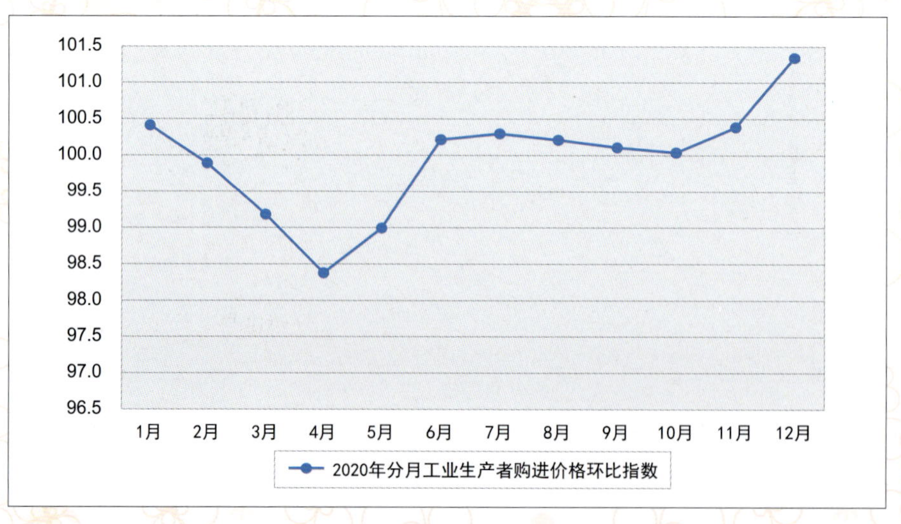

四川工业生产者出厂价格指数（上年 =100）

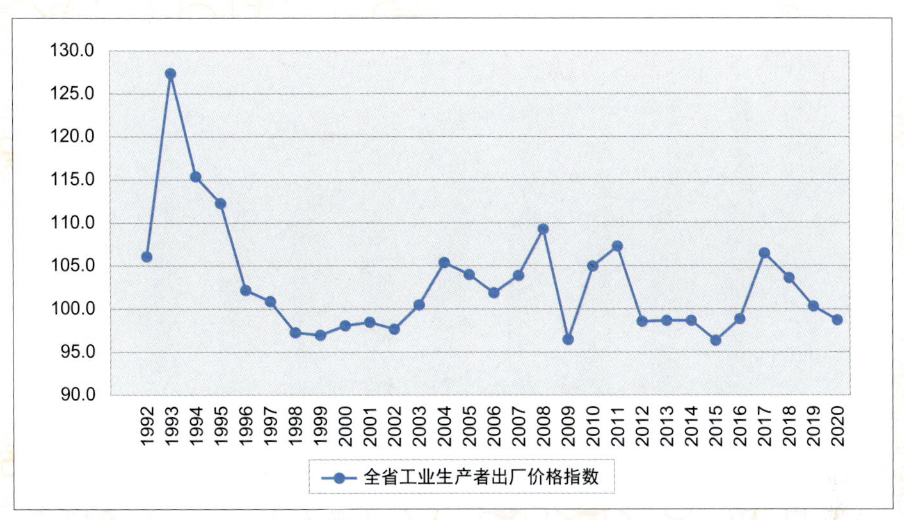

四川工业生产者购进价格指数（上年 =100）

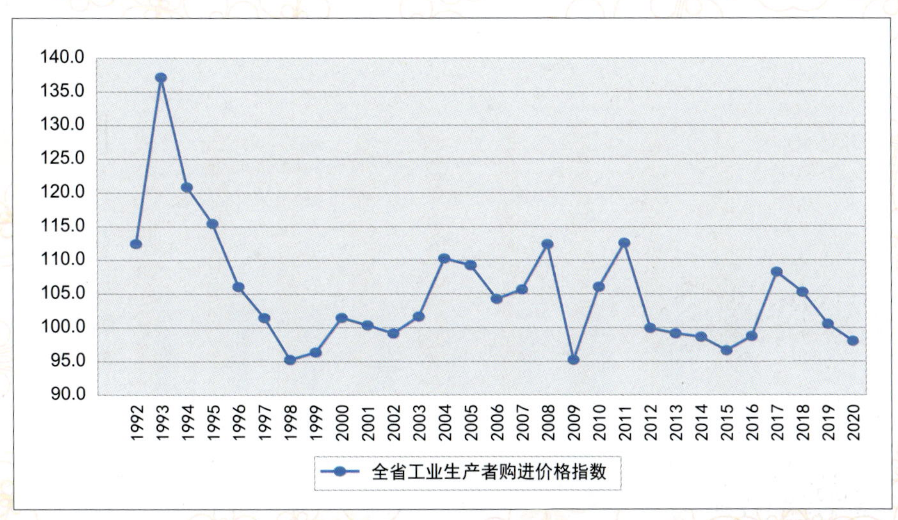

2012-2020 年四川生猪生产情况

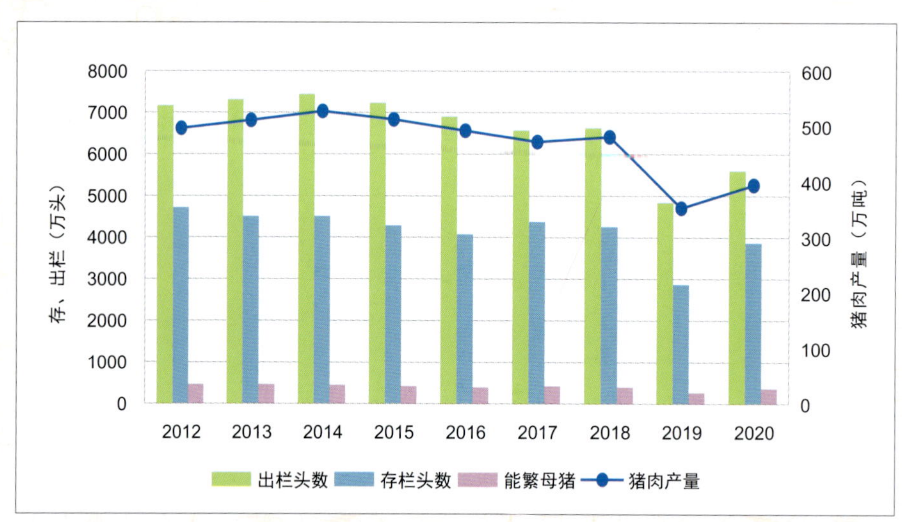

说明：根据第三次全国农业普查情况对 2012-2017 年数据重新核定修订。

2012-2020 年四川牛生产情况

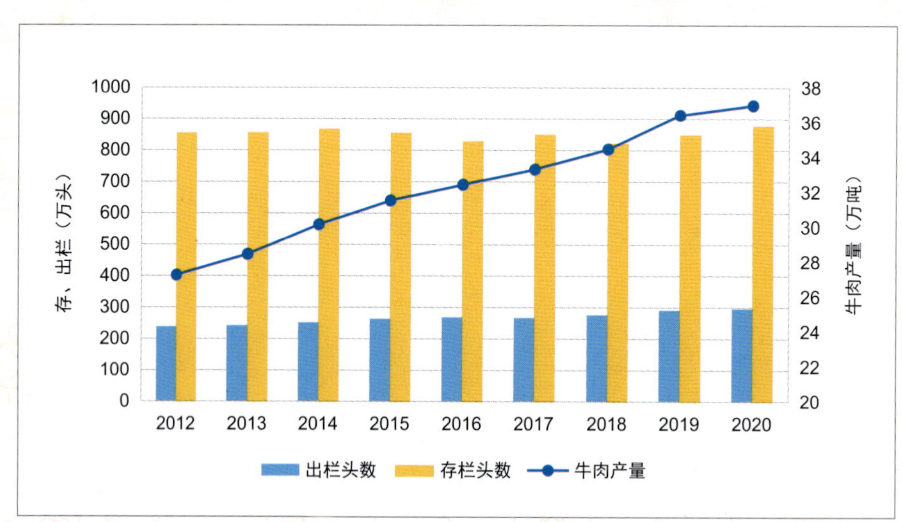

说明：根据第三次全国农业普查情况对 2012-2017 年数据重新核定修订。

2012-2020 年四川羊生产情况

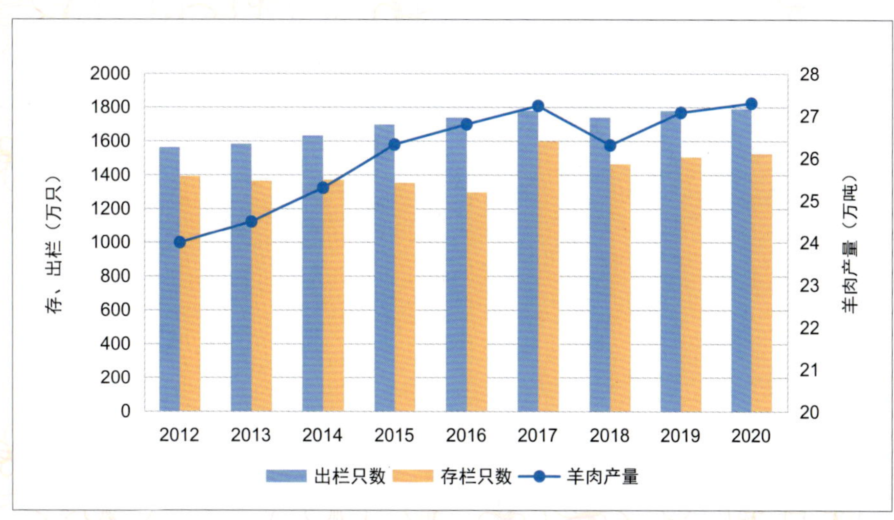

说明：根据第三次全国农业普查情况对 2012-2017 年数据重新核定修订。

2012-2020 年四川家禽生产情况

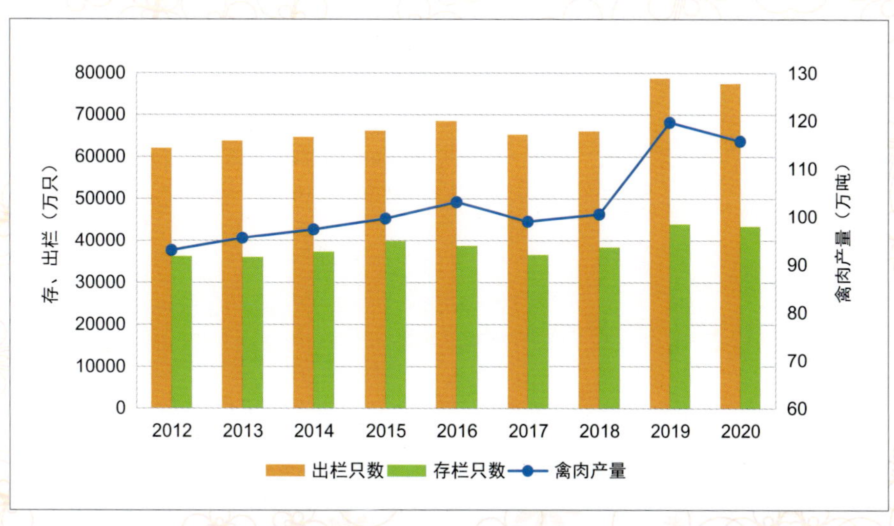

说明：根据第三次全国农业普查情况对 2012-2017 年数据重新核定修订。

2000-2020 年四川全年粮食产量情况

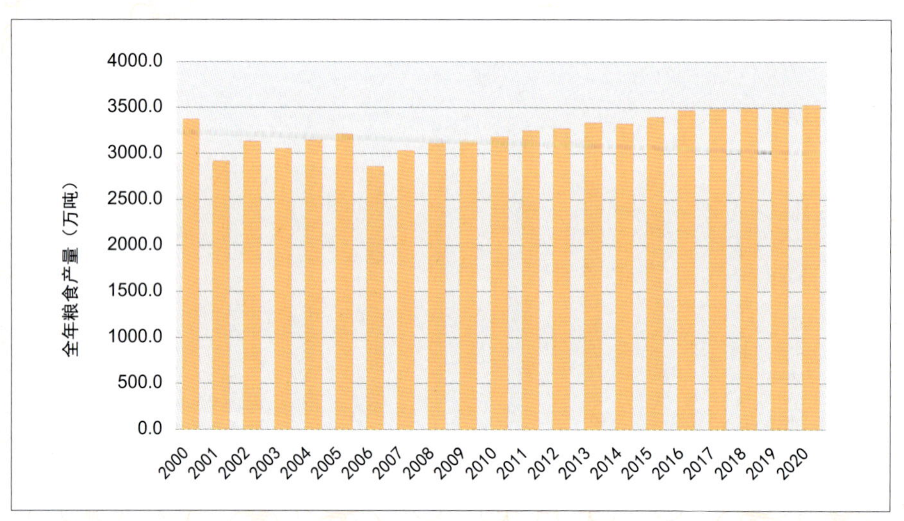

2000-2020 年四川全年粮食产量变动情况

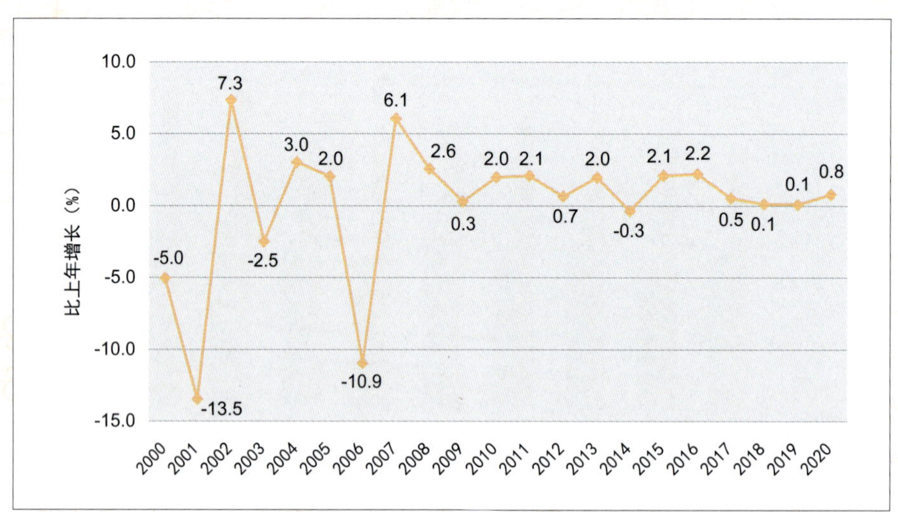

2000-2020 年四川夏收粮食产量情况

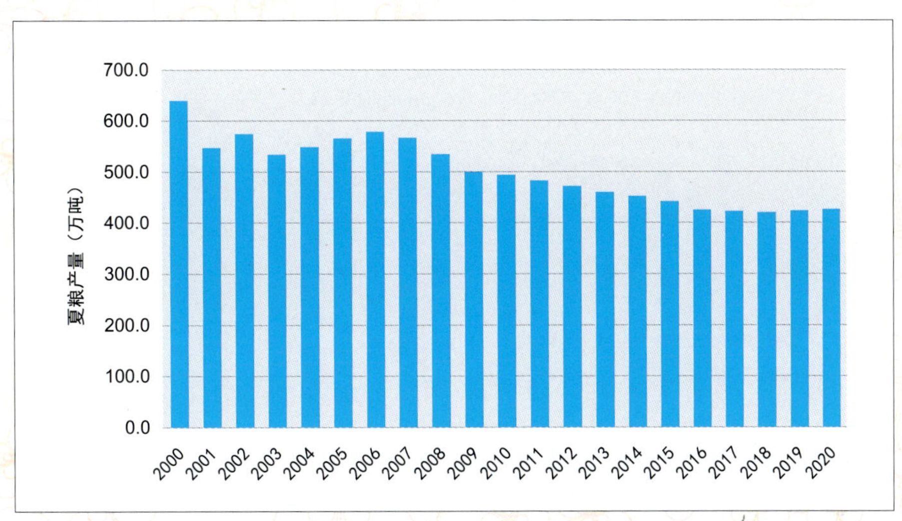

2000-2020 年四川夏收粮食产量变动情况

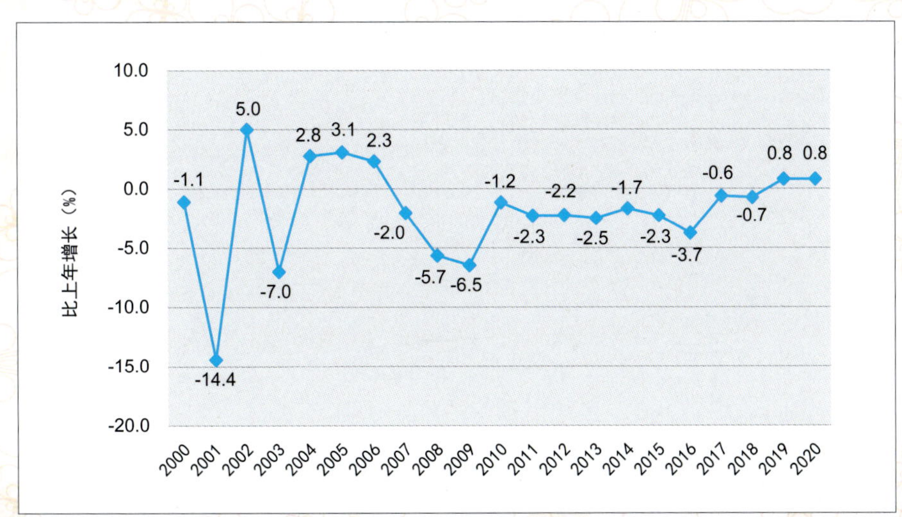

2000-2020 年四川秋收粮食产量情况

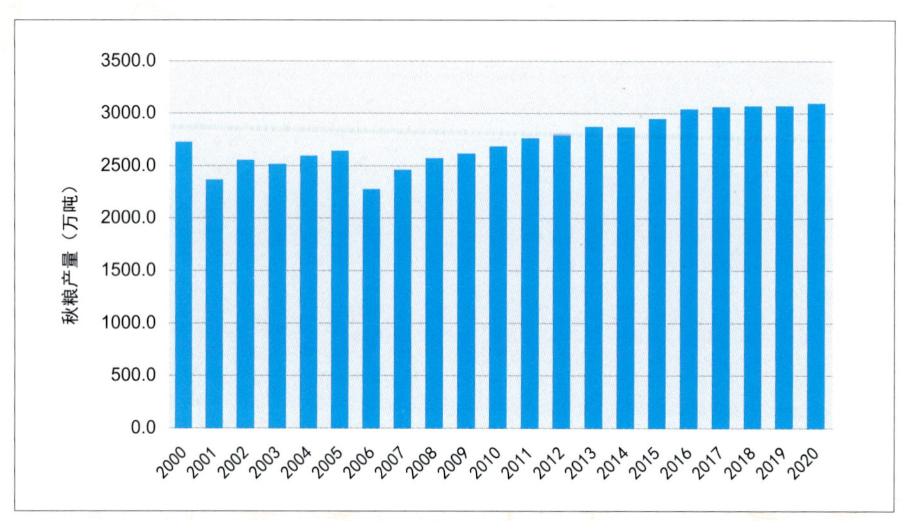

2000-2020 年四川秋收粮食产量变动情况

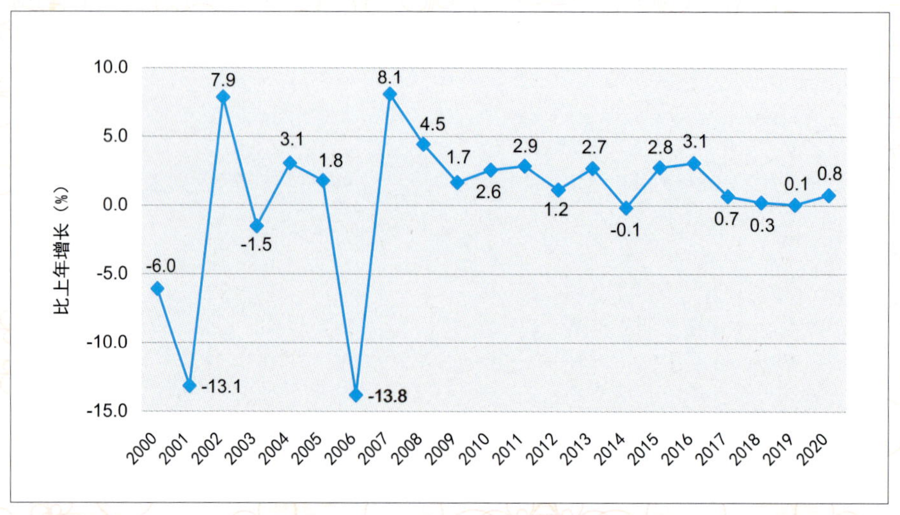

《四川调查年鉴-2021》
编委会和编辑人员

编辑委员会

主　　任: 赵太想

副 主 任: 杜先继　黄加才　岳忠诚　谢洪波　罗学文
谢承渊　白　焰

编　　委: 冯作仁　张　斌　何春德　翁庆智　梁玉均
许伦泉　石文格　吕　伟　景培朗　韩　燕
李传军　彭东泽　罗　鹏　袁　泉　肖成刚
李　寨　陈晓茹　干晓艳　黄　强

编 辑 部

主　　编: 黄加才

副 主 编: 翁庆智

执行编辑: 李永刚

编辑人员: (按姓氏笔画为序)
艾丽淑　叶　芸　刘玲君　牟雯波　李　洋
李　峰　吴金篐　宋　洁　林德容　周　璐
周焕明　赵文雯　蒋朝阳　辜　慧

编者说明

一、《四川调查年鉴-2021》是国家统计局四川调查总队编辑出版的大型资料性年刊，收录了近年来四川国家调查的各项统计调查数据，以及全国和各省区市重要年份的主要经济、社会指标。

二、全书内容分为5个篇章，即1.综合；2.住户调查；3.价格调查；4.农业调查；5.附录.全国及各省区市主要统计调查指标。为方便读者使用，主要篇章末附有《主要统计指标解释》。

三、资料中所使用的度量衡单位均采用国际统一标准计量单位。

四、本《年鉴》总量指标计算所采用的价格均为现行价格。

五、本《年鉴》部分数据合计数或相对数对于单位取舍不同产生的计算误差均未作机械调整。

六、符号使用说明：

“…”或“0.0”表示数据不足本表最小计量单位数；

“#”表示其中的主要项；

“ ”表示没有、不详或未掌握该项数据；

“①”表示本表下有注解。

七、在本年鉴的编辑过程中，得到了许多单位和同志的大力支持，在此我们深表谢意。限于我们的水平，年鉴中的错误和不足之处在所难免，恳请广大读者给予批评指正。

目　　录

第一篇　综　　合

第二篇　住户调查

第三篇 价格调查

第四篇　农业调查

附　　录

一 综 合

合影

收入增速稳步回升　消费动力仍显不足

——2020年四川居民收入消费情况简析

2020 年，面对新冠肺炎疫情和错综复杂的宏观经济形势，四川省委省政府统筹推进疫情防控和经济社会发展，千方百计稳就业保民生，兜牢民生底线，城乡居民收入经受住疫情考验，实现稳步增长。全年居民人均可支配收入 26522 元，较上年增加 1819 元，增长 7.4%，其中城镇居民人均可支配收入 38253 元，增长 5.8%；农村居民人均可支配收入 15929 元，增长 8.6%。

一、居民收入实现稳步增长

（一）总体呈“V”型回升态势

受新冠肺炎疫情影响，一季度居民收入增速骤降，随着疫情防控逐渐常态化，消费市场逐渐复苏，企业实现复工复产及农村劳动力转移逐步恢复，二季度开始居民收入逐季稳步回升，全年呈现出低开高走、“V”型回升态势，充分反映了全省统筹疫情防控和经济社会发展、推动居民收入增长的积极成效。

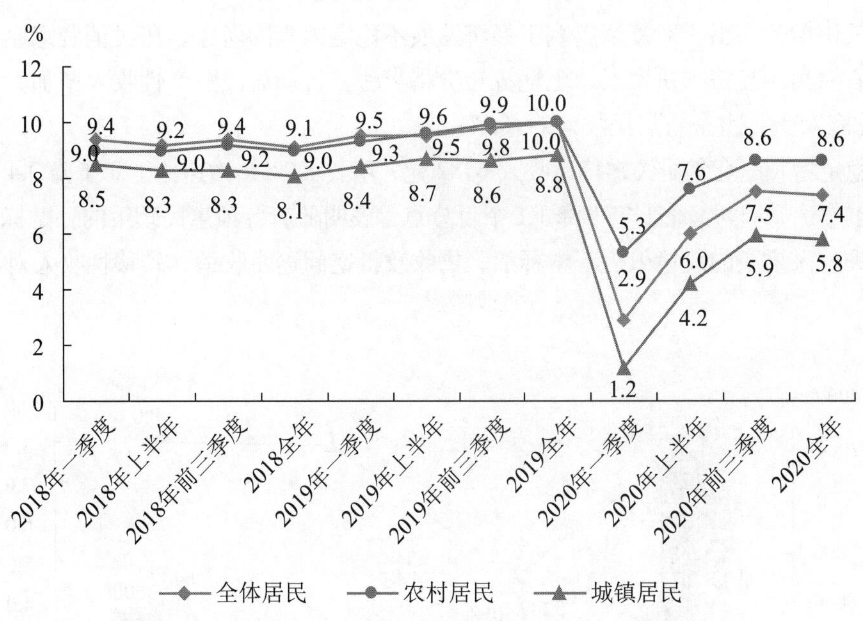

图1　2018-2020 年四川城乡居民人均可支配收入增速（%）

（二）增速跃居全国第二

全年全省居民人均可支配收入增长 7.4%，居民收入增速在全国 31 个省（自治区、直辖市）中排第 2 位，仅低于西藏，比上年提升 2 位，创近 20 年来居民收入增速最高排位，其中城镇、农村居民收入增速均排第 2 位，分别比上年提升 3 位和 5 位。

（三）与全国相对差距稳步缩小

与全国相比，全省居民人均可支配收入增速高于全国 2.7 个百分点，其中城镇居民收入增速高于全国 2.3 个百分点，农村居民收入增速高于全国 1.7 个百分点。从水平看，四川居民收入水平达到全国平均水平的 82.4%，比上年（80.0%）提升 2.4 个百分点，其中城镇居民收入水平达到全国平均水平的 87.3%，比上年（85.4%）提升 1.9 个百分点；农村居民收入水平达到全国平均水平的 93.0%，比上年（91.6%）提升 1.4 个百分点，表明四川居民收入水平与全国平均水平的相对差距稳步缩小。

（四）城乡收入相对差距进一步缩小

2020 年全省农村居民收入增长继续快于城镇居民，农村居民人均可支配收入 15929 元，名义增长 8.6%，实际增长 4.6%；城镇居民人均可支配收入 38253 元，名义增长 5.8%，实际增长 2.8%；农村居民人均可支配收入名义增速和实际增速分别快于城镇居民 2.8 和 1.8 个百分点。城乡居民收入比值由上年的 2.46 缩小至 2.40，收入相对差距进一步缩小。

（五）实现居民收入翻番目标

扣除价格因素后，2011-2020 年全省居民人均可支配收入年均实际增长 8.3%，十年累计实际增长 120.9%，即居民人均可支配收入比 2010 年增加了 1.2 倍。

（六）四项收入均实现正增长

工资性收入占比和贡献率最大。全年居民工资性收入 13032 元，增长 8.2%，比全国平均水平高 3.9 个百分点，占全省居民收入的比重达 49.1%，比上年提高 0.3 个百分点，对全省居民增收的贡献率达 54.0%，比上年提高 10.3 个百分点。工资性收入在四项收入中占比和贡献率均最大，反映出省委省政府面对疫情带来的冲击和复杂严峻的国际形势，扎实做好稳就业、保就业取得的积极成效。

经营净收入持续恢复。全年居民经营净收入 5289 元，增长 4.6%，比全国平均水平高 3.5 个百分点。粮食稳产增收，生猪出栏加快恢复，以及猪牛羊等农牧产品价格高位运行，共同推动农村居民经营净收入的增长，农村居民人均经营净收入 6152 元，增长 9.1%；随着疫情防控的常态化，城镇居民经营活动逐步好转，全年城镇居民人均经营净收入 4334 元，虽下降 1.3%，但降幅比前三个季度大幅收窄。

财产净收入较快增长。出于对疫情影响下经济发展不稳定因素的考虑，居民消费意愿下降，储蓄理财意愿上升，加之农村集体经济加快发展，土地流转价格上涨，带动居民财产性收入增加，全年居民财产净收入 1720 元，增长 7.9%，占全省居民收入的 6.5%。

转移净收入稳定增长。全年居民转移净收入 6482 元，增长 8.0%，增速比上年下降 3.4 个百分点，对全省居民增收的贡献率达 26.3%，比上年下降 1.1 个百分点。表明随着各项惠民政策的补贴标准、补贴范围趋于稳定，拉动居民收入增长的政策效应基本释放，增收政策空间逐步收缩，转移性收入对居民增收的支撑力逐步趋弱。

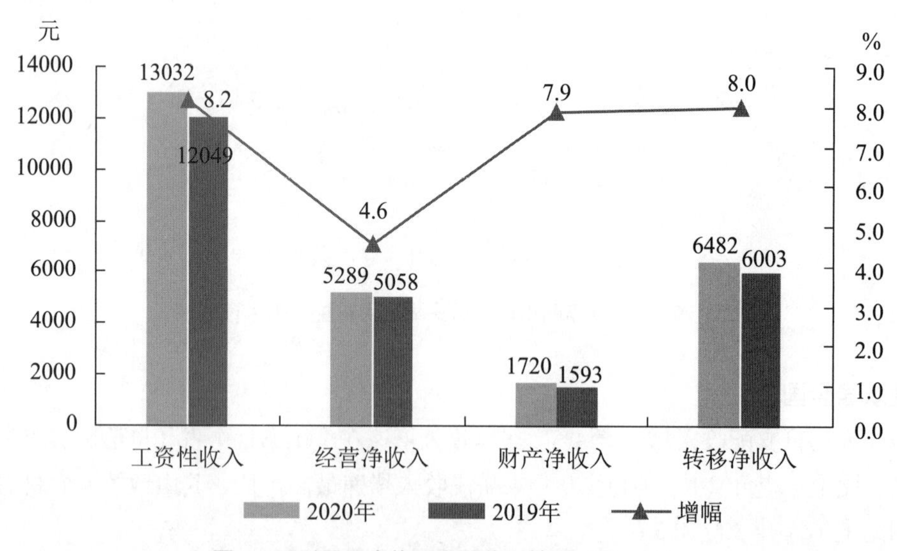

图 2 四川居民人均可支配收入情况（元、%）

二、居民消费复苏活力仍显不足

随着全省统筹疫情防控和经济社会发展取得积极成效，居民收入稳步增长，带动居民生活消费逐步回暖，但城镇居民消费仍显低迷。2020 年四川居民人均消费支出 19783 元，较上年增长 2.3%，高于全国平均水平 3.9 个百分点。其中城镇居民人均生活消费支出 25133 元，下降 0.9%；农村居民人均生活消费支出 14953 元，增长 6.4%。

（一）消费呈震荡回升态势

全年，四川居民人均消费支出比上年增长 2.3%，增速较上半年回升 3.0 个百分点，较前三季度回落 0.1 个百分点。疫情之后，各级政府迅速出台了刺激消费的各项政策，消费逐步回暖，但受疫情反复和消费者信心的影响，消费增速在经历了一季度的谷底后呈现震荡回升的态势，消费潜力有待进一步释放，增速恢复至疫前水平尚需时日。

（二）食品消费增长较快

受居家时间增多及食品价格上涨影响，全年居民人均食品烟酒支出 7026 元，增长 8.7%，为八大消费支出中增长贡献率最大项。其中，人均肉类支出、禽类支出、蔬菜和食用菌类支出分别增长 34.3%、15.6%、12.8%。随着进入持久性、常态化疫情防控阶段，居民为避免增加聚集机会，减少了外出就餐，更多居民倾向于在家吃饭或外卖。全年居民饮食服务消费 1254 元，下降 11.4%，其中在外饮食支出 1055 元，下降 13.5%。

（三）健康通信等消费支出水平上升

在常态化疫情防控条件下，线上购物、直播带货、在线诊疗、在线教育等新型消费逆势上扬，新型消费快速发展，居民消费升级趋势日益明显。居民对健康的关注日益提高，相关消费支出增长较快，居民人均购买医疗器具及药品支出增加 3.5%，特别是口罩、酒精等防疫用品增长 5.1 倍。居民居家时间增加，通信需求明显增多，网购行为大幅增加，2020 年全省居民人均通信服务支出增长 12.9%。

（四）教育文化娱乐支出受疫情影响较大

受培训机构招生减少，外出留学人员锐减，以及如体育比赛、文艺演出等各种文化娱乐场所开放不畅等因素影响，全省居民人均教育文化娱乐消费支出较上年下降最多，降幅达到 9.0 个百分点，其中文化娱乐支出下降 25.4 个百分点。

（五）服务性消费明显下降

受疫情影响，居民消费意愿不强，信心不足，除必要的消费需求外，对服务类消费支出较低，全年居民人均服务性消费 7818 元，较上年下降 4.9%，服务性消费占比由上年的 42.5%下降至 39.6%。从服务性消费细项看，除居住增加 2.8%外，其他七项服务消费支出均下降，其中教育文化娱乐服务降幅最大，下降 13.3%。

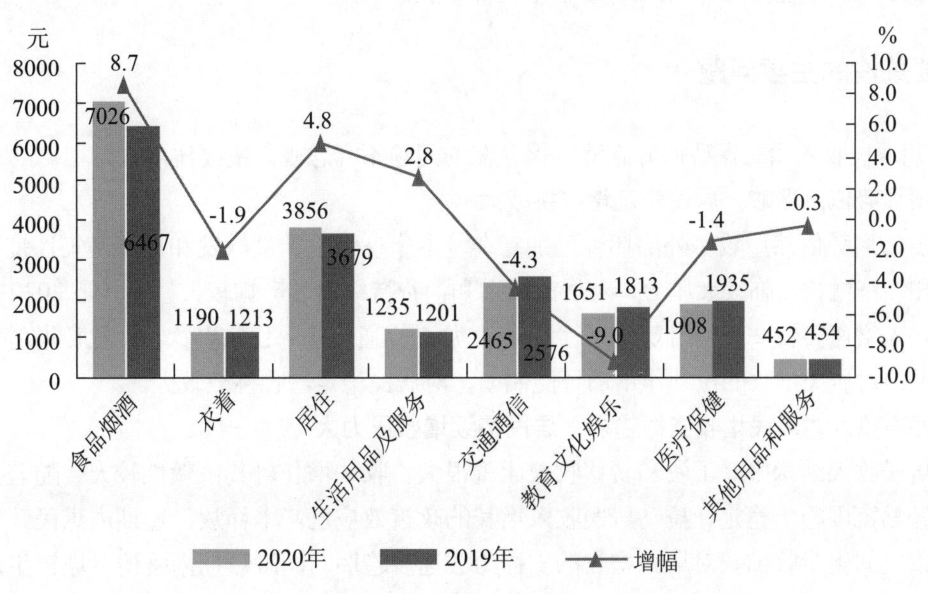

图 3　四川居民人均消费支出情况（元、%）

三、收入消费持续恢复增长主要得益于四大因素

（一）经济恢复持续稳定，主要指标逐步向好

全省科学统筹常态化疫情防控和经济社会发展，全面落实“六稳”要求，扎实做好“六保”工作，大力推进成渝地区双城经济圈建设，加快构建国内大循环为主体、国内国际双循环相互促进的新发展格局，全省经济呈现恢复性增长态势。全年地区生产总值增速、规模以上工业增加值、固定资产投资等主要经济指标均好于全国，为居民收入稳定增长提供了保障。

（二）复工复产有力有序，稳就业举措见成效

一是开展招工“稳”就业。全省积极开展就业创业专项行动，多措并举促进高校毕业生就业，对困难人员开展就业帮扶。全年全省城镇新增就业 96.07 万人。二是信贷扶持“保”创业。全面落实企业社保费减免政策，积极发放创业担保贷款和利率不超过 4%的“战疫贷”资金，加大了信贷支持力度。三是稳岗补贴“惠”企业。全省出台一次性稳岗补助、失业保险稳岗返还等措施帮助企业渡过难关，稳住了就业岗位。复工复产的有力有序推进，将疫情对经济社会发展的影响降到了最低，与就业相对应的工资性收入增长，也成为 2020 年全省居民收入增长的最大动力。

（三）农业生产形势较好，经营发展逐步恢复

一是夏秋粮食稳产增收。农业多贡献效果显著，全省粮食再获丰收，产量比上年增长 0.8%。经济作物川茶、川药、川果以及花椒、竹类、油菜等经济作物量价齐升，有效助力农民增收。二是畜牧业生产稳步回升。全年生猪出栏 5614.4 万头，比上年增长 15.7%，出栏量保持全国第一，牛、羊生产稳定增长。三是农产品价格持续高位，全年农产品生产价格指数 116.1，其中牧业指数 128.8，有力带动农民经营性增收。随着全省农业绿色化、优质化、品牌化加快推进，农业生产呈现出量稳质高的发展态势，促进居民增收向好发展。

（四）社会保障有效落实，民生兜底织牢织密

一是保障水平稳步提升。随着阶段性减免企业社保费政策的实施，在稳住企业参加社会保险的同时，社会保险参保人数稳步增长。截至 2020 年 11 月底，全省参加城镇职工基本养老保险人数比上年末增长 7.1%。二是困难群众救助供养标准提高。相继上调低保月人均保障标准、特困人员救助标准等困难群众救助供养标准。省财政下达困难群众救助补助资金 122.8 亿元，较上年增加 14.3 亿元。三是退休人员基本养老金上调。已连续第 16 年调整企业退休人员养老金。四是脱贫攻坚与乡村振兴战略持续推进。仅 2020 年脱贫的 7 个县就投入扶贫专项资金近 1000 亿元，较上年大幅增长。

四、需要关注的主要问题

2020 年四川居民收入增长保持回升态势，但存在的问题不容忽视。主要体现在:

（一）疫情形势依然严峻，居民稳定增收挑战大

当前国外疫情形势依然严峻，外部环境更加复杂，本土疫情呈零星散发和局部聚集性疫情交织叠加态势，疫情防控和经济增长面临较大压力，对居民收入和消费持续增长影响较大。尤其是 2020 年四川城镇居民人均可支配收入增速仍较 2019 年低 3.0 个百分点，加之交通运输、住宿餐饮、文化旅游等行业仍未完全恢复正常，短期内对居民增收的拉动作用仍可能偏弱，对居民稳定增收挑战较大。

（二）转移净收入对居民增收支撑趋弱，居民持续增收压力大

全省城乡居民收入结构中，工资和转移收入比重很大，收入增长对其依赖性较大。随着各项惠民政策的补贴标准、补贴范围趋于稳定，拉动居民收入增长的政策效应已基本释放，短期内惠民政策难有大幅度提升，增收政策空间逐步收缩，对居民增收的支撑力会逐步趋弱。同时短期内疫情对城镇生产经营影响明显，而财产性收入比重尚小，且难有较大提升，居民持续增收压力较大。

五、促进居民收入消费持续增长的几点建议

（一）继续推动经济高质量发展，筑牢居民增收支撑

坚决贯彻新发展理念，积极构建以国内大循环为主体、国内国际双循环相互促进的新发展格局，大力实施“一干多支”发展战略，加快推动成渝地区双城经济圈建设。继续落实好中央关于扎实做好“六稳”工作、落实“六保”任务的政策措施，兜好民生底线，稳定全省经济社会发展大局。

（二）着力稳定和扩大就业，提升居民工资收入

深入推进创新创业，催生吸纳就业新主体，创造更多高质量就业岗位。进一步细化援企措施，帮助企业纾困解难，解决产业链断点堵点痛点问题。落实大规模职业培训行动，不断提升农民工、应届毕业大学生、大龄劳动者、失业人员等重点人群的就业能力。适当提高最低工资标准，提高低收入家庭工资水平，完善机关事业单位工资和津贴补贴制度，进一步提高基层公务员福利待遇。

（三）加快产业培育，促进居民经营增收

大力优化营商环境，清理不合理准入条件，不断激发市场主体活力和创造力，增强企业盈利能力。进一步引导大众创业、万众创新，实现二三产经营“加速”，促进居民经营净收入快速增长。加快推进乡村振兴，促进脱贫攻坚与乡村振兴有序衔接，发挥自然资源优势，因地制宜发展现代农业，引导农村电商加快发展，推动乡村旅游持续转型升级，推进龙头企业、现代农业产业园、合作社带动农户和集体经营收入增加。

（四）完善社会保障机制，促进转移性收入持续增加

着重提高居民社保待遇，健全城乡居民基础养老金、失地补贴、高龄补贴标准等动态增长机制，通过收入再分配手段直接增加居民收入。深化医疗卫生改革，进一步扩大报销药品目录、简化报销手续，提高报销比例，加强公共卫生服务体系建设等，提高城乡居民医保水平。加大对低收入群体的帮扶力度，做好低保户、失业人员、五保户、残疾人等群体的社会保障服务，适时提高最低生活保障金标准，保障低收入群体基本生活。

（五）拓展和培育消费新业态，进一步释放消费潜力

进一步落实好中央和地方制定的扩大消费政策措施，落实减税免息政策，努力降低消费业态经营成本，着力扩大省内消费需求。着力打造新消费增长极，培育壮大“云生活”“宅经济”“夜经济”“直播经济”“社区团购”“智慧物流”等消费新业态新模式，引导健康消费、个性消费加速发展，大力营造消费新场景，带动线上线下消费蓬勃发展，充分释放内需潜力。

2020 年四川物价涨幅逐季回落

2020 年以来，受新冠疫情冲击和食品价格高位震荡影响，物价走势波动明显。随着国内疫情防控常态化，“六稳六保”政策落地见效，国内经济、生活逐步回归正轨，四川居民消费价格指数（CPI）呈现震荡回落、前高后低的运行态势。2020 年四川 CPI 上涨 3.2%，涨幅较一季度、上半年和前三季度分别回落 3.0、1.9 和 1.3 个百分点，与上年持平。2021 年随着经济形势持续向好发展，消费需求逐步释放，物价可能呈前低后稳运行态势，物价水平有望回归常态温和上涨。

一、2020 年物价运行特点

（一）累计涨幅总体偏高、逐季回落

2020 年四川 CPI 上涨 3.2%，涨幅与上年持平，居近九年高位；全年涨幅逐季回落，分别较一季度、上半年和前三季度回落 3.0、1.9 和 1.3 个百分点，涨幅逐步从“6 时代”回落至“3 时代”。

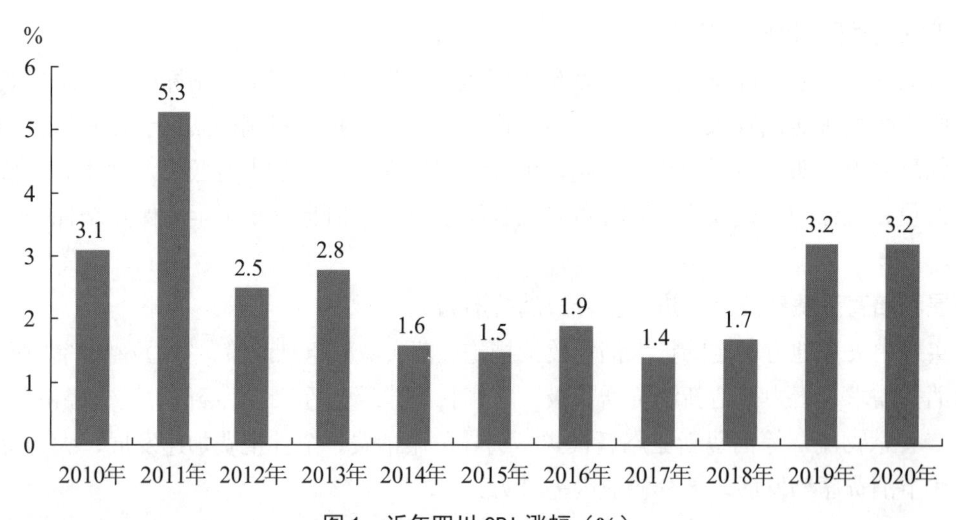

图 1　近年四川 CPI 涨幅（%）

（二）同比冲高回落，环比波动明显

2020 年以来，四川 CPI 同比涨幅从年初冲高至年末快速回落。其中，受新冠疫情冲击及去年猪肉价格上涨翘尾因素影响，年初四川 CPI 同比涨幅走高，2 月同比上涨 6.9%，创 2008 年 6 月以来新高。随着疫情防控常态化，生产和流通恢复，尤其是生猪生产和猪肉供应持续改善，3-10 月 CPI 同比加速回落，涨幅从 5.7%回落至 0.2%。11 月、12 月伴随翘尾影响消除和上年高基数影响，同比分别下跌 0.8%、0.2%，其中，11 月 CPI 同比年内首次下跌，也是自 2005 年近 15 年来首次下跌，跌幅创下 2002 年以来的新低。月度环比波动明显，年内高低差值达到 3.1 个百分点，波动幅度高出去年 0.9 个百分点，高出历史均值 1.8 个百分点。

（三）结构性上涨特征明显，食品对 CPI 影响超九成

2020 年以来，四川食品价格回落明显，全年上涨 14.2%，涨幅分别较一季度、上半年、前三季度收窄 12.5、8.4 和 5.7 个百分点。但与上年比，食品价格涨幅仍扩大 2.1 个百分点，对 CPI 上涨的影响程度由 76%增至 95%；非食品价格上涨 0.2%，涨幅较上年回落 0.8 个百分点，对 CPI 上涨的影响程度由 24%降至 5%，CPI 结构性上涨特征非常显著。非食品中服务项目价格持续低位运行，1-12 月同比涨跌幅在-1.0%至 0.9%之间，全年持平，对总指数的影响程度由拉涨 14%降至 0；工业消费品价格整体低迷，1-12 月同比涨跌幅在-1.7%

至 0.4%，全年下跌 1.0%，对总指数的影响程度由拉涨 1%转至拉跌 10%。

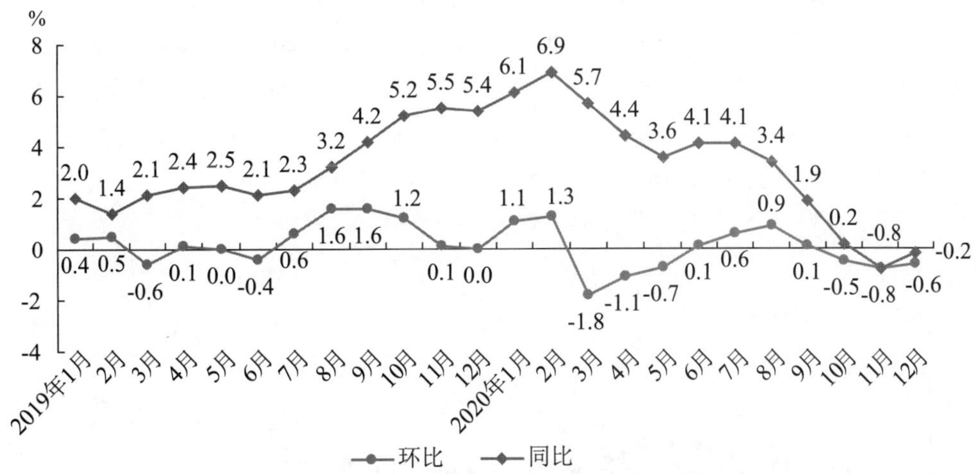

图 2　2019-2020 年四川 CPI 环比、同比涨跌幅（%）

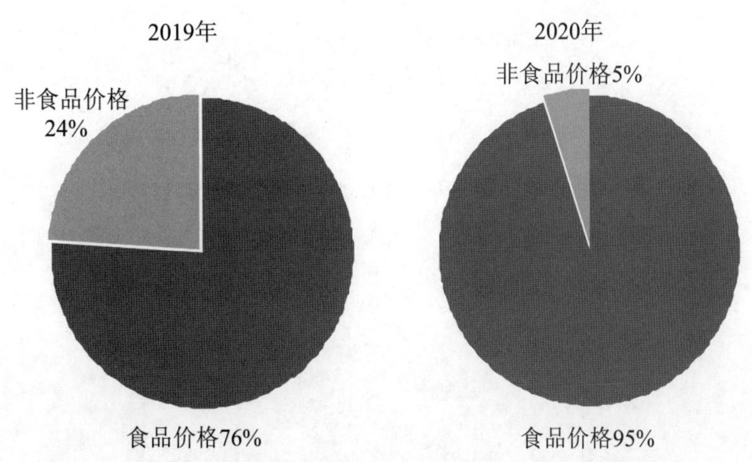

图 3　2019-2020 年四川食品与非食品价格对 CPI 影响程度（%）

（四）八大类商品和服务价格“四涨四跌”

与上年比，八大类价格由“七涨一跌”转为“四涨四跌”，其中，上涨的有食品烟酒、教育文化和娱乐、医疗保健、其他用品和服务，涨幅在 0.7%至 11%区间；下跌的有衣着、居住、生活用品及服务、交通通信，跌幅在-3.6%至-0.1%区间。

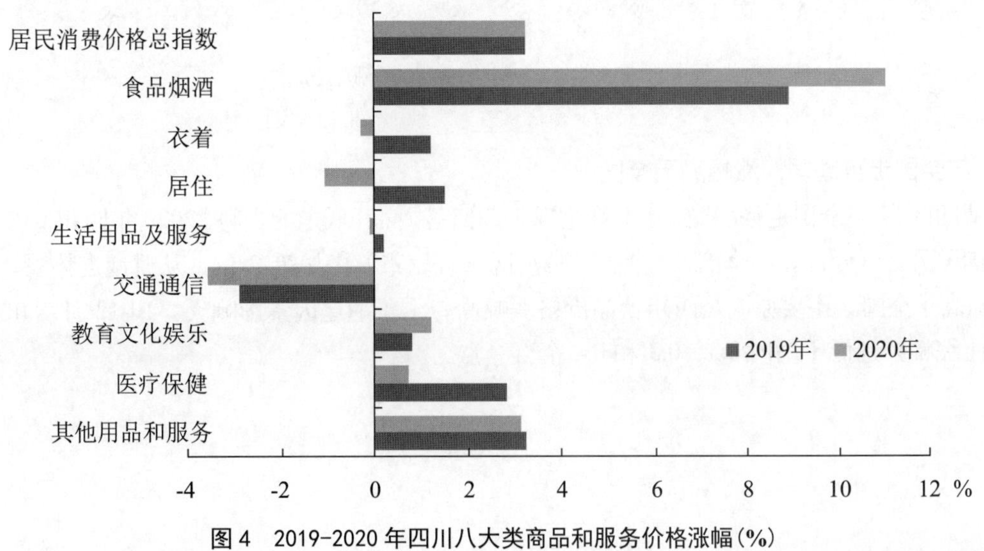

图 4　2019-2020 年四川八大类商品和服务价格涨幅（%）

（五）核心 CPI 持续保持低位平稳运行

自 2019 年 7 月下旬猪肉价格飙升开始，CPI 与扣除食品和能源价格的核心 CPI 之间的剪刀差逐渐拉大。2020 年，四川核心 CPI 上涨 0.6%，涨幅较上年低 0.5 个百分点，是自 2006 年编制该指数以来的次低点。其中，1-6 月核心 CPI 同比涨幅在 0.8%-1.3%左右平稳运行，随着 7 月后期各月工业消费品、服务项目同比价格持续下跌，7-12 月核心 CPI 同比涨幅回落至 0.1%-0.4%区间低位运行， 11-12 月连续两个月保持 0.1%的低位运行，涨幅创 2009 年 12 月来的新低。

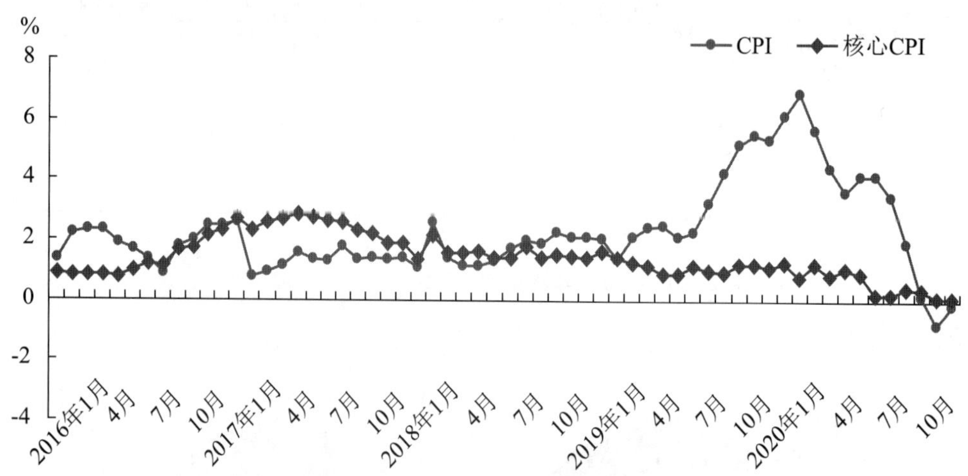

图 5　近年四川 CPI 与核心 CPI 同比涨幅走势（%）

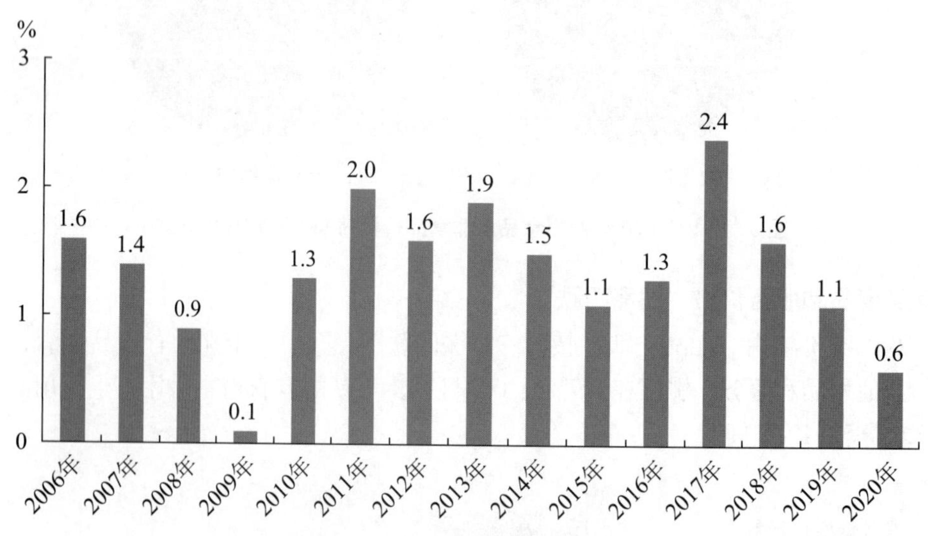

图 6　2006-2020 年四川核心 CPI 涨幅（%）

（六）与全国走势趋同，涨幅高于全国

2020 年四川 CPI 与全国走势趋同，基本都呈现震荡回落、高开低走的走势。2020 年四川 CPI 上涨 3.2%，涨幅高出全国 0.7 个百分点，在全国 31 个省（自治区、直辖市）中居第 2 位。从月度走势看，1-9 月四川 CPI 同比涨幅高于全国，主要原因是四川食品价格涨幅高，上年翘尾因素影响大。10-12 月四川 CPI 回落幅度加快，同比涨幅分别低于全国 0.3、0.3 和 0.4 个百分点。

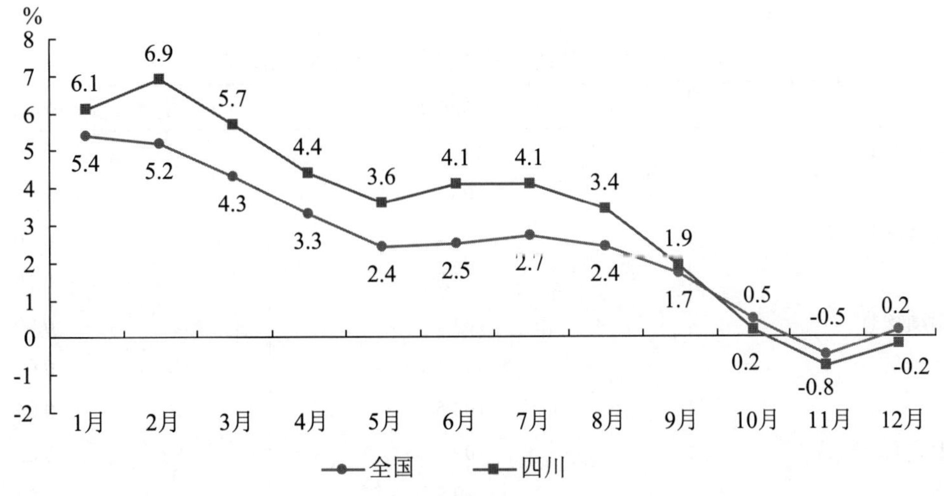

图7 2020年四川与全国CPI涨幅(%)

二、2020年四川物价变动原因分析

(一)供求关系改善，猪肉价格加速回落

2020年，四川猪肉价格上涨47.7%，涨幅较上年扩大4.5个百分点，拉动CPI上涨约2.1个百分点，对CPI的影响程度由49%增至65%，表明CPI变动有超过一半以上是来自猪肉价格上涨的影响。受供求关系影响，2020年四川猪肉价格走势呈冲高、回落、反弹、加速回落态势。从月度走势看，年初受春节效应及疫情冲击影响明显，猪肉价格2月同比涨幅高达132.4%，创本轮猪肉价格涨幅高点。3-5月，疫情防控形势向好，猪肉供应改善，加上需求端消费不旺，同比涨幅连续三个月收窄。6-7月，由于前期生猪集中出栏，部分养殖户存在压栏情况，加上养殖成本上涨，同比价格出现反弹。8-12月，一方面生猪产能持续恢复，政府储备肉持续投放，另一方面消费需求不旺加之翘尾因素逐步减小，猪肉价格同比加速回落。其中，10月开始猪肉价格同比由正转负，11月下跌11.7%，猪肉绝对价格也接近5月份年内低点，12月进入猪肉传统消费旺季，价格环比由跌转涨，影响同比跌幅收窄，仅下跌3.5%。

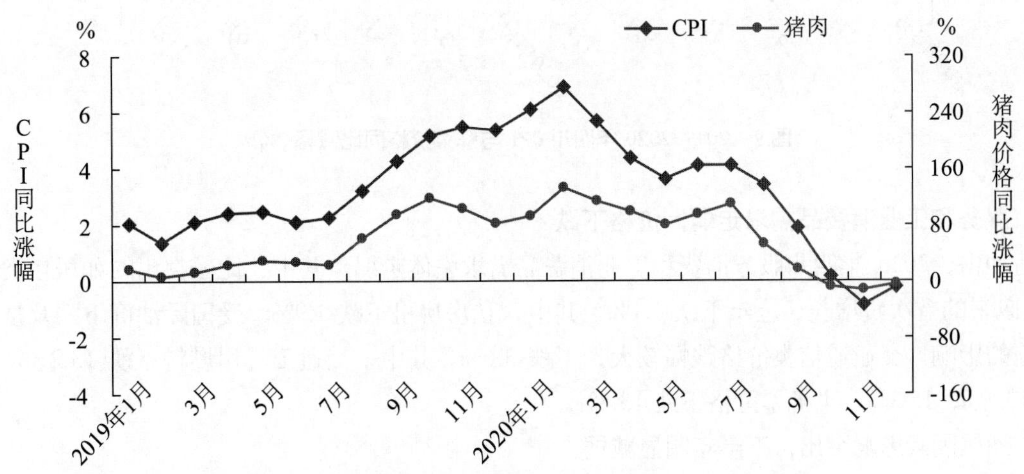

图8 2019-2020年四川CPI与猪肉价格同比涨幅(%)

同时，猪肉价格上涨带动相关食品价格上涨，其中牛肉、羊肉、食用动物油、畜肉副产品、其他畜肉及制品、其他禽肉及制品、快餐等价格上涨4.5%-63.5%，合计拉动CPI上涨约1.1个百分点，对CPI影响程度达34%。

表 1　2020 年四川猪肉相关产品对 CPI 上涨的影响

基本分类	上年同期=100	对总指数的涨跌影响（百分点）
畜肉副产品	144.1	0.40
正餐	106.1	0.26
其他畜肉及制品	113.4	0.10
牛肉	113.7	0.10
食用动物油	163.5	0.09
地方小吃	111.1	0.07
快餐	104.5	0.06
其他禽肉及制品	109.0	0.03
羊肉	109.5	0.02

（二）夏季汛情影响，鲜菜价格下半年涨幅扩大

2020 年，四川鲜菜价格上涨 10.4%，涨幅较上年扩大 8.2 个百分点，拉动 CPI 上涨约 0.3 个百分点，对 CPI 影响程度约 9%。2020 年四川鲜菜价格上涨主要因入夏汛情运输受阻影响，8 月同比上涨 19.3%，10 月涨幅扩大至 21.9%，创下年内单月涨幅新高，涨幅分别高出受春节和疫情影响的 1 月、2 月 5.4 和 6.8 个百分点。

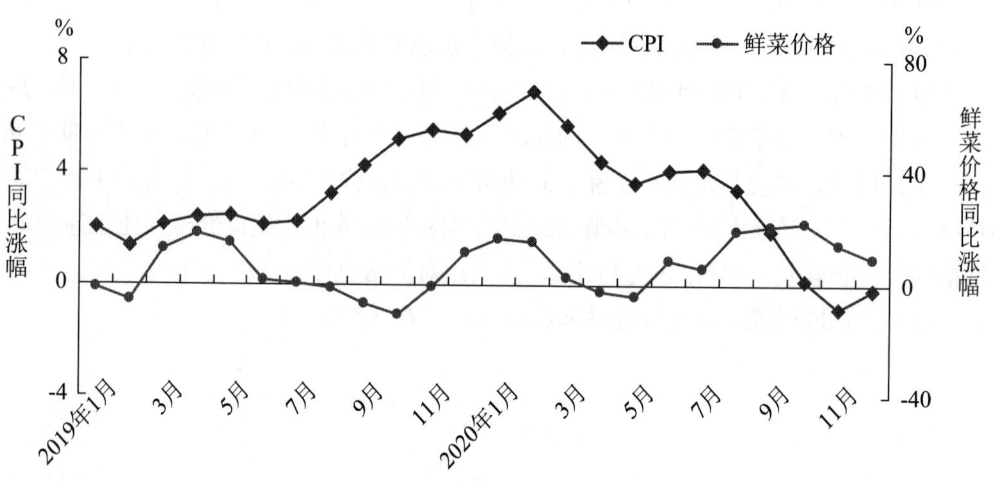

图 9　2019-2020 年四川 CPI 与鲜菜价格同比涨幅（%）

（三）服务和工业消费品需求走弱，价格下跌

受疫情冲击，2020 年四川服务消费和工业消费品需求整体走弱。其中，比较突出的如居住类价格出现自 2010 年以来的首次负增长，全年下跌 1.1%。其中，私房房租下跌 1.9%；受国际油价下跌及疫情期间交通管控措施的影响，交通通信类价格跌幅较大，下跌 3.6%。其中，交通工具用燃料下跌 13.2%，汽、柴油价格下跌 13.7%、15.3%，飞机票价格下跌 13.8%。

（四）翘尾因素影响突出，下半年明显减弱

2020 年以来，疫情影响下居民消费需求疲软，年内有 6 个月新涨价因素为负，全年新涨价因素为 0。受 2019 年猪肉价格上涨影响，翘尾因素在 6 月达到 5.3%的峰值后快速回落，全年翘尾因素达 3.24%，CPI 上涨全部来自翘尾因素影响。从走势来看，新涨价和翘尾因素下半年走低共同影响 CPI 下行，加上受上年猪肉价格高基数回落影响，CPI 同比涨幅在 11 月、12 月落入负值区间。

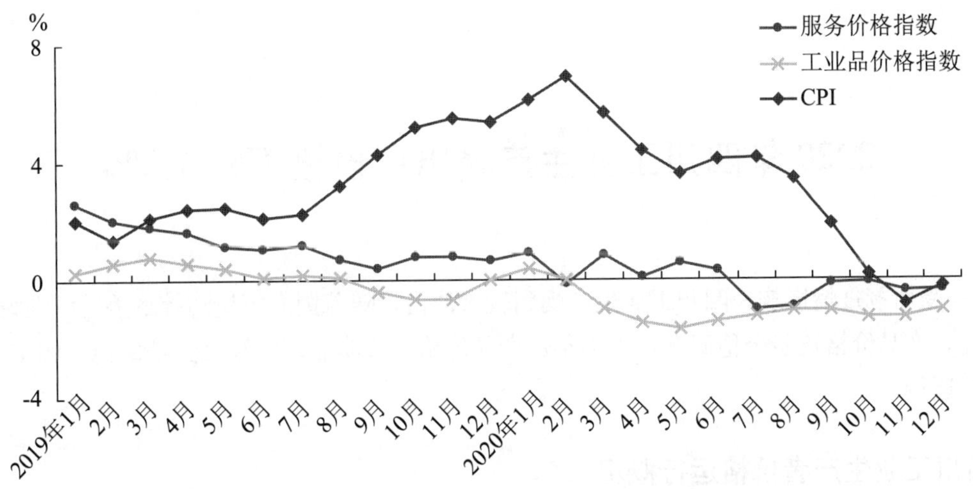

图 10　2019-2020 年四川 CPI 与服务、工业品价格同比涨幅（%）

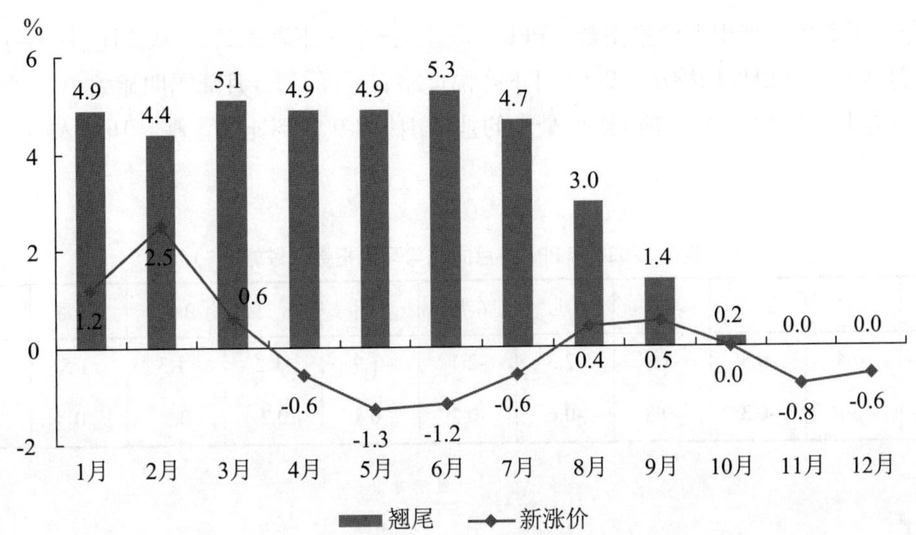

图 11　2020 年四川 CPI 翘尾和新涨价因素影响（%）

三、值得关注的问题及建议

一是猪肉绝对价格回落还需时日，需进一步加强生猪生产保障供给。受 2020 年高基数影响，猪肉价格同比将出现回落，但绝对价格回落仍需时日。一是生猪产能仍在恢复过程中。虽然随着生猪产能逐步恢复供给紧张情况有所改善，但恢复至常年正常水平还需一定时间。二是仔猪价格及饲料成本上涨。养殖成本上涨造成猪肉绝对价格易涨难跌，同时带来的养殖收益下降可能进一步减弱对养殖规模扩张的刺激力度。因此，需科学合理规划生猪生产，做好动物疫情防控，同时加强市场储备肉投放，保障市场供给，避免出现猪肉价格大幅波动。

二是春节临近叠加疫情反复，需进一步做好重要商品的保供稳价工作。临近春节，进入传统消费旺季，部分商品和服务需求增加。加上气温降低，疫病高发，禽流感及猪瘟疫情有复发风险，新冠疫情存在局部反弹，商品和服务供给可能会受到不同程度影响。为确保特殊时期物价稳定，需进一步加强对重要商品及服务价格监测，重点保障粮油、禽蛋肉菜果等食品和防疫物资的正常供应，防止价格出现异常波动。

2020年四川工业生产者出厂价格下降1.2%

2020年，受新冠疫情影响，四川工业生产受到较大冲击，随着国内疫情防控形势持续向好，四川工业生产稳步恢复，产品价格逐步企稳回升。上半年，产品价格下降明显，三季度止跌回稳，四季度明显回升，但仍维持低位运行。

一、四川工业生产者价格运行概况

（一）出厂价格变动情况

2020年全年，工业生产者出厂价格指数（PPI，下同）比上年下降1.2%。从同比看，1-5月各月下降幅度均扩大，6-8月各月下降幅度均缩小，9-10月下降幅度略有反弹，11月降幅明显缩小，12月由降转平。从环比看，1-7月各月环比均下降，下降幅度最大的是4月，8-9月环比均上涨，10月转平，11-12月明显上涨。

表1 2020年PPI各月同比与环比指数涨跌幅（%）

指标	1月	2月	3月	4月	5月	6月	7月	8月	9月	10月	11月	12月
同比	-0.3	-0.4	-0.8	-1.9	-2.5	-2.1	-1.9	-1.2	-1.3	-1.5	-1.0	0
环比	-0.1	-0.1	-0.3	-0.8	-0.6	-0.2	-0.1	0.2	0.2	0	0.7	1.2

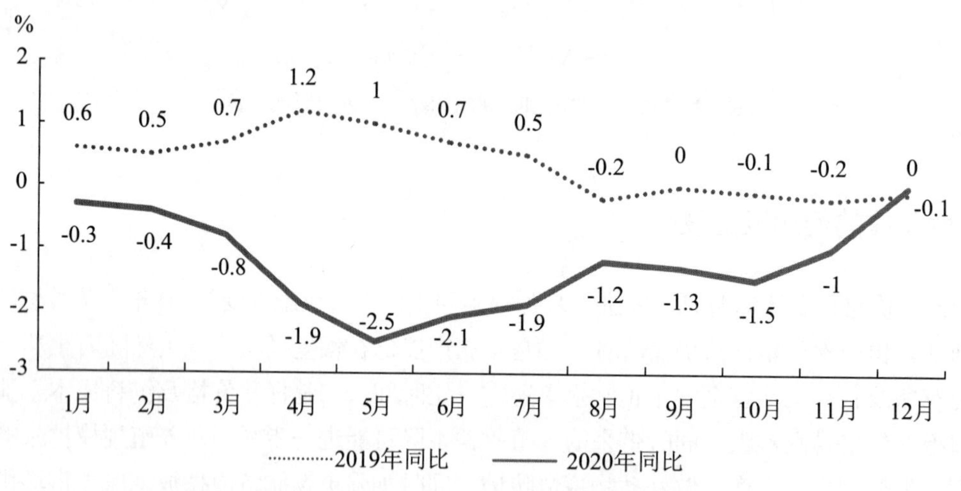

图1 2019年、2020年四川省工业生产者出厂价格分月同比涨跌幅（%）

2020年生产资料出厂价格指数比上年下降2.1%，其中：采掘类上涨1.8%，原材料类下降5.4%，加工类下降1.6%；生活资料出厂价格指数比上年上涨1.1%，其中：食品类上涨2.9%，衣着类下降1.6%，一般日用品类下降1.0%，耐用消费品类下降3.3%。

（二）购进价格运行情况

2020年全年，工业生产者购进价格指数（IPI，下同）比上年下降1.9%。各月同比均出现下降，2-5月降幅连续扩大，6-8月降幅连续缩小，9-10月降幅略有扩大，11-12月缩小。从环比来看，2-5月均下降，下降幅度最大的是4月，6-9月均平稳上涨，10月转平，11-12月上涨。

表 2　2020 年 IPI 各月同比与环比指数涨跌幅（%）

指标	1 月	2 月	3 月	4 月	5 月	6 月	7 月	8 月	9 月	10 月	11 月	12 月
同比	-0.7	-0.6	-1.3	-2.9	-3.7	-2.8	-2.1	-1.9	-2.2	-2.3	-1.9	-0.5
环比	0.4	-0.1	-0.8	-1.6	-1.0	0.2	0.3	0.2	0.1	0	0.4	1.3

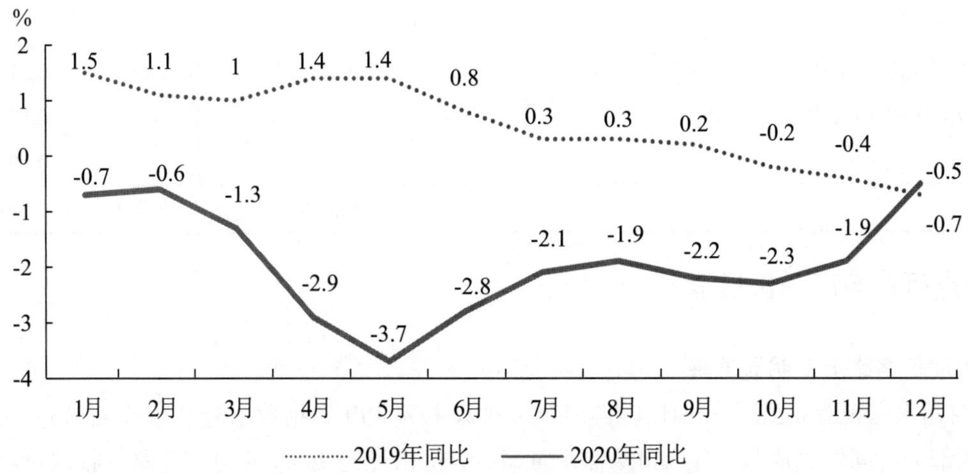

图 2　2019 年、2020 年四川省工业生产者购进价格分月同比涨跌幅（%）

从 IPI 内部结构看，九大类原材料产品价格指数“二涨七降”。其中：农副食品类上涨 4.8%，其他工业原材料及半成品类上涨 0.4%，黑色金属材料类下降 1.6%，木材及纸浆类下降 2.2%，有色金属材料及电线类下降 2.7%，纺织原材料类下降 3.0%，建筑材料及非金属类下降 3.2%，化工原料类下降 5.9%，燃料动力类下降 6.2%。

（三）与全国的比较及排位

2020 年四川 PPI 比上年下降 1.2%，降幅低于全国 0.6 个百分点，在全国 31 个省（自治区、直辖市）中居第 11 位；在西部 12 个省（自治区、直辖市）中居第 5 位。四川 IPI 降幅为 1.9%，低于全国 0.4 个百分点，在全国 30 个省（自治区、直辖市）（除西藏外）中居第 14 位；在西部 11 个省（自治区、直辖市）（除西藏外）中居第 5 位。

（四）4 大类产品上涨与 7 大类产品下降成为影响 PPI 下降的主要因素

调查的 39 个工业大类中，2020 年出厂价格比上年上涨的大类 16 个，持平的 1 个，下降的 22 个，行业下降面 56.4%，比 2019 年高 12.8 个百分点。其中影响 2020 年上涨较大的 4 个大类分别是：农副食品加工业、黑色金属矿采选业、酒饮料及精制茶制造业、医药制造业（见表 3）。影响 2020 年下降较大的 7 个大类分别是化工原料和化学制品制造业、石油煤炭及其他燃料加工业、计算机通信和其他电子设备制造业、非金属矿物制品业、黑色金属冶炼和压延加工业、电力热力生产和供应业、煤炭开采和洗选业（见表 4）。

表 3　2020 年影响 PPI 总指数上涨较大的行业

类　　别	平均同比涨幅（%）	影响程度（百分点）
农副食品加工业	4.3	0.33
黑色金属矿采选业	8.1	0.13
酒、饮料及精制茶制造业	1.6	0.11
医药制造业	2.9	0.10
小　计	拉动 2020 年平均同比上涨 0.67 个百分点	

表4 2020年影响PPI总指数下降较大的行业

类　别	平均同比降幅（%）	影响程度（百分点）
化工原料和化学制品制造业	4.5	0.29
石油煤炭及其他燃料加工业	12.2	0.27
计算机、通信和其他电子设备制造业	3.0	0.26
非金属矿物制品业	3.8	0.26
黑色金属冶炼和压延加工业	3.9	0.21
电力热力生产和供应业	3.2	0.17
煤炭开采和洗选业	4.1	0.10
小　计	拉动2020年平均同比下降1.56个百分点	

二、重点行业与产品价格情况

（一）水泥价格比上年明显下降

2020年四川水泥制造业出厂价格比上年下降10.6%，拉动PPI总指数下降0.17个百分点。主要原因是：一季度工地大部分时间停工放假，各大市场需求量减少，价格环比微跌，4月高速路不收取过路费，省外水泥大量进入四川省内，造成省内产能过剩，同时由于疫情导致工地需求下降，所以市场饱和，价格明显下滑。5月以来各大建筑工地复工复产，抓紧时间抢工期，对水泥的需求大幅增加，且5月开始恢复收取过路费，水泥价格逐渐回升。7-10月受中高考停工、雨水和洪水导致的施工困难、外省水泥涌入等因素影响，造成水泥价格回落，11月以来价格平稳。

表5 2020年水泥制造业出厂产品价格各月同比与环比指数涨跌幅（%）

指标	1月	2月	3月	4月	5月	6月	7月	8月	9月	10月	11月	12月
同比	-7.5	-7.5	-6.5	-13.2	-15.2	-13.2	-11.5	-10.0	-11.1	-11.5	-9.9	-9.7
环比	0	-0.6	-0.6	-4.5	-0.6	0.9	0.9	-2.8	-1.0	-1.8	0.2	-0.2

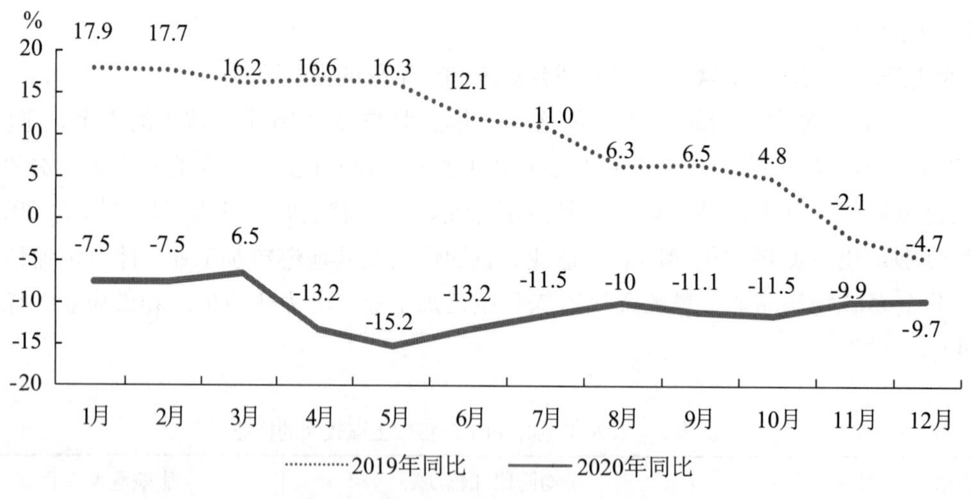

图3 2019年、2020年四川省水泥制造业价格分月同比涨跌幅（%）

（二）钢材价格先跌后涨

2020年四川钢压延加工业产品出厂价格比上年下降2.2%，炼钢下降3.7%，铁合金冶炼下降14.3%。环比下降最大的是4月。究其原因：一是机械、汽车等行业增速下滑，需求减少；二是受春节和疫情影响，一季度施工时间减少，钢铁需求减少，价格下降；三是5月以来，国内外疫情防控形势陆续走出低谷，下游需求持续释放，铁矿石等价格持续上涨，国内钢材价格也出现了震荡反弹走势；四是 11 月以来铁矿石价格上涨和冬季煤价上涨等原因导致炼钢成本上涨，钢材价格上涨。

表 6　2020 年钢压延加工业出厂产品价格各月同比与环比指数涨跌幅（%）

指标	1 月	2 月	3 月	4 月	5 月	6 月	7 月	8 月	9 月	10 月	11 月	12 月
同比	1.3	1.4	-1.8	-6.9	-7.8	-5.7	-5.2	-2.3	-0.8	-0.9	1.5	1.6
环比	-0.8	-0.2	-2.3	-2.5	0.5	1.1	0.4	0.8	0.9	-0.3	2.2	1.9

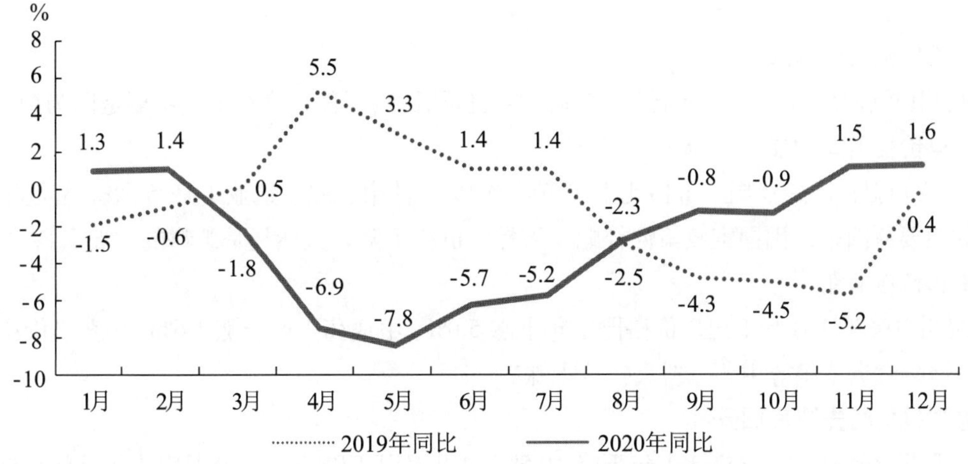

图 4　2019 年、2020 年四川省钢压延加工业价格分月同比涨跌幅（%）

（三）煤炭同比降幅先扩大后缩小

2020 年四川原煤出厂价格比上年下降 4.0%，无烟煤下降 2.8%，烟煤下降 5.2%。上半年受到疫情影响，下游企业生产大幅度减少，煤炭市场需求减少，价格下降，6-8 月以来丰水期水力发电维持较高水平，对火电形成挤压，加上今年夏季气温相对较低，秋季降温早，居民用电需求减弱，电煤需求减少，年底煤炭开始供不应求，价格上涨。

表 7　2020 年原煤出厂产品价格各月同比与环比指数涨跌幅（%）

指标	1 月	2 月	3 月	4 月	5 月	6 月	7 月	8 月	9 月	10 月	11 月	12 月
同比	-3.4	-3.3	-2.9	-3.8	-3.5	-4.1	-4.3	-4.9	-5.2	-5.0	-4.2	-3.3
环比	-0.8	-0.5	0.6	-1.5	0.3	-0.7	-1.2	-1.6	0.1	0.1	1.1	1.1

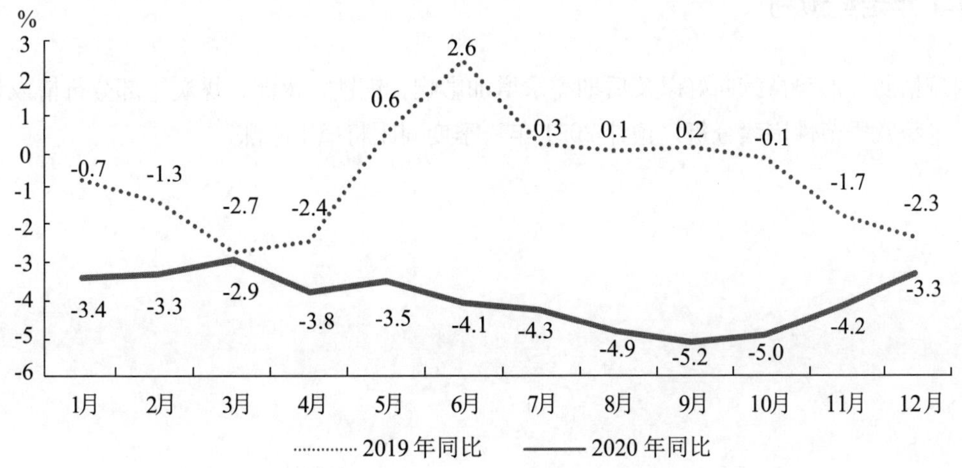

图 5　2019 年、2020 年四川省原煤价格分月同比涨跌幅（%）

（四）牲畜屠宰价格明显上涨

2020年四川牲畜屠宰业出厂价格比上年上涨6.6%，肉制品及副产品加工上涨4.9%。猪肉价格2月受疫情影响涨幅较大，3月以来因国家加大调控而稳中略降，年底因临近春节腌制香肠腊肉而反弹。

表8 2020年牲畜屠宰业出厂产品价格各月同比与环比指数涨跌幅（%）

指标	1月	2月	3月	4月	5月	6月	7月	8月	9月	10月	11月	12月
同比	5.6	11.0	10.1	7.6	4.5	5.0	9.7	16.4	8.9	3.5	-1.9	1.2
环比	-3.5	3.9	-0.9	-1.0	-3.2	-0.2	4.5	1.8	-0.5	-0.9	-1.6	3.2

（五）白酒价格稳中略涨

2020年四川白酒出厂价格比上年上涨2.6%，各月价格比较平稳，略有上涨主要是因为粮食价格上涨。

（六）肥料价格下降明显

2020年，四川肥料制造业出厂价格比上年下降4.1%，其中氮肥制造业下降5.5%，复混肥料制造下降4.2%。下降的主要原因是：因国家政策性补贴，天然气价格下降，天然气是肥料的主要原料之一。

（七）中药价格上涨

2020年四川中医药饮片加工出厂价格比上年上涨5.0%，中成药生产上涨1.6%。中药类价格上涨主要是因为年初的疫情导致板蓝根等中药原料大幅度上涨。

（八）电视机价格先降后回升

2020年，四川电视机出厂价格比上年下降10.5%，1-9月以下降为主，10月以来上涨幅度较大。下降的原因一是该行业更新换代快，价格下降快；二是疫情影响了该行业及其下游企业的出口，从而影响价格。回升的原因主要是液晶面板价格上涨，成本增加。

（九）汽油、柴油价格大幅下降

2020年四川汽油出厂价格比上年下降19.4%，柴油价格下降14.6%。主要受国际油价和疫情的影响，汽油和柴油价格2-4月暴跌，5月回升后价格波动较大。原油价格的下降也导致其衍生产品价格下降，如化学纤维制造业价格下降16.2%，塑料制品业价格下降2.8%。

（十）电、气等受国家政策补贴影响价格下降明显

2020年，四川电力、热力生产和供应业价格下降3.2%，拉动PPI总指数下降0.17个百分点；燃气生产和供应业下降4.6%。疫情期间，根据国家发改委文件精神，对工业用电和气采取国家政策性补贴，该补贴直接在费用里扣减，四川工业用电补贴执行至年底，气价补贴执行至6月底。这两项政策的执行使今年电、气价格明显下降。

三、2021年走势预判

随着国内疫情防控形势持续向好以及后期需求增加影响，钢铁、水泥、煤炭等部分行情或将稳步上行。结合行业大类走势及季节性因素分析，预计2021年一季度同比将稳中略涨。

2020年四川粮食实现扩面增产

2020年，是全面建成小康社会和“十三五”规划的收官之年。面对新冠肺炎疫情的不利影响和复杂的粮食生产形势，四川各地各部门认真贯彻落实党中央、国务院和省委、省政府的决策部署，坚持疫情防控和农业生产两手抓两不误，把“三农”工作摆在重要位置，把粮食生产作为头等大事来抓，克服秋粮生产前干后涝等自然灾害的影响，全年粮食实现了扩面增产。

据国家统计局四川调查总队抽样调查数据，经国家统计局核定，2020年四川省全年粮食播种面积6312.6千公顷（9468.9万亩），比上年略有增加，产量达到3527.4万吨（705.5亿斤），比上年增产28.9万吨（5.8亿斤），增长0.8%，在全国各省（自治区、直辖市）中居第9位。

一、粮食生产的主要特点

（一）从生产因素看，面积扩大和单产提高，使粮食总产量增加

2020年，四川各地采取超常规手段和措施来推动和发展粮食生产，压实了粮食生产责任。全面落实惠农政策，加大资金投入，调整种植结构，推动撂荒耕地复耕，改进耕作制度增加套种、间种，做足房前屋后田坎文章，调动农民种粮积极性，使粮食播种面积得到扩大。2020年，全省全年粮食播种面积6312.6千公顷（9468.9万亩），比2019年增加33.3千公顷（49.95万亩），增长0.5%。

2020年，在秋粮生产期间，虽然遭受了突如其来的新冠病毒、前期干旱和主汛期洪涝灾害的影响，但秋粮生产的农业气候总体上利大于弊，加上各地加强田间管理，加大科技应用，科学防灾减灾，病虫危害总体偏轻，使秋粮单产保持稳定。加之夏粮增产的有利形势，总体上保证了全年粮食单产水平稳中有升。2020年，全省全年粮食综合平均单产5588公斤/公顷（372.5公斤/亩），比上年提高17公斤/公顷（1.1公斤/亩），提高0.3%。

表1　2020年四川粮食生产情况表

单位：千公顷、公斤/公顷、万吨、%

指　标	2020年	2019年	增减绝对数	增减百分比
播种面积	6312.6	6279.3	33.3	0.5
亩　产	5588.0	5571.0	17.0	0.3
总　产	3527.4	3498.5	28.9	0.8

（二）分季节看，夏粮、秋粮均保持稳定增产，秋粮占比大

2020年，全省夏粮面积1095.0千公顷（1642.5万亩），比上年减少8.4千公顷（12.6万亩），减0.8%。夏粮单产3893公斤/公顷（259.5公斤/亩），比上年提高60公斤/公顷（4公斤/亩），提高1.6%。夏粮产量426.3万吨(85.3亿斤)，比上年增产3.4万吨（0.7亿斤），增长0.8%。

2020年，全省秋粮播种面积5217.6千公顷（7826.4万亩），比上年扩大41.7千公顷（62.6万亩），扩大0.8%。秋粮单产5944公斤/公顷（396.2公斤/亩），和上年持平。秋粮产量为3101.1万吨（620.2亿斤），比上年增加25.5万吨（5.1亿斤），增长0.8%。

表 2　2020 年四川粮食分季生产情况

单位：千公顷、公斤/公顷、万吨、%

指　标	2020 年			2020 年比 2019 年增减绝对数			2020 年比 2019 年增减（%）		
	播种面积	亩　产	产　量	播种面积	亩　产	产　量	播种面积	亩　产	产　量
夏　粮	1095.0	3893	426.3	-8.4	60	3.4	-0.8	1.6	0.8
秋　粮	5217.6	5944	3101.1	41.7	2	25.5	0.8	0	0.8
全　年	6312.6	5588	3527.4	33.3	17	28.9	0.5	0.3	0.8

从构成来看，秋粮占比大。从播种面积来看，夏粮占全年的 17.3%，秋粮占 82.7%；从粮食产量来看，夏粮占全年的 12.1%，秋粮占 87.9%。

（三）分类别看，谷物、豆类、薯类均保持稳定增产

2020 年，全省谷物播种面积 4444.3 千公顷（6666.45 万亩），比上年减少 14.8 千公顷（22.2 万亩），减 0.3%。谷物单产 6384 公斤/公顷（425.6 公斤/亩），提高 48 公斤/公顷（3.2 公斤/亩），提高 0.8%。谷物产量 2836.8 万吨（567.3 亿斤），增加 11.5 万吨（2.3 亿斤），增 0.4%。

2020 年，全省豆类播种面积 599.4 千公顷（899.1 万亩），增加 39.6 千公顷（59.4 万亩），增长 7.1%。豆类单产 2316 公斤/公顷（154.4 公斤/亩），降低 5 公斤/公顷（0.3 公斤/亩），降低 0.2%。豆类产量 138.8 万吨（27.8 亿斤），增加 8.9 万吨（1.8 亿斤），增长 6.9%。

2020 年，全省薯类播种面积 1268.9 千公顷（1903.35 万亩），扩大 8.5 千公顷（12.75 万亩），扩大 0.7%。薯类单产 4349 千公斤/公顷（289.9 公斤/亩），提高 38.5 公斤/公顷（2.6 公斤/亩），提高 0.9%。薯类产量 551.8 万吨（110.4 亿斤），增加 8.5 万吨（1.7 亿斤），增长 1.6%。

表 3　2020 年四川粮食分类生产情况

单位：千公顷、公斤/公顷、万吨、%

指　标	2020 年			2020 年比 2019 年增减绝对数			2020 年比 2019 年增减（%）		
	播种面积	亩产	产量	播种面积	亩产	产量	播种面积	亩产	产量
谷　物	4444.3	6384	2836.8	-14.8	48.0	11.5	-0.3	0.8	0.4
豆　类	599.4	2316	138.8	39.6	-5.0	8.9	7.1	-0.2	6.9
薯　类	1268.9	4349	551.8	8.5	38.5	8.5	0.7	0.9	1.6

（四）主要作物看，振兴大豆效果明显，特色产品高粱大幅增产，稻谷、玉米、小麦、马铃薯、甘薯等全面增产

2020 年，四川实施大豆振兴计划和大力发展酿酒专用高粱，使大豆和高粱播种面积大幅度增加；局部地区水稻由于播栽期间干旱缺水，造成栽插困难，播种面积稳中略减；玉米则因高粱的种植挤占了部分面积，播种面积有所减少；小麦因种植效益低，播种面积缩减；马铃薯市场效益好，脱贫攻坚鼓励发展，播种面积略有增加；甘薯因生猪产能恢复消耗需求增加，使播种面积略有扩大。高粱和大豆虽然面积扩大，但因种植条件较差和品种因素等影响，使其单产有所下降，其他主要作物单产稳中略增。总体上各作物产量出现全面增产态势。

2020 年，全省稻谷播种面积 1866.3 千公顷（2799.5 万亩），减少 3.7 千公顷（5.6 万亩），减 0.2%；小麦 596.8 千公顷（895.2 万亩），减少 14.3 千公顷（21.5 万亩），减 2.3%；玉米 1839.4 千公顷（2759.1 万亩），减少 4.6 千公顷（6.9 万亩），减 0.2%；高粱 54.9 千公顷（82.4 万亩），增加 4.9 千公顷（46.1 万亩），增 9.8%；大豆 432.7 千公顷（649.1 万亩），增加 30.7 千公顷（46.1 万亩），增 7.6%；马铃薯 683.6 千公顷（1025.4 万亩），增加 4.2 千公顷（6.3 万亩），增 0.6%；甘薯 585.3 千公顷（878 万亩），增加 4.3

千公顷（6.4 万亩），增 0.7%。

2020 年，全省稻谷产量 1475.3 万吨（295.1 亿斤），增加 5.5 万吨（1.1 亿斤），增 0.4%；小麦 246.7 万吨（49.3 亿斤），增加 0.5 万吨（0.1 亿斤），增 0.2%；玉米 1065 万吨（213 亿斤），增加 2.9 万吨（0.6 亿斤），增 0.3%；高粱 27.3 万吨（5.5 亿斤），增加 1.6 万吨（0.3 亿斤），增 6.2%；大豆 101.3 万吨（20.3 亿斤），增加 6.6 万吨（1.3 亿斤），增 7.0%；马铃薯 288.8 万吨（57.8 亿斤），增加 4.4 万吨（0.9 亿斤），增 1.5%；甘薯 262.9 万吨（52.6 亿斤），增加 4.1 万吨（0.8 亿斤），增 1.6%。

二、全国粮食产量增长 0.9%，四川产量位居全国第九

（一）全国粮食产量增长 0.9%

2020 年，全国粮食播种面积 116768 千公顷（175152 万亩），比 2019 年增加 704 千公顷（1056 万亩），增长 0.6%。单产 5734 公斤/公顷（382 公斤/亩），比 2019 年增加 13.9 公斤/公顷（0.9 公斤/亩），增长 0.2%。粮食总产量 66949 万吨（13390 亿斤），比 2019 年增加 565 万吨（113 亿斤），增长 0.9%。

（二）四川粮食产量在全国各省（自治区、直辖市）中居第 9 位

2020 年，四川粮食产量在全国 31 个省（自治区、直辖市）中，排在黑龙江（7541 万吨）、河南（6826 万吨）、山东（5447 万吨）、安徽（4019 万吨）、吉林（3803 万吨）、河北（3796 万吨）、江苏（3729 万吨）、内蒙古（3664）之后，居全国第 9 位，排在四川后两位的是湖南（3015 万吨）、湖北（2727 万吨）。

三、今年影响粮食生产的主要因素

（一）有利因素

1. 各级党委政府推动粮食生产的力度前所未有

今年以来，四川省委、省政府，各级地方党委、政府积极贯彻落实党中央、国务院关于保障粮食安全的各项决策部署，加强组织领导，大力抓好粮食生产。省委省政府多次下发文件、多次召开粮食生产工作推进会、现场观摩会，以超常规的举措、前所未有的力度抓部署、抓落实。今年首次将粮食安全纳入市、县政府目标考核，明确对粮食生产贡献突出的市（州）、县（自治区、直辖市）予以表彰和项目资金优先安排，粮食生产没完成目标任务的县（自治区、直辖市）不纳入涉农工作考评和表彰，明确要求各级领导特别是一把手亲自抓粮食生产、分管领导具体抓粮食生产。抓住重要时间节点，千方百计扩大粮食面积，层层进行落实。组织粮食生产工作督导组，实行每月一督导，每月一通报，督促落实好粮食扩种任务，确保应播尽播、应种尽种。

2. 助农惠农政策力度不断加大

一是财政资金支持力度持续加大。截止到 8 月（影响当年粮食生产资金），全省农林水支出 713 亿元，比上年同期增长 11.8%。下达中央财政农业生产发展资金 73.2 亿元，中央财政农田建设补助资金 29.0 亿元，中央农机补贴 1.1 亿元（同比增 91.5%），下达省级财政农业改革创新科技示范奖补资金支持种粮大户补贴 0.8 亿元（30 亩以上大户），稻谷生产者补贴 8.6144 亿元。中央财政产粮大县奖励资金 16.0245 亿元，比上年增长 19.1%。

二是增加补助加大撂荒地复耕。针对疫情期间农民无法外出打工之机，多数地区安排涉农专项资金用于鼓励撂荒地复耕复种，补助标准亩平达到 200 元-300 元，使农民种粮意愿有所增强。初步统计，今年全省共复耕耕地 83.6 万亩，其中用于种植秋粮作物 75 万亩。

三是改进耕作制度提高利用率。今年各地大力推广套种、间种种植技术，提高耕地复种指数，做足房前屋后田坎文章，努力扩大粮食播种面积。全省各地对大豆种植给予 150 元/亩的补助，有的地区还免费下发种子。初步统计，今年新增套种、间种和田边地角种植秋粮作物 74 万亩。

四是实施结构调整增加粮食播种。主要是加大粮经作物结构调整力度，要求粮食作物播种面积不能减

少，粮食生产功能区恢复粮食生产，制止土地流转非粮化。如：成都市从今年开始，对退草坪、退果木、退花卉园地改种粮食的耕地每亩补贴3000元；安岳县将柠檬果林改种粮食，每亩补助300元，有力地调动了农民的种粮积极性。

3.科技支撑作用得到有效发挥

一是推广优良品种。2020年，各地积极推广高产、优质、多抗、适应市场需求的优良品种，例如稻谷推广宜香优2115、川优6203、川种优3877、千优531等优良品种，个别地区推广巨型稻，单产可达800公斤-1000公斤/亩；玉米推广荣玉1608、中玉335、众星玉188、正红212等优良品种。全省优良品种覆盖率较高，如南充市优良品种覆盖率达98%。

二是推广先进技术。2020年，四川开展绿色高质高效农田创建780.6万亩；推广小麦精量播种、药剂拌种、稻田免耕栽培、测土配方施肥、病虫草害综合防治等一系列技术；水稻旱育秧栽插、宽窄行规范化栽培、抛秧面积分别达到1577.8万亩、1237.5万亩、305.3万亩；玉米种子包衣、育苗移栽面积分别达到1494.1万亩、1037.9万亩，地膜覆盖栽培达到780.8万亩，同比增加6.2万亩；推广秸秆还田2425.6万亩，同比增加111.8万亩；推广测土配方5550.2万亩，同比增加126.9万亩。

三是强化项目引领。2020年，四川落实产业发展资金4.6亿元，建设了9个粮油提质增效示范县、29个粮油绿色高产发展示范县、24个酿酒专用粮示范基地县、18个粮油结构调整示范县、30个再生产稻高产示范县、13个粮油绿色高质高效创建示范县、10个优质稻种植结构调整示范县，新增15个省级现代粮油培育园区，省级粮油培育园区达到24个。

4.气候条件总体适宜作物生长

夏粮生产期间，全省大部分地区农业气候条件变化平稳，光、温、水等农业气候条件匹配较好，强降温、霜冻、雨雪等灾害天气不明显，夏粮主产区无明显干旱，作物整体长势良好。据国家统计局四川调查总队农作物种植空间分布和作物长势卫星遥感监测显示：2月底，小麦长势较上年同期评为持平及好的面积占比为80.9%，评为差的面积占比为19.1%。3月底，较上年同期评为持平及好的占比为87.3%，评级为差的面积占比为12.7%。

秋粮生产期间，总体来看，气温适宜，光照充足，降水充沛，大部分农区水热同步，整体光、温、水条件匹配较好，有利于各类作物生长。据遥感测量情况显示，全省主要作物长势正常，长势好的和持平的，稻谷6月占72%，7月占70%；玉米6月占68%，7月占67%，都高于上年同期占比。

5.主要病虫危害较常年偏轻

今年夏粮病虫越冬基数较大，入春后气温较常年偏高，降水偏多，病虫害偏重发生。但农业部门加强预报、及时防治，小麦实行“一喷多防”“统防统治”，有效地控制了病虫危害，条锈病、赤霉病影响轻于上年。

今年5-6月多晴热天气，对作物主要病虫害的发生发展起到了很好的抑制作用，盆地农区常年多发的水稻叶瘟病、玉米纹枯病等均呈显著偏轻发生。根据省农业农村厅资料，草地贪夜蛾在104县发生138.6万亩，县数同比少23个，全省大力阻截防控，未对玉米生产造成较大影响。西藏飞蝗发生86.5万亩，面积同比减少25%。水稻螟虫、稻瘟病等大春病虫害发生3247.1万亩，比去年减少3.2%，累计防治6258.7万亩次，平均防治效果超过88%，病虫危害损失率控制在4%以下。

（二）不利因素

1.局部地区遭受干旱影响

4月下旬至5月中旬，四川局部地区气温偏高，降雨偏少，日照偏多。受干旱影响，一方面，给无水源保障的地区水稻移栽造成一定影响，使四川水稻播种面积减少；另一方面，部分地区玉米栽播推迟，有的移栽的玉米由于干旱，长势受到影响。到6月中下旬，全省大范围降雨，使夏旱得到有效缓解，利于秋粮作物的积极生长和苗情转化。

2.局部地区遭受洪灾小有损失

7 月下旬至 8 月中旬，成都、雅安、乐山等市的局部地方出现多雨日和强降水，使农业生产受到一定洪涝灾害影响。但对四川粮食生产影响有限。老百姓说“洪灾一条线，一会儿看不见”，来得快、去得也快，主要是低洼地带和沿江沿河部分作物倒伏或被淹，少量田块减产，损失较小。

生猪生产持续较快恢复　市场供应情况有所改善

——2020年四川主要畜禽产销形势分析

为贯彻落实党中央、国务院“六稳”“六保”有关要求，省委、省政府高度重视生猪等主要畜禽生产发展，全省上下努力克服新冠疫情不利影响，按照“农业多贡献”的工作目标采取了一系列超常规发展措施狠抓生猪生产恢复，取得了较好的效果，以生猪占主要地位的四川畜牧业生产实现了恢复性增长。分品种看，生猪产能持续较快恢复，全年出栏量较上年增加较多，价格高位震荡回落；牛羊生产总体稳定，存、出栏量稳定增长，全年价格高位运行；家禽受生猪产能恢复的影响，全年出栏量有所减少，价格高位回落；肉蛋奶供应较为充足，猪肉供应偏紧的局面得到逐步改善。

一、主要畜禽生产及供应基本情况

（一）生猪产能稳步回升，存栏实现较快增长

一是生猪存栏快速恢复，规模养殖较快发展。从全省主要畜禽监测调查的情况看，生猪生产保持稳步回升态势，生猪存栏量较上年大幅回升。据国家统计局核定，2020年末全省生猪存栏3875.4万头，较2019年末增加1004.7万头，增幅达到35.0%，恢复至非洲猪瘟发生前2017年正常生产年份的88.5%。其中，能繁母猪存栏372.1万头，同比增35.8%，为2017年的88.6%，能繁母猪占比为9.6%，能繁母猪较快恢复，为后期生产奠定了良好基础。同时，从83个生猪调出大县月度监测数据情况看，生猪养殖规模化程度进一步提高，大型养殖企业（场）发展迅速，监测数量由年初556家增至年末964家；生猪存栏数量由年初262.0万头增加至年末690.8万头，增幅达到163.7%；大型企业（场）存栏量占大县总量的比重由11%提升至22%左右。

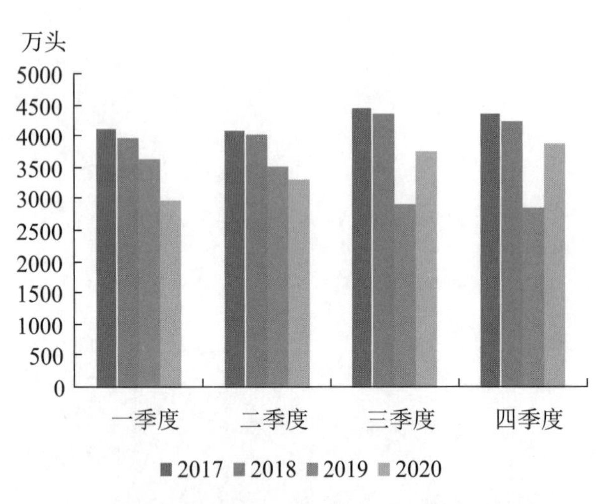

图1　2017-2020年四川生猪分季存栏（万头）

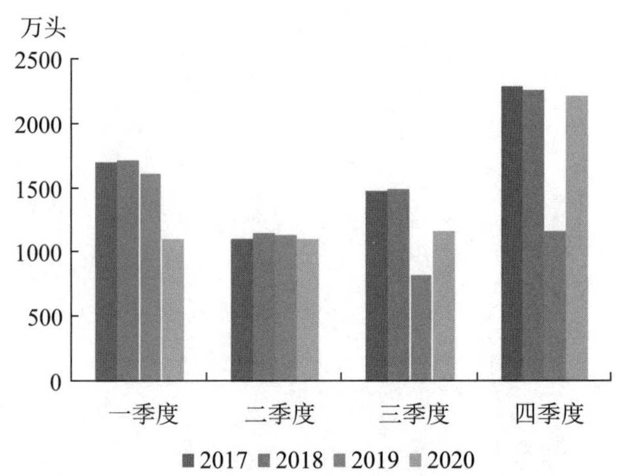

图2　2017-2020年四川生猪分季出栏（万头）

二是生猪出栏较上年增加，供应紧张局面得到缓解。全年全省生猪出栏量为5614.4万头，继续保持全国第1位，较上年增加761.8万头，增长15.7%，为2017年的85.3%。受非洲猪瘟、新冠肺炎双疫情影响，以及生猪生产规律和本身周期的制约，前三季度全省出栏生猪3392.1万头，同比仍减少5.3%。随着后期新冠疫情得到有效控制，各地恢复发展生猪的力度加大，财政资金补贴、生产养殖用地、信贷资金审批以及

保险赔付等各项政策落地落实，新扩建项目的陆续投产，能繁母猪数量稳定增加，同时加大了仔猪补栏和跨省调入的力度，四季度全省生猪出栏量为 2222.3 万头，同比增长 74.9%，环比增长 91%，从而带动全省生猪出栏量实现恢复性回升。

（二）牛羊生产稳定发展，家禽出栏略有减少

受前期生猪供应紧张以及居民饮食结构调整等因素的影响，全省牛、羊生产保持稳定增长，家禽生产在上年大幅增加的情况下有所减少。全省牛年末存栏 880.3 万头，较上年末增长 3.4%；羊年末存栏 1524.8 万只，较上年末增长 1.4%；家禽年末存栏 43406.2 万只，较上年末略减 1.2%。全年牛出栏 296.4 万头，较上年增长 1.6%；羊出栏 1792.1 万只，较上年增长 0.7%；家禽出栏 77444.5 万只，较上年减少 1.7%。

（三）畜禽产品普遍增长，禽肉产量有所下降

受生猪供应恢复增加的带动，全年猪牛羊禽肉类总产量为 574.9 万吨，较上年增长 7.1%。其中猪肉产量 394.8 万吨，增长 11.7%；牛肉产量 37 万吨，增长 1.6%；羊肉产量 27.3 万吨，略增 0.8%；禽肉产量 115.8 万吨，下降 3.3%。禽蛋、牛奶需求较好，产量稳定增长，禽蛋产量 167.9 万吨，增长 3.8%；牛奶产量 68 万吨，增长 1.9%。

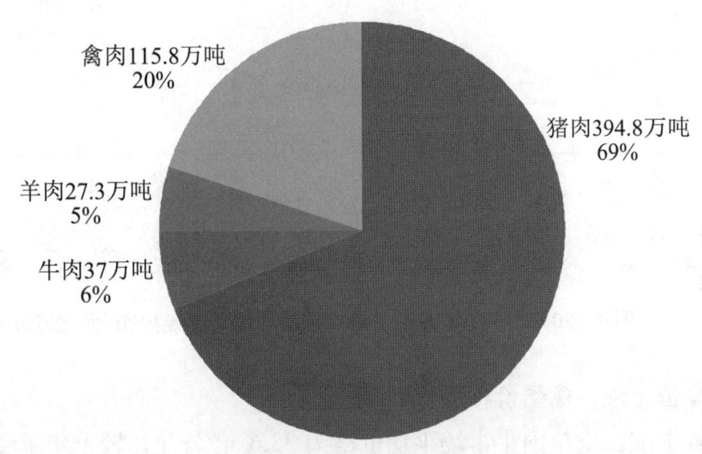

图 3　2020 年四川猪牛羊禽肉产量及占比情况（万吨、%）

（四）全省主要畜禽主产市（州）生产情况

从各市（州）的基本情况看，全年生猪出栏量在全省位居前五的依次是南充市、宜宾市、凉山州、成都市、达州市；全年牛出栏量在全省位居前五的依次是阿坝州、甘孜州、凉山州、达州市、巴中市；全年羊出栏量在全省位居前五的依次是凉山州、南充市、资阳市、达州市、绵阳市；全年家禽出栏量在全省位居前五的依次是达州市、成都市、绵阳市、南充市、德阳市（详见表 1）。

表 1　2020 年全省主要畜禽主产市（州）生产情况

单位：万头、万只

市　州	生猪出栏	占比	市　州	牛出栏	占比	市　州	羊出栏	占比	市　州	家禽出栏	占比
四川省	5614.4	——	——	296.4	——	——	1792.1	——	——	77444.5	——
南充市	521.7	9.3%	阿坝州	57.4	19.4%	凉山州	449.7	25.1%	达州市	7721.7	10.0%
宜宾市	437.0	7.8%	甘孜州	55.2	18.6%	南充市	201.4	11.2%	成都市	7651.1	9.9%
凉山州	416.2	7.4%	凉山州	38.7	13.1%	资阳市	130.4	7.3%	绵阳市	7430.0	9.6%
成都市	400.4	7.1%	达州市	33.5	11.3%	达州市	124.3	6.9%	南充市	7405.8	9.6%
达州市	370.2	6.6%	巴中市	18.3	6.2%	绵阳市	95.5	5.3%	德阳市	7181.8	9.3%

二、主要畜禽市场价格运行情况

（一）生猪价格高位震荡回落，仔猪价格明显走高

一是生猪价格高位震荡回落。全年全省生猪出栏平均价格为 35.7 元/公斤，较上年上涨 59.1%。分季度看，生猪出栏平均价格每公斤分别为 38.0 元、33.6 元、37.5 元、33.9 元，其中前三季度较上年同期分别上涨 131.8%、115.9%、76.5%，涨幅逐季收窄，四季度由涨转降，较上年同期回落 5.6%。

二是仔猪价格明显走高。受仔猪猪源紧张及生猪价格走高等因素影响，全年全省仔猪出售平均价格为 72.8 元/公斤，较上年上涨 131.3%，涨幅远高于生猪出栏价格的涨幅。分季度看，全省仔猪出售平均价格每公斤分别为 56.8 元、75.8 元、81.8 元、74.9 元，较上年同期分别上涨 151.4%、174.6%、182.2%、63.9%。

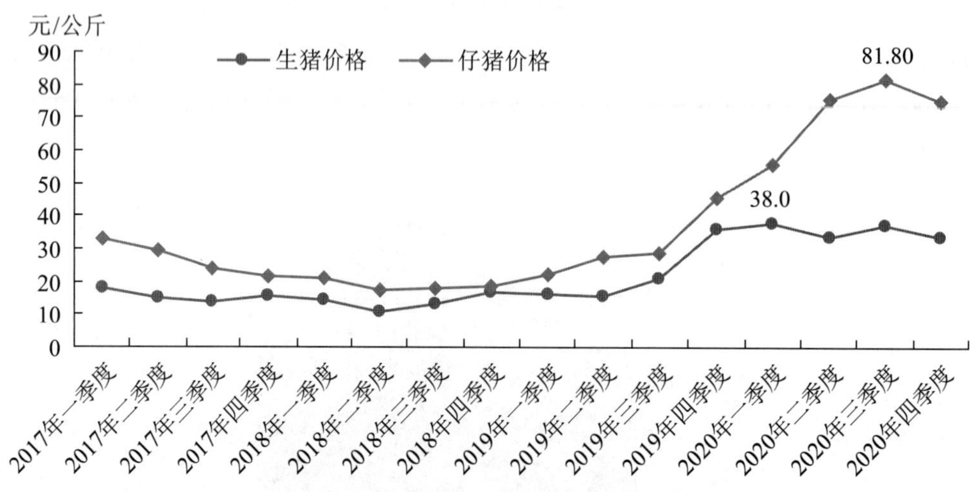

图 4　2017-2020 年四川生猪与仔猪季度价格走势图（元/公斤）

（二）牛羊价格高位上涨，禽蛋价格高位回落

一是牛羊价格高位上涨。全年肉牛市场平均价格为 33.6 元/公斤，较上年上涨 12.2%；活羊市场平均价格为 39.7 元/公斤，较上年上涨 10.4%。四季度肉牛市场价格为 34.5 元/公斤，较三季度上涨 3.6%，较一季度上涨 3.4%；活羊市场价格为 41.1 元/公斤，较三季度上涨 6.3%，较一季度上涨 1.9%。

二是禽蛋价格高位回落。全年肉鸡、土鸡、鸡蛋价格每公斤分别为 24.1 元、39.3 元、15.2 元，较上年持平或略有回落。四季度，肉鸡、土鸡、鸡蛋价格每公斤分别为 23.9 元、38.9 元、15.2 元，较三季度分别上涨 1.3%、1.8%、4.6%，较一季度分别回落 6.4%、7.6%、7.0%。

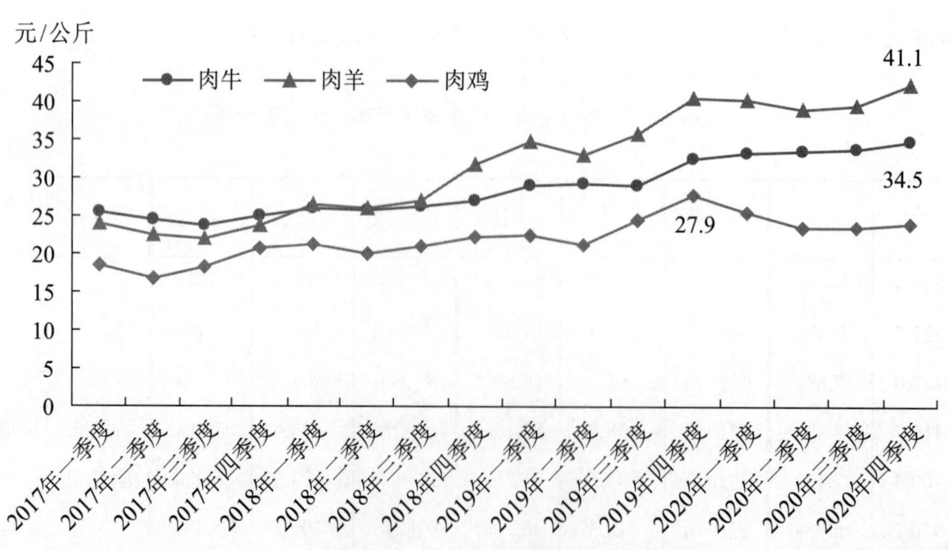

图 5　2017-2020 年四川牛羊禽季度价格走势图（元/公斤）

三、影响主要畜禽生产有利和不利因素

（一）有利因素

一是从政策层面来看，党政重视程度空前。2020 年 12 月前后召开的中央经济工作会议和中央农村工作会议上，习近平总书记出席会议、亲自部署，中央经济工作会议明确了 2021 年八项重点工作任务，其中之一就是强调要解决好种子和耕地问题，保障粮食安全，要提高粮食和重要农副产品供给保障能力；中央农村工作会议要求地方各级党委和政府要扛起粮食安全的政治责任，实行党政同责，要继续抓好生猪生产恢复，促进产业稳定发展。

二是从市场价格来看，养殖收益格局不变。目前，猪牛羊的出栏价格都处于历史高位，有利于增加养殖户的生产信心。尽管各类养殖成本均较前期有所上涨，但按当前出栏价格测算，根据其养殖模式和规模不同，活猪出栏利润约 1200 元-2000 元/头，活牛出栏利润约 5000 元-8000 元/头，活羊出栏利润约 500 元-1000 元/头不等。

三是从发展前景来看，未来养殖信心不减。2020 年，温氏、牧原、新希望、正邦、德康、巨星、正大等国内及省内规模较大养殖企业在多地落地发展。根据年末走访调研和问卷调查结果显示，在好政策、高利润的带动刺激下，生猪养殖户养殖积极性较高，整体生产信心较好，对后期的生猪市场行情普遍看好。问卷调查中，有 11.9%的养殖户倾向于扩大后期生产规模，有 76.7%的养殖户倾向于保持现有生产规模，没有养殖户打算后期缩减规模或退出养殖行业。

（二）不利因素

一是国内猪瘟疫情尚未根除。据国家农业农村部发布的信息看，目前非洲猪瘟疫情形势总体平稳，在全国范围内已得到明显控制，但病毒已在我国定植，点状发生的态势将在较长时期内存在。今年来，四川已在多起非法外调生猪或仔猪中检验出非洲猪瘟病毒，加之部分地区出现了蓝耳病、高温热病、流行性腹泻等疫病，对养殖户的信心恢复仍有影响。近期国内多地又出现新冠疫情以及疫情的不确定性，对生猪生产发展和调运带来不利影响。问卷调查情况显示，受访养殖户中认为非洲猪瘟疫情和新冠肺炎疫情对其生产发展有影响，分别占 32.8%和 57.1%。

二是国外新冠疫情较为严重。据海关总署统计数据显示，非洲猪瘟发生以来，由于国内生猪产量急剧下降，猪肉进口量逐年攀升，2020 年 1-11 月猪肉进口量累计达 395 万吨，较 2019 年全年进口 210.8 万吨增加 87.4%，较 2018 年全年进口 119.3 万吨增加 231.0%，比前两年的总和还多。受国外新冠疫情的影响，从 2020 年 7 月份开始在进口冷冻产品中陆续检测出新冠病毒阳性，我国开始暂停从部分国家进口冷冻产品，从 8 月开始猪肉、牛肉等冻肉产品进口量逐渐减少，对市场供应和价格也有一定影响。

三是企业养殖成本增加较多。从走访调研及问卷调查情况来看，2020 年受疫情和国际形势等多种因素影响，养殖成本较上年增加较多。其中玉米价格、母猪、仔猪、防疫费用、人工工资、全价料价格等主要养殖成本分别较去年上涨 15%-50%不等。同时还存在贷款门槛较高、贷款审批时间长、资金周转困难、养殖用地受限、聘人难留人难、交通不畅运输贵等多种困难制约生猪产业发展。

四、后期产销形势预判

从生产情况看，2020 年新建和扩建大型企业（场）数量较多，随着能繁母猪的数量回升、仔猪供应增加，2021 年全省生猪产能将进一步恢复提升并得到释放，部分县（自治区、直辖市）的产能将会超过正常年份水平，生猪规模化养殖水平将进一步提高，养殖行业将会由“拼速度”向“拼成本”转变。同时，牛羊家禽生产也将保持稳定发展的势头。

从消费及价格情况看，按照常年的供求情况，在元旦前后、春节前的一个月左右的时间内，由于市

场需求的大量增加，生猪出栏价格都会有 10%左右的涨幅，市场猪肉价格同时跟随上涨。从近期调查情况来看，各地猪肉消费理性、市场供应正常，未出现价格哄抬和猪肉哄抢现象。预计后期随着生猪产能持续恢复和消费需求减少，在不发生大范围低温雨雪灾害天气的情况下，春节后生猪价格或将步入震荡下行通道。

农民收入再创新高　消费质量有所下降

——2020年四川贫困地区农村居民收支情况分析

2020 年是全面建成小康社会和“十三五”规划收官之年，四川省委省政府统筹推进常态化疫情防控和经济社会发展工作，战“疫”战“贫”两手抓效果显著。四川贫困地区农村居民收入再创新高，生活消费支出增长回升较快。

一、2020 年四川贫困地区农村居民增收主要特点

（一）从总体看，收入增速回升势头强劲

受疫情影响，2020 年四川贫困地区农村居民可支配收入增速呈现“先跌后升”的变动趋势。全年贫困地区农村居民人均可支配收入 13240 元，增长 9.2%，增速较前三季度、上半年和一季度分别提高 0.1、1.3 和 3.5 个百分点，快于全省农村居民平均水平 0.6 个百分点，比上年回落 1.7 个百分点。

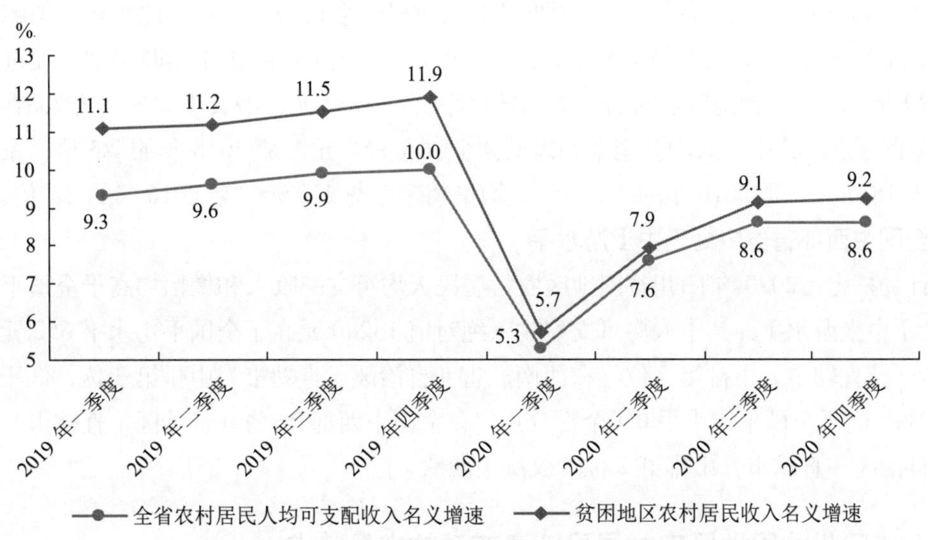

图 1　近两年四川贫困地区与全省农民收入增幅走势图（%）

（二）与全省农村平均水平差距进一步缩小

“十三五”期间，四川贫困地区农民人均可支配收入从 8799 元增长到 13240 元，收入增加 4441 元，增长 50.5%，实现年均增速 10.8%，收入水平保持持续较快增长，增速比全省农村平均水平高 1.6 个百分点。因此，全省贫困地区与全省农民收入水平的差距呈逐年缩小态势。2020 年，全省贫困地区农村居民人均可支配收入已达全省农民收入平均水平的 83.1%，比 2016 年提高了 4.6 个百分点，收入差距明显缩小。

（三）从构成看，收入增长各具特点

工资性收入稳步回升。随着疫情防控常态化，经济社会秩序逐步恢复、复工复产持续推进、就业保障措施更加积极，四川贫困地区农村居民工资性收入稳步回升。全年贫困地区农村居民人均工资性收入 4276 元，增长 7.8%，增收贡献率达 27.6%，工资性收入稳步增长成为农民增收的压舱石。

经营净收入持续恢复。2020 年四川贫困地区农村居民人均经营净收入 4486 元，增长 5.7%，增收贡献率达 21.8%。其中第一产业经营净收入 3496 元，增长 4.8%，牧业收入 1608 元，增长 21.2%。主要是受畜牧业生产稳步回升影响，特别是生猪、牛、羊等畜产品价格持续高位运行，为增收注入了强劲动力。

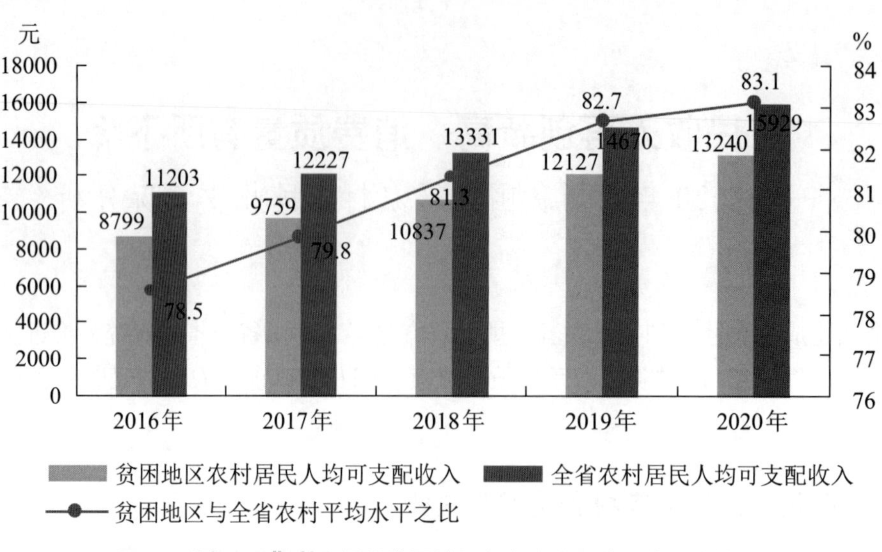

图 2 "十三五"以来四川贫困地区与全省农民收入差距走势图

财产净收入缓慢增长。四川贫困地区农村居民人均财产净收入 245.7 元，增长 2.1%，比上年增幅下降 3.5 个百分点，增速较去年有所放缓。对贫困地区农村居民收入增长贡献最小，贡献率仅为 0.5%。究其原因是贫困地区多为高山偏远地区，土地流转和房屋租赁相对较少。

转移净收入大幅增长。全省各级政府大力推动脱贫攻坚和乡村振兴，更加注重社会保障和救助工作，养老金和低保标准逐步提高，生猪补贴等惠农政策力度加大，民生保障支出不断增加，促进农民转移收入较快增长。2020 年，四川贫困地区农村居民人均转移净收入 4232 元，增长 15.2%，增收贡献率达 50.1%，拉动增长 4.6 个百分点。其中，人均养老金和离退休金收入 985 元，是 2016 年的 2.5 倍；家庭外出从业人员寄回带回收入 1817 元，是 2016 年的 2.3 倍；人均报销医疗费 272 元，是 2016 年的 2.4 倍。

（四）在全国中西部省份中处于中上游水平

据国家统计局核定，2020 年四川贫困地区农村居民人均可支配收入和增幅均高于全国平均水平，在中西部 22 省中处于中上游水平。其中人均可支配收入绝对值 13240 元高于全国平均水平 652 元，在全国中西部 22 省（自治区、直辖市）中排第 7 位，在西南五省（自治区、直辖市）中排第 3 位，低于重庆和西藏；比上年增长 9.2%，高于全国平均水平 0.4 个百分点，在全国中西部 22 省（自治区、直辖市）中排第 10 位，在西南五省（自治区、直辖市）中排第 2 位，仅次于西藏。

二、2020 年四川贫困地区农村居民消费变动的主要特点

面对疫情冲击，省委省政府坚定实施扩大内需战略，持续激发消费活力，带动全年农村居民生活消费支出恢复回升，但从消费八大类别看，消费结构还不够平衡。

（一）消费增速稳定增长

2020 年四川贫困地区农民人均生活消费支出 11660 元，增长 8.4%，增幅高于全省农村平均水平 2.0 个百分点。受居家时间增多及食品价格上涨影响，贫困地区农村居民人均食品烟酒支出 4712 元，增长 10.7%。值得关注的是，受疫情影响和全民保健意识提升，医疗保健消费支出增长最快，全年四川贫困地区农村居民人均医疗保健支出 1020 元，同比增长 15.0%，为八大消费类支出中增幅最快。

（二）消费质量较去年有所下降

与上年相比，生活消费质量有所下降，应引起重视。其表现在三个方面：

一是消费增长速度放慢。2020 年农村居民生活消费支出增长 8.4%，与上年增长 11.5%的速度相比，放慢 3.1 个百分点。

二是恩格尔系数不降反升。"十三五"以来，贫困地区农村居民恩格尔系数（食品支出占生活消费支

出比重）从 2016 年到 2019 年呈逐年下降趋势，从 44.2%下降至 40.0%，下降了 4.2 个百分点。2020 年受疫情、汛情影响，猪肉等食品价格涨幅较大，导致食品烟酒类的商品性消费支出较去年增长 520 元，同比增长 13.8%，四川贫困地区农村居民恩格尔系数不降反升，达到 40.4%，较上年提升了 0.4 个百分点。

三是服务性消费占比明显下降。2020 年四川贫困地区农村居民人均服务性消费占比由上年的 36.3%下降至 35.1%，下降 1.2 个百分点，占比下降明显。从服务性消费细项看，饮食服务（食堂用餐、其他在外饮食、食品加工服务费）降幅最大，下降 13.4%，说明今年在外就餐大幅减少，带动社会服务业发展不足。

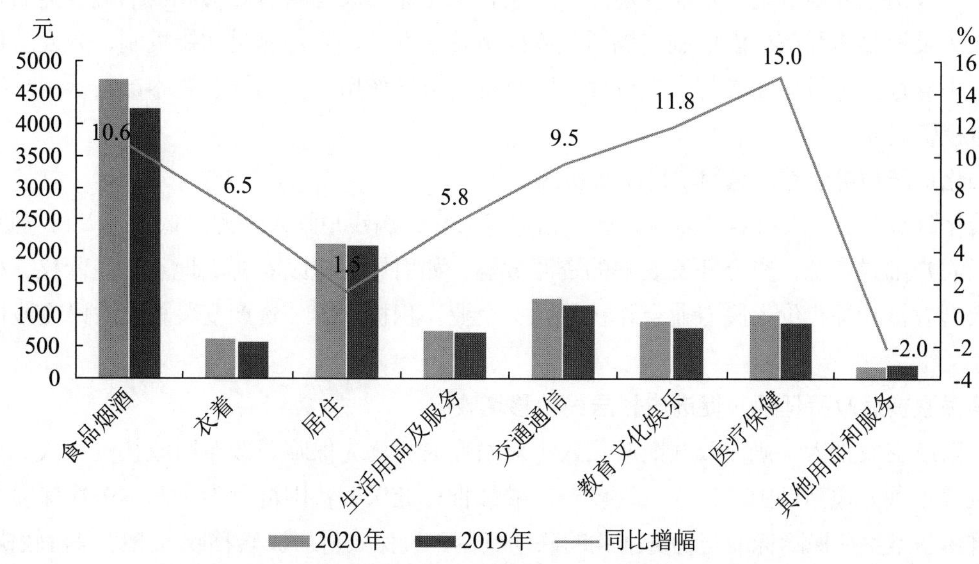

图 3　2020 年四川贫困地区农村居民人均生活消费支出增长情况

（三）农村家庭耐用消费品普及率明显提高

“十三五”期间，四川省贫困地区农村居民家庭耐用品拥有量不断增加，普及率明显提高。与 2016 年相比，2020 年四川省贫困地区农民家庭耐用消费品拥有量发生较大变化，其中百户家庭汽车拥有量达 15.4 辆，增加 6.3 辆；洗衣机拥有量 91.6 台，增加 14.6 台；电冰箱（柜）拥有量 94.4 台，增加 18.1 台；移动电话拥有量 270.2 部，增加 51.5 部，达到户均 2.7 部；计算机拥有量 22.3 台，增加 11.7 台。

表 1　2016 年与 2020 年四川省贫困地区农民家庭耐用消费品百户拥有量对比

指标名称	单位	2020 年	2016 年	差值
家用汽车	辆	15.4	9.1	6.3
洗 衣 机	台	91.6	77.0	14.6
电冰箱（柜）	台	94.4	76.3	18.1
移动电话	部	270.2	218.7	51.5
计 算 机	台	22.3	10.6	11.7

三、促进贫困地区农村居民收入消费稳步增长的几点建议

（一）做好脱贫攻坚与乡村振兴战略逐步衔接

四川已经在部分区县、乡镇和贫困村开展脱贫攻坚与实施乡村振兴战略的有机衔接试点工作，通过巩固扩大脱贫攻坚成果、改善农村基础设施、发展壮大农村产业、提升农村公共服务水平、抓好农村人居环境整治、强化乡村人才支撑、加强基层组织建设、激发农民内生动力，在如期完成脱贫攻坚目标、历史性消除绝对贫困的基础上，以乡村振兴巩固脱贫攻坚成果。同时为切实提升脱贫的稳定性和持续性，建立消费扶贫长效机制，帮助贫困地区农村居民持续稳定增收。

（二）提升产业的带动性，确保“十四五”实现收入增长开门红

一是做优产业规划。在农业供给侧结构性改革、生态文明建设、乡村振兴大背景下，以市场为导向，综合经济效益、社会效益和生态效益，精准规划，量体裁衣，做到落地一个，成活一个；同时，要延伸产业链条，提升农产品附加值，做活市场营销，把产业做优做强。二是鼓励新型农业经营主体发展。伴随农业现代化，以家庭承包经营为基础，龙头企业、专业合作社等新型经营主体是农业发展的重要力量，鼓励土地承包经营权向专业大户、家庭农场、农民专业合作社有序流转，采取租赁、互换、托管等多种形式发展适度规模经营或引进外地资金、企业就地发展产业，以此提升农业增值能力和吸纳就业能力，拓宽增收渠道。三是大力发展集体经济。因地制宜搞活集体经济发展方式，完善容错纠错机制，激发基层干事创业的热情。四是引导社会力量多元参与。充分发挥财政资金引导作用，鼓励社会资本参与，引导工商资本到经济薄弱乡村投资兴业。

（三）强化资产利用效益，盘活农户闲置资源

农村老龄化日益严重，农村养老短板显著，拓宽老人户、病残户收入来源对低收入人口增收愈显重要。因此，要盘活农户闲置资源，充分开发农户的资源效益，如引导农户以农村土地承包经营权、林权、宅基地使用权、大型农机具等折价入股专业合作社和龙头企业，积极探索“资产变股权、农民变股民”的增收模式。

（四）确保脱贫后政策延续，促进农村居民转移增收

持续加大财政支农投入，确保公共财政投入上对农业农村优先保障，改革财政扶贫方式，通过增设农村公益性岗位等多种方式帮助困难群众就近就业。继续推行低保、特困群体参加基本医疗保险全面资助，健全低收入群体基本生活保障标准与物价挂钩的联动机制，确保农村居民转移收入继续保持较快增长。

住户调查

2-1 全体居民人均可支配收入(2015-2020年)

单位：元/人

指　　标	2015	2016	2017	2018	2019	2020
全体居民人均可支配收入	**17221.0**	**18808.3**	**20579.8**	**22460.6**	**24703.1**	**26522.1**
工资性收入	**8610.8**	**9278.2**	**10013.6**	**11069.9**	**12048.8**	**13031.6**
工资	7946.9	8600.9	9393.2	10304.8	11460.5	12420.1
按月发放的工资	7013.5	7561.4	7875.6	8598.0	9321.4	9954.8
补发工资	199.7	203.0	239.7	299.7	315.5	302.6
不按月发放的奖金、津贴、过节费等	733.7	836.5	1277.9	1407.1	1823.6	2162.7
实物福利	48.6	49.1	59.4	70.1	90.9	103.9
从单位或雇主得到的实物产品折价	8.3	9.6	10.2	11.2	19.5	22.0
食品	5.9	6.9	8.1	7.5	13.3	15.4
谷物、薯类及豆类	2.3	1.5	1.6	2.0	4.9	6.5
食用油(植物油)	1.4	1.7	1.7	1.6	2.5	2.9
蔬菜及制品	0.1	0.1		0.1		0.1
肉、禽、蛋、奶及制品	0.7	1.2	0.9	0.8	1.7	1.4
水产品及制品					0.1	0.1
糖、烟、酒、饮料类	0.7	1.2	1.5	1.7	2.7	2.5
干鲜瓜果类	0.2	0.2	0.2	0.3	0.6	0.7
其他类食品	0.6	1.0	2.2	1.0	0.8	1.2
衣着	0.2	0.2	0.2	0.1	0.3	0.7
居住	0.1			0.1		0.0
家庭设备和日用品	0.9	0.9	0.8	1.3	3.1	3.0
交通、通信工具及用品	0.3	0.2	0.5	1.0	1.3	0.5
教育文化娱乐用品	0.1			0.2	0.1	0.1
医疗保健用品	0.7	0.3	0.1	0.2	0.2	0.7
其他用品	0.2	1.0	0.6	0.7	1.3	1.6
从单位或雇主得到的服务折价	40.3	39.5	49.2	58.9	71.4	81.9
免费或低价提供的工作餐	38.0	38.3	47.1	55.3	65.7	76.5
免费或低价提供的住宿	0.2	0.3	1.0	1.5	4.1	2.8
单位缴纳的水电费、取暖费、物业费等		0.1		0.1	0.1	0.3
免费或低价提供的交通和通信服务	1.3	0.1	0.1	0.5	0.5	0.4
单位缴纳的教育入学赞助费	0.1		0.1	0.1		0.0
免费或低价提供的旅游服务	0.1	0.2	0.5	0.2	0.1	0.0
其他服务	0.5	0.5	0.2	1.2	0.8	1.9
单位或雇主实物福利报销所得						
其他	615.3	628.2	560.9	694.9	497.4	507.6
住房公积金	277.5	270.9	311.2	328.7	397.6	457.7
辞退金	0.8	6.9	5.6	6.1	0.6	3.8
自由职业劳动所得(如稿费、翻译费)	10.7	6.6	6.5	13.5	25.8	21.9
安家费	0.6	0.7		5.9	3.0	1.1
股票期权		0.1	0.4			
其他劳动所得	325.6	343.0	237.3	340.7	70.5	23.0
经营净收入	**3697.8**	**3993.2**	**4263.7**	**4558.1**	**5058.1**	**5289.3**
第一产业经营净收入	1913.2	2015.9	2099.8	2088.4	2260.2	2364.3
农业	1214.3	1183.7	1241.5	1278.8	1278.6	1275.3
林业	117.1	123.3	147.8	201.8	212.5	169.8
牧业	555.4	668.4	676.5	576.6	733.6	882.6
渔业	26.4	40.5	33.9	31.2	35.4	36.6

2-1 续表 1

单位：元/人

指　　标	2015	2016	2017	2018	2019	2020
第二产业经营净收入	163.0	125.4	139.0	150.5	247.5	273.6
采矿业	3.5	8.3	-0.5	3.0	-0.7	0.3
制造业	32.1	51.7	66.1	73.0	69.5	83.2
电力、热力、燃气及水生产和供应业	-0.9	4.4	12.0	6.3	9.0	10.3
建筑业	128.2	60.9	61.5	68.2	169.7	179.8
第三产业经营净收入	1621.7	1851.9	2024.9	2319.2	2550.5	2651.3
批发和零售业	817.6	964.4	987.0	1131.6	1257.1	1361.1
交通运输、仓储和邮政业	253.7	235.2	302.1	313.0	314.5	365.1
住宿和餐饮业	158.8	258.7	297.3	370.9	423.6	399.9
房地产业	11.9	5.7	1.4	3.9	2.1	2.7
租赁和商务服务业	18.8	15.3	15.5	27.8	11.5	-13.1
居民服务、修理和其他服务业	315.3	312.5	334.8	376.6	378.3	367.9
其他	40.4	47.4	74.9	88.2	147.7	156.2
农林牧渔服务业	5.1	12.7	11.9	7.2	19.9	11.7
财产净收入	**1073.7**	**1198.5**	**1362.9**	**1443.1**	**1593.3**	**1719.6**
利息净收入	45.7	40.9	54.3	60.7	-45.2	-36.2
红利收入	55.1	101.5	104.8	131.3	229.9	315.7
集体分配的红利	14.5	16.0	17.4	42.0	27.1	14.5
其他红利收入	40.5	85.7	88.0	89.3	202.8	301.2
储蓄性保险净收益	3.5	2.2	4.8	6.6	3.8	1.8
转让承包土地经营权租金净收入	60.2	71.0	83.0	87.0	105.0	112.9
出租房屋财产性收入	355.6	413.6	458.5	419.6	487.9	532.2
出租机械、专利、版权等资产的收入	10.9	18.4	24.8	38.1	48.8	30.1
其他财产净收入	16.0	16.0	16.3	21.0	14.5	2.8
房屋虚拟租金	526.7	534.9	616.5	678.8	748.7	760.4
转移净收入	**3838.6**	**4338.3**	**4939.6**	**5389.4**	**6002.9**	**6481.6**
转移性收入	4845.7	5538.1	6244.7	6778.1	7444.2	7953.4
养老金或离退休金	2940.6	3418.1	3844.4	3720.7	3991.2	4330.1
离退休金	2302.1	2625.6	2896.2	2662.5	2802.8	3018.3
(城镇)居民社会养老保险	416.6	512.5	552.3	698.3	747.7	836.5
新型农村养老保险	125.0	144.4	169.0	172.0	190.4	212.2
其他养老金	96.9	135.6	227.0	188.0	250.3	263.1
社会救济和补助	112.8	133.4	159.5	187.2	176.8	202.8
最低生活保障费	40.0	47.8	53.3	61.4	64.1	77.4
五保户救助金	1.9	1.3	1.7	7.3	9.3	10.4
扶贫款	10.1	19.0	32.6	29.1	5.7	6.0
救灾款	10.2	2.2	2.3	0.5	0.4	0.5
抚恤金	26.0	34.7	40.3	38.3	56.8	72.8
医疗救助专项补贴						8.3
教育救助专项补贴						6.3
其他社会救济收入	24.6	28.3	29.2	39.5	40.4	21.0
政策性生活补贴	47.2	44.4	53.6	129.5	131.5	126.2
家电补贴	2.3	1.3	1.7	0.6		0.1
能源补贴	0.1	0.8	1.3	0.1	0.3	0.0
免费或低价提供的住宿(廉租房)			0.7	0.5	0.2	0.3
居住专项补贴						10.0

2-1 续表 2

单位：元/人

指标	2015	2016	2017	2018	2019	2020
建房改造专项补贴						12.7
其他生活补贴	44.7	42.3	50.6	66.1	131.0	103.1
报销医疗费	212.4	247.8	253.9	296.3	426.0	419.3
家庭外出从业人员寄回带回收入	861.1	976.1	1103.1	1515.5	1685.3	1798.3
赡养收入	370.7	466.1	566.2	635.3	710.0	780.3
其他经常转移收入	105.4	102.2	103.3	131.4	117.2	131.0
失业保险金	9.7	10.0	11.4	18.0	23.0	25.2
经常性捐赠收入	6.4	4.6	6.5	6.3	4.9	8.3
经常性赔偿收入	2.9	2.3	3.7	5.2	10.4	3.8
社保支出专项补贴						6.1
扶贫补助金孳息收入						0.4
扶贫贷款利息补助收入						0.3
其他转移性收入	85.2	85.4	81.7	96.1	78.9	87.0
从政府和组织得到的实物产品和服务折价	32.4	40.4	53.0	58.9	46.9	42.0
食品	8.2	12.9	11.5	16.0	18.9	17.8
谷物、薯类及豆类	1.5	2.4	2.7	3.7	3.2	3.8
食用油(植物油)	2.7	2.7	2.9	3.8	3.9	5.1
蔬菜及制品						0.0
肉、禽、蛋、奶及制品	3.2	5.8	2.6	3.1	5.9	5.7
水产品及制品		0.1	0.2			0.0
糖、烟、酒、饮料类	0.1	0.4	0.5	0.3	1.8	0.2
干鲜瓜果类				0.1	0.2	0.1
其他类食品	0.7	1.5	2.6	5.0	3.9	2.7
衣着	0.3	0.2	2.7	0.3	0.2	0.1
居住	1.8	0.3	2.9	0.7		0.2
家庭设备和日用品	5.6	4.9	6.8	17.2	14.0	9.4
交通、通信工具及用品	0.2	0.1	0.3	0.3	0.4	0.0
教育文化娱乐用品	0.3	0.1	0.3	2.6	0.3	0.1
医疗保健用品	0.2	0.3	0.1	0.3	0.2	0.3
其他用品	0.6	1.6	6.6	2.3	1.9	2.2
其他服务折价(不含廉租房)	15.3	20.0	21.7	19.2	11.0	11.8
现金政策性惠农补贴	163.2	109.5	107.8	103.3	159.4	123.5
转移性支出	1007.1	1199.8	1305.1	1388.7	1441.3	1471.8
个人所得税	23.1	33.6	35.2	70.1	61.8	62.6
社会保障支出	771.8	955.1	1099.6	1106.5	1194.1	1239.2
个人缴纳的养老保险	496.8	637.0	742.1	703.5	746.3	748.7
个人缴纳的医疗保险	236.8	275.8	301.8	347.5	375.9	406.2
个人缴纳的失业保险	19.7	23.6	23.2	20.8	25.6	27.3
其他社会保障支出	18.6	18.7	32.6	34.7	46.3	57.0
外来从业人员寄给家人的支出	3.4	7.4	0.4	2.2	5.0	5.4
赡养支出	109.8	129.5	117.8	140.1	118.1	113.9
其他转移性支出	99.0	74.2	52.2	69.9	62.4	50.7
经常性捐赠支出	30.3	26.2	14.2	16.0	16.4	9.8
经常性赔偿支出	0.2	0.4	0.1	0.2	0.8	0.1
其他经常转移支出	68.5	47.6	37.9	53.7	45.2	40.8

2-2 全体居民人均总收入(2015-2020年)

单位：元/人

指　　标	2015	2016	2017	2018	2019	2020
全体居民人均总收入	**21055.5**	**23501.8**	**25784.7**	**28583.0**	**31022.4**	**32919.3**
工资性收入	**8610.8**	**9278.2**	**10013.6**	**11069.9**	**12048.8**	**13031.6**
工资	7946.9	8600.9	9393.2	10304.8	11460.5	12420.1
实物福利	48.6	49.1	59.4	70.1	90.9	103.9
其他	615.3	628.2	560.9	694.9	497.4	507.6
经营性收入	**6432.7**	**7396.4**	**8071.1**	**9103.0**	**9694.2**	**9945.5**
第一产业经营收入	3673.9	3895.6	3989.8	4051.1	4329.1	4237.0
第一产业经营收入(不含惠农补贴)	3673.9	3895.6	3989.8	4051.1	4329.1	4237.0
农业	1756.0	1666.8	1749.4	2017.2	2025.3	1901.3
林业	130.9	136.0	164.0	226.1	231.7	192.7
牧业	1734.7	2011.2	2004.2	1738.9	2003.2	2075.6
渔业	52.2	81.7	72.2	68.8	68.9	67.4
第二产业经营收入	299.8	398.9	432.9	574.6	603.3	616.6
采矿业	4.9	9.6	1.7	7.3	0.6	0.4
制造业	79.3	130.6	169.8	230.0	217.9	257.4
电力、热力、燃气及水生产和供应业	0.3	26.5	24.2	9.7	10.9	13.4
建筑业	215.2	232.1	237.1	327.5	373.9	345.4
第三产业经营收入	2459.0	3101.9	3648.4	4477.3	4761.8	5091.8
批发和零售业	1255.3	1551.6	1803.5	2436.1	2487.6	2762.6
交通运输、仓储和邮政业	438.1	501.1	528.6	501.3	552.6	594.3
住宿和餐饮业	252.7	424.8	661.2	659.8	669.8	632.4
房地产业	13.9	5.7	2.3	4.7	0.8	4.4
租赁和商务服务业	22.5	21.8	38.0	44.6	103.2	107.9
居民服务、修理和其他服务业	404.4	480.1	475.7	655.8	645.2	692.5
其他	54.7	91.6	116.1	154.6	266.4	266.5
农林牧渔服务业	17.4	25.0	23.1	20.5	36.3	31.3
财产性收入	**1166.2**	**1289.1**	**1455.2**	**1632.0**	**1835.1**	**1988.8**
利息收入	134.2	127.4	144.8	146.3	191.9	226.0
红利收入	55.1	101.5	104.8	232.1	229.9	315.7
储蓄性保险净收益	3.5	2.2	4.8	6.6	3.8	1.8
转让承包土地经营权租金净收入	60.2	71.0	83.0	87.0	105.0	112.9
出租房屋财产性净收入	355.6	413.6	458.5	419.6	487.9	532.2
出租机械、专利、版权等资产的净收入	10.9	18.4	24.8	38.1	48.8	30.1
其他财产净收入	20.0	20.0	18.1	23.6	19.2	9.7
房屋虚拟租金	526.7	534.9	616.5	678.8	748.7	760.4
转移性收入	**4845.8**	**5538.1**	**6244.8**	**6778.1**	**7444.2**	**7953.4**
养老金或离退休金	2940.6	3418.1	3844.4	3720.7	3991.2	4330.1

2-2 续表

单位：元/人

指　　标	2015	2016	2017	2018	2019	2020
社会救济和补助	112.8	133.4	159.5	187.2	176.8	202.8
政策性生活补贴	47.2	44.4	53.6	129.5	131.5	126.2
家庭外出从业人员寄回带回收入	861.1	976.1	1103.1	1515.5	1685.3	1798.3
赡养收入	370.7	466.1	566.2	635.3	710.0	780.3
报销医疗费	212.4	247.8	253.9	296.3	426.0	419.3
从政府和组织得到的实物产品和服务折价	32.5	40.4	53.0	58.9	46.9	42.0
现金政策性惠农补贴	163.2	109.5	107.8	103.3	159.4	123.5
其他转移性收入	105.4	102.2	103.3	131.4	117.2	131.0
非收入所得	**1375.8**	**1564.3**	**2135.3**	**2339.9**	**2954.5**	**2707.4**
出售资产所得	306.3	347.6	816.7	723.9	1009.2	817.6
出售住房本金所得	60.5	19.0	66.4	242.7	171.8	126.7
出售住房溢价所得(含亏损)	22.0	0.1	6.4	1.7	50.0	31.2
出售股票、基金、收藏品本金所得	27.0	19.7	41.6	0.8	2.4	3.7
出售股票、基金、收藏品所得(含亏损)	14.9	4.2	1.4	5.0	3.1	14.4
出售生产性固定资产所得	13.7	35.3	32.0	18.5	35.3	30.6
拆迁征地补偿所得	110.0	227.9	513.5	377.2	678.7	530.5
出售其他财物和收回其他投资本金所得	58.1	41.4	155.4	78.0	67.9	80.5
非经常性转移所得	1054.9	1210.2	1308.9	1608.1	1938.3	1881.9
博彩所得	20.3	30.4	27.9	104.0	70.1	56.1
婚丧嫁娶礼金所得	426.1	545.8	440.4	556.1	562.9	439.3
遗产及一次性馈赠所得	159.5	207.1	218.6	338.4	411.0	402.0
一次性赔偿所得	58.4	54.0	133.7	84.3	79.4	125.9
提取住房公积金	23.7	27.0	20.2	60.3	146.9	106.0
调查补贴	286.8	310.4	397.6	448.7	637.7	721.5
其他非经常性转移所得	80.1	35.5	70.4	16.3	30.2	31.0
其他非收入所得	14.6	6.5	9.7	7.9	6.9	7.9
借贷性所得	**1896.5**	**2425.3**	**2111.3**	**2525.0**	**2628.0**	**2008.9**
提取储蓄存款	1358.0	1832.5	1565.3	1773.2	1750.0	1355.0
借入款	351.2	365.1	296.0	399.5	404.1	272.0
收回借出款	115.0	138.0	112.2	161.0	166.9	101.3
收回储蓄性保险本金	1.9	3.2	1.1	5.4	1.0	0.2
住房贷款	17.4	7.3	35.4	51.9	163.5	146.7
汽车贷款	1.4	0.8	5.9	10.6	52.1	18.9
教育贷款	1.8	3.0	4.5	11.3	8.9	6.2
其他贷款	41.4	61.6	78.9	94.5	72.3	101.3
其他借贷所得	8.4	13.8	12.0	17.7	9.2	7.4

2-3 全体居民人均总支出(2015-2020年)

单位：元/人

指　　标	2015	2016	2017	2018	2019	2020
全体居民人均总支出	**21660.6**	**24381.1**	**26197.5**	**29924.1**	**32330.6**	**31649.6**
消费支出	**13632.1**	**14838.5**	**16179.9**	**17663.6**	**19338.3**	**19783.4**
食品烟酒	5001.4	5321.2	5632.2	5937.9	6466.8	7026.4
食品	3613.7	3865.1	3977.1	4004.1	4224.8	4908.2
谷物	499.2	537.4	527.6	515.7	487.5	532.4
薯类	78.7	106.3	100.3	101.2	107.1	109.4
豆类	49.3	57.0	61.3	58.1	60.1	66.3
食用油	200.0	205.7	195.4	186.2	175.2	215.1
蔬菜和食用菌	508.0	545.0	562.7	519.8	521.9	588.7
肉类	997.1	1093.3	1129.3	1138.7	1230.3	1652.4
禽类	270.5	293.9	288.3	279.8	352.4	407.4
水产品	124.4	134.0	149.0	148.2	189.9	204.3
蛋类	122.7	123.0	115.1	126.8	139.0	151.7
奶类	176.5	194.9	217.6	277.2	265.4	256.5
干鲜瓜果类	286.5	295.3	338.9	345.7	383.3	383.8
糖果糕点类	94.3	107.2	116.1	130.6	132.9	130.5
其他食品	206.4	172.0	175.4	176.2	179.7	209.5
烟酒	499.7	500.8	545.1	638.0	708.3	741.6
烟草	337.7	342.0	360.6	441.2	515.7	555.9
酒类	162.0	158.7	184.5	196.8	192.6	185.6
饮料	82.3	85.9	90.3	106.0	117.7	122.7
饮食服务	805.7	869.5	1019.7	1189.7	1416.0	1254.0
食堂用餐	148.4	176.1	201.9	168.0	187.6	190.2
其他在外饮食	647.1	682.7	805.7	1010.5	1219.6	1055.4
食品加工服务费	10.2	10.8	12.1	11.2	8.8	8.4
衣着	1071.3	1140.8	1152.7	1173.8	1213.0	1190.4
衣类	800.5	868.9	880.2	922.4	954.2	936.8
鞋类	270.9	271.9	272.5	251.4	258.8	253.6
居住	2400.9	2734.4	2946.8	3368.0	3678.8	3855.7
租赁房房租	94.4	95.3	77.6	120.4	148.2	130.5
住房维修及管理	293.3	434.0	462.1	526.9	591.1	681.8
水电燃料及其他	518.2	559.8	619.1	657.2	678.8	703.8
自有住房折算租金	1494.9	1645.2	1788.0	2063.6	2260.7	2339.7
生活用品及服务	918.4	967.2	1062.9	1182.2	1201.3	1234.8
家具及室内装饰品	151.3	142.8	165.9	173.7	184.8	182.4
家用器具	222.4	240.7	293.8	321.4	297.8	301.7
家用纺织品	81.0	90.3	90.1	99.2	101.9	100.6
家庭日用杂品	302.7	305.5	294.3	302.9	295.5	316.7
个人用品	131.8	160.2	187.7	234.8	268.2	282.4
家庭服务	29.1	27.8	31.0	50.1	53.1	50.9
交通通信	1629.2	1850.3	2200.0	2398.8	2576.4	2465.1
交通	1057.6	1237.0	1543.2	1717.2	1914.2	1715.5
交通工具	347.3	476.0	655.4	576.9	655.1	592.3

2-3 续表 1

单位：元/人

指　　标	2015	2016	2017	2018	2019	2020
交通费	195.6	186.5	206.3	303.3	352.0	263.8
交通工具用燃料	317.1	359.2	446.2	525.0	521.2	468.8
交通工具使用及维修	197.5	215.3	235.4	312.0	385.9	390.6
其中：车辆保险支出	64.5	78.9	78.2	101.5	134.8	147.6
通信	571.6	613.4	656.8	681.6	662.3	749.7
通信工具	136.1	156.4	174.8	211.1	172.9	211.9
通信服务	435.5	456.9	482.0	470.5	489.3	537.8
教育文化娱乐	1207.9	1284.8	1468.2	1599.7	1813.5	1650.5
教育	623.1	658.9	751.8	936.2	1171.4	1171.8
学前教育	71.7	72.3	84.1	156.4	199.3	168.3
小学教育	74.8	87.3	103.1	156.4	206.5	207.8
初中教育	78.0	88.0	102.0	126.7	163.6	170.5
高中教育	123.2	115.3	127.1	148.5	200.0	221.1
中专职高教育	26.7	19.2	24.1	17.7	11.9	22.1
大专及以上教育	199.6	213.8	255.2	261.6	322.2	324.5
成人教育	49.1	63.0	56.1	68.9	67.8	57.5
文化娱乐	584.7	625.9	716.4	663.5	642.1	478.7
文娱耐用消费品	104.3	101.0	112.3	108.8	111.4	135.6
其他文娱用品	90.7	95.9	112.2	146.3	158.2	151.8
文化娱乐服务	389.8	429.0	491.9	408.4	372.5	191.3
医疗保健	1071.2	1172.6	1320.2	1568.6	1934.9	1908.0
医疗器具及药品	364.9	432.0	423.3	485.2	493.8	511.3
医疗服务	706.3	740.6	896.9	1083.4	1441.1	1396.7
门诊总费用	263.5	278.7	347.7	423.4	518.1	498.8
住院总费用	442.7	461.9	549.2	660.1	923.0	897.9
其他用品及服务	331.8	367.1	396.8	434.5	453.7	452.4
其他用品	148.0	144.6	157.6	173.0	180.7	187.3
其他服务	183.8	222.5	239.3	261.5	273.0	265.1
生产经营费用支出	**2468.7**	**3096.7**	**3465.5**	**4187.2**	**4264.0**	**4313.0**
第一产业经营费用支出	1645.9	1762.4	1753.6	1825.7	1939.8	1750.5
农业	477.5	418.6	426.4	655.3	661.1	557.9
林业	13.7	12.6	16.0	23.5	17.7	22.1
牧业	1131.4	1291.6	1276.0	1110.2	1228.9	1140.8
渔业	23.2	39.7	35.2	36.8	32.2	29.7
第二产业经营费用支出	118.1	252.5	267.3	394.4	335.6	325.2
采矿业	1.2	1.2	2.1	3.5	0.3	0.1
制造业	38.5	74.9	91.4	149.8	142.4	166.9
电力、热力、燃气及水生产和供应业	1.1	20.4	10.5	2.3	1.5	2.7
建筑业	77.3	156.0	163.3	238.9	191.5	155.5
第三产业经营费用支出	704.8	1081.8	1444.6	1967.1	1988.6	2237.3
批发和零售业	388.3	512.6	734.9	1212.3	1123.9	1307.3
交通运输、仓储和邮政业	147.6	225.9	191.8	158.5	199.3	189.6
住宿和餐饮业	69.8	147.1	347.8	262.1	215.7	214.3

2-3 续表 2

单位：元/人

指　　标	2015	2016	2017	2018	2019	2020
房地产业	2.1	0.1	0.8	0.7	2.9	1.7
租赁和商务服务业	2.1	4.5	10.5	13.1	84.4	95.6
居民服务、修理和其他服务业	75.6	142.1	117.1	252.4	240.6	307.3
其他	12.6	41.9	36.1	57.3	108.7	105.5
农林牧渔服务业	6.8	7.5	5.6	10.6	12.9	16.0
财产性支出	**92.4**	**90.6**	**92.3**	**188.9**	**241.8**	**269.2**
生活贷款利息支出	88.4	86.6	90.4	186.4	237.1	262.3
住房贷款利息支出	80.8	79.5	82.1	169.7	225.8	250.5
其他生活贷款利息支出	7.6	7.1	8.3	16.7	11.3	11.7
其他财产性支出	4.0	4.0	1.9	2.5	4.7	7.0
非储蓄性财产保险支出	0.9	0.9	0.2	0.6	0.8	0.4
其他财产性支出	3.1	3.1	1.6	1.9	3.9	6.6
转移性支出	**1007.1**	**1199.8**	**1305.1**	**1388.7**	**1441.3**	**1471.8**
个人所得税	23.1	33.6	35.2	70.1	61.8	62.6
社会保障支出	771.8	955.1	1099.6	1106.5	1194.1	1239.2
个人缴纳的养老保险	496.8	637.0	742.1	703.5	746.3	748.7
个人缴纳的医疗保险	236.8	275.8	301.8	347.5	375.9	406.2
个人缴纳的失业保险	19.7	23.6	23.2	20.8	25.6	27.3
其他社会保障支出	18.6	18.7	32.6	34.7	46.3	57.0
外来从业人员寄给家人的支出	3.4	7.4	0.4	2.2	5.0	5.4
赡养支出	109.8	129.5	117.8	140.1	118.1	113.9
其他转移性支出	98.9	74.2	52.2	69.9	62.4	50.7
部分商业保险支出	**46.9**	**44.7**	**61.3**	**137.9**	**143.2**	**150.3**
意外伤害保险	7.0	8.6	10.4	19.0	19.5	22.5
商业医疗保险(含大病保险)	19.6	14.9	24.0	64.0	70.4	75.2
其他非储蓄性商业保险	6.4	5.8	10.1	17.7	19.9	12.3
其他储蓄性商业保险	13.9	15.2	16.7	37.2	33.4	40.4
购置资产及非经常性转移支出	**2709.4**	**3072.2**	**3085.9**	**3757.3**	**4569.7**	**3581.6**
购置资产支出	786.0	914.4	877.8	1317.5	1896.2	1446.4
建造住房支出	273.2	312.4	171.5	247.0	376.2	288.5
建造住房材料	197.4	227.6	109.1	153.0	261.3	223.8
建造住房雇工	75.8	84.8	62.4	52.8	66.4	51.9
购买住房支出	394.4	441.7	539.2	834.2	1298.9	846.1
购建第一产业生产性固定资产支出	69.3	75.3	92.2	76.6	99.7	130.3
购买或建造农业生产性用房	25.3	25.9	28.3	15.0	46.3	42.5
购买用房建筑材料	17.3	16.7	21.2	12.3	30.4	27.0
建筑农业生产用房雇工	6.7	7.8	6.5	2.0	9.1	3.8
购买农业生产用房	0.6	0.7		0.2	3.9	10.0
其他	0.7	0.8	0.7	0.4	2.8	1.7
购买役畜	9.4	5.3	11.2	6.7	9.1	2.1
购买产品畜	3.7	7.6	14.7	5.2	7.8	31.1
购买或建造农业设施	3.5	13.2	18.0	19.2	19.4	19.1
大棚、温室	2.0	10.9	16.4	15.8	14.3	7.8

2-3 续表 3

单位：元/人

指　　标	2015	2016	2017	2018	2019	2020
自备井	0.4		0.4	0.8	0.8	3.0
喷灌设施	0.2	0.1	0.2	1.3	1.2	4.8
其他农业设施	0.9	2.2	0.9	1.4	3.1	3.7
购买农业机械	27.4	23.2	20.1	30.5	17.2	35.5
大中型农用拖拉机	10.5	0.3	2.2	6.6	1.0	0.7
小型(手扶)农用拖拉机	1.0	1.2	1.1	2.3	1.1	2.0
农用排灌动力机械	0.7	0.6	0.5	0.5	0.2	0.8
插秧机		1.4	0.1		0.1	12.8
收割机	2.2	3.4	1.0	1.2	0.3	3.9
脱粒机	1.2	1.3	1.2	2.5	1.0	2.3
其他农业机械	11.9	15.1	13.9	17.5	13.3	12.9
购建第二产业生产性固定资产支出	4.0	7.1	13.0	2.7	5.5	8.0
采矿业						
制造业	0.9	4.3	5.6	0.5	0.4	0.9
电力、热力、燃气及水生产和供应业	1.3	2.4	0.8		0.6	
建筑业	1.7	0.4	6.6	2.2	4.6	7.2
购建第三产业生产性固定资产支出	42.1	62.2	56.6	143.5	100.6	147.2
批发和零售业	6.0	10.9	14.9	33.1	10.4	21.8
交通运输、仓储和邮政业	9.2	36.5	16.8	32.7	67.3	70.0
住宿和餐饮业	2.6	11.1	9.5	56.1	5.6	40.5
房地产业	16.3			1.0		1.3
租赁和商务服务业	0.7	0.6	1.7	0.2	11.8	2.5
居民服务、修理和其他服务业	5.7	1.3	7.7	10.9	5.3	10.8
其他	1.5	1.7	6.0	9.3	0.1	0.4
购建其他资产支出	3.1	15.8	5.5	13.5	15.3	26.3
非经常性转移支出	1923.4	2157.8	2208.1	2439.8	2673.4	2135.2
博彩支出	25.0	30.4	24.4	51.1	63.2	50.1
婚丧嫁娶礼金支出	1484.2	1558.9	1546.4	1617.8	1628.4	1286.2
一次性赔偿支出	8.9	8.0	9.8	3.7	27.5	3.1
一次性馈赠支出	340.0	331.8	377.0	478.7	679.4	574.4
其他非经常性转移支出	65.3	61.3	60.2	288.5	274.8	221.4
借贷性支出	**1704.0**	**2038.7**	**2007.4**	**2600.5**	**2332.3**	**2080.2**
存入储蓄款	901.8	1093.1	1129.8	953.3	807.3	777.8
借出款	72.9	100.4	72.7	72.6	55.1	76.5
归还借款	238.8	221.3	191.1	312.2	317.3	207.8
购买有价证券	58.8	60.6	27.5	84.3	43.1	21.9
其他投资支出	39.8	16.8	24.6	111.1	70.3	35.8
归还住房贷款	287.0	377.5	391.1	674.7	798.6	677.3
归还汽车贷款	58.2	85.3	87.1	179.5	163.4	144.5
归还教育贷款	0.4	0.8	0.4	2.5	6.3	2.4
归还其他贷款	33.3	41.0	27.9	149.3	50.9	90.4
其他借贷支出	13.1	41.9	55.1	61.0	20.0	45.8

2-4　全体居民人均现金收入(2015-2020年)

单位：元/人

指　　标	2015	2016	2017	2018	2019	2020
全体居民现金收入	**19048.0**	**21573.9**	**23777.7**	**26512.6**	**28778.9**	**30595.0**
现金工资性收入	**8562.2**	**9229.1**	**9954.2**	**10999.8**	**11957.9**	**12927.7**
工资	7946.9	8600.9	9393.2	10304.8	11460.5	12420.1
其他工资性收入	615.3	628.2	560.9	694.9	497.4	507.6
现金经营性收入	**5245.4**	**6340.7**	**7046.9**	**8136.6**	**8763.2**	**8946.8**
第一产业现金经营收入	2486.6	2840.0	2965.6	3084.7	3398.1	3238.3
农业	925.0	962.9	1049.4	1377.6	1423.6	1296.4
林业	84.1	94.2	127.8	176.2	184.3	148.0
牧业	1429.7	1706.6	1721.3	1465.6	1724.6	1730.3
渔业	47.8	76.3	67.2	65.2	65.6	63.6
第二产业现金经营收入	299.8	398.9	432.9	574.6	603.3	616.6
采矿业	4.9	9.6	1.7	7.3	0.6	0.4
制造业	79.3	130.6	169.8	230.0	217.9	257.4
电力、热力、燃气及水生产和供应业	0.3	26.5	24.2	9.7	10.9	13.4
建筑业	215.2	232.1	237.1	327.5	373.9	345.4
第三产业现金经营收入	2459.0	3101.9	3648.4	4477.3	4761.8	5091.8
批发和零售业	1255.3	1551.6	1803.5	2436.1	2487.6	2762.6
交通运输、仓储和邮政业	438.1	501.1	528.6	501.3	552.6	594.3
住宿和餐饮业	252.7	424.8	661.2	659.8	669.8	632.4
房地产业	13.9	5.7	2.3	4.7	0.8	4.4
租赁和商务服务业	22.5	21.8	38.0	44.6	103.2	107.9
居民服务、修理和其他服务业	404.4	480.1	475.7	655.8	645.2	692.5
其他行业	54.7	91.6	116.1	154.6	266.4	266.5
农林牧渔服务业	17.4	25.0	23.1	20.5	36.3	31.3
现金财产性收入	**639.4**	**754.2**	**838.7**	**953.3**	**1086.4**	**1228.4**
利息收入	134.2	127.4	144.8	146.3	191.9	226.0
红利收入	55.1	101.5	104.8	232.1	229.9	315.7
储蓄性保险收益	3.5	2.2	4.8	6.6	3.8	1.8
转让承包土地经营权租金收入	60.2	71.0	83.0	87.0	105.0	112.9
出租房屋财产性净收入	355.6	413.6	458.5	419.6	487.9	532.2
出租机械、专利、版权等资产的净收入	10.9	18.4	24.8	38.1	48.8	30.1
其他财产性收入	20.0	20.0	18.1	23.6	19.2	9.7
现金转移性收入	**4600.9**	**5249.9**	**5937.8**	**6422.9**	**6971.3**	**7492.1**
养老金或离退休金	2940.6	3418.1	3844.4	3720.7	3991.2	4330.1

2-4 续表

单位：元/人

指　标	2015	2016	2017	2018	2019	2020
社会救济和补助	112.8	133.4	159.5	187.2	176.8	202.8
政策性生活补贴	47.2	44.4	53.6	129.5	131.5	126.2
家庭外出从业人员寄回带回收入	861.1	976.1	1103.1	1515.5	1685.3	1798.3
赡养收入	370.7	466.1	566.2	635.3	710.0	780.3
其他转移性收入	105.4	102.2	103.3	131.4	117.2	131.0
现金政策性惠农补贴	163.2	109.5	107.8	103.3	159.4	123.5
非收入所得	**1375.8**	**1564.3**	**2135.3**	**2339.9**	**2954.5**	**2707.4**
出售资产所得	306.3	347.6	816.7	723.9	1009.2	817.6
出售住房本金所得	60.5	19.0	66.4	242.7	171.8	126.7
出售住房溢价所得(含亏损)	22.0	0.1	6.4	1.7	50.0	31.2
出售股票、基金、收藏品本金所得	27.0	19.7	41.6	0.8	2.4	3.7
出售股票、基金、收藏品所得(含亏损)	14.9	4.2	1.4	5.0	3.1	14.4
出售生产性固定资产所得	13.7	35.3	32.0	18.5	35.3	30.6
拆迁征地补偿所得	110.0	227.9	513.5	377.2	678.7	530.5
出售其他财物和收回其他投资本金所得	58.1	41.4	155.4	78.0	67.9	80.5
非经常性转移所得	1054.9	1210.2	1308.9	1608.1	1938.3	1881.9
博彩所得	20.3	30.4	27.9	104.0	70.1	56.1
婚丧嫁娶礼金所得	426.1	545.8	440.4	556.1	562.9	439.3
遗产及一次性馈赠所得	159.5	207.1	218.6	338.4	411.0	402.0
一次性赔偿所得	58.4	54.0	133.7	84.3	79.4	125.9
提取住房公积金	23.7	27.0	20.2	60.3	146.9	106.0
调查补贴	286.8	310.4	397.6	448.7	637.7	721.5
其他非经常性转移所得	80.1	35.5	70.4	16.3	30.2	31.0
其他非收入所得	14.6	6.5	9.7	7.9	6.9	7.9
借贷性所得	**1896.5**	**2425.3**	**2111.3**	**2525.0**	**2628.0**	**2008.9**
提取储蓄存款	1358.0	1832.5	1565.3	1773.2	1750.0	1355.0
借入款	351.2	365.1	296.0	399.5	404.1	272.0
收回借出款	115.0	138.0	112.2	161.0	166.9	101.3
收回储蓄性保险本金	1.9	3.2	1.1	5.4	1.0	0.2
住房贷款	17.4	7.3	35.4	51.9	163.5	146.7
汽车贷款	1.4	0.8	5.9	10.6	52.1	18.9
教育贷款	1.8	3.0	4.5	11.3	8.9	6.2
其他贷款	41.4	61.6	78.9	94.5	72.3	101.3
其他借贷所得	8.4	13.8	12.0	17.7	9.2	7.4

2-5 全体居民人均现金支出(2015-2020年)

单位：元/人

指　　标	2015	2016	2017	2018	2019	2020
全体居民人均现金支出	**18772.7**	**21355.2**	**23070.9**	**26554.2**	**28678.7**	**27914.8**
现金消费支出	**11123.3**	**12136.2**	**13346.4**	**14573.6**	**15923.0**	**16223.2**
食品烟酒	4276.9	4572.9	4909.7	5295.8	5820.3	6298.8
食品	2927.2	3155.1	3301.8	3417.4	3644.1	4257.2
谷物	338.0	384.4	382.5	398.6	379.7	425.6
薯类	36.6	46.4	48.0	51.6	54.9	63.0
豆类	44.9	52.3	57.0	54.9	56.8	63.2
食用油	143.5	152.8	143.8	142.5	135.1	160.2
蔬菜和食用菌	396.7	425.4	438.5	436.8	444.5	502.4
肉类	804.7	906.4	966.3	971.2	1066.4	1468.0
禽类	204.9	222.7	211.2	223.8	290.9	313.2
水产品	120.0	128.6	143.9	144.6	186.5	200.5
蛋类	80.6	75.3	75.8	80.6	89.3	97.3
奶类	176.3	194.5	217.2	276.3	261.4	256.5
干鲜瓜果类	283.1	292.4	336.1	341.3	378.9	378.5
糖果糕点类	93.6	105.6	114.1	128.7	128.4	127.8
其他食品	204.2	168.3	167.6	166.5	171.2	201.0
烟酒	499.6	500.7	545.1	638.0	708.3	741.5
烟草	337.6	341.9	360.5	441.2	515.7	555.9
酒类	162.0	158.7	184.5	196.8	192.6	185.6
饮料	82.2	85.9	90.3	106.0	117.6	122.6
饮食服务	767.8	831.3	972.6	1134.4	1350.3	1177.5
食堂用餐	110.5	138.5	155.9	113.7	122.7	114.5
其他在外饮食	647.1	682.0	804.5	1009.4	1218.8	1054.7
食品加工服务费	10.2	10.8	12.1	11.2	8.8	8.4
衣着	1070.7	1140.4	1149.7	1173.3	1212.5	1189.6
衣类	799.9	868.5	877.2	921.9	953.7	936.0
鞋类	270.9	271.9	272.5	251.4	258.8	253.6
居住	856.9	1046.3	1118.3	1251.9	1366.6	1468.9
租赁房房租	94.4	95.3	77.6	120.4	148.2	130.5
住房维修及管理	293.3	434.0	462.1	526.9	591.1	681.8
水电燃料及其他	469.2	517.0	578.6	604.6	627.3	656.6
生活用品及服务	898.1	958.1	1051.3	1161.0	1183.3	1221.6
家具及室内装饰品	137.5	139.4	161.8	171.0	183.9	181.7
家用器具	222.4	240.7	293.8	321.4	297.8	301.7
家用纺织品	81.0	90.3	90.1	99.2	101.9	100.6
家庭日用杂品	296.3	299.7	286.8	284.4	278.4	304.3
个人用品	131.8	160.2	187.7	234.8	268.2	282.4
家庭服务	29.1	27.8	31.0	50.1	53.1	50.9
交通通信	1627.5	1849.9	2199.1	2397.0	2574.2	2464.1
交通	1055.9	1236.5	1542.3	1715.4	1911.9	1714.5
交通工具	347.3	476.0	655.4	576.9	655.1	592.3
交通费	193.9	186.0	205.4	301.5	349.7	262.8
交通工具用燃料	317.1	359.2	446.2	525.0	521.2	468.8

2-5 续表 1

单位：元/人

指　　标	2015	2016	2017	2018	2019	2020
交通工具使用及维修	197.5	215.3	235.4	312.0	385.9	390.6
其中：车辆保险支出	64.5	78.9	78.2	101.5	134.8	147.6
通信	571.6	613.4	656.8	681.6	662.3	749.7
通信工具	136.1	156.4	174.8	211.1	172.9	211.9
通信服务	435.5	456.9	482.0	470.5	489.3	537.8
教育文化娱乐	1207.3	1284.4	1467.2	1596.6	1813.0	1650.3
教育	623.1	658.8	751.6	936.2	1171.4	1171.8
学前教育	71.7	72.3	84.1	156.4	199.3	168.3
小学教育	74.8	87.3	103.1	156.4	206.5	207.8
初中教育	78.0	88.0	102.0	126.7	163.6	170.5
高中教育	123.2	115.3	127.1	148.5	200.0	221.1
中专职高教育	26.7	19.2	24.1	17.7	11.9	22.1
大专及以上教育	199.6	213.8	255.2	261.6	322.2	324.5
成人教育	49.1	62.9	56.0	68.9	67.8	57.5
文化娱乐	584.2	625.5	715.6	660.4	641.6	478.5
文娱耐用消费品	104.3	101.0	112.3	108.8	111.4	135.6
其他文娱用品	90.3	95.8	111.9	143.4	157.9	151.6
文化娱乐服务	389.6	428.8	491.4	408.2	372.4	191.3
医疗保健	857.0	923.7	1066.2	1271.0	1508.2	1487.7
医疗器具及药品	364.0	431.5	423.1	484.6	493.4	510.2
医疗服务(不含报销医疗费)	493.0	492.3	643.0	786.4	1014.8	977.4
门诊费用(不含报销医疗费)	218.3	223.3	283.0	370.8	440.0	414.6
住院费用(不含报销医疗费)	274.6	269.0	360.0	415.6	574.8	562.8
其他用品及服务	328.9	360.6	384.8	427.1	445.0	442.2
其他用品	147.2	142.0	150.3	169.9	177.5	183.5
其他服务	181.6	218.6	234.5	257.1	267.4	258.7
生产经营现金费用支出	**2089.6**	**2773.1**	**3172.5**	**3907.3**	**4027.4**	**4138.4**
第一产业经营现金费用支出	1266.8	1438.8	1460.5	1545.8	1703.2	1575.9
农业	424.7	364.2	383.8	606.6	638.7	542.0
林业	13.7	12.6	16.0	23.5	17.7	22.1
牧业	805.3	1022.5	1025.8	879.1	1015.3	982.2
渔业	23.1	39.5	34.9	36.7	31.5	29.6
第二产业经营现金费用支出	118.1	252.5	267.3	394.4	335.6	325.2
采矿业	1.2	1.2	2.1	3.5	0.3	0.1
制造业	38.5	74.9	91.4	149.8	142.4	166.9
电力、热力、燃气及水生产和供应业	1.1	20.4	10.5	2.3	1.5	2.7
建筑业	77.3	156.0	163.3	238.9	191.5	155.5
第三产业经营现金费用支出	704.8	1081.8	1444.6	1967.1	1988.6	2237.3
批发和零售业	388.3	512.6	734.9	1212.3	1123.9	1307.3
交通运输、仓储和邮政业	147.6	225.9	191.8	158.5	199.3	189.6
住宿和餐饮业	69.8	147.1	347.8	262.1	215.7	214.3
房地产业	2.1	0.1	0.8	0.7	2.9	1.7
租赁和商务服务业	2.1	4.5	10.5	13.1	84.4	95.6
居民服务、修理和其他服务业	75.6	142.1	117.1	252.4	240.6	307.3
其他	12.6	41.9	36.1	57.3	108.7	105.5
农林牧渔服务业	6.8	7.5	5.6	10.6	12.9	16.0

2-5 续表 2

单位：元/人

指　　标	2015	2016	2017	2018	2019	2020
现金财产性支出	**92.4**	**90.6**	**92.3**	**188.9**	**241.8**	**269.2**
生活贷款利息支出	88.4	86.6	90.4	186.4	237.1	262.3
住房贷款利息支出	80.8	79.5	82.1	169.7	225.8	250.5
其他生活贷款利息支出	7.6	7.1	8.3	16.7	11.3	11.7
其他财产性支出	4.0	4.0	1.9	2.5	4.7	7.0
非储蓄性财产保险支出	0.9	0.9	0.2	0.6	0.8	0.4
其他财产性支出	3.1	3.1	1.6	1.9	3.9	6.6
现金转移性支出	**1007.1**	**1199.8**	**1305.1**	**1388.7**	**1441.3**	**1471.8**
个人所得税	23.1	33.6	35.2	70.1	61.8	62.6
社会保障支出	771.8	955.1	1099.6	1106.5	1194.1	1239.2
个人缴纳的养老保险	496.8	637.0	742.1	703.5	746.3	748.7
个人缴纳的医疗保险	236.8	275.8	301.8	347.5	375.9	406.2
个人缴纳的失业保险	19.7	23.6	23.2	20.8	25.6	27.3
其他社会保障支出	18.6	18.7	32.6	34.7	46.3	57.0
外来从业人员寄给家人的支出	3.4	7.4	0.4	2.2	5.0	5.4
农村外来从业人员寄给家人的支出	3.2	6.6	0.3	2.0	1.4	2.6
城镇外来从业人员寄给家人的支出	0.2	0.8	0.1	0.2	3.7	2.8
赡养支出	109.8	129.5	117.8	140.1	118.1	113.9
其他转移性支出	98.9	74.2	52.2	69.9	62.4	50.7
经常性捐赠支出	30.2	26.2	14.2	16.0	16.4	9.8
经常性赔偿支出	0.2	0.4	0.1	0.2	0.8	0.1
其他经常转移支出	68.5	47.5	37.9	53.7	45.2	40.8
部分商业保险支出	**46.9**	**44.7**	**61.3**	**137.9**	**143.2**	**150.3**
意外伤害保险	7.0	8.6	10.4	19.0	19.5	22.5
商业医疗保险(含大病保险)	19.6	14.9	24.0	64.0	70.4	75.2
其他非储蓄性商业保险	6.4	5.8	10.1	17.7	19.9	12.3
其他储蓄性商业保险	13.9	15.2	16.7	37.2	33.4	40.4
购置资产及非经常性转移支出	**2709.4**	**3072.2**	**3085.9**	**3757.3**	**4569.7**	**3581.6**
购置资产支出	786.0	914.4	877.8	1317.5	1896.2	1446.4
建造住房支出	273.2	312.4	171.5	247.0	376.2	288.5
建造住房材料	197.4	227.6	109.1	153.0	261.3	223.8
建造住房雇工	75.8	84.8	62.4	52.8	66.4	51.9
购买住房支出	394.4	441.7	539.2	834.2	1298.9	846.1
购建第一产业生产性固定资产支出	69.3	75.3	92.2	76.6	99.7	130.3
购买或建造农业生产性用房	25.3	25.9	28.3	15.0	46.3	42.5
购买用房建筑材料	17.3	16.7	21.2	12.3	30.4	27.0
建筑农业生产用房雇工	6.7	7.8	6.5	2.0	9.1	3.8
购买农业生产用房	0.6	0.7		0.2	3.9	10.0
其他	0.7	0.8	0.7	0.4	2.8	1.7
购买役畜	9.4	5.3	11.2	6.7	9.1	2.1
购买产品畜	3.7	7.6	14.7	5.2	7.8	31.1
购买或建造农业设施	3.5	13.2	18.0	19.2	19.4	19.1

2-5 续表 3

单位：元/人

指　　标	2015	2016	2017	2018	2019	2020
大棚、温室	2.0	10.9	16.4	15.8	14.3	7.8
自备井	0.4		0.4	0.8	0.8	3.0
喷灌设施	0.2	0.1	0.2	1.3	1.2	4.8
其他农业设施	0.9	2.2	0.9	1.4	3.1	3.7
购买农业机械	27.4	23.2	20.1	30.5	17.2	35.5
大中型农用拖拉机	10.5	0.3	2.2	6.6	1.0	0.7
小型(手扶)农用拖拉机	1.0	1.2	1.1	2.3	1.1	2.0
农用排灌动力机械	0.7	0.6	0.5	0.5	0.2	0.8
插秧机		1.4	0.1		0.1	12.8
收割机	2.2	3.4	1.0	1.2	0.3	3.9
脱粒机	1.2	1.3	1.2	2.5	1.0	2.3
其他农业机械	11.9	15.1	13.9	17.5	13.3	12.9
购建第二产业生产性固定资产支出	4.0	7.1	13.0	2.7	5.5	8.0
采矿业						
制造业	0.9	4.3	5.6	0.5	0.4	0.9
电力、热力、燃气及水生产和供应业	1.3	2.4	0.8		0.6	
建筑业	1.7	0.4	6.6	2.2	4.6	7.2
购建第三产业生产性固定资产支出	42.1	62.2	56.6	143.5	100.6	147.2
批发和零售业	6.0	10.9	14.9	33.1	10.4	21.8
交通运输、仓储和邮政业	9.2	36.5	16.8	32.7	67.3	70.0
住宿和餐饮业	2.6	11.1	9.5	56.1	5.6	40.5
房地产业	16.3			1.0		1.3
租赁和商务服务业	0.7	0.6	1.7	0.2	11.8	2.5
居民服务、修理和其他服务业	5.7	1.3	7.7	10.9	5.3	10.8
其他行业	1.5	1.7	6.0	9.3	0.1	0.4
购建其他资产支出	3.1	15.8	5.5	13.5	15.3	26.3
非经常性转移支出	1923.4	2157.8	2208.1	2439.8	2673.4	2135.2
博彩支出	25.0	30.4	24.4	51.1	63.2	50.1
婚丧嫁娶礼金支出	1484.2	1558.9	1546.4	1617.8	1628.4	1286.2
一次性赔偿支出	8.9	8.0	9.8	3.7	27.5	3.1
一次性馈赠支出	340.0	331.8	377.0	478.7	679.4	574.4
其他非经常性转移支出	65.3	61.3	60.2	43.5	274.8	221.4
借贷性支出	**1704.0**	**2038.7**	**2007.4**	**2600.5**	**2332.3**	**2080.2**
存入储蓄款	901.8	1093.1	1129.8	953.3	807.3	777.8
借出款	72.9	100.4	72.7	72.6	55.1	76.5
归还借款	238.8	221.3	191.1	312.2	317.3	207.8
购买有价证券	58.8	60.6	27.5	84.3	43.1	21.9
其他投资支出	39.8	16.8	24.6	111.1	70.3	35.8
归还住房贷款	287.0	377.5	391.1	674.7	798.6	677.3
归还汽车贷款	58.2	85.3	87.1	179.5	163.4	144.5
归还教育贷款	0.4	0.8	0.4	2.5	6.3	2.4
归还其他贷款	33.3	41.0	27.9	149.3	50.9	90.4
其他借贷支出	13.1	41.9	55.1	61.0	20.0	45.8

2-6 按五等份分组的全体居民人均可支配收入(2020年)

单位：元/人

指　　标	总平均	低收入户	中低收入户	中等收入户	中高收入户	高收入户
全体居民人均可支配收入	**26522.1**	**6895.7**	**14252.1**	**21764.8**	**33502.7**	**65989.4**
工资性收入	**13031.6**	**2628.1**	**5598.3**	**10163.7**	**16597.5**	**35671.9**
工资	12420.1	2570.3	5458.5	9963.9	16002.0	33212.4
按月发放的工资	9954.8	1412.7	3923.8	8157.8	13685.5	26854.2
补发工资	302.6	81.3	176.7	195.4	307.6	881.8
不按月发放的奖金、津贴、过节费等	2162.7	1076.3	1358.1	1610.7	2008.8	5476.3
实物福利	103.9	31.6	69.7	85.7	129.8	236.2
从单位或雇主得到的实物产品折价	22.0	6.7	12.0	10.4	22.7	68.4
食品	15.4	3.8	8.5	6.2	17.3	48.6
谷物、薯类及豆类	6.5	0.7	3.1	1.3	9.6	21.4
食用油(植物油)	2.9	0.9	1.8	1.9	2.4	8.7
蔬菜及制品	0.1	0.0	0.0	0.0	0.2	0.1
肉、禽、蛋、奶及制品	1.4	1.1	0.6	0.7	1.4	3.7
水产品及制品	0.1		0.1		0.0	0.3
糖、烟、酒、饮料类	2.5	0.7	2.1	1.4	1.0	8.4
干鲜瓜果类	0.7	0.2	0.2	0.4	0.9	2.3
其他类食品	1.2	0.2	0.5	0.5	1.8	3.7
衣着	0.7	0.0	0.1	0.2	0.4	3.6
居住	0.0			0.1	0.0	
家庭设备和日用品	3.0	1.5	2.0	3.0	2.4	7.0
交通、通信工具及用品	0.5		0.1		0.2	2.9
教育文化娱乐用品	0.1	0.0			0.0	0.3
医疗保健用品	0.7	0.4	0.7	0.3	0.2	2.0
其他用品	1.6	0.9	0.6	0.6	2.2	4.0
从单位或雇主得到的服务折价	81.9	25.0	57.6	75.4	107.1	167.8
免费或低价提供的工作餐	76.5	24.0	55.9	70.4	99.9	153.3
免费或低价提供的住宿	2.8	0.4	1.4	4.8	3.2	4.8
单位缴纳的水电费、取暖费、物业费等	0.3	0.0	0.0	0.1	0.1	1.3
免费或低价提供的交通和通信服务	0.4	0.5	0.1	0.0	0.2	1.5
单位缴纳的教育入学赞助费	0.0	0.1				
免费或低价提供的旅游服务	0.0				0.1	0.1
其他服务	1.9		0.2	0.0	3.5	6.8
单位或雇主实物福利报销所得						
其他	507.6	26.1	70.0	114.1	465.7	2223.4
住房公积金	457.7	21.0	53.7	78.6	386.9	2087.4
辞退金	3.8	0.1		2.3	17.2	
自由职业劳动所得(如稿费、翻译费)	21.9	1.0	5.6	13.5	19.2	83.9
安家费	1.1		0.8		4.9	
股票期权						
其他劳动所得	23.0	4.1	9.9	19.7	37.4	52.1
经营净收入	**5289.3**	**1001.2**	**3535.5**	**5177.3**	**6374.9**	**12169.9**
第一产业经营净收入	2364.3	1412.0	2459.4	2708.0	2231.1	3288.8
农业	1275.3	838.6	1318.8	1464.6	1118.0	1773.5
林业	169.8	275.7	240.6	132.6	131.2	27.4
牧业	882.6	274.1	878.0	1065.9	913.0	1463.1
渔业	36.6	23.6	22.0	44.9	68.8	24.8

2-6 续表 1

单位：元/人

指　　标	总平均	低收入户	中低收入户	中等收入户	中高收入户	高收入户
第二产业经营净收入	273.6	-107.3	14.1	409.9	199.0	1038.0
采矿业	0.3		0.0	-0.1	1.7	-0.3
制造业	83.2	16.5	-46.4	172.3	79.6	232.2
电力、热力、燃气及水生产和供应业	10.3			7.6	-0.3	52.9
建筑业	179.8	-123.8	60.5	230.0	117.9	753.2
第三产业经营净收入	2651.3	-303.5	1062.1	2059.4	3944.9	7843.2
批发和零售业	1361.1	-337.0	460.8	1003.5	2263.9	4163.8
交通运输、仓储和邮政业	365.1	147.1	251.1	259.1	526.6	741.5
住宿和餐饮业	399.9	30.2	124.6	255.3	449.9	1358.6
房地产业	2.7		6.5	7.0	0.5	-0.9
租赁和商务服务业	-13.1	-70.2	-0.3	12.8	0.1	2.5
居民服务、修理和其他服务业	367.9	-54.5	194.8	438.0	495.2	925.4
其他	156.2	-12.5	17.1	73.8	189.1	617.8
农林牧渔服务业	11.7	-6.5	7.5	10.0	19.6	34.3
财产净收入	**1719.6**	**221.7**	**468.8**	**969.9**	**2291.2**	**5536.9**
利息净收入	-36.2	27.9	46.0	-81.0	-83.9	-116.4
红利收入	315.7	44.2	45.6	74.2	259.8	1373.1
集体分配的红利	14.5	12.9	4.6	13.1	30.1	12.5
其他红利收入	301.2	31.3	40.9	61.1	229.6	1360.6
储蓄性保险净收益	1.8	0.1	0.4	0.9	5.6	2.2
转让承包土地经营权租金净收入	112.9	75.8	112.8	124.8	99.9	164.3
出租房屋财产性收入	532.2	62.1	96.5	310.6	755.2	1716.9
出租机械、专利、版权等资产的收入	30.1	0.0	5.5	8.9	36.9	118.7
其他财产净收入	2.8	1.5	-5.0	3.0	14.7	0.1
房屋虚拟租金	760.4	10.1	167.1	528.6	1203.1	2278.0
转移净收入	**6481.6**	**3044.8**	**4649.5**	**5453.8**	**8239.1**	**12610.6**
转移性收入	7953.4	3668.6	5363.3	6534.4	9999.5	16306.4
养老金或离退休金	4330.1	855.7	1722.8	3047.7	6352.6	11464.8
离退休金	3018.3	180.7	576.8	1336.4	4442.1	10254.2
(城镇)居民社会养老保险	836.5	228.3	561.7	1054.0	1563.5	899.0
新型农村养老保险	212.2	287.1	308.3	226.3	119.0	82.9
其他养老金	263.1	159.5	276.0	430.9	228.0	228.7
社会救济和补助	202.8	250.0	259.6	194.2	150.5	139.1
最低生活保障费	77.4	116.8	119.0	72.3	41.8	19.8
五保户救助金	10.4	20.6	15.9	7.7	4.2	0.2
扶贫款	6.0	12.4	7.4	2.7	1.4	4.8
救灾款	0.5	0.5	0.4	1.2	0.2	0.0
抚恤金	72.8	53.8	62.9	81.1	80.3	92.3
医疗救助专项补贴	8.3	8.2	16.0	5.7	8.8	1.5
教育救助专项补贴	6.3	11.7	9.6	3.4	4.7	0.3
其他社会救济收入	21.0	26.0	28.4	20.1	9.1	20.2
政策性生活补贴	126.2	75.8	121.2	142.9	160.8	140.6
家电补贴	0.1		0.0	0.5		
能源补贴	0.0					0.0
免费或低价提供的住宿(廉租房)	0.3	0.3	0.0	0.1	0.6	0.4
居住专项补贴	10.0	6.7	7.6	18.1	12.4	5.1

2-6 续表 2

单位：元/人

指　　标	总平均	低收入户	中低收入户	中等收入户	中高收入户	高收入户
建房改造专项补贴	12.7	4.7	21.4	25.4	8.2	3.2
其他生活补贴	103.1	64.0	92.1	98.8	139.7	131.8
报销医疗费	419.3	187.4	269.9	350.8	502.9	904.8
家庭外出从业人员寄回带回收入	1798.3	1482.1	1855.8	1660.0	1770.6	2355.0
赡养收入	780.3	504.4	831.2	840.1	803.9	994.2
其他经常转移收入	131.0	81.3	118.7	145.1	129.1	199.2
失业保险金	25.2	2.0	15.2	52.0	30.3	31.2
经常性捐赠收入	8.3	0.8	7.1	11.3	8.6	16.0
经常性赔偿收入	3.8	0.3	0.0	1.3	14.8	3.6
社保支出专项补贴	6.1	8.2	10.2	3.2	4.1	4.2
扶贫补助金孳息收入	0.4	1.5				
扶贫贷款利息补助收入	0.3		1.3			
其他转移性收入	87.0	68.6	84.9	77.4	71.2	144.2
从政府和组织得到的实物产品和服务折价	42.0	55.4	47.1	34.6	31.3	38.5
食品	17.8	21.7	21.2	13.7	11.9	20.0
谷物、薯类及豆类	3.8	3.0	3.6	3.2	3.7	6.0
食用油(植物油)	5.1	3.5	4.8	4.6	5.0	8.5
蔬菜及制品	0.0		0.0			0.0
肉、禽、蛋、奶及制品	5.7	10.9	8.4	3.2	1.5	3.4
水产品及制品	0.0					0.0
糖、烟、酒、饮料类	0.2	0.2	0.2	0.2	0.2	0.5
干鲜瓜果类	0.1	0.0	0.0	0.1	0.2	0.4
其他类食品	2.7	4.2	4.1	2.4	1.2	1.3
衣着	0.1	0.2	0.1	0.0	0.1	
居住	0.2	0.5	0.2	0.1		
家庭设备和日用品	9.4	7.4	8.5	8.4	10.8	12.9
交通、通信工具及用品	0.0	0.0	0.0		0.0	
教育文化娱乐用品	0.1	0.5	0.0	0.0	0.0	0.0
医疗保健用品	0.3	0.3	0.4	0.4	0.3	0.4
其他用品	2.2	2.6	2.4	2.0	1.8	2.3
其他服务折价(不含廉租房)	11.8	22.3	14.4	10.0	6.4	2.9
现金政策性惠农补贴	123.5	176.6	137.0	119.0	97.7	70.2
转移性支出	1471.8	623.9	713.8	1080.6	1760.4	3695.8
个人所得税	62.6	12.6	6.7	10.5	55.7	269.9
社会保障支出	1239.2	547.0	627.9	959.2	1499.1	2970.3
个人缴纳的养老保险	748.7	264.4	314.5	568.0	947.3	1929.9
个人缴纳的医疗保险	406.2	271.3	297.9	370.3	471.4	691.1
个人缴纳的失业保险	27.3	6.6	5.1	11.3	30.8	98.1
其他社会保障支出	57.0	4.7	10.4	9.6	49.5	251.2
外来从业人员寄给家人的支出	5.4	3.7	7.7	8.9	4.3	2.2
赡养支出	113.9	24.5	43.5	71.3	151.4	330.2
其他转移性支出	50.7	36.1	28.0	30.7	49.9	123.2
经常性捐赠支出	9.8	10.2	3.7	2.0	6.4	30.3
经常性赔偿支出	0.1				0.2	0.1
其他经常转移支出	40.8	25.9	24.4	28.7	43.3	92.8

2-7 按五等份分组的全体居民人均总收入(2020年)

单位：元/人

指　　标	总平均	低收入户	中低收入户	中等收入户	中高收入户	高收入户
全体居民人均总收入	**32919.3**	**14212.4**	**18397.2**	**26231.5**	**39420.3**	**76783.5**
工资性收入	**13031.6**	**2628.1**	**5598.3**	**10163.7**	**16597.5**	**35671.9**
工资	12420.1	2570.3	5458.5	9963.9	16002.0	33212.4
实物福利	103.9	31.6	69.7	85.7	129.8	236.2
其他	507.6	26.1	70.0	114.1	465.7	2223.4
经营性收入	**9945.5**	**7642.1**	**6901.7**	**8320.8**	**10161.6**	**18536.8**
第一产业经营收入	4237.0	4092.5	4259.5	4239.5	3680.7	5050.8
第一产业经营收入(不含惠农补贴)	4237.0	4092.5	4259.5	4239.5	3680.7	5050.8
农业	1901.3	1632.7	1958.5	2116.9	1608.8	2279.6
林业	192.7	311.4	260.9	150.7	154.2	41.5
牧业	2075.6	2078.4	2007.7	1896.9	1820.2	2666.7
渔业	67.4	70.1	32.4	75.0	97.5	62.9
第二产业经营收入	616.6	229.6	170.7	793.7	454.9	1672.6
采矿业	0.4				1.8	0.1
制造业	257.4	110.9	84.7	347.4	267.7	551.6
电力、热力、燃气及水生产和供应业	13.4			8.6		69.6
建筑业	345.4	118.7	86.0	437.7	185.4	1051.4
第三产业经营收入	5091.8	3320.0	2471.4	3287.6	6026.0	11813.4
批发和零售业	2762.6	1791.5	1545.4	1692.2	3508.3	6000.6
交通运输、仓储和邮政业	594.3	363.5	397.5	451.1	716.5	1180.8
住宿和餐饮业	632.4	83.0	181.0	391.0	714.3	2131.8
房地产业	4.4		8.6	10.4	2.7	
租赁和商务服务业	107.9	410.3	39.6	25.0	1.8	3.0
居民服务、修理和其他服务业	692.5	656.6	259.7	588.5	658.7	1440.3
其他	266.5	2.8	23.7	107.2	388.1	974.6
农林牧渔服务业	31.3	12.3	15.7	22.2	35.5	82.4
财产性收入	**1988.8**	**273.6**	**534.0**	**1212.6**	**2661.7**	**6268.4**
利息收入	226.0	73.4	104.7	158.9	280.5	600.7
红利收入	315.7	44.2	45.6	74.2	259.8	1373.1
储蓄性保险净收益	1.8	0.1	0.4	0.9	5.6	2.2
转让承包土地经营权租金净收入	112.9	75.8	112.8	124.8	99.9	164.3
出租房屋财产性净收入	532.2	62.1	96.5	310.6	755.2	1716.9
出租机械、专利、版权等资产的净收入	30.1	0.0	5.5	8.9	36.9	118.7
其他财产净收入	9.7	7.9	1.5	5.7	20.8	14.4
房屋虚拟租金	760.4	10.1	167.1	528.6	1203.1	2278.0
转移性收入	**7953.4**	**3668.6**	**5363.3**	**6534.5**	**9999.5**	**16306.4**
养老金或离退休金	4330.1	855.7	1722.8	3047.7	6352.6	11464.8

2-7 续表

单位：元/人

指　　标	总平均	低收入户	中低收入户	中等收入户	中高收入户	高收入户
社会救济和补助	202.8	250.0	259.6	194.2	150.5	139.1
政策性生活补贴	126.2	75.8	121.2	142.9	160.8	140.6
家庭外出从业人员寄回带回收入	1798.3	1482.1	1855.8	1660.0	1770.6	2355.0
赡养收入	780.3	504.4	831.2	840.1	803.9	994.2
报销医疗费	419.3	187.4	269.9	350.8	502.9	904.8
从政府和组织得到的实物产品和服务折价	42.0	55.4	47.1	34.7	31.3	38.5
现金政策性惠农补贴	123.5	176.6	137.0	119.0	97.7	70.2
其他转移性收入	131.0	81.3	118.7	145.1	129.1	199.2
非收入所得	**2707.4**	**1944.6**	**1860.2**	**2955.0**	**2947.1**	**4219.8**
出售资产所得	817.6	538.3	218.6	1234.1	948.2	1290.3
出售住房本金所得	126.7	12.4		31.1	244.8	415.8
出售住房溢价所得(含亏损)	31.2	2.2			43.9	131.8
出售股票、基金、收藏品本金所得	3.7			3.0	10.0	6.9
出售股票、基金、收藏品所得(含亏损)	14.4			0.0	12.4	71.0
出售生产性固定资产所得	30.6	20.2	8.7	24.6	13.7	98.9
拆迁征地补偿所得	530.5	434.3	186.2	1074.3	589.5	369.5
出售其他财物和收回其他投资本金所得	80.5	69.2	23.7	101.0	34.0	196.2
非经常性转移所得	1881.9	1400.0	1630.1	1711.2	1993.0	2924.1
博彩所得	56.1	20.5	41.0	38.5	65.7	132.8
婚丧嫁娶礼金所得	439.3	370.3	319.6	479.6	384.1	697.8
遗产及一次性馈赠所得	402.0	308.6	344.3	385.8	525.3	476.8
一次性赔偿所得	125.9	134.6	203.2	45.4	162.1	72.4
提取住房公积金	106.0	0.3	32.1	27.9	47.9	502.2
调查补贴	721.5	556.7	659.1	726.3	786.4	941.9
其他非经常性转移所得	31.0	9.1	30.8	7.6	21.5	100.2
其他非收入所得	7.9	6.3	11.6	9.7	5.9	5.4
借贷性所得	**2008.9**	**1794.5**	**1877.6**	**1967.2**	**2040.0**	**2477.2**
提取储蓄存款	1355.0	1203.8	1427.7	1237.0	1433.4	1520.8
借入款	272.0	360.8	232.7	253.4	115.0	404.6
收回借出款	101.3	81.2	90.3	90.2	137.1	113.6
收回储蓄性保险本金	0.2			0.0		1.3
住房贷款	146.7		5.9	318.9	328.0	103.8
汽车贷款	18.9	13.3	2.1	21.9		65.5
教育贷款	6.2	13.6	5.0	7.7	2.4	
其他贷款	101.3	121.3	96.5	32.6	20.9	255.5
其他借贷所得	7.4	0.3	17.4	5.4	3.1	12.0

2-8 按五等份分组的全体居民人均总支出(2020年)

单位：元/人

指 标	总平均	低收入户	中低收入户	中等收入户	中高收入户	高收入户
全体居民人均总支出	**31649.6**	**22702.4**	**22239.3**	**27205.5**	**34909.4**	**56989.6**
消费支出	**19783.4**	**12476.7**	**14513.8**	**17603.7**	**22660.3**	**35508.6**
食品烟酒	7026.4	4547.6	5459.5	6560.4	8239.8	11485.3
食品	4908.2	3420.1	4089.4	4796.4	5754.0	7097.1
谷物	532.4	481.8	499.1	496.0	528.1	691.1
薯类	109.4	111.8	119.7	118.1	100.1	94.0
豆类	66.3	48.7	66.8	67.4	73.8	79.6
食用油	215.1	196.2	213.1	208.4	224.0	241.1
蔬菜和食用菌	588.7	353.3	436.0	593.9	747.1	907.6
肉类	1652.4	1122.9	1394.5	1656.9	1994.3	2289.4
禽类	407.4	264.7	341.6	421.2	488.3	572.9
水产品	204.3	103.7	150.7	191.0	262.5	356.1
蛋类	151.7	122.3	139.3	159.8	163.6	183.5
奶类	256.5	161.2	187.2	232.7	310.3	437.9
干鲜瓜果类	383.8	214.5	262.5	340.0	471.3	714.9
糖果糕点类	130.5	90.1	101.9	114.8	150.1	216.8
其他食品	209.5	149.0	177.0	196.2	240.6	312.1
烟酒	741.6	497.3	626.3	705.3	819.9	1169.0
烟草	555.9	384.6	457.5	544.2	623.7	846.2
酒类	185.6	112.7	168.8	161.1	196.1	322.8
饮料	122.7	89.8	84.2	102.2	135.5	224.7
饮食服务	1254.0	540.4	659.6	956.5	1530.4	2994.6
食堂用餐	190.2	140.9	175.1	187.3	204.7	262.8
其他在外饮食	1055.4	393.4	475.1	760.3	1318.0	2721.5
食品加工服务费	8.4	6.1	9.5	8.9	7.7	10.3
衣着	1190.4	618.1	725.7	995.3	1437.4	2490.4
衣类	936.8	457.0	553.3	779.5	1141.2	2014.7
鞋类	253.6	161.1	172.4	215.8	296.2	475.7
居住	3855.7	2411.5	2878.1	3282.5	4411.6	7069.7
租赁房房租	130.5	62.6	72.8	131.2	166.0	252.3
租赁房房租中租赁公房房租	10.0	3.1	3.6	12.7	16.7	16.2
租赁房房租中租赁私房房租	120.5	59.6	69.2	118.5	149.3	236.0
住房维修及管理	681.8	446.1	668.0	503.4	592.7	1336.3
住房维修及管理中物业管理费	95.3	21.2	23.2	60.2	128.0	289.2
水电燃料及其他	703.8	502.4	594.2	679.2	796.2	1035.7
自有住房折算租金	2339.7	1400.4	1543.1	1968.8	2856.7	4445.5
生活用品及服务	1234.8	805.0	876.3	1016.1	1316.4	2429.7
家具及室内装饰品	182.4	127.3	132.7	152.0	169.2	370.9
家用器具	301.7	217.2	221.3	251.2	316.6	559.0
家用纺织品	100.6	64.3	71.2	76.1	120.1	193.2
家庭日用杂品	316.7	230.0	259.9	283.1	341.7	516.4
个人用品	282.4	149.1	165.5	220.8	326.8	630.5
家庭服务	50.9	17.1	25.7	32.8	42.0	159.8
其中：家政服务	23.4	2.6	6.0	8.4	14.9	101.0

2-8 续表 1

单位：元/人

指　　标	总平均	低收入户	中低收入户	中等收入户	中高收入户	高收入户
交通通信	2465.1	1573.3	1511.5	2228.4	2696.1	4873.6
交通	1715.5	1093.1	966.4	1552.3	1789.6	3598.5
交通工具	592.3	468.5	286.0	595.1	529.2	1210.1
交通费	263.8	186.2	211.8	208.8	250.3	515.1
交通工具用燃料	468.8	252.1	274.5	410.0	553.7	975.6
交通工具使用及维修	390.6	186.3	194.1	338.4	456.4	897.7
其中：车辆保险支出	147.6	69.4	76.1	138.9	180.1	315.4
通信	749.7	480.2	545.2	676.1	906.5	1275.1
通信工具	211.9	120.5	136.8	185.7	262.6	401.4
通信服务	537.8	359.7	408.4	490.5	643.9	873.6
教育文化娱乐	1650.5	1077.1	1133.2	1534.2	1920.5	2896.3
教育	1171.8	854.8	881.2	1187.2	1375.6	1707.7
学前教育	168.3	109.0	105.9	156.0	202.9	300.5
小学教育	207.8	135.2	146.7	193.4	240.1	361.9
初中教育	170.5	139.4	150.7	158.3	195.3	223.2
高中教育	221.1	171.5	191.6	233.1	293.0	227.3
中专职高教育	22.1	31.0	21.6	23.4	23.1	8.1
大专及以上教育	324.5	239.9	218.9	374.3	357.4	473.0
成人教育	57.5	28.9	45.9	48.7	63.9	113.8
文化娱乐	478.7	222.3	251.9	347.0	544.9	1188.5
文娱耐用消费品	135.6	75.4	80.9	111.8	155.7	290.2
其他文娱用品	151.8	91.5	100.7	118.9	165.8	320.2
文化娱乐服务	191.3	55.4	70.3	116.4	223.4	578.1
医疗保健	1908.0	1207.8	1666.0	1675.0	2133.9	3176.4
医疗器具及药品	511.3	336.6	386.4	443.8	579.7	904.4
医疗服务	1396.7	871.2	1279.6	1231.1	1554.1	2271.9
门诊总费用	498.8	355.7	410.3	477.4	555.0	763.4
住院总费用	897.9	515.4	869.3	753.7	999.2	1508.6
其他用品及服务	452.4	236.3	263.4	311.9	504.6	1087.2
其他用品	187.3	103.6	133.1	144.4	188.9	417.5
其他服务	265.1	132.7	130.3	167.5	315.7	669.7
生产经营费用支出	**4313.0**	**6253.0**	**3152.1**	**2869.6**	**3466.8**	**5814.7**
第一产业经营费用支出	1750.5	2520.1	1657.3	1431.6	1356.0	1657.2
农业	557.9	703.9	553.1	586.8	442.8	464.4
林业	22.1	35.0	18.8	17.6	22.5	13.7
牧业	1140.8	1735.5	1075.3	797.6	863.7	1143.8
渔业	29.7	45.7	10.1	29.7	27.0	35.4
第二产业经营费用支出	325.2	321.9	150.1	351.2	238.2	616.5
采矿业	0.1		0.0	0.1	0.0	0.4
制造业	166.9	85.9	128.7	163.0	182.1	311.4
电力、热力、燃气及水生产和供应业	2.7			0.3	0.3	15.4
建筑业	155.5	236.0	21.4	187.8	55.8	289.3
第三产业经营费用支出	2237.3	3411.0	1344.6	1086.7	1872.6	3541.0
批发和零售业	1307.3	2082.9	1053.3	628.2	1121.6	1592.0
交通运输、仓储和邮政业	189.6	177.8	127.3	163.9	145.7	364.5

2-8 续表 2

单位：元/人

指　　标	总平均	低收入户	中低收入户	中等收入户	中高收入户	高收入户
住宿和餐饮业	214.3	45.7	50.6	120.2	254.5	712.3
房地产业	1.7		2.1	3.4	2.3	0.9
租赁和商务服务业	95.6	370.3	39.7	11.5	1.7	0.2
居民服务、修理和其他服务业	307.3	705.0	60.0	125.2	146.1	476.6
其他	105.5	15.3	6.1	29.5	186.3	347.9
农林牧渔服务业	16.0	14.1	5.5	4.8	14.4	46.6
财产性支出	**269.2**	**51.9**	**65.1**	**242.6**	**370.6**	**731.5**
生活贷款利息支出	262.3	45.5	58.7	240.0	364.4	717.1
住房贷款利息支出	250.5	36.9	49.2	232.8	354.3	690.9
其他生活贷款利息支出	11.7	8.6	9.5	7.1	10.1	26.2
其他财产性支出	7.0	6.5	6.4	2.7	6.1	14.4
非储蓄性财产保险支出	0.4	0.3	0.6	0.7	0.1	0.2
其他财产性支出	6.6	6.2	5.8	2.0	6.1	14.2
转移性支出	**1471.8**	**623.9**	**713.8**	**1080.6**	**1760.4**	**3695.8**
个人所得税	62.6	12.6	6.7	10.5	55.7	269.9
社会保障支出	1239.2	547.0	627.9	959.2	1499.1	2970.3
个人缴纳的养老保险	748.7	264.4	314.5	568.0	947.3	1929.9
个人缴纳的医疗保险	406.2	271.3	297.9	370.3	471.4	691.1
个人缴纳的失业保险	27.3	6.6	5.1	11.3	30.8	98.1
其他社会保障支出	57.0	4.7	10.4	9.6	49.5	251.2
外来从业人员寄给家人的支出	5.4	3.7	7.7	8.9	4.3	2.2
赡养支出	113.9	24.5	43.5	71.3	151.4	330.2
其他转移性支出	50.7	36.1	28.0	30.7	49.9	123.2
部分商业保险支出	**150.3**	**55.0**	**64.1**	**103.7**	**184.4**	**402.8**
意外伤害保险	22.5	12.6	15.6	20.9	26.4	41.7
商业医疗保险(含大病保险)	75.2	27.3	24.2	60.0	113.2	177.4
其他非储蓄性商业保险	12.3	4.5	3.7	5.3	11.1	43.2
其他储蓄性商业保险	40.4	10.6	20.5	17.5	33.7	140.5
购置资产及非经常性转移支出	**3581.6**	**2255.2**	**2490.3**	**3774.8**	**4155.6**	**5840.0**
购置资产支出	1446.4	874.6	806.9	1773.2	1826.4	2184.3
购建造住房支出	288.5	304.2	326.1	413.1	186.6	190.6
建造住房材料	223.8	222.4	233.7	340.5	172.7	134.0
建造住房雇工	51.9	77.1	71.0	47.2	5.8	53.4
购买住房支出	846.1	287.7	342.1	1096.3	1318.6	1381.8
购建第一产业生产性固定资产支出	130.3	145.5	68.4	96.8	139.4	215.8
购买或建造农业生产性用房	42.5	59.3	22.0	54.1	58.8	12.2
购买用房建筑材料	27.0	11.5	15.2	48.5	49.7	10.4
建筑农业生产用房雇工	3.8	1.5	6.7	4.3	5.9	
购买农业生产用房	10.0	43.9				
其他	1.7	2.4	0.1	1.2	3.2	1.8
购买役畜	2.1	7.3	2.0			
购买产品畜	31.1	20.4	8.7	13.3	33.2	92.4
购买或建造农业设施	19.1	25.7	17.2	13.2	21.0	17.6
大棚、温室	7.8	11.9	6.3	9.0	7.6	2.7

2-8 续表 3

单位：元/人

指　　标	总平均	低收入户	中低收入户	中等收入户	中高收入户	高收入户
自备井	3.0	0.6	4.7		7.2	2.6
喷灌设施	4.8	5.9	3.9	1.3	1.8	11.8
其他农业设施	3.7	7.3	2.3	2.9	4.4	0.5
购买农业机械	35.5	32.8	18.5	16.2	26.3	93.6
大中型农用拖拉机	0.7				3.6	
小型(手扶)农用拖拉机	2.0	4.1	2.6	1.6	1.0	
农用排灌动力机械	0.8	1.2	1.2	0.9	0.2	0.2
插秧机	12.8				11.9	62.6
收割机	3.9	0.7	0.3	0.4	0.4	20.7
脱粒机	2.3	3.9	2.6	2.5	0.4	2.0
其他农业机械	12.9	22.9	11.8	10.8	8.8	8.1
购建第二产业生产性固定资产支出	8.0	16.4	13.4	2.0	2.3	3.7
采矿业						
制造业	0.9	1.8			2.3	
电力、热力、燃气及水生产和供应业						
建筑业	7.2	14.7	13.4	2.0		3.7
购建第三产业生产性固定资产支出	147.2	115.6	53.2	108.8	176.9	317.7
批发和零售业	21.8	31.2		10.5	54.2	12.0
交通运输、仓储和邮政业	70.0	42.5	43.7	93.4	115.2	59.1
住宿和餐饮业	40.5		7.2	2.2	2.7	226.3
房地产业	1.3				0.1	7.4
租赁和商务服务业	2.5	10.8				
居民服务、修理和其他服务业	10.8	31.0	2.2	1.3	4.1	13.0
其他	0.4			1.5	0.6	
购建其他资产支出	26.3	5.3	3.6	56.2	2.6	74.8
非经常性转移支出	2135.2	1380.5	1683.4	2001.6	2329.3	3655.7
博彩支出	50.1	16.8	24.5	34.7	75.7	115.9
婚丧嫁娶礼金支出	1286.2	873.1	1087.8	1285.1	1397.5	1966.1
一次性赔偿支出	3.1	3.9	2.1	2.0	5.9	1.0
一次性馈赠支出	574.4	289.2	354.8	467.4	645.3	1279.9
婚丧嫁娶宴请支出	203.6	178.6	207.9	205.0	167.7	272.3
其他非经常性转移支出	17.8	18.9	6.2	7.3	37.2	20.3
借贷性支出	**2080.2**	**986.7**	**1240.1**	**1530.4**	**2311.3**	**4996.3**
存入储蓄款	777.8	371.0	668.9	585.6	808.8	1659.8
借出款	76.5	89.3	78.6	62.3	94.2	52.7
归还借款	207.8	149.3	167.6	160.9	138.2	474.2
购买有价证券	21.9		2.5	4.9	14.1	105.3
其他投资支出	35.8	45.9	11.3		54.0	74.0
归还住房贷款	677.3	210.9	161.5	492.6	818.2	2007.4
归还汽车贷款	144.5	72.3	49.2	169.1	137.7	339.5
归还教育贷款	2.4	3.1			1.7	7.8
归还其他贷款	90.4	41.4	86.7	44.4	63.9	247.2
其他借贷支出	45.8	3.5	13.8	10.5	180.3	28.4

2-9 居民家庭基本情况(2020年)

指　标	单位	全体居民	城镇常住居民	农村常住居民
住户常住地				
城镇住户	%	47.7	100.0	
农村住户	%	52.3		100.0
居委会住户	%	42.3	85.1	3.3
村委会住户	%	57.7	14.9	96.7
城镇居委会住户	%	40.6	85.1	
城镇村委会住户或农村住户	%	59.4	14.9	100.0
户主文化程度				
未上过学	%	3.2	1.2	4.9
小学	%	33.4	19.2	46.3
初中	%	38.5	36.1	40.6
高中	%	12.8	19.8	6.4
大学专科	%	7.4	13.9	1.5
大学本科	%	4.5	9.3	0.2
研究生	%	0.3	0.6	
住户经营情况				
生产经营户	%	64.1	33.9	87.6
#农业户	%	45.6	13.1	70.9
#农业兼业户	%	2.6	0.6	4.1
#非农兼业户	%	3.7	1.5	5.5
#非农业户		12.2	18.8	7.1
非生产经营户	%	35.9	66.1	12.4
按家庭规模分的住户类型				
一人户	%	9.8	9.8	9.7
二人户	%	34.7	32.3	36.9
三人户	%	25.2	28.2	22.5
四人户	%	16.1	16.2	16.0
五人户	%	8.7	8.7	8.6
六人及以上户	%	5.6	4.8	6.3
按世代分的住户类型				
一代户	%	30.5	32.6	28.6
二代户	%	38.2	42.9	34.0
三代户	%	29.8	23.6	35.4
四代及以上户	%	1.5	0.9	2.0
住户特征				
纯老人户	%	19.5	16.1	22.6
家中有未成年子女户	%	38.8	38.8	38.8
年轻夫妻无子女户	%	0.4	0.8	0.1
无劳动力户	%	0.9	0.9	0.9

2-10　居民家庭人口和就业情况(2020年)

指　　标	单位	全体居民	城镇常住居民	农村常住居民
期内住户家庭常住成员数	人/户	**3.0**	**3.0**	**3.0**
常住成员情况				
性别				
男性	%	48.5	48.1	49.0
女性	%	51.5	51.9	51.0
年龄				
5岁及以下	%	5.2	5.4	5.0
6-15岁	%	12.9	11.7	14.0
16-19岁	%	4.1	4.0	4.3
20-24岁	%	3.5	3.7	3.2
25-29岁	%	3.5	4.1	3.0
30-34岁	%	5.5	7.0	4.1
35-40岁	%	5.5	7.2	4.1
41-50岁	%	16.2	18.2	14.4
51-60岁	%	17.5	16.4	18.5
61-65岁	%	7.3	6.8	7.8
66岁及以上	%	18.7	15.4	21.7
民族				
汉族	%	93.5	96.6	90.6
壮族	%	0.1	0.1	0.1
回族	%	0.1	0.2	0.1
苗族	%	0.2	0.1	0.3
维吾尔族	%	0.0	0.0	0.0
蒙古族	%	0.0		0.0
藏族	%	3.2	1.3	4.9
满族		0.1	0.1	0.0
其他民族	%	2.9	1.6	4.0
户口性质				
农业	%	65.5	36.0	92.3
非农业	%	34.3	63.8	7.6
其他	%	0.1	0.1	0.1
参加医疗保险情况	-			
新型农村合作医疗	%	20.8	10.9	29.9
城镇职工基本医疗保险	%	14.5	27.1	3.2
城镇居民基本医疗保险	%	60.8	55.2	65.8
公费医疗	%	0.1	0.1	0.0
商业医疗保险	%	1.4	2.3	0.6
其他医疗保险	%	1.0	1.8	0.3
没有参加任何医疗保险	%	1.3	2.6	0.2
住户成员受教育程度(6周岁以上)				
未上过学	%	5.9	3.1	8.4
小学	%	34.7	24.4	44.1
初中	%	32.3	31.1	33.4

2-10 续表 1

指　　标	单位	全体居民	城镇常住居民	农村常住居民
高中	%	13.6	18.9	8.7
大学专科	%	8.0	12.7	3.7
大学本科	%	5.3	9.3	1.6
研究生	%	0.3	0.5	0.1
住户成员婚姻状况(15周岁以上)				
未婚	%	12.9	12.9	13.0
有配偶	%	78.9	79.2	78.6
离婚	%	2.0	2.7	1.4
丧偶	%	6.1	5.1	7.0
常住从业人员情况				
劳动力人数	人/户	2.2	2.2	2.1
整劳动力人数	人/户	0.8	1.0	0.7
半劳动力人数	人/户	1.4	1.2	1.5
性别				
男性	%	48.1	47.1	49.1
女性	%	51.9	52.9	50.9
年龄				
16-19岁	%	0.4	0.3	0.5
20-24岁	%	2.2	2.1	2.3
25-29岁	%	4.7	5.4	4.0
30-34岁	%	7.5	9.4	5.7
35-40岁	%	7.6	9.6	5.6
41-50岁	%	22.2	24.4	20.1
51-60岁	%	23.7	21.7	25.6
61-65岁	%	9.7	9.0	10.5
66岁及以上	%	22.0	18.2	25.7
住户成员受教育程度				
未上过学	%	5.5	2.5	8.3
小学	%	32.1	19.7	43.8
初中	%	35.8	34.2	37.3
高中	%	13.2	19.8	7.0
大学专科	%	8.3	14.2	2.7
大学本科	%	4.8	9.1	0.8
研究生	%	0.3	0.5	0.1
是否离退休人员				
行政事业单位离退休	%	2.2	4.0	0.5
其他单位离退休	%	8.2	14.9	1.8
未退休	%	89.6	81.1	97.7
参加养老保险情况				
新型农村社会养老保险	%	23.6	42.1	6.1
城镇职工基本养老保险	%	55.5	36.6	73.4
(城镇)居民社会养老保险	%	3.3	6.3	0.4
商业养老保险	%	0.9	1.2	0.6

2-10 续表 2

指　　标	单位	全体居民	城镇常住居民	农村常住居民
其他养老保险	%	5.7	4.3	7.1
没有参加任何养老保险	%	10.9	9.4	12.4
本季度就业类型				
雇主	%	0.4	0.6	0.2
公职人员	%	1.3	3.0	0.1
事业单位人员	%	3.7	8.2	0.5
国有企业雇员	%	1.9	4.3	0.1
其他雇员	%	44.4	61.4	32.1
农业自营	%	36.8	8.4	57.4
非农自营	%	11.5	14.2	9.6
从事主要行业				
第一产业	%	38.3	9.4	59.2
第二产业	%	17.0	17.8	16.4
采矿业	%	0.4	0.6	0.2
制造业	%	6.2	7.0	5.6
电力、热力、燃气及水生产供应业	%	0.9	1.5	0.5
建筑业	%	9.5	8.6	10.0
第三产业	%	44.8	72.8	24.4
批发和零售业	%	10.2	15.8	6.2
交通运输、仓储和邮政业	%	4.2	5.9	3.0
住宿和餐饮业	%	4.4	6.0	3.2
信息传输、软件业和信息技术服务业	%	1.3	2.6	0.3
金融业	%	0.9	2.0	0.1
房地产业	%	0.5	1.0	0.1
租赁和商务服务业	%	1.1	2.0	0.5
科学研究和技术服务业	%	0.2	0.5	
水利、环境和公共设施管理业	%	0.4	0.7	0.1
居民服务、修理和其他服务业	%	10.3	16.1	6.2
教育	%	2.6	5.3	0.7
卫生和社会工作	%	2.4	4.3	1.0
文化、体育和娱乐业	%	0.6	1.1	0.2
公共管理、社会保障和社会组织	%	5.6	9.5	2.8
国际组织	%			
从事主要职业				
国家机关、党群组织、企业、事业单位负责人	%	1.5	3.0	0.4
专业技术人员	%	8.5	14.5	4.2
办事人员和有关人员	%	14.9	22.7	9.2
商业、服务业人员	%	24.9	38.4	15.1
农、林、牧、渔、水利业生产人员	%	38.5	9.5	59.6
生产、运输设备操作人员及有关人员	%	8.3	8.4	8.3
军人	%	0.0	0.0	
不便分类的其他从业人员	%	3.4	3.6	3.2

2-11 居民家庭住房基本情况(2020年)

指　标	单位	全体居民	城镇常住居民	农村常住居民
现住房建筑面积	**平方米/人**	**43.2**	**37.1**	**48.7**
现住房情况	-			
居住空间样式	-			
单栋楼房	%	39.8	18.2	59.6
单栋平房	%	20.7	5.4	34.5
四居室及以上单元房	%	2.2	4.1	0.6
三居室单元房	%	20.4	40.2	2.5
二居室单元房	%	12.7	25.9	0.7
一居室单元房	%	2.3	4.6	0.1
筒子楼或连片平房	%	0.7	1.1	0.3
其他	%	1.1	0.5	1.7
主要建筑材料	-			
钢筋混凝土	%	42.4	61.7	24.7
砖混材料	%	39.2	32.9	44.9
砖瓦砖木	%	15.1	4.9	24.3
竹草土坯	%	0.7	0.2	1.3
其他	%	2.6	0.3	4.8
现住房房屋来源	-			
租赁公房	%	0.8	1.6	
租赁私房	%	3.3	5.3	1.4
自建住房	%	60.3	25.3	92.1
购买商品房	%	23.2	46.1	2.3
购买房改住房	%	2.9	5.7	0.3
购买保障性住房	%	0.9	1.8	0.2
拆迁安置房	%	6.5	11.1	2.4
继承或获赠住房	%	0.6	0.7	0.5
免费借用房	%	1.1	1.8	0.5
雇主提供免费住房	%	0.1	0.2	0.1
其他来源	%	0.2	0.3	0.2
现住房建筑面积	-			
10平方米以内	%	0.0	0.0	
10-20平方米	%	0.2	0.3	
20-30平方米	%	0.2	0.4	0.1
30-60平方米	%	6.3	9.5	3.3
60-90平方米	%	21.4	29.9	13.7
90-120平方米	%	33.4	33.5	33.2
120-200平方米	%	28.3	21.1	34.8
200平方米以上	%	10.3	5.2	14.9
现住房建筑年份				
当年新建	%	0.2	0.0	0.3
1-5年	%	8.6	5.1	11.6
6-10年	%	21.9	24.3	19.9
11-20年	%	39.4	42.7	36.5
21-50年	%	29.4	27.5	31.0
51-99年	%	0.6	0.4	0.8
100年以上	%			

2-12 居民家庭固定资产投资及拥有情况(2020年)

指　　标	单位	全体居民	城镇常住居民	农村常住居民
农业生产投资情况	—			
主要农业生产性固定资产数量	—			
生产性用房及建筑物	平方米/户	11.5	2.3	19.8
大中型农用拖拉机	台/百户	0.3	0.0	0.6
小型农用拖拉机	台/百户	2.2	0.4	3.9
农用排灌动力机械	台/百户	2.8	0.6	4.9
插秧机	台/百户	0.1		0.2
收割机	台/百户	0.8	0.1	1.5
脱粒机	台/百户	6.3	0.8	11.3
役畜	头/百户			
产品畜	头/百户	23.6	11.6	34.5
期末农业生产性固定资产原价	—			
农业固定资产原价	元/人	1021.7	236.8	1730.4
生产性用房及建筑物	元/人	571.9	110.0	989.1
役畜	元/人	37.8	13.0	60.2
农业设施	元/人	125.5	71.5	174.3
农业机械	元/人	222.6	23.0	402.9
林业固定资产原价	元/人	10.8	1.6	19.1
生产性用房及建筑物	元/人	7.1	0.8	12.8
机械设备	元/人	2.1	0.2	3.8
牧业固定资产原价	元/人	784.0	161.5	1346.2
生产性用房及建筑物	元/人	479.0	114.8	807.9
产品畜	元/人	283.8	42.0	502.1
渔业固定资产原价	元/人	16.8	12.8	20.4
农林牧渔服务业固定资产原价	元/人	54.9	9.1	96.3
期内农业生产性固定资产投资及资金来源	—			
期内自建农业生产性用房	—			
期内自建农业生产性用房建筑面积	平方米/人	0.7	0.1	1.2
期内自建农业生产性用房价值	元/人	85.7	19.1	145.8
期内固定资产投资总额	元/人	361.2	171.3	532.6
来自银行、信用社贷款	元/人	2.6	0.1	4.9
来自亲友借款	元/人	2.8		5.3
来自自筹资金	元/人	348.3	166.6	512.3
来自其他资金	元/人	7.5	4.6	10.1

2-12 续表

指　　标	单位	全体居民	城镇常住居民	农村常住居民
非农业生产投资情况	–			
期末非农产业固定资产原价	–			
采矿业	元/人	0.3	0.7	
制造业	元/人	110.3	71.0	145.8
电力、热力、燃气及水生产和供应业	元/人	5.1	10.8	
建筑业	元/人	151.6	153.2	150.2
批发和零售业	元/人	1412.3	2342.8	572.1
交通运输、仓储和邮政业	元/人	594.5	629.0	563.3
住宿和餐饮业	元/人	272.0	422.1	136.4
房地产业	元/人	13.1	1.0	23.9
租赁和商务服务业	元/人	381.6	799.6	4.1
居民服务、修理和其他服务业	元/人	259.6	348.0	179.8
其他行业	元/人	72.6	133.3	17.8
期内非农产业固定资产投资及资金来源	–			
期内非农产业固定资产投资总额	元/人	1621.9	2800.1	558.0
期内非农产业固定资产投资构成	–			
生产性用房及建筑物	元/人	369.4	645.2	120.3
机械设备	元/人	711.5	1200.8	269.7
其他	元/人	540.4	952.8	168.0
期内非农产业固定资产投资资金来源	–			
银行、信用社贷款	元/人	136.7	263.7	22.0
亲友借款	元/人	51.5	108.6	
自筹资金	元/人	1109.4	1761.8	520.3
其他资金	元/人	324.2	665.8	15.8
生活投资情况	–			
期内新建住房情况	–			
期内新建住房竣工建筑面积	平方米/人	1.7	0.3	2.9
期内新建住房总费用	万元/人	9.1	12.3	6.3
期内新建住房资金来源	–	9.1	12.3	6.3
银行、信用社贷款	万元/人	0.0	0.0	0.0
亲友借款	万元/人	0.0	0.0	0.0
自筹资金	万元/人	9.1	12.3	6.2
其他资金	万元/人	0.0	0.0	0.0
期内住房大修或装修费用	万元/人	3.2	0.1	6.0

2-13 居民家庭主要食品消费量(2020年)

单位：公斤/人

指　　标	全体居民	城镇常住居民	农村常住居民
粮食消费量	**146.9**	**112.8**	**177.7**
谷物消费量	133.6	99.8	164.2
小麦	27.6	24.6	30.3
稻谷	93.6	65.3	119.1
玉米	6.5	4.6	8.1
其他谷物	6.0	5.3	6.7
薯类消费量	4.2	3.7	4.6
红薯	1.3	0.8	1.8
马铃薯	2.3	2.2	2.4
其他薯类	0.5	0.6	0.4
豆类消费量	9.1	9.3	8.9
大豆	1.0	0.5	1.5
其他豆类	8.1	8.8	7.4
油脂类消费量	**11.7**	**11.5**	**11.9**
植物油	10.5	10.7	10.4
动物油	1.2	0.8	1.5
蔬菜及菜制品消费量	**119.6**	**124.7**	**115.1**
鲜菜	116.2	119.8	113.0
干菜及菜制品	1.2	1.7	0.8
鲜菌	2.1	3.0	1.2
干菌及菌制品	0.2	0.2	0.1
肉类	**33.6**	**37.0**	**30.4**
猪肉	28.0	28.9	27.2
牛肉	1.9	2.6	1.3
羊肉	0.4	0.5	0.3
其他肉类及制品	3.3	5.0	1.7
禽类	**14.5**	**14.4**	**14.7**
鸡	8.7	8.0	9.4
鸭	4.1	4.3	4.0
鹅	0.2	0.2	0.2
其他禽类及制品	1.5	1.9	1.1
水产品	**9.2**	**11.1**	**7.5**
鱼类	7.9	9.0	6.8
虾、贝、蟹类	0.6	1.1	0.2
藻类	0.3	0.4	0.2
其他	0.4	0.6	0.2
蛋类及蛋制品	**9.9**	**10.0**	**9.9**
鲜蛋	9.6	9.4	9.7
蛋制品	0.4	0.5	0.2
奶和奶制品	**10.0**	**13.8**	**6.6**
鲜奶	7.0	9.8	4.4
酸奶	1.8	2.7	1.0
奶粉	0.7	0.8	0.7
其他奶制品	0.5	0.6	0.5
干鲜瓜果类	**45.8**	**57.1**	**35.5**
鲜瓜果	40.8	51.0	31.6
瓜果制品	0.5	0.8	0.3
坚果类	4.5	5.4	3.7
糖果糕点类	**5.8**	**6.0**	**5.5**
食糖	1.7	1.4	1.9
糖果	0.8	0.8	0.8
糕点	2.9	3.4	2.5
其他糖果糕点	0.4	0.4	0.4
饮料	**0.3**	**0.3**	**0.3**
茶叶	0.3	0.3	0.3
烟叶消费量	**38.3**	**30.8**	**45.0**
酒	**8.7**	**6.8**	**10.4**
白酒	4.0	3.0	4.8
啤酒	4.6	3.7	5.5
果酒	0.1	0.1	0.0

2-14 居民家庭农产品自产自用情况(2020年)

单位：元/人

指 标	全体居民	城镇常住居民	农村常住居民
农产品自产自用	**998.7**	**183.5**	**1734.8**
农业产品	**604.9**	**97.3**	**1063.4**
谷物	361.9	47.8	645.7
薯类	93.4	11.2	167.6
豆类	5.8	1.1	10.1
油料	49.6	12.3	83.3
糖料	0.0		0.0
烟草	0.0	0.0	0.0
蔬菜及食用菌	86.2	22.5	143.7
水果	3.8	1.2	6.2
果用瓜	0.1		0.1
干制水果及水果籽	0.1		0.1
坚果	0.5	0.2	0.7
饮料原料	0.1	0.1	0.2
香料原料	0.1	0.0	0.1
中草药	0.0	0.0	
初加工农产品	0.4	0.2	0.6
其他农产品	2.9	0.8	4.9
林业产品	**44.7**	**8.7**	**77.1**
人工林产品	0.1	0.1	0.1
采集林产品	0.9	0.2	1.6
其他林产品	43.7	8.5	75.5
牧业产品	**345.3**	**76.7**	**587.8**
家畜	177.2	41.1	300.1
家禽	94.2	23.4	158.3
蛋类	54.4	11.0	93.6
奶类	0.1	0.1	0.0
其他牧业产品	18.9	1.0	35.1
其他动物	0.4	0.1	0.7
狩猎和捕捉野生动物	0.0	0.0	
渔业产品	**3.78**	**0.79**	**6.48**
养殖产品	3.4	0.8	5.7
捕捞产品	0.41	0.01	0.77
其他渔业产品	0.0		0.0

2-15 全省居民平均每百户年末主要耐用消费品拥有量(2015-2020年)

指　标	单位	2015	2016	2017	2018	2019	2020
家用汽车	辆	15.3	20.4	22.6	26.9	28.2	29.1
摩托车	辆	38.0	35.9	35.9	34.7	34.5	32.5
助力车	台	21.0	25.8	28.0	31.4	32.6	35.4
洗衣机	台	88.6	91.5	94.0	95.7	97.9	98.7
电冰箱(柜)	台	88.9	94.6	98.1	99.5	102.0	103.0
微波炉	台	25.2	27.8	30.4	29.1	29.1	30.3
彩色电视机	台	117.6	117.9	120.8	118.4	119.7	120.3
空调	台	60.4	73.1	81.4	99.1	103.8	108.1
热水器	台	68.2	75.1	79.8	86.2	87.3	92.0
洗碗机	台	0.4	0.5	0.7	0.9	0.9	0.9
排油烟机	台	28.5	32.9	35.9	45.7	45.6	47.7
固定电话	线	29.5	26.5	26.1	22.5	14.8	13.0
移动电话	部	221.6	238.0	243.5	257.2	257.6	257.3
其中：接入互联网	部	57.3	80.8	99.8	167.9	178.1	215.2
计算机	台	35.4	38.8	40.5	39.9	37.1	38.9
其中：接入互联网	台	27.2	30.3	31.2	31.1	30.2	32.8
照相机	台	11.9	10.3	11.0	7.9	7.9	7.8
中高档乐器	架	1.0	1.6	2.1	2.9	3.1	3.2
健身器材	台	1.6	1.7	2.2	3.5	4.0	4.6
空气净化器(含新风系统)	套			0.3	2.6	3.2	3.3
吸尘器	台			0.3	4.0	4.8	5.5

注：根据国家制度，空气净化器(含新风系统)、吸尘器拥有量2017年开始统计调查。

2-16 土地经营和主要农产品产量情况(2020年)

指　　标	单位	全体居民	城镇常住居民	农村常住居民
期末实际经营土地面积	亩/人	1.40	0.17	2.50
耕地面积	亩/人	0.89	0.12	1.58
其中：有效灌溉面积	亩/人	0.53	0.06	0.96
林地面积	亩/人	0.39	0.03	0.71
园地面积	亩/人	0.06	0.01	0.10
牧草地面积	亩/人	0.03	0.00	0.06
养殖水面面积	亩/人	0.03	0.01	0.05
期内土地种植情况				
期内主要粮食播种面积	亩/人	0.88	0.09	1.59
小麦播种面积	亩/人	0.21	0.01	0.40
水稻播种面积	亩/人	0.31	0.03	0.56
玉米播种面积	亩/人	0.22	0.03	0.39
大豆播种面积	亩/人	0.05	0.00	0.08
薯类播种面积	亩/人	0.09	0.02	0.16
期内主要经济作物播种面积	亩/人	0.31	0.09	0.51
棉花播种面积	亩/人	0.00		0.00
油料作物播种面积	亩/人	0.10	0.02	0.18
糖料作物播种面积	亩/人	0.00	0.00	0.00
蔬菜播种面积	亩/人	0.11	0.06	0.17
其中：设施蔬菜播种面积	亩/人	0.04	0.04	0.03
水果播种面积	亩/人	0.09	0.02	0.16
其中：设施水果播种面积	亩/人	0.02	0.00	0.04
农业生产技术应用情况	亩/人	1.07	0.09	1.96
1.机耕面积	亩/人	0.41	0.04	0.74
2.机播面积	亩/人	0.17	0.01	0.31
3.机收面积	亩/人	0.35	0.02	0.65
4.机电灌溉面积	亩/人	0.14	0.02	0.26
主要农产品产量				
谷物产量	公斤/人	325.11	32.12	589.68
面积	亩/人	0.85	0.08	1.54
小麦产量	公斤/人	82.77	2.74	155.03
面积	亩/人	0.25	0.01	0.47
稻谷产量	公斤/人	158.84	18.40	285.66
面积	亩/人	0.31	0.04	0.56
玉米产量	公斤/人	80.70	10.51	144.07
面积	亩/人	0.22	0.03	0.40

2-16 续表

指标	单位	全体居民	城镇常住居民	农村常住居民
高粱产量	公斤/人	1.01	0.24	1.69
面积	亩/人	0.01	0.00	0.01
谷子产量	公斤/人	0.83		1.58
面积	亩/人	0.00		0.00
青稞产量	公斤/人			
面积	亩/人			
其他谷物产量	公斤/人	0.97	0.22	1.65
面积	亩/人	0.05	0.00	0.10
薯类产量	公斤/人	18.11	2.51	32.21
面积	亩/人	0.14	0.02	0.26
红薯产量	公斤/人	14.69	2.03	26.11
面积	亩/人	0.12	0.01	0.22
马铃薯产量	公斤/人	3.28	0.47	5.81
面积	亩/人	0.02	0.00	0.04
其他薯类产量	公斤/人	0.15	0.00	0.28
面积	亩/人	0.00	0.00	0.00
豆类产量	公斤/人	3.71	0.51	6.60
面积	亩/人	0.05	0.00	0.09
大豆产量	公斤/人	3.37	0.43	6.03
面积	亩/人	0.04	0.00	0.08
其他豆类产量	公斤/人	0.34	0.09	0.57
面积	亩/人	0.00	0.00	0.01
棉花产量	公斤/人	0.01		0.02
面积	亩/人	0.00		0.00
油料产量	公斤/人	18.76	3.93	32.16
面积	亩/人	0.12	0.02	0.20
花生产量	公斤/人	2.08	0.46	3.54
面积	亩/人	0.01	0.00	0.02
芝麻产量	公斤/人	0.04	0.00	0.07
面积	亩/人	0.00	0.00	0.00
油菜籽产量	公斤/人	16.48	3.47	28.24
面积	亩/人	0.10	0.02	0.18
葵花籽产量	公斤			
面积	亩			
其他油料产量	公斤	0.16		0.30
面积	亩	0.00		0.00

2-17 城镇居民家庭人均收支及恩格尔系数(1980-2020年)

年份	城镇居民家庭人均可支配收入		城镇居民家庭人均消费性支出		恩格尔系数(%)
	绝对数(元)	比上年±%	绝对数(元)	比上年±%	
1980	391		364		58.5
1981	412	5.4	396	9.0	59.5
1982	445	8.0	407	2.6	59.8
1983	493	10.8	457	12.3	59.0
1984	581	17.8	517	13.1	57.3
1985	695	19.6	680	31.5	51.4
1986	849	22.2	787	15.8	52.7
1987	948	11.7	889	13.0	52.9
1988	1130	19.2	1086	22.1	51.8
1989	1349	19.4	1184	9.0	55.7
1990	1490	10.5	1281	8.3	53.8
1991	1691	13.5	1488	16.1	51.9
1992	1989	17.6	1651	11.0	54.1
1993	2408	21.1	2034	23.2	52.1
1994	3297	37.0	2806	38.0	51.7
1995	4003	21.4	3429	22.2	51.3
1996	4406	10.1	3733	8.9	51.6
1997	4723	7.2	4093	9.6	49.1
1998	5127	8.5	4383	7.1	44.9
1999	5478	6.8	4499	2.7	43.9
2000	5894	7.6	4856	7.9	41.5
2001	6360	7.9	5176	6.6	40.2
2002	6611	3.9	5413	4.6	39.8
2003	7042	6.5	5759	6.4	38.9
2004	7710	9.5	6371	10.6	40.2
2005	8386	8.8	6891	8.2	39.3
2006	9350	11.5	7525	9.2	37.7
2007	11098	18.7	8692	15.5	41.2
2008	12633	13.8	9679	11.4	44.0
2009	13839	9.5	10857	12.2	40.4
2010	15461	11.7	12105	11.5	39.5
2011	17899	15.8	13696	13.1	40.7
2012	20307	13.5	15050	9.9	40.4
2013	22228	10.1	16098	8.6	34.9
2014	24234	9.0	17760	10.3	34.9
2015	26205	8.1	19277	8.5	35.2
2016	28335	8.1	20660	7.2	34.5
2017	30727	8.4	21991	6.4	33.3
2018	33216	8.1	23484	6.8	31.8
2019	36154	8.8	25367	8.0	32.6
2020	38253	5.8	25133	-0.9	34.8

注：从2013年起，国家统计局开展了城乡一体化住户收支和生活状况调查，与2012年前的分城镇和农村住户调查的调查范围、调查方法、指标口径有所不同。

2-18 城镇居民人均可支配收入(2015-2020年)

单位：元/人

项目	2015	2016	2017	2018	2019	2020
城镇居民人均可支配收入	**26205.3**	**28335.3**	**30726.9**	**33216.0**	**36153.7**	**38253.1**
工资性收入	**15242.3**	**16219.1**	**17299.3**	**18530.0**	**20479.2**	**21950.7**
工资	14253.9	15179.3	16244.6	17260.1	19409.9	20816.6
按月发放的工资	12808.6	13654.3	13905.2	14766.5	16188.7	17225.8
补发工资	364.4	351.4	425.3	470.6	483.5	469.4
不按月发放的奖金、津贴、过节费等	1080.8	1173.7	1914.0	2023.1	2737.7	3121.4
实物福利	90.9	75.2	89.5	94.1	111.8	138.4
从单位或雇主得到的实物产品折价	14.5	13.1	16.0	17.4	29.3	34.1
食品	9.6	9.8	12.6	11.3	19.4	24.5
谷物、薯类及豆类	3.6	2.2	2.5	3.7	8.7	11.6
食用油(植物油)	2.8	3.0	3.2	2.5	3.7	4.6
蔬菜及制品	0.1	0.1	0.1	0.1		0.1
肉、禽、蛋、奶及制品	1.1	1.3	1.4	1.1	1.1	1.8
水产品及制品					0.1	0.1
糖、烟、酒、饮料类	0.7	1.1	1.4	2.2	3.7	3.6
干鲜瓜果类	0.3	0.3	0.2	0.4	0.9	1.1
其他类食品	1.0	1.8	3.8	1.4	1.2	1.6
衣着	0.4	0.3	0.4	0.1	0.4	1.4
居住	0.2			0.2		0.0
家庭设备和日用品	1.6	1.5	1.1	2.2	4.5	3.6
交通、通信工具及用品	0.6		0.8	1.9	2.3	1.1
教育文化娱乐用品	0.2		0.1	0.3	0.1	0.1
医疗保健用品	1.5	0.7	0.2	0.4	0.3	0.8
其他用品	0.3	0.8	0.8	0.9	2.2	2.5
从单位或雇主得到的服务折价	76.4	62.1	73.5	76.7	82.5	104.3
免费或低价提供的工作餐	71.7	60.6	71.5	70.2	74.6	96.5
免费或低价提供的住宿	0.5		0.1	2.4	5.6	2.7
单位缴纳的水电费、取暖费、物业费等				0.2	0.3	0.6
免费或低价提供的交通和通信服务	2.8	0.1	0.1	1.1	0.8	0.6
单位缴纳的教育入学赞助费	0.2	0.1	0.2			
免费或低价提供的旅游服务	0.2	0.3	1.2	0.4	0.2	0.1
其他服务	1.0	1.0	0.4	2.3	0.9	3.8
单位或雇主实物福利报销所得						
其他	897.5	964.6	965.2	1175.8	957.5	995.7
住房公积金	611.1	573.1	643.6	664.8	808.4	912.9
辞退金	1.1	12.0	11.3	6.6		3.6
自由职业劳动所得(如稿费、翻译费)	4.6	7.7	9.2	14.5	52.2	42.0
安家费	0.3	1.3		12.1	5.4	2.0
股票期权		0.2	0.9			
其他劳动所得	280.4	370.2	300.2	477.8	91.5	35.2
经营净收入	**3054.4**	**3326.7**	**3586.2**	**3849.0**	**4392.8**	**4333.8**
第一产业经营净收入	424.8	498.6	527.8	419.1	486.9	398.0
农业	255.1	267.2	280.9	252.4	299.1	198.0
林业	7.9	7.5	1.8	27.9	26.0	21.2
牧业	159.7	201.1	240.1	129.9	149.0	166.5
渔业	2.1	22.8	5.0	8.9	12.8	12.2

2-18 续表 1

单位：元/人

项 目	2015	2016	2017	2018	2019	2020
第二产业经营净收入	186.3	78.0	88.9	99.1	292.3	308.5
采矿业	3.2	-0.5	-3.7	6.9	-2.6	-0.2
制造业	23.7	19.3	16.0	17.4	35.3	40.1
电力、热力、燃气及水生产和供应业	-0.2	12.5	26.5	14.0	19.4	21.9
建筑业	159.6	46.8	50.1	60.8	240.2	246.7
第三产业经营净收入	2443.3	2750.1	2969.4	3330.9	3613.6	3627.3
批发和零售业	1285.8	1475.2	1492.8	1602.0	1716.6	1843.2
交通运输、仓储和邮政业	265.4	169.8	255.2	326.0	345.3	393.7
住宿和餐饮业	286.5	478.5	534.7	627.3	715.6	641.1
房地产业	18.4	11.7	3.1	7.3	-2.8	6.0
租赁和商务服务业	37.8	29.0	32.7	33.5	11.0	-32.0
居民服务、修理和其他服务业	489.9	492.0	520.9	584.9	545.8	493.0
其他	54.3	78.9	123.7	146.9	278.2	278.9
农林牧渔服务业	5.2	15.0	6.4	2.9	3.9	3.4
财产净收入	**2169.0**	**2363.5**	**2626.8**	**2820.0**	**2890.9**	**3058.9**
利息净收入	21.9	-0.8	18.6	-192.2	-189.7	-171.9
红利收入	99.1	184.7	192.4	476.6	414.0	545.3
集体分配的红利	25.1	26.3	29.7	80.9	35.7	23.2
其他红利收入	74.0	158.7	162.8	395.6	378.5	522.1
储蓄性保险净收益	7.6	2.1	7.3	9.1	3.6	2.7
转让承包土地经营权租金净收入	29.6	41.6	44.5	54.3	54.2	66.7
出租房屋财产性收入	774.0	865.9	928.4	830.3	906.1	963.7
出租机械、专利、版权等资产的收入	17.6	36.5	44.9	72.1	84.4	53.0
其他财产净收入	13.8	28.4	25.3	23.6	15.1	-3.1
房屋虚拟租金	1205.4	1205.0	1365.5	1546.2	1603.2	1602.6
转移净收入	**5739.7**	**6426.0**	**7214.6**	**8017.2**	**8390.9**	**8909.7**
转移性收入	7417.4	8435.3	9286.1	10450.0	10775.2	11261.6
养老金或离退休金	5973.8	6727.5	7262.8	7249.7	7216.4	7677.8
离退休金	5003.8	5614.5	6058.1	5722.5	5604.2	5935.0
(城镇)居民社会养老保险	810.6	918.9	975.6	1279.7	1272.3	1391.5
新型农村养老保险	36.7	46.9	51.1	77.8	77.8	87.6
其他养老金	122.7	147.3	177.9	169.7	262.1	263.8
社会救济和补助	83.2	107.8	113.7	131.3	114.6	139.0
最低生活保障费	39.8	52.1	53.3	41.1	38.7	47.4
五保户救助金	0.8	0.3	0.3	2.9	2.4	2.0
扶贫款	2.0	1.3	2.5	1.2	0.7	3.0
救灾款	3.8		1.8			0.5
抚恤金	20.2	31.2	38.3	35.2	43.0	60.8
医疗救助专项补贴						4.1
教育救助专项补贴						2.1
其他社会救济收入	16.6	22.9	17.5	50.9	29.7	19.2
政策性生活补贴	38.1	23.7	54.0	51.8	107.4	85.4
家电补贴	2.7	0.6	1.0	1.0		
能源补贴		1.4	0.3	0.2		0.0
免费或低价提供的住宿(廉租房)			0.1	0.7	0.1	0.1
居住专项补贴						4.3

2-18 续表 2

单位：元/人

项　　目	2015	2016	2017	2018	2019	2020
建房改造专项补贴						4.3
其他生活补贴	35.4	21.7	52.5	49.9	107.3	76.7
报销医疗费	245.8	279.9	273.6	326.9	548.2	511.0
家庭外出从业人员寄回带回收入	477.8	616.4	780.3	1711.3	1800.8	1851.6
赡养收入	439.1	500.9	628.0	732.1	777.7	813.0
其他经常转移收入	115.9	137.6	127.6	177.7	142.0	125.4
失业保险金	12.5	17.1	22.7	23.5	26.9	25.3
经常性捐赠收入	7.6	0.9	3.7	10.5	8.4	11.7
经常性赔偿收入	2.5	4.2	4.7	6.8	9.9	7.9
社保支出专项补贴						4.2
扶贫补助金孳息收入						
扶贫贷款利息补助收入						
其他转移性收入	90.3	115.3	96.4	137.0	96.8	76.3
从政府和组织得到的实物产品和服务折价	16.4	18.3	30.2	45.5	35.0	31.4
食品	7.1	9.4	9.6	15.7	14.9	15.3
谷物、薯类及豆类	1.8	2.8	3.4	5.4	3.9	4.3
食用油(植物油)	2.6	3.5	3.5	5.2	4.6	6.7
蔬菜及制品	0.1					0.0
肉、禽、蛋、奶及制品	1.6	2.1	0.9	1.6	1.8	2.1
水产品及制品						0.0
糖、烟、酒、饮料类	0.1	0.3	0.8	0.3	1.9	0.2
干鲜瓜果类		0.1		0.1	0.3	0.3
其他类食品	1.0	0.7	0.9	3.1	2.4	1.5
衣着	0.5	0.1	2.0	0.1	0.2	0.0
居住	0.6		0.3	1.5		
家庭设备和日用品	5.1	3.8	7.8	16.9	12.9	10.2
交通、通信工具及用品	0.1		0.1	0.1	0.8	0.0
教育文化娱乐用品		0.1	0.2	3.5	0.1	0.0
医疗保健用品	0.5	0.3	0.1	0.1	0.1	0.3
其他用品	0.4	1.3	5.5	1.8	1.3	1.5
其他服务折价(不含廉租房)	2.1	3.4	4.7	5.8	4.7	4.1
现金政策性惠农补贴	27.3	23.2	15.8	23.6	33.1	26.9
转移性支出	1677.7	2009.3	2071.6	2432.8	2384.3	2351.8
个人所得税	50.8	72.7	74.4	155.5	126.9	124.4
社会保障支出	1316.6	1594.4	1698.1	1911.4	1958.7	1954.0
个人缴纳的养老保险	853.3	1096.7	1153.8	1292.1	1293.9	1246.3
个人缴纳的医疗保险	386.8	414.4	439.3	506.1	524.9	545.1
个人缴纳的失业保险	41.8	48.6	44.5	43.4	48.4	51.4
其他社会保障支出	34.8	34.7	60.5	69.8	91.5	111.2
外来从业人员寄给家人的支出	2.8	1.7	0.2	2.9	9.3	7.4
赡养支出	204.7	236.7	219.7	266.0	202.3	198.0
其他转移性支出	102.7	103.7	79.1	97.0	87.1	68.1
经常性捐赠支出	46.2	38.9	20.5	21.1	22.6	13.4
经常性赔偿支出	0.3	1.0	0.2	0.4	1.7	0.1
其他经常转移支出	56.2	63.8	58.4	75.6	62.8	54.6

2-19 城镇居民人均总支出(2015-2020年)

单位：元/人

指　　标	2015	2016	2017	2018	2019	2020
城镇居民人均总支出	**27762.8**	**31489.8**	**33570.8**	**38626.1**	**39568.5**	**39164.0**
消费支出	**19276.8**	**20659.8**	**21990.6**	**23483.9**	**25367.4**	**25133.2**
食品烟酒	6783.1	7118.4	7329.3	7462.3	8279.4	8741.1
食品	4746.3	5002.0	4995.3	4794.0	5073.8	5893.7
谷物	518.1	601.6	558.0	504.1	491.4	539.4
薯类	64.5	81.4	81.0	75.8	79.9	88.4
豆类	68.1	76.5	80.3	72.5	69.4	73.8
食用油	241.2	248.9	223.8	200.7	184.9	215.1
蔬菜和食用菌	735.0	777.2	787.3	717.7	712.2	793.4
肉类	1238.2	1393.2	1379.4	1279.7	1412.6	1978.9
禽类	367.5	389.6	363.4	347.2	432.4	477.7
水产品	193.9	203.8	221.9	217.6	267.7	280.9
蛋类	136.3	129.4	129.8	131.5	142.0	154.2
奶类	277.7	294.5	314.2	385.9	367.0	356.8
干鲜瓜果类	446.0	438.7	489.7	485.7	535.4	523.7
糖果糕点类	137.3	147.1	151.6	170.6	170.4	163.0
其他食品	322.4	220.1	214.9	205.0	208.5	248.5
烟酒	609.0	571.4	623.9	684.3	758.5	777.1
烟草	407.3	376.0	389.4	457.9	532.7	570.7
酒类	201.7	195.4	234.5	226.4	225.8	206.4
饮料	118.3	116.7	111.0	130.1	141.6	147.4
饮食服务	1309.4	1428.2	1599.1	1854.0	2305.4	1922.7
食堂用餐	197.1	219.0	242.4	184.8	209.5	218.2
其他在外饮食	1106.5	1202.2	1349.0	1661.4	2089.9	1697.5
食品加工服务费	5.9	7.1	7.6	7.7	6.0	7.1
衣着	1703.8	1767.5	1723.3	1712.6	1729.6	1674.5
衣类	1307.4	1369.9	1335.3	1370.6	1385.0	1340.6
鞋类	396.5	397.5	388.0	342.0	344.6	333.9
居住	3335.5	3756.5	3906.2	4470.2	4741.6	4951.4
租赁房房租	185.9	183.3	140.7	200.6	223.0	190.6
租赁房房租中租赁公房房租						14.6
租赁房房租中租赁私房房租						176.0
住房维修及管理	349.7	619.2	614.6	620.7	676.5	806.3
住房维修及管理中物业管理费						181.7
水电燃料及其他	696.8	759.9	783.9	828.8	794.5	841.1
自有住房折算租金	2103.0	2194.0	2367.1	2820.1	3047.7	3113.4
生活用品及服务	1251.4	1311.1	1403.8	1562.0	1525.4	1599.6
家具及室内装饰品	185.1	198.4	224.5	211.6	214.2	228.5
家用器具	295.1	305.0	380.7	406.6	352.9	369.5
家用纺织品	113.9	131.0	123.0	141.0	141.9	136.3
家庭日用杂品	388.7	389.4	349.9	350.8	330.4	367.7
个人用品	222.0	247.7	281.6	369.7	405.7	418.2
家庭服务	46.6	39.5	44.1	82.3	80.2	79.5
家政服务			24.1	50.6	45.9	43.4

2-19 续表 1

单位：元/人

指标	2015	2016	2017	2018	2019	2020
交通通信	2414.4	2697.6	3198.3	3365.5	3453.4	3052.2
交通	1541.8	1778.8	2256.4	2395.1	2610.0	2104.0
交通工具	519.2	689.1	1047.3	770.2	895.0	652.3
交通费	237.2	218.5	229.3	405.0	466.9	317.6
交通工具用燃料	501.6	577.3	681.7	788.9	700.1	610.8
交通工具使用及维修	283.9	293.8	298.2	431.0	548.0	523.4
其中：车辆保险支出	100.0	114.3	104.2	140.4	190.3	194.9
通信	872.5	918.8	942.0	970.4	843.5	948.2
通信工具	201.8	229.8	237.2	289.1	216.3	280.4
通信服务	670.7	689.0	704.7	681.4	627.2	667.8
教育文化娱乐	1863.0	2008.4	2221.9	2383.8	2667.6	2253.0
教育	775.8	849.0	924.7	1252.6	1649.9	1534.0
学前教育	94.5	95.6	102.1	238.2	306.1	252.7
小学教育	92.8	121.1	139.9	231.4	315.8	293.1
初中教育	103.2	123.1	129.7	166.2	221.3	209.6
高中教育	141.4	146.5	148.3	188.5	256.2	259.8
中专职高教育	34.1	11.9	12.8	14.4	8.9	13.1
大专及以上教育	250.7	257.7	319.9	326.9	457.8	432.4
成人教育	59.0	93.1	72.0	86.9	83.9	73.2
文化娱乐	1087.1	1159.4	1297.2	1131.2	1017.6	719.0
文娱耐用消费品	148.7	148.5	154.8	144.7	148.4	185.7
其他文娱用品	133.6	127.9	144.3	204.7	209.2	206.1
文化娱乐服务	804.9	883.0	998.1	781.8	660.1	327.2
医疗保健	1369.3	1423.4	1595.6	1861.4	2293.3	2193.4
医疗器具及药品	501.1	611.1	542.7	1241.6	602.5	641.9
医疗服务	868.2	812.3	1052.9	515.0	1690.8	1551.5
门诊总费用	305.0	304.8	420.7	213.6	634.5	597.4
住院总费用	563.3	507.5	632.3	301.4	1056.3	954.1
其他用品及服务	556.4	577.1	612.1	666.2	677.1	668.1
其他用品	241.0	202.8	212.8	241.9	248.7	257.1
其他服务	315.4	374.3	399.3	424.2	428.4	411.0
生产经营费用支出	**1111.1**	**2192.0**	**2805.8**	**3600.5**	**3659.3**	**4048.6**
第一产业经营费用支出	320.5	408.1	457.5	368.7	343.2	410.1
农业	91.2	111.0	121.6	203.6	191.7	197.9
林业	1.5	8.8	5.4	5.8	5.6	8.0
牧业	225.7	267.2	327.7	153.8	138.2	196.9
渔业	2.0	21.2	2.8	5.6	7.7	7.4
第二产业经营费用支出	104.4	390.9	343.9	636.2	497.8	434.7
采矿业	0.5	1.0	3.9	7.0	0.4	0.2
制造业	7.4	65.1	85.6	196.4	158.7	222.5
电力、热力、燃气及水生产和供应业	0.4	43.3	23.3	4.6	3.1	5.6
建筑业	96.1	281.5	231.1	428.2	335.5	206.4
第三产业经营费用支出	686.3	1393.0	2004.4	2595.6	2818.4	3203.8
批发和零售业	261.8	555.4	852.5	1527.0	1527.0	1794.6
交通运输、仓储和邮政业	167.8	243.6	158.3	153.0	163.5	167.8

2-19 续表 2

单位：元/人

指　　标	2015	2016	2017	2018	2019	2020
住宿和餐饮业	111.0	242.9	705.3	345.3	330.5	296.2
房地产业	1.7	0.2	0.4	1.2	4.6	3.3
租赁和商务服务业	3.2	9.0	20.0	25.9	178.1	195.5
居民服务、修理和其他服务业	116.8	260.0	195.4	430.4	388.2	541.1
其他	22.6	77.4	68.6	111.0	222.8	204.2
农林牧渔服务业	1.4	4.4	3.9	1.9	3.8	1.0
财产性支出	**186.3**	**178.9**	**183.3**	**370.3**	**447.2**	**491.1**
生活贷款利息支出	179.9	173.5	181.0	367.8	440.5	482.0
住房贷款利息支出	167.7	164.7	168.5	337.8	427.0	467.8
其他生活贷款利息支出	12.1	8.8	12.5	29.9	13.5	14.2
其他财产性支出	6.4	5.4	2.2	2.5	6.7	9.1
非储蓄性财产保险支出	1.0	1.3	0.1	0.6	1.1	0.1
其他财产性支出	5.4	4.1	2.1	2.0	5.7	9.0
转移性支出	**1677.6**	**2009.2**	**2071.6**	**2301.2**	**2384.3**	**2351.8**
个人所得税	50.8	72.7	74.4	147.1	126.9	124.4
社会保障支出	1316.6	1594.4	1698.1	1808.0	1958.7	1954.0
个人缴纳的养老保险	853.3	1096.7	1153.8	1222.1	1293.9	1246.3
个人缴纳的医疗保险	386.8	414.4	439.3	478.8	524.9	545.1
个人缴纳的失业保险	41.8	48.6	44.5	41.1	48.4	51.4
其他社会保障支出	34.8	34.7	60.5	66.0	91.5	111.2
外来从业人员寄给家人的支出	2.8	1.7		2.7	9.3	7.4
赡养支出	204.7	236.7	219.7	251.6	202.3	198.0
其他转移性支出	102.6	103.6	79.2	91.8	87.1	68.1
部分商业保险支出	**68.0**	**45.6**	**83.8**	**214.7**	**217.9**	**238.5**
意外伤害保险	6.6	7.4	11.1	24.0	26.1	31.8
商业医疗保险(含大病保险)	36.0	20.6	33.9	105.0	110.2	120.0
其他非储蓄性商业保险	6.5	5.0	16.1	31.7	32.8	21.2
其他储蓄性商业保险	18.9	12.7	22.7	54.0	48.8	65.5
购置资产及非经常性转移支出	**2679.5**	**2972.5**	**2891.3**	**4221.6**	**4379.9**	**4133.8**
购置资产支出	658.5	750.2	514.2	1634.7	1470.4	1742.0
建造住房支出	78.2	43.1	26.5	68.1	104.6	152.7
建造住房材料	55.1	38.1	18.8	51.7	49.8	122.2
建造住房雇工	23.0	5.1	7.7	16.1	19.4	26.3
购买住房支出	509.2	580.0	376.5	1280.5	1195.5	1356.6
购建第一产业生产性固定资产支出	10.7	30.9	33.9	21.1	15.9	17.2
购买或建造农业生产性用房	1.9	15.1	1.8	1.9	5.2	5.0
购买用房建筑材料	1.3	9.8	1.5	0.9	3.3	4.1
建筑农业生产用房雇工	0.4	4.7	0.1	0.8	0.5	0.4
购买农业生产用房					1.2	
其他	0.2	0.7	0.2	0.1	0.2	0.5
购买役畜	0.4	0.7	8.8	0.2	0.2	
购买产品畜	2.1	0.4	1.7	2.0	0.2	1.9
购买或建造农业设施	0.7	10.3	10.2	14.7	8.4	6.3
大棚、温室		7.4	9.5	14.3	8.2	4.0

2-19 续表 3

单位：元/人

指　　标	2015	2016	2017	2018	2019	2020
自备井	0.7		0.6	0.1		0.9
喷灌设施		0.2	0.1		0.2	0.2
其他农业设施		2.6		0.2		1.1
购买农业机械	5.5	4.4	11.3	2.4	2.0	4.0
大中型农用拖拉机						
小型(手扶)农用拖拉机	1.2	0.3	2.4	0.2	0.2	
农用排灌动力机械	0.3	0.5	0.1	0.1	0.1	0.2
插秧机					0.2	
收割机	0.1			0.2		0.3
脱粒机	0.7	0.2	0.5	0.4	0.5	0.3
其他农业机械	3.2	3.4	8.3	1.5	1.0	3.1
购建第二产业生产性固定资产支出	1.8	1.0	4.5	4.1	1.1	2.8
采矿业						
制造业			0.5	1.1	0.3	1.4
电力、热力、燃气及水生产和供应业	1.8	0.3	0.8			
建筑业		0.7	3.1	3.0	0.8	1.5
购建第三产业生产性固定资产支出	54.8	73.2	68.5	242.2	133.7	165.0
批发和零售业	5.1	15.9	25.4	53.1	21.2	15.2
交通运输、仓储和邮政业	0.2	29.8	6.6	36.8	73.3	35.0
住宿和餐饮业	2.9	24.3	21.1	122.1	11.4	85.3
房地产业	37.3			2.2	0.1	2.6
租赁和商务服务业				0.5	17.0	5.2
居民服务、修理和其他服务业	9.1	1.5	2.6	7.5	10.7	20.8
其他	0.1	1.6	12.9	20.0		0.9
购建其他资产支出	3.8	21.9	4.4	18.8	19.5	47.5
非经常性转移支出	2021.0	2222.3	2377.1	2586.9	2909.5	2391.9
博彩支出	30.1	39.3	30.8	59.2	80.6	71.9
婚丧嫁娶礼金支出	1437.3	1537.2	1572.0	1642.8	1674.4	1362.5
一次性赔偿支出	5.5	2.6	8.2	3.6	52.6	4.7
一次性馈赠支出	473.6	473.6	531.1	668.2	866.3	750.9
婚丧嫁娶宴请支出			174.1	189.1	208.7	189.3
其他非经常性转移支出	74.6	50.7	61.0	23.9	26.9	12.6
借贷性支出	**2763.4**	**3431.8**	**3544.4**	**4433.8**	**3112.5**	**2766.9**
存入储蓄款	1530.1	1921.8	2144.5	1650.9	890.7	853.9
借出款	111.1	140.0	109.4	119.2	30.6	45.4
归还借款	183.6	178.0	165.7	334.0	280.9	226.4
购买有价证券	123.8	136.0	61.0	178.3	89.7	45.1
其他投资支出	67.3	36.6	45.1	224.4	81.7	38.0
归还住房贷款	584.3	770.7	782.6	1253.4	1384.7	1190.2
归还汽车贷款	123.0	166.1	154.2	317.5	265.0	178.7
归还教育贷款	0.9	0.5	0.8	3.0	13.4	3.5
归还其他贷款	24.1	17.1	9.0	265.0	45.8	98.8
其他借贷支出	15.2	64.9	72.1	88.2	30.1	87.0

2-20 城镇居民人均总收入(2015-2020年)

单位：元/人

指 标	2015	2016	2017	2018	2019	2020
城镇居民总收入	**29422.3**	**33016.1**	**36135.8**	**39853.8**	**43051.2**	**45500.2**
工资性收入	**15242.3**	**16219.1**	**17299.3**	**19032.7**	**20479.2**	**21950.7**
工资	14253.9	15179.3	16244.6	17728.3	19409.9	20816.6
实物福利	90.9	75.2	89.5	96.6	111.8	138.4
其他	897.5	964.6	965.2	1207.7	957.5	995.7
经营性收入	**4407.5**	**5819.4**	**6740.3**	**7865.8**	**8458.7**	**8737.9**
第一产业经营收入	769.8	928.3	1022.3	818.7	857.0	835.6
第一产业经营收入(不含惠农补贴)	769.8	928.3	1022.3	818.7	857.0	835.6
农业	361.7	392.4	427.9	474.7	511.1	411.7
林业	9.4	16.3	7.3	34.2	31.7	29.3
牧业	391.9	475.6	574.5	295.1	293.2	374.2
渔业	6.7	44.0	12.6	14.7	21.0	20.5
第二产业经营收入	311.2	495.0	470.5	772.2	816.6	758.9
采矿业	3.7	0.4	0.3	15.7		0.0
制造业	34.1	88.3	113.6	222.3	200.3	267.3
电力、热力、燃气及水生产和供应业	0.2	59.5	53.5	18.9	23.4	28.2
建筑业	273.2	346.8	303.1	515.3	592.9	463.4
第三产业经营收入	3326.5	4396.1	5247.5	6274.9	6785.1	7143.4
批发和零售业	1623.6	2159.5	2481.9	3302.7	3425.4	3794.0
交通运输、仓储和邮政业	481.0	457.8	447.4	523.2	557.9	603.5
住宿和餐饮业	443.5	748.9	1268.0	1029.5	1098.2	965.4
房地产业	20.1	11.9	3.4	8.6	1.8	9.3
租赁和商务服务业	43.8	42.5	76.3	66.5	203.2	216.8
居民服务、修理和其他服务业	627.6	797.9	758.6	1061.0	970.0	1057.3
其他	80.0	157.9	201.5	278.4	520.3	492.0
农林牧渔服务业	6.9	19.8	10.5	5.2	8.4	5.0
财产性收入	**2355.2**	**2542.4**	**2810.1**	**3066.6**	**3338.1**	**3549.9**
利息收入	201.8	172.7	199.6	184.0	250.8	310.1
红利收入	99.1	184.7	192.4	455.7	414.0	545.3
储蓄性保险净收益	7.6	2.1	7.3	8.7	3.6	2.7
转让承包土地经营权租金净收入	29.6	41.6	44.5	51.9	54.2	66.7
出租房屋财产性净收入	774.0	865.9	928.4	793.9	906.1	963.7
出租机械、专利、版权等资产的净收入	17.6	36.5	44.9	68.9	84.4	53.0
其他财产净收入	20.2	33.8	27.5	25.1	21.9	5.9
房屋虚拟租金	1205.4	1205.0	1365.5	1478.4	1603.2	1602.6
转移性收入	**7417.4**	**8435.3**	**9286.1**	**9888.6**	**10775.2**	**11261.6**
养老金或离退休金	5973.8	6727.5	7262.8	6860.2	7216.4	7677.8

2-20 续表

单位：元/人

指　　标	2015	2016	2017	2018	2019	2020
社会救济和补助	83.2	107.8	113.7	124.3	114.6	139.0
政策性生活补贴	38.1	23.7	54.0	49.0	107.4	85.4
家庭外出从业人员寄回带回收入	477.8	616.4	780.3	1619.3	1800.8	1851.6
赡养收入	439.1	500.9	628.0	692.7	777.7	813.0
报销医疗费	245.8	279.9	273.6	309.4	548.2	511.0
从政府和组织得到的实物产品和服务折价	16.4	18.3	30.2	43.1	35.0	31.5
现金政策性惠农补贴	27.3	23.2	15.8	22.4	33.1	26.9
其他转移性收入	115.9	137.6	127.6	168.2	142.0	125.4
非收入所得	**1375.7**	**1424.2**	**1901.1**	**2385.7**	**3279.9**	**3129.9**
出售资产所得	438.6	388.6	738.1	763.5	1218.1	1184.4
出售住房本金所得	127.6	42.9	123.1	477.9	342.1	267.0
出售住房溢价所得(含亏损)	50.4		0.3	3.7	107.1	59.1
出售股票、基金、收藏品本金所得	61.9	39.8	92.2	1.8	5.2	7.8
出售股票、基金、收藏品所得(含亏损)	34.2	9.5	2.4	10.8	6.5	29.7
出售生产性固定资产所得	0.5	10.9	40.9	23.7	28.8	2.0
拆迁征地补偿所得	80.1	245.5	418.9	161.8	654.3	737.6
出售其他财物和收回其他投资本金所得	83.9	40.0	60.3	83.8	74.1	81.2
非经常性转移所得	925.1	1029.6	1157.8	1613.2	2051.1	1934.5
博彩所得	13.5	29.4	35.6	169.1	81.6	67.5
婚丧嫁娶礼金所得	240.4	333.7	334.1	425.9	415.6	340.3
遗产及一次性馈赠所得	166.3	178.2	202.7	381.0	459.1	486.7
一次性赔偿所得	71.4	32.7	77.8	8.3	79.8	49.7
提取住房公积金	46.5	60.8	44.5	123.4	311.2	211.5
调查补贴	325.6	365.4	437.1	493.6	685.6	767.4
其他非经常性转移所得	61.4	29.4	26.1	11.9	18.3	11.3
其他非收入所得	12.0	6.1	5.2	9.0	10.7	11.0
借贷性所得	**1950.2**	**2441.5**	**2261.9**	**2363.2**	**2263.6**	**1941.5**
提取储蓄存款	1722.9	2206.9	1844.8	1680.1	1422.7	1184.3
借入款	163.5	130.5	198.0	311.9	318.8	236.5
收回借出款	41.3	79.6	109.2	180.2	187.4	83.8
收回储蓄性保险本金	0.8	5.7	0.3	0.6	0.4	0.5
住房贷款	8.4	0.2	43.7	95.3	201.6	306.6
汽车贷款	3.3	1.1	6.9	22.4	55.6	20.7
教育贷款	1.7		1.5	5.9	4.1	3.1
其他贷款	4.6	6.6	44.6	45.1	59.8	99.1
其他借贷所得	3.6	10.8	12.9	21.7	13.1	6.9

2-21 城镇居民人均现金收入(2015-2020年)

单位：元/人

指　　标	2015	2016	2017	2018	2019	2020
城镇居民人均现金收入	**27685.6**	**31290.2**	**34218.1**	**37748.9**	**40581.7**	**43033.2**
现金工资性收入	**15151.4**	**16143.9**	**17209.8**	**18936.0**	**20367.5**	**21812.3**
工资	14253.9	15179.3	16244.6	17728.3	19409.9	20816.6
其他工资性收入	897.5	964.6	965.2	1207.7	957.5	995.7
现金经营性收入	**4229.1**	**5671.8**	**6581.4**	**7688.5**	**8287.3**	**8554.4**
第一产业现金经营收入	591.4	780.7	863.4	641.3	685.6	652.1
农业	243.8	302.9	326.7	363.3	406.3	314.4
林业	4.4	11.3	2.9	28.2	24.3	20.6
牧业	337.0	423.0	522.2	235.8	235.0	297.4
渔业	6.2	43.5	11.6	13.9	20.1	19.7
第二产业现金经营收入	311.2	495.0	470.5	772.2	816.6	758.9
采矿业	3.7	0.4	0.3	15.7		0.0
制造业	34.1	88.3	113.6	222.3	200.3	267.3
电力、热力、燃气及水生产和供应业	0.2	59.5	53.5	18.9	23.4	28.2
建筑业	273.2	346.8	303.1	515.3	592.9	463.4
第三产业现金经营收入	3326.5	4396.1	5247.5	6274.9	6785.1	7143.4
批发和零售业	1623.6	2159.5	2481.9	3302.7	3425.4	3794.0
交通运输、仓储和邮政业	481.0	457.8	447.4	523.2	557.9	603.5
住宿和餐饮业	443.5	748.9	1268.0	1029.5	1098.2	965.4
房地产业	20.1	11.9	3.4	8.6	1.8	9.3
租赁和商务服务业	43.8	42.5	76.3	66.5	203.2	216.8
居民服务、修理和其他服务业	627.6	797.9	758.6	1061.0	970.0	1057.3
其他行业	80.0	157.9	201.5	278.4	520.3	492.0
农林牧渔服务业	6.9	19.8	10.5	5.2	8.4	5.0
现金财产性收入	**1149.9**	**1337.4**	**1444.6**	**1588.2**	**1734.9**	**1947.4**
利息收入	201.8	172.7	199.6	184.0	250.8	310.1
红利收入	99.1	184.7	192.4	455.7	414.0	545.3
储蓄性保险收益	7.6	2.1	7.3	8.7	3.6	2.7
转让承包土地经营权租金收入	29.6	41.6	44.5	51.9	54.2	66.7
出租房屋财产性净收入	774.0	865.9	928.4	793.9	906.1	963.7
出租机械、专利、版权等资产的净收入	17.6	36.5	44.9	68.9	84.4	53.0
其他财产性收入	20.2	33.8	27.5	25.1	21.9	5.9
现金转移性收入	**7155.3**	**8137.0**	**8982.3**	**9536.2**	**10192.0**	**10719.1**
养老金或离退休金	5973.8	6727.5	7262.8	6860.2	7216.4	7677.8

2-21 续表

单位：元/人

指　　标	2015	2016	2017	2018	2019	2020
社会救济和补助	83.2	107.8	113.7	124.3	114.6	139.0
政策性生活补贴	38.1	23.7	54.0	49.0	107.4	85.4
家庭外出从业人员寄回带回收入	477.8	616.4	780.3	1619.3	1800.8	1851.6
赡养收入	439.1	500.9	628.0	692.7	777.7	813.0
其他转移性收入	115.9	137.6	127.6	168.2	142.0	125.4
现金政策性惠农补贴	27.3	23.2	15.8	22.4	33.1	26.9
非收入所得	**1375.7**	**1424.2**	**1901.1**	**2385.7**	**3279.9**	**3129.9**
出售资产所得	438.6	388.6	738.1	763.5	1218.1	1184.4
出售住房本金所得	127.6	42.9	123.1	477.9	342.1	267.0
出售住房溢价所得(含亏损)	50.4		0.3	3.7	107.1	59.1
出售股票、基金、收藏品本金所得	61.9	39.8	92.2	1.8	5.2	7.8
出售股票、基金、收藏品所得(含亏损)	34.2	9.5	2.4	10.8	6.5	29.7
出售生产性固定资产所得	0.5	10.9	40.9	23.7	28.8	2.0
拆迁征地补偿所得	80.1	245.5	418.9	161.8	654.3	737.6
出售其他财物和收回其他投资本金所得	83.9	40.0	60.3	83.8	74.1	81.2
非经常性转移所得	925.1	1029.6	1157.8	1613.2	2051.1	1934.5
博彩所得	13.5	29.4	35.6	169.1	81.6	67.5
婚丧嫁娶礼金所得	240.4	333.7	334.1	425.9	415.6	340.3
遗产及一次性馈赠所得	166.3	178.2	202.7	381.0	459.1	486.7
一次性赔偿所得	71.4	32.7	77.8	8.3	79.8	49.7
提取住房公积金	46.5	60.8	44.5	123.4	311.2	211.5
调查补贴	325.6	365.4	437.1	493.6	685.6	767.4
其他非经常性转移所得	61.4	29.4	26.1	11.9	18.3	11.3
其他非收入所得	12.0	6.1	5.2	9.0	10.7	11.0
借贷性所得	**1950.2**	**2441.5**	**2261.9**	**2363.2**	**2263.6**	**1941.5**
提取储蓄存款	1722.9	2206.9	1844.8	1680.1	1422.7	1184.3
借入款	163.5	130.5	198.0	311.9	318.8	236.5
收回借出款	41.3	79.6	109.2	180.2	187.4	83.8
收回储蓄性保险本金	0.8	5.7	0.3	0.6	0.4	0.5
住房贷款	8.4	0.2	43.7	95.3	201.6	306.6
汽车贷款	3.3	1.1	6.9	22.4	55.6	20.7
教育贷款	1.7		1.5	5.9	4.1	3.1
其他贷款	4.6	6.6	44.6	45.1	59.8	99.1
其他借贷所得	3.6	10.8	12.9	21.7	13.1	6.9

2-22 城镇居民人均现金支出(2015-2020年)

单位：元/人

指标	2015	2016	2017	2018	2019	2020
城镇居民人均现金支出	**25143.4**	**28763.5**	**30665.3**	**35245.1**	**35674.8**	**35204.1**
现金消费支出	**16699.3**	**17975.5**	**19118.4**	**20141.0**	**21503.8**	**21195.3**
食品烟酒	6581.0	6927.2	7126.8	7353.7	8055.2	8468.5
食品	4615.8	4871.6	4864.5	4718.7	4924.4	5717.8
谷物	489.4	575.6	534.4	480.9	459.3	503.0
薯类	60.4	75.3	75.5	71.0	71.9	82.3
豆类	67.5	75.8	79.7	73.1	68.9	73.3
食用油	228.0	235.5	209.7	187.1	169.0	195.5
蔬菜和食用菌	712.1	753.6	763.0	706.2	692.9	770.8
肉类	1204.3	1360.8	1351.6	1260.2	1376.5	1933.9
禽类	352.9	375.1	346.5	339.1	417.9	454.4
水产品	193.4	203.3	220.9	220.0	266.7	280.0
蛋类	128.1	120.9	122.6	123.9	132.3	143.2
奶类	277.7	294.5	314.2	391.4	366.8	356.7
干鲜瓜果类	444.9	438.1	489.1	491.8	532.8	520.9
糖果糕点类	136.5	145.7	149.4	170.6	164.8	159.2
其他食品	320.4	217.5	207.9	203.4	204.4	244.6
烟酒	608.9	571.3	623.8	694.2	758.5	777.1
烟草	407.2	375.9	389.2	464.6	532.7	570.7
酒类	201.7	195.4	234.5	229.7	225.8	206.4
饮料	118.3	116.7	111.0	131.9	141.5	147.4
饮食服务	1238.0	1367.6	1527.6	1808.8	2230.8	1826.2
食堂用餐	125.6	159.9	173.4	117.7	136.6	123.2
其他在外饮食	1106.5	1200.6	1346.5	1683.3	2088.3	1695.9
食品加工服务费	5.9	7.1	7.6	7.8	6.0	7.1
衣着	1702.9	1767.1	1721.0	1712.3	1729.0	1673.1
衣类	1306.4	1369.5	1333.0	1370.3	1384.4	1339.2
鞋类	396.5	397.5	388.0	342.0	344.6	333.9
居住	1225.9	1557.4	1534.1	1609.8	1680.7	1826.1
租赁房房租	185.9	183.3	140.7	197.1	223.0	190.6
住房维修及管理	349.7	619.2	614.6	609.6	676.5	806.3
水电燃料及其他	690.4	754.9	778.9	803.1	781.2	829.2
生活用品及服务	1243.2	1304.4	1394.2	1543.4	1507.7	1585.0
家具及室内装饰品	183.6	196.9	223.8	211.3	213.8	227.8
家用器具	295.1	305.0	380.7	406.6	352.9	369.5
家用纺织品	113.9	131.0	123.0	141.0	141.9	136.3
家庭日用杂品	382.1	384.2	341.0	332.6	313.1	353.8
个人用品	222.0	247.7	281.6	369.7	405.7	418.2
家庭服务	46.6	39.5	44.1	82.3	80.2	79.5
交通通信	2410.9	2697.4	3197.2	3362.3	3449.5	3050.4
交通	1538.3	1778.6	2255.3	2391.9	2606.0	2102.2
交通工具	519.2	689.1	1047.3	770.2	895.0	652.3
交通费	233.7	218.4	228.2	401.8	462.9	315.8
交通工具用燃料	501.6	577.3	681.7	788.9	700.1	610.8

2-22 续表 1

单位：元/人

指　标	2015	2016	2017	2018	2019	2020
交通工具使用及维修	283.9	293.8	298.2	431.0	548.0	523.4
其中：车辆保险支出	100.0	114.3	104.2	140.4	190.3	194.9
通信	872.5	918.8	942.0	970.4	843.5	948.2
通信工具	201.8	229.8	237.2	289.1	216.3	280.4
通信服务	670.7	689.0	704.7	681.4	627.2	667.8
教育文化娱乐	1862.4	2007.8	2220.3	2379.7	2667.1	2252.8
教育	775.7	848.9	924.5	1252.6	1649.9	1534.0
学前教育	94.5	95.6	102.1	238.2	306.1	252.7
小学教育	92.8	121.1	139.9	231.4	315.8	293.1
初中教育	103.2	123.1	129.7	166.2	221.3	209.6
高中教育	141.4	146.5	148.3	188.5	256.2	259.8
中专职高教育	34.1	11.9	12.8	14.4	8.9	13.1
大专及以上教育	250.7	257.7	319.9	326.9	457.8	432.4
成人教育	58.9	93.0	71.8	86.9	83.9	73.2
文化娱乐	1086.8	1158.9	1295.8	1127.1	1017.2	718.8
文娱耐用消费品	148.7	148.5	154.8	144.7	148.4	185.7
其他文娱用品	133.3	127.8	144.0	201.0	208.9	206.0
文化娱乐服务	804.7	882.7	996.9	781.4	659.9	327.1
医疗保健	1119.4	1142.1	1321.9	1521.2	1744.7	1681.2
医疗器具及药品	499.0	610.1	542.4	609.5	602.1	640.8
医疗服务(不含报销医疗费)	620.4	532.0	779.5	911.7	1142.6	1040.5
门诊费用(不含报销医疗费)	253.4	244.2	349.4	459.7	526.0	491.8
住院费用(不含报销医疗费)	367.0	287.8	430.1	452.0	616.6	548.7
其他用品及服务	553.6	572.0	602.9	658.5	670.0	658.1
其他用品	240.3	200.7	206.2	239.1	245.1	253.1
其他服务	313.3	371.3	396.7	419.4	424.8	405.0
生产经营现金费用支出	**1069.3**	**2150.0**	**2772.5**	**3562.5**	**3629.2**	**4026.5**
第一产业经营现金费用支出	278.6	366.1	424.2	330.7	313.1	388.1
农业	87.0	104.3	116.5	196.2	187.4	194.7
林业	1.5	8.8	5.4	5.8	5.6	8.0
牧业	188.1	231.9	299.5	123.1	112.3	178.0
渔业	2.0	21.2	2.8	5.6	7.7	7.4
第二产业经营现金费用支出	104.4	390.9	343.9	636.2	497.8	434.7
采矿业	0.5	1.0	3.9	7.0	0.4	0.2
制造业	7.4	65.1	85.6	196.4	158.7	222.5
电力、热力、燃气及水生产和供应业	0.4	43.3	23.3	4.6	3.1	5.6
建筑业	96.1	281.5	231.1	428.2	335.5	206.4
第三产业经营现金费用支出	686.3	1393.0	2004.4	2595.6	2818.4	3203.8
批发和零售业	261.8	555.4	852.5	1527.0	1527.0	1794.6
交通运输、仓储和邮政业	167.8	243.6	158.3	153.0	163.5	167.8
住宿和餐饮业	111.0	242.9	705.3	345.3	330.5	296.2
房地产业	1.7	0.2	0.4	1.2	4.6	3.3
租赁和商务服务业	3.2	9.0	20.0	25.9	178.1	195.5
居民服务、修理和其他服务业	116.8	260.0	195.4	430.4	388.2	541.1
其他	22.6	77.4	68.6	111.0	222.8	204.2
农林牧渔服务业	1.4	4.4	3.9	1.9	3.8	1.0

2-22 续表 2

单位：元/人

指　　标	2015	2016	2017	2018	2019	2020
现金财产性支出	**186.3**	**178.9**	**183.3**	**370.3**	**447.2**	**491.1**
生活贷款利息支出	179.9	173.5	181.0	367.8	440.5	482.0
住房贷款利息支出	167.7	164.7	168.5	337.8	427.0	467.8
其他生活贷款利息支出	12.1	8.8	12.5	29.9	13.5	14.2
其他财产性支出	6.4	5.4	2.2	2.5	6.7	9.1
非储蓄性财产保险支出	1.0	1.3	0.1	0.6	1.1	0.1
其他财产性支出	5.4	4.1	2.1	2.0	5.7	9.0
现金转移性支出	**1677.6**	**2009.2**	**2071.6**	**2301.2**	**2384.3**	**2351.8**
个人所得税	50.8	72.7	74.4	147.1	126.9	124.4
社会保障支出	1316.6	1594.4	1698.1	1808.0	1958.7	1954.0
个人缴纳的养老保险	853.3	1096.7	1153.8	1222.1	1293.9	1246.3
个人缴纳的医疗保险	386.8	414.4	439.3	478.8	524.9	545.1
个人缴纳的失业保险	41.8	48.6	44.5	41.1	48.4	51.4
其他社会保障支出	34.8	34.7	60.5	66.0	91.5	111.2
外来从业人员寄给家人的支出	2.8	1.7	0.2	2.7	9.3	7.4
农村外来从业人员寄给家人的支出	2.3			2.3	1.6	1.5
城镇外来从业人员寄给家人的支出	0.5	1.7	0.2	0.4	7.7	5.9
赡养支出	204.7	236.7	219.7	251.6	202.3	198.0
其他转移性支出	102.6	103.6	79.2	91.8	87.1	68.1
经常性捐赠支出	46.1	38.9	20.6	19.9	22.6	13.4
经常性赔偿支出	0.3	1.0	0.2	0.4	1.7	0.1
其他经常转移支出	56.2	63.8	58.4	71.5	62.8	54.6
部分商业保险支出	**68.0**	**45.6**	**83.8**	**214.7**	**217.9**	**238.5**
意外伤害保险	6.6	7.4	11.1	24.0	26.1	31.8
商业医疗保险(含大病保险)	36.0	20.6	33.9	105.0	110.2	120.0
其他非储蓄性商业保险	6.5	5.0	16.1	31.7	32.8	21.2
其他储蓄性商业保险	18.9	12.7	22.7	54.0	48.8	65.5
购置资产及非经常性转移支出	**2679.5**	**2972.5**	**2891.3**	**4221.6**	**4379.9**	**4133.8**
购置资产支出	658.5	750.2	514.2	1634.7	1470.4	1742.0
建造住房支出	78.2	43.1	26.5	68.1	104.6	152.7
建造住房材料	55.1	38.1	18.8	51.7	49.8	122.2
建造住房雇工	23.0	5.1	7.7	16.1	19.4	26.3
购买住房支出	509.2	580.0	376.5	1280.5	1195.5	1356.6
购建第一产业生产性固定资产支出	10.7	30.9	33.9	21.1	15.9	17.2
购买或建造农业生产性用房	1.9	15.1	1.8	1.9	5.2	5.0
购买用房建筑材料	1.3	9.8	1.5	0.9	3.3	4.1
建筑农业生产用房雇工	0.4	4.7	0.1	0.8	0.5	0.4
购买农业生产用房					1.2	
其他	0.2	0.7	0.2	0.1	0.2	0.5
购买役畜	0.4	0.7	8.8	0.2	0.2	
购买产品畜	2.1	0.4	1.7	2.0	0.2	1.9
购买或建造农业设施	0.7	10.3	10.2	14.7	8.4	6.3
大棚、温室		7.4	9.5	14.3	8.2	4.0

2-22 续表 3

单位：元/人

指　　标	2015	2016	2017	2018	2019	2020
自备井	0.7		0.6	0.1		0.9
喷灌设施		0.2	0.1		0.2	0.2
其他农业设施		2.6		0.2		1.1
购买农业机械	5.5	4.4	11.3	2.4	2.0	4.0
大中型农用拖拉机						
小型(手扶)农用拖拉机	1.2	0.3	2.4	0.2	0.2	
农用排灌动力机械	0.3	0.5	0.1	0.1	0.1	0.2
插秧机					0.2	
收割机	0.1			0.2		0.3
脱粒机	0.7	0.2	0.5	0.4	0.5	0.3
其他农业机械	3.2	3.4	8.3	1.5	1.0	3.1
购建第二产业生产性固定资产支出	1.8	1.0	4.5	4.1	1.1	2.8
采矿业						
制造业			0.5	1.1	0.3	1.4
电力、热力、燃气及水生产和供应业	1.8	0.3	0.8			
建筑业		0.7	3.1	3.0	0.8	1.5
购建第三产业生产性固定资产支出	54.8	73.2	68.5	242.2	133.7	165.0
批发和零售业	5.1	15.9	25.4	53.1	21.2	15.2
交通运输、仓储和邮政业	0.2	29.8	6.6	36.8	73.3	35.0
住宿和餐饮业	2.9	24.3	21.1	122.1	11.4	85.3
房地产业	37.3			2.2	0.1	2.6
租赁和商务服务业				0.5	17.0	5.2
居民服务、修理和其他服务业	9.1	1.5	2.6	7.5	10.7	20.8
其他行业	0.1	1.6	12.9	20.0		0.9
购建其他资产支出	3.8	21.9	4.4	18.8	19.5	47.5
非经常性转移支出	2021.0	2222.3	2377.1	2586.9	2909.5	2391.9
博彩支出	30.1	39.3	30.8	59.2	80.6	71.9
婚丧嫁娶礼金支出	1437.3	1537.2	1572.0	1642.8	1674.4	1362.5
一次性赔偿支出	5.5	2.6	8.2	3.6	52.6	4.7
一次性馈赠支出	473.6	473.6	531.1	668.2	866.3	750.9
婚丧嫁娶宴请支出			174.1	189.1	208.7	189.3
其他非经常性转移支出	74.6	50.7	61.0	23.9	26.9	12.6
借贷性支出	**2763.4**	**3431.8**	**3544.4**	**4433.8**	**3112.5**	**2766.9**
存入储蓄款	1530.1	1921.8	2144.5	1650.9	890.7	853.9
借出款	111.1	140.0	109.4	119.2	30.6	45.4
归还借款	183.6	178.0	165.7	334.0	280.9	226.4
购买有价证券	123.8	136.0	61.0	178.3	89.7	45.1
其他投资支出	67.3	36.6	45.1	224.4	81.7	38.0
归还住房贷款	584.3	770.7	782.6	1253.4	1384.7	1190.2
归还汽车贷款	123.0	166.1	154.2	317.5	265.0	178.7
归还教育贷款	0.9	0.5	0.8	3.0	13.4	3.5
归还其他贷款	24.1	17.1	9.0	265.0	45.8	98.8
其他借贷支出	15.2	64.9	72.1	88.2	30.1	87.0

2-23 按五等份分组的城镇居民人均可支配收入(2020年)

单位：元/人

指 标	总平均	低收入户	中低收入户	中等收入户	中高收入户	高收入户
城镇居民人均可支配收入	**38253.1**	**13942.5**	**26057.8**	**35816.7**	**48405.4**	**82700.0**
工资性收入	**21950.7**	**8114.5**	**14734.8**	**19780.2**	**27848.6**	**48514.4**
工资	20816.6	7973.2	14359.6	19080.8	26386.8	44651.9
按月发放的工资	17225.8	6295.2	12562.5	16420.7	21936.2	35479.8
补发工资	469.4	139.5	224.9	401.9	503.7	1354.7
不按月发放的奖金、津贴、过节费等	3121.4	1538.5	1572.2	2258.2	3946.9	7817.4
实物福利	138.4	50.2	90.5	125.0	189.4	294.2
从单位或雇主得到的实物产品折价	34.1	9.2	18.7	20.3	51.6	90.2
食品	24.5	6.6	15.0	13.4	33.6	67.8
谷物、薯类及豆类	11.6	3.7	9.0	5.9	18.9	25.7
食用油(植物油)	4.6	1.9	3.0	2.4	4.2	14.3
蔬菜及制品	0.1		0.1	0.2		0.2
肉、禽、蛋、奶及制品	1.8	0.1	0.9	1.9	1.7	5.5
水产品及制品	0.1			0.0		0.7
糖、烟、酒、饮料类	3.6	0.6	1.2	1.1	5.5	12.4
干鲜瓜果类	1.1	0.1	0.2	1.2	0.9	3.9
其他类食品	1.6	0.2	0.7	0.8	2.5	5.2
衣着	1.4	0.1	0.1	0.4	3.3	4.1
居住	0.0		0.1			
家庭设备和日用品	3.6	1.2	2.4	2.2	4.5	9.8
交通、通信工具及用品	1.1	0.1		0.5	5.4	
教育文化娱乐用品	0.1			0.1	0.3	0.3
医疗保健用品	0.8	0.4	0.2	0.2	0.4	3.7
其他用品	2.5	0.8	0.8	3.5	4.0	4.5
从单位或雇主得到的服务折价	104.3	41.0	71.7	104.7	137.8	204.0
免费或低价提供的工作餐	96.5	40.3	67.4	96.6	127.5	183.8
免费或低价提供的住宿	2.7	0.4	3.5	0.9	2.0	8.1
单位缴纳的水电费、取暖费、物业费等	0.6	0.1	0.3	0.1		2.9
免费或低价提供的交通和通信服务	0.6	0.2	0.3		0.6	2.7
单位缴纳的教育入学赞助费						
免费或低价提供的旅游服务	0.1		0.2		0.2	
其他服务	3.8	0.0	0.0	7.1	7.4	6.5
单位或雇主实物福利报销所得						
其他	995.7	91.1	284.7	574.4	1272.4	3568.3
住房公积金	912.9	51.8	190.0	548.2	1194.2	3359.7
辞退金	3.6	0.8	14.8	0.6		
自由职业劳动所得(如稿费、翻译费)	42.0	16.4	27.1	9.2	36.1	150.5
安家费	2.0		9.0			
股票期权						
其他劳动所得	35.2	22.0	43.8	16.4	42.1	58.1
经营净收入	**4333.8**	**113.0**	**3214.0**	**4007.7**	**4152.6**	**12811.3**
第一产业经营净收入	398.0	301.4	502.7	244.4	291.2	716.1
农业	198.0	172.9	287.3	155.3	163.1	203.5
林业	21.2	38.2	35.5	17.8	11.2	-7.9
牧业	166.5	94.1	179.1	61.5	58.6	520.1
渔业	12.2	-3.9	0.8	9.8	58.4	0.5

2-23 续表 1

单位：元/人

指　　标	总平均	低收入户	中低收入户	中等收入户	中高收入户	高收入户
第二产业经营净收入	308.5	-284.3	264.1	143.4	457.2	1283.2
采矿业	-0.2	-0.1	-0.2	-0.2		-0.7
制造业	40.1	-184.8	34.0	46.0	230.8	145.0
电力、热力、燃气及水生产和供应业	21.9		14.3			119.9
建筑业	246.7	-99.5	216.0	97.6	226.4	1019.0
第三产业经营净收入	3627.3	95.9	2447.2	3619.9	3404.2	10812.1
批发和零售业	1843.2	-276.2	1338.7	2111.5	1749.0	5461.9
交通运输、仓储和邮政业	393.7	149.5	282.8	367.7	588.8	714.1
住宿和餐饮业	641.1	202.9	345.6	504.2	339.7	2249.9
房地产业	6.0	12.4	12.5	3.2		-1.9
租赁和商务服务业	-32.0	-129.4	-13.5	0.0	3.2	1.9
居民服务、修理和其他服务业	493.0	112.8	394.9	432.1	508.9	1255.2
其他	278.9	17.8	85.8	194.2	211.6	1131.9
农林牧渔服务业	3.4	6.3	0.4	7.0	3.1	-1.0
财产净收入	**3058.9**	**979.3**	**1821.0**	**2720.1**	**3730.0**	**7545.6**
利息净收入	-171.9	-141.8	-210.7	-202.6	-221.2	-62.0
红利收入	545.3	69.3	100.1	277.2	470.6	2324.5
集体分配的红利	23.2	27.1	22.6	38.4	19.8	2.9
其他红利收入	522.1	42.2	77.4	238.8	450.8	2321.5
储蓄性保险净收益	2.7	0.1	4.0	5.0	4.2	
转让承包土地经营权租金净收入	66.7	51.7	58.9	46.8	77.6	112.9
出租房屋财产性收入	963.7	287.7	638.6	940.3	1364.6	1980.3
出租机械、专利、版权等资产的收入	53.0	0.7	11.4	41.4	19.4	245.3
其他财产净收入	-3.1	-2.0	-1.3	-3.5	-1.7	-8.7
房屋虚拟租金	1602.6	713.7	1220.2	1615.4	2016.5	2953.3
转移净收入	**8909.7**	**4735.7**	**6288.0**	**9308.6**	**12674.2**	**13828.7**
转移性收入	11261.6	5852.8	7835.4	11456.3	15432.8	18938.6
养老金或离退休金	7677.8	3114.1	4943.6	7982.8	11679.0	13172.5
离退休金	5935.0	1549.4	2488.4	6080.3	10001.8	12320.5
(城镇)居民社会养老保险	1391.5	1126.9	2019.8	1643.1	1265.2	703.0
新型农村养老保险	87.6	157.1	82.1	73.0	52.7	53.5
其他养老金	263.8	280.8	353.4	186.5	359.4	95.5
社会救济和补助	139.0	225.8	152.6	64.5	127.8	100.9
最低生活保障费	47.4	102.2	62.7	18.9	26.4	6.4
五保户救助金	2.0	8.3				0.4
扶贫款	3.0	5.0		0.4	9.2	
救灾款	0.5		2.1	0.3		
抚恤金	60.8	61.6	69.6	33.7	75.1	65.1
医疗救助专项补贴	4.1	2.7	10.0	3.2	0.7	2.8
教育救助专项补贴	2.1	6.4	1.2	1.7		
其他社会救济收入	19.2	39.7	7.0	6.4	16.4	26.2
政策性生活补贴	85.4	65.1	61.4	80.8	73.5	169.8
家电补贴						
能源补贴	0.0					0.0
免费或低价提供的住宿(廉租房)	0.1		0.2	0.1	0.3	0.1
居住专项补贴	4.3	1.6	14.5			4.3

2-23 续表 2

单位：元/人

指　　标	总平均	低收入户	中低收入户	中等收入户	中高收入户	高收入户
建房改造专项补贴	4.3	5.6	4.7	9.0	0.5	
其他生活补贴	76.7	57.9	42.0	71.7	72.7	165.4
报销医疗费	511.0	221.5	276.0	507.5	624.1	1145.7
家庭外出从业人员寄回带回收入	1851.6	1358.8	1659.4	1796.6	1714.2	3090.7
赡养收入	813.0	733.1	565.1	890.5	997.5	966.8
其他经常转移收入	125.4	61.5	122.4	85.2	168.2	225.0
失业保险金	25.3	15.3	42.8	17.2	39.2	8.9
经常性捐赠收入	11.7	11.9	5.3	4.4	11.6	30.2
经常性赔偿收入	7.9	2.4	14.1	12.3	5.3	4.6
社保支出专项补贴	4.2	3.9	4.4	5.8	4.8	1.3
扶贫补助金孳息收入						
扶贫贷款利息补助收入						
其他转移性收入	76.3	27.9	55.8	45.6	107.4	180.2
从政府和组织得到的实物产品和服务折价	31.4	31.6	26.2	28.3	30.0	44.3
食品	15.3	17.5	10.6	12.1	14.8	23.5
谷物、薯类及豆类	4.3	4.1	3.1	3.5	4.5	7.4
食用油(植物油)	6.7	7.0	4.3	5.7	7.3	10.5
蔬菜及制品	0.0				0.0	0.0
肉、禽、蛋、奶及制品	2.1	3.8	1.3	1.3	1.5	2.6
水产品及制品	0.0					0.0
糖、烟、酒、饮料类	0.2	0.1	0.2	0.1	0.3	0.8
干鲜瓜果类	0.3	0.1	0.2	0.3	0.4	0.3
其他类食品	1.5	2.3	1.5	1.1	0.8	1.9
衣着	0.0		0.0			
居住						
家庭设备和日用品	10.2	6.4	9.5	11.3	10.3	15.4
交通、通信工具及用品	0.0		0.1			
教育文化娱乐用品	0.0	0.0		0.0		0.0
医疗保健用品	0.3	0.4	0.1	0.1	0.4	0.5
其他用品	1.5	1.2	1.5	0.7	2.2	2.3
其他服务折价(不含廉租房)	4.1	6.2	4.4	4.1	2.3	2.6
现金政策性惠农补贴	26.9	41.2	28.6	19.9	18.3	22.8
转移性支出	2351.8	1117.0	1547.3	2147.6	2758.6	5110.0
个人所得税	124.4	27.6	13.7	102.0	100.5	484.4
社会保障支出	1954.0	976.1	1391.6	1813.2	2242.4	4043.8
个人缴纳的养老保险	1246.3	590.4	852.2	1167.3	1418.1	2678.4
个人缴纳的医疗保险	545.1	360.0	500.5	527.6	592.9	847.8
个人缴纳的失业保险	51.4	12.0	23.5	39.3	59.1	155.9
其他社会保障支出	111.2	13.8	15.4	79.0	172.3	361.6
外来从业人员寄给家人的支出	7.4	7.3	16.0	7.5	1.1	2.6
赡养支出	198.0	72.8	96.4	174.0	348.1	380.6
其他转移性支出	68.1	33.2	29.7	51.0	66.5	198.6
经常性捐赠支出	13.4	0.9	1.9	8.7	2.7	67.0
经常性赔偿支出	0.1			0.5	0.2	
其他经常转移支出	54.6	32.4	27.7	41.8	63.6	131.5

2-24 按五等份分组的城镇居民人均总收入(2020年)

单位：元/人

指　　标	总平均	低收入户	中低收入户	中等收入户	中高收入户	高收入户
城镇居民人均总收入	**45500.2**	**23582.6**	**30315.1**	**40605.6**	**54248.9**	**95576.7**
工资性收入	**21950.7**	**8114.5**	**14734.8**	**19780.2**	**27848.6**	**48514.4**
工资	20816.6	7973.2	14359.6	19080.8	26386.8	44651.9
实物福利	138.4	50.2	90.5	125.0	189.4	294.2
其他	995.7	91.1	284.7	574.4	1272.4	3568.3
经营性收入	**8737.9**	**8402.3**	**5576.8**	**6162.0**	**6652.1**	**19607.5**
第一产业经营收入	835.6	1214.6	839.5	421.4	505.6	1201.1
第一产业经营收入(不含惠农补贴)	835.6	1214.6	839.5	421.4	505.6	1201.1
农业	411.7	742.4	450.5	237.5	232.2	307.5
林业	29.3	42.0	40.9	28.9	12.2	14.8
牧业	374.2	428.7	336.2	138.3	191.2	872.0
渔业	20.5	1.5	11.9	16.7	69.9	6.7
第二产业经营收入	758.9	332.5	432.7	453.3	884.0	2103.7
采矿业	0.0					0.1
制造业	267.3	81.7	49.6	330.2	598.7	377.0
电力、热力、燃气及水生产和供应业	28.2		16.1			157.6
建筑业	463.4	250.8	366.9	123.1	285.3	1569.0
第三产业经营收入	7143.4	6855.2	4304.6	5287.3	5262.5	16302.7
批发和零售业	3794.0	3659.4	2433.0	3143.8	2927.5	7828.1
交通运输、仓储和邮政业	603.5	310.4	437.7	477.4	869.7	1119.5
住宿和餐饮业	965.4	315.3	560.5	726.9	434.3	3450.4
房地产业	9.3	16.4	19.6	5.6		
租赁和商务服务业	216.8	933.4	3.1		4.0	1.9
居民服务、修理和其他服务业	1057.3	1580.5	529.3	588.4	627.0	2166.2
其他	492.0	31.9	318.5	336.7	395.7	1736.4
农林牧渔服务业	5.0	7.8	2.9	8.5	4.3	0.1
财产性收入	**3549.9**	**1213.0**	**2168.2**	**3207.0**	**4315.4**	**8516.1**
利息收入	310.1	87.3	132.6	275.6	354.8	885.1
红利收入	545.3	69.3	100.1	277.2	470.6	2324.5
储蓄性保险净收益	2.7	0.1	4.0	5.0	4.2	
转让承包土地经营权租金净收入	66.7	51.7	58.9	46.8	77.6	112.9
出租房屋财产性净收入	963.7	287.7	638.6	940.3	1364.6	1980.3
出租机械、专利、版权等资产的净收入	53.0	0.7	11.4	41.4	19.4	245.3
其他财产净收入	5.9	2.6	2.5	5.3	7.6	14.8
房屋虚拟租金	1602.6	713.7	1220.2	1615.4	2016.5	2953.3
转移性收入	**11261.6**	**5852.9**	**7835.4**	**11456.3**	**15432.8**	**18938.6**
养老金或离退休金	7677.8	3114.1	4943.6	7982.8	11679.0	13172.5

2-24 续表

单位：元/人

指　　标	总平均	低收入户	中低收入户	中等收入户	中高收入户	高收入户
社会救济和补助	139.0	225.8	152.6	64.5	127.8	100.9
政策性生活补贴	85.4	65.1	61.4	80.8	73.5	169.8
家庭外出从业人员寄回带回收入	1851.6	1358.8	1659.4	1796.6	1714.2	3090.7
赡养收入	813.0	733.1	565.1	890.5	997.5	966.8
报销医疗费	511.0	221.5	276.0	507.5	624.1	1145.7
从政府和组织得到的实物产品和服务折价	31.5	31.7	26.2	28.3	30.0	44.3
现金政策性惠农补贴	26.9	41.2	28.6	19.9	18.3	22.8
其他转移性收入	125.4	61.5	122.4	85.2	168.2	225.0
非收入所得	**3129.9**	**1835.2**	**3625.1**	**2803.6**	**3345.2**	**4492.1**
出售资产所得	1184.4	498.1	2021.9	859.6	1487.3	1050.0
出售住房本金所得	267.0	82.9	176.0	56.5	830.5	268.9
出售住房溢价所得(含亏损)	59.1			61.8	173.2	91.7
出售股票、基金、收藏品本金所得	7.8		5.7		35.1	
出售股票、基金、收藏品所得(含亏损)	29.7		18.9		50.9	102.0
出售生产性固定资产所得	2.0	4.2	2.7	2.1		
拆迁征地补偿所得	737.6	305.1	1742.8	710.7	355.7	419.5
出售其他财物和收回其他投资本金所得	81.2	105.9	75.7	28.4	41.8	167.8
非经常性转移所得	1934.5	1324.0	1585.2	1939.7	1841.9	3441.7
博彩所得	67.5	27.4	51.1	68.5	82.1	131.3
婚丧嫁娶礼金所得	340.3	234.9	281.9	241.1	177.1	902.9
遗产及一次性馈赠所得	486.7	350.3	448.7	715.9	466.9	470.0
一次性赔偿所得	49.7	59.2	59.9	67.7	1.2	55.7
提取住房公积金	211.5	25.2	53.9	73.8	247.0	849.2
调查补贴	767.4	610.1	679.5	764.7	861.8	1017.0
其他非经常性转移所得	11.3	16.9	10.1	8.0	5.8	15.6
其他非收入所得	11.0	13.0	18.0	4.4	15.9	0.4
借贷性所得	**1941.5**	**1361.1**	**2129.0**	**1900.3**	**2054.6**	**2446.5**
提取储蓄存款	1184.3	1033.3	1136.2	1146.3	1267.8	1426.0
借入款	236.5	234.8	165.7	91.4	194.5	578.7
收回借出款	83.8	62.6	34.2	126.2	136.1	69.3
收回储蓄性保险本金	0.5				2.5	
住房贷款	306.6	0.7	719.6	534.4		235.2
汽车贷款	20.7	0.3	40.8		61.4	
教育贷款	3.1	7.1	4.6	2.0		
其他贷款	99.1	22.3	15.9		391.4	111.3
其他借贷所得	6.9		12.0		1.0	26.0

2-25 按五等份分组的城镇居民人均总支出(2020年)

单位：元/人

指　　标	总平均	低收入户	中低收入户	中等收入户	中高收入户	高收入户
城镇居民人均总支出	**39164.0**	**27966.0**	**29637.7**	**34898.7**	**44311.3**	**68767.6**
消费支出	**25133.2**	**15516.7**	**19967.8**	**23687.9**	**29511.4**	**43396.3**
食品烟酒	8741.1	5899.0	7430.8	8696.7	10146.6	13198.7
食品	5893.7	4391.1	5355.9	6058.7	6722.3	7681.6
谷物	539.4	431.0	461.2	501.3	553.2	844.8
薯类	88.4	82.2	85.3	93.7	92.7	89.9
豆类	73.8	65.3	70.6	75.3	80.0	81.5
食用油	215.1	188.4	202.5	223.1	230.6	243.8
蔬菜和食用菌	793.4	603.9	744.4	828.7	911.8	956.5
肉类	1978.9	1515.6	1889.7	2089.5	2210.6	2371.1
禽类	477.7	353.7	444.0	498.1	549.5	597.1
水产品	280.9	191.0	232.1	300.4	329.4	400.6
蛋类	154.2	121.4	142.2	154.7	171.4	198.8
奶类	356.8	234.8	319.2	366.9	438.9	479.6
干鲜瓜果类	523.7	326.2	419.3	505.6	658.2	827.9
糖果糕点类	163.0	104.2	132.5	159.5	197.7	256.6
其他食品	248.5	173.4	212.9	261.9	298.3	333.5
烟酒	777.1	475.8	647.0	722.4	808.9	1442.0
烟草	570.7	360.7	491.7	545.8	576.5	1019.7
酒类	206.4	115.1	155.3	176.6	232.3	422.3
饮料	147.4	79.1	111.9	140.9	170.6	280.3
饮食服务	1922.7	953.1	1315.9	1774.6	2444.8	3794.8
食堂用餐	218.2	183.9	199.6	204.8	237.1	290.0
其他在外饮食	1697.5	761.9	1110.2	1563.8	2200.2	3495.6
食品加工服务费	7.1	7.3	6.1	5.9	7.5	9.2
衣着	1674.5	875.4	1262.7	1571.7	1972.6	3223.1
衣类	1340.6	670.9	1003.7	1257.4	1585.4	2629.0
鞋类	333.9	204.5	259.0	314.3	387.1	594.2
居住	4951.4	3089.8	3806.3	4559.2	5980.8	8624.2
租赁房房租	190.6	147.0	140.1	192.4	165.2	355.3
租赁房房租中租赁公房房租	14.6	7.7	11.5	23.1	14.3	18.4
租赁房房租中租赁私房房租	176.0	139.3	128.6	169.3	151.0	337.0
住房维修及管理	806.3	517.2	575.7	479.6	1066.8	1676.7
住房维修及管理中物业管理费	181.7	73.9	123.9	161.0	230.6	392.3
水电燃料及其他	841.1	649.9	711.8	860.7	905.4	1207.3
自有住房折算租金	3113.4	1775.8	2378.7	3026.4	3843.3	5384.9
生活用品及服务	1599.6	867.9	1109.2	1479.5	1990.5	3073.5
家具及室内装饰品	228.5	113.3	135.0	209.1	313.6	456.3
家用器具	369.5	195.8	275.0	339.9	445.1	709.7
家用纺织品	136.3	79.7	83.6	147.4	164.1	247.9
家庭日用杂品	367.7	232.7	288.4	360.2	415.5	633.3
个人用品	418.2	214.2	290.1	386.7	577.2	754.1
家庭服务	79.5	32.1	37.1	36.1	75.0	272.1
其中：家政服务	43.4	13.8	11.0	10.6	39.2	181.4

2-25 续表 1

单位：元/人

指　　标	总平均	低收入户	中低收入户	中等收入户	中高收入户	高收入户
交通通信	3052.2	1505.8	2372.6	2672.2	3455.5	6321.8
交通	2104.0	916.3	1588.2	1700.0	2361.3	4814.4
交通工具	652.3	208.4	596.9	395.4	598.9	1782.9
交通费	317.6	174.4	190.0	276.3	353.4	722.9
交通工具用燃料	610.8	302.3	451.8	559.1	753.1	1191.9
交通工具使用及维修	523.4	231.2	349.4	469.2	655.9	1116.8
其中：车辆保险支出	194.9	86.7	137.7	180.1	234.0	409.2
通信	948.2	589.5	784.5	972.3	1094.2	1507.4
通信工具	280.4	146.2	215.7	286.0	316.1	521.5
通信服务	667.8	443.2	568.8	686.3	778.1	985.9
教育文化娱乐	2253.0	1509.3	2027.6	1987.8	2801.0	3363.2
教育	1534.0	1181.0	1568.4	1387.5	1860.3	1805.0
学前教育	252.7	179.2	255.3	227.7	250.6	392.5
小学教育	293.1	202.3	296.5	259.8	439.5	290.6
初中教育	209.6	147.2	211.2	249.8	242.3	208.6
高中教育	259.8	233.0	277.6	224.9	326.2	239.5
中专职高教育	13.1	12.3	14.0	23.2	6.0	8.6
大专及以上教育	432.4	371.2	449.6	350.5	510.8	510.3
成人教育	73.2	35.9	64.3	51.6	84.9	154.8
文化娱乐	719.0	328.3	459.2	600.3	940.7	1558.3
文娱耐用消费品	185.7	87.3	115.2	169.1	244.7	383.5
其他文娱用品	206.1	117.6	146.5	182.8	262.0	385.9
文化娱乐服务	327.2	123.4	197.5	248.4	434.1	788.9
医疗保健	2193.4	1421.1	1559.9	2181.1	2385.7	4030.5
医疗器具及药品	641.9	419.2	477.9	616.7	783.5	1069.9
医疗服务	1551.5	1001.9	1081.9	1564.5	1602.3	2960.6
门诊总费用	597.4	425.8	492.8	608.0	596.3	988.5
住院总费用	954.1	576.1	589.1	956.4	1005.9	1972.2
其他用品及服务	668.1	348.5	398.7	539.7	778.7	1561.3
其他用品	257.1	154.2	159.7	207.6	243.6	629.2
其他服务	411.0	194.2	239.0	332.1	535.0	932.1
生产经营费用支出	**4048.6**	**7838.4**	**2138.1**	**1900.0**	**2258.8**	**6125.2**
第一产业经营费用支出	410.1	870.5	315.0	164.8	197.3	439.6
农业	197.9	542.6	146.0	73.0	57.3	93.6
林业	8.0	3.6	5.3	10.9	1.0	22.7
牧业	196.9	318.8	152.8	74.2	130.6	318.1
渔业	7.4	5.4	10.9	6.7	8.4	5.2
第二产业经营费用支出	434.7	596.3	150.1	305.7	418.9	791.6
采矿业	0.2	0.1	0.2	0.0		0.8
制造业	222.5	260.2	14.3	282.8	363.3	220.4
电力、热力、燃气及水生产和供应业	5.6		0.6			34.8
建筑业	206.4	336.1	135.0	22.9	55.6	535.6
第三产业经营费用支出	3203.8	6371.5	1673.0	1429.5	1642.5	4894.0
批发和零售业	1794.6	3822.1	997.4	885.8	1080.5	1979.8
交通运输、仓储和邮政业	167.8	147.0	117.2	68.1	227.8	328.9

2-25 续表 2

单位：元/人

指　　标	总平均	低收入户	中低收入户	中等收入户	中高收入户	高收入户
住宿和餐饮业	296.2	102.9	192.7	211.4	69.7	1110.8
房地产业	3.3	4.0	7.1	2.4		1.9
租赁和商务服务业	195.5	831.9	16.5	0.0	0.4	
居民服务、修理和其他服务业	541.1	1450.5	111.6	138.9	88.9	877.9
其他	204.2	12.2	228.1	122.0	174.9	594.7
农林牧渔服务业	1.0	1.0	2.4	0.9	0.5	0.0
财产性支出	**491.1**	**233.7**	**347.2**	**486.9**	**585.3**	**970.5**
生活贷款利息支出	482.0	229.1	343.3	478.2	576.1	947.1
住房贷款利息支出	467.8	222.8	336.4	467.4	559.9	908.5
其他生活贷款利息支出	14.2	6.3	6.9	10.8	16.2	38.6
其他财产性支出	9.1	4.6	3.9	8.7	9.3	23.5
非储蓄性财产保险支出	0.1	0.0	0.1	0.1		0.3
其他财产性支出	9.0	4.6	3.7	8.6	9.3	23.2
转移性支出	**2351.8**	**1117.0**	**1547.3**	**2147.6**	**2758.6**	**5110.0**
个人所得税	124.4	27.6	13.7	102.0	100.5	484.4
社会保障支出	1954.0	976.1	1391.6	1813.2	2242.4	4043.8
个人缴纳的养老保险	1246.3	590.4	852.2	1167.3	1418.1	2678.4
个人缴纳的医疗保险	545.1	360.0	500.5	527.6	592.9	847.8
个人缴纳的失业保险	51.4	12.0	23.5	39.3	59.1	155.9
其他社会保障支出	111.2	13.8	15.4	79.0	172.3	361.6
外来从业人员寄给家人的支出	7.4	7.3	16.0	7.5	1.1	2.6
赡养支出	198.0	72.8	96.4	174.0	348.1	380.6
其他转移性支出	68.1	33.2	29.7	51.0	66.5	198.6
部分商业保险支出	**238.5**	**78.2**	**136.1**	**230.7**	**291.4**	**569.6**
意外伤害保险	31.8	26.6	22.2	29.2	33.4	54.8
商业医疗保险(含大病保险)	120.0	40.1	68.8	148.3	124.5	269.6
其他非储蓄性商业保险	21.2	1.9	14.9	14.6	42.4	41.9
其他储蓄性商业保险	65.5	9.5	30.2	38.6	91.1	203.2
购置资产及非经常性转移支出	**4133.8**	**2299.4**	**3877.7**	**4333.5**	**4585.0**	**6411.8**
购置资产支出	1742.0	789.5	2123.7	2111.2	1926.4	1899.7
购买住房支出	152.7	166.9	357.8	11.0	139.3	36.2
建造住房支出	122.2	95.6	347.8	2.0	85.8	35.7
建造住房材料	26.3	65.6	5.3		53.0	0.5
建造住房雇工	1356.6	413.3	1680.3	1952.9	1250.8	1637.3
购建第一产业生产性固定资产支出	17.2	28.9	11.4	13.6	11.4	19.8
购买或建造农业生产性用房	5.0	9.6	0.2	1.8	5.3	9.0
购买用房建筑材料	4.1	7.8	0.2	1.8	4.9	6.5
建筑农业生产用房雇工	0.4	1.4		0.1	0.4	
购买农业生产用房						
其他	0.5	0.4				2.5
购买役畜						
购买产品畜	1.9		1.3	4.9		4.2
购买或建造农业设施	6.3	13.5	2.8	6.4	5.9	0.8
大棚、温室	4.0	9.7	1.1	6.3	0.9	0.8
自备井	0.9				5.0	

2-25 续表 3

单位：元/人

指　　标	总平均	低收入户	中低收入户	中等收入户	中高收入户	高收入户
喷灌设施	0.2	0.3	0.3	0.1		
其他农业设施	1.1	3.5	1.4			
购买农业机械	4.0	5.8	7.1	0.5	0.2	5.8
大中型农用拖拉机						
小型(手扶)农用拖拉机						
农用排灌动力机械	0.2	0.4				0.4
插秧机						
收割机	0.3	0.7				1.2
脱粒机	0.3	0.3	0.6	0.5	0.2	
其他农业机械	3.1	4.4	6.5			4.2
购建第二产业生产性固定资产支出	2.8	1.9	0.7	4.7	6.9	
采矿业						
制造业	1.4	1.9		4.7		
电力、热力、燃气及水生产和供应业						
建筑业	1.5		0.7		6.9	
购建第三产业生产性固定资产支出	165.0	120.7	43.6	123.8	463.1	102.6
批发和零售业	15.2	13.9	2.9	35.0	6.5	19.3
交通运输、仓储和邮政业	35.0	5.4	27.2	82.9	23.9	41.4
住宿和餐饮业	85.3	14.9	7.9		414.3	17.8
房地产业	2.6			0.2	14.0	
租赁和商务服务业	5.2	22.7				
居民服务、修理和其他服务业	20.8	63.7	2.9	4.5	4.5	24.1
其他	0.9		2.8	1.3		
购建其他资产支出	47.5	57.8	29.8	5.2	55.0	103.7
非经常性转移支出	2391.9	1509.9	1754.0	2222.3	2658.6	4512.1
博彩支出	71.9	26.4	69.1	69.3	80.6	136.2
婚丧嫁娶礼金支出	1362.5	978.1	1069.6	1297.5	1408.2	2380.5
一次性赔偿支出	4.7	7.0	1.8	11.4	0.5	1.7
一次性馈赠支出	750.9	311.3	441.8	700.9	987.7	1626.3
婚丧嫁娶宴请支出	189.3	181.3	164.7	130.4	150.5	359.1
其他非经常性转移支出	12.6	5.8	7.0	12.8	31.1	8.2
借贷性支出	**2766.9**	**882.6**	**1623.4**	**2112.0**	**4320.8**	**6184.2**
存入储蓄款	853.9	179.6	549.5	495.1	1644.4	1806.9
借出款	45.4	7.4	27.3	97.8	31.5	76.0
归还借款	226.4	118.6	142.2	38.2	240.3	733.7
购买有价证券	45.1	9.0	7.6		54.2	200.1
其他投资支出	38.0	12.4		3.7	124.9	71.0
归还住房贷款	1190.2	417.8	779.8	927.1	1773.8	2563.8
归还汽车贷款	178.7	88.4	61.9	175.0	251.5	397.7
归还教育贷款	3.5			3.5		17.8
归还其他贷款	98.8	39.6	37.8	22.8	166.0	291.8
其他借贷支出	87.0	9.7	17.2	349.0	34.2	25.3

2-26 城镇居民家庭平均每百户耐用消费品拥有量(2015-2020年)

主要耐用消费品拥有情况	单位	2015	2016	2017	2018	2019	2020
家用汽车	辆	23.8	29.9	33.6	36.3	36.8	36.6
摩托车	辆	21.0	19.6	19.8	23.3	17.9	16.8
助力车	台	22.8	24.8	27.4	30.5	31.1	34.0
洗衣机	台	96.7	96.6	98.8	100.0	101.3	101.6
电冰箱(柜)	台	96.8	97.5	100.4	101.7	103.1	103.5
微波炉	台	45.1	47.8	51.7	43.9	48.9	50.2
彩色电视机	台	124.2	122.3	125.3	122.1	124.3	124.5
空调	台	108.2	121.2	130.4	138.3	154.2	156.3
热水器	台	91.2	92.4	96.4	98.0	99.9	101.8
洗碗机		0.8	0.8	1.1	1.3	1.3	1.5
排油烟机	台	56.4	61.2	65.2	70.3	77.5	78.8
固定电话	线	48.2	44.6	43.3	34.5	24.6	21.3
移动电话	部	228.1	238.6	245.3	256.1	254.5	255.3
其中：接入互联网	部	86.0	114.0	129.6	189.2	197.6	226.4
计算机	台	63.2	66.1	67.6	57.3	59.0	61.3
其中：接入互联网	台	51.0	54.4	55.3	47.0	49.4	52.6
照相机	台	23.4	19.8	20.6	12.4	13.7	13.7
中高档乐器	架	1.9	2.9	3.9	4.3	5.5	5.7
健身器材	台	2.8	2.9	3.8	5.8	7.4	8.4
空气净化器(含新风系统)	台			0.5	4.2	5.8	5.8
吸尘器	台			0.5	6.5	9.1	10.1

注：根据国家制度，空气净化器(含新风系统)、吸尘器拥有量2017年开始统计调查。

2-27 农村居民人均主要指标

单位：元/人

年 份	总收入	可支配收入	现金收入	总支出	#生活消费支出	#生产费用支出	现金支出
1962	139	121	57	130	109	17	58
1965	122	106	54	116	96	15	56
1978	154	127	65	149	120	27	65
1980	224	188	103	202	160	36	101
1985	460	315	275	422	276	125	258
1986	500	338	310	475	311	141	300
1987	553	369	360	536	348	160	351
1988	681	449	455	662	426	204	441
1989	761	494	516	748	474	233	517
1990	847	558	521	802	509	248	502
1991	916	590	584	884	552	282	575
1992	975	634	626	921	569	299	613
1993	1094	698	693	1050	647	329	666
1994	1519	946	932	1496	904	482	870
1995	1865	1158	1129	1796	1061	600	1112
1996	2322	1453	1371	2244	1350	734	1383
1997	2636	1681	1655	2381	1440	795	1569
1998	2738	1789	1732	2382	1441	784	1610
1999	2697	1843	1734	2258	1426	689	1565
2000	2830	1904	1832	2437	1490	709	1709
2001	2946	1987	1983	2494	1498	760	1763
2002	3107	2108	2111	2653	1591	812	1910
2003	3256	2230	2328	2828	1747	860	1986
2004	3805	2580	2734	3299	2011	1074	2324
2005	4158	2803	3087	3743	2274	1256	2747
2006	4343	3002	3367	3883	2395	1245	2942
2007	5097	3547	3940	4499	2747	1456	3463
2008	5903	4121	4534	5155	3128	1686	4099
2009	6238	4462	4979	6330	4141	1741	5218
2010	7031	5087	5684	6163	3898	1774	5003
2011	8657	6129	7249	7642	4675	2244	6575
2012	9498	7001	8091	8366	5367	2217	7174
2013	11161	8381	9261	13979	7365	2199	11508
2014	12647	9348	10589	14731	8301	2651	12115
2015	14561	10247	12344	16924	9251	3522	13828
2016	15907	11203	13818	18706	10192	3819	15441
2017	17264	12227	15183	20128	11397	4009	16819
2018	19016	13331	16975	22538	12723	4685	19177
2019	20483	14670	18437	25989	13043	4794	22549
2020	21559	15929	19364	24864	13823	4552	21333

注：从2013年起，国家统计局开展了城乡一体化住户收支和生活状况调查，与2012年前的分城镇和农村住户调查的调查范围、调查方法、指标口径有所不同，2013年以前为农民人均纯收入。

2-28 农村居民人均可支配收入(2015-2020年)

单位：元/人

指　标	2015	2016	2017	2018	2019	2020
农村居民人均可支配收入	**10247.4**	**11203.1**	**12226.9**	**13331.4**	**14670.1**	**15929.1**
工资性收入	**3463.5**	**3737.6**	**4016.1**	**4311.0**	**4662.1**	**4977.8**
工资	3051.5	3349.7	3753.3	4003.8	4495.1	4838.2
按月发放的工资	2515.3	2697.7	2912.1	3022.2	3304.3	3389.2
补发工资	71.8	84.5	86.9	143.9	168.2	151.9
不按月发放的奖金、津贴、过节费等	464.4	567.4	754.3	837.7	1022.6	1297.1
实物福利	15.8	28.3	34.7	47.5	72.7	72.7
从单位或雇主得到的实物产品折价	3.6	6.8	5.5	5.5	10.9	11.1
食品	3.0	4.7	4.3	3.9	7.9	7.2
谷物、薯类及豆类	1.3	0.9	0.8	0.5	1.5	2.0
食用油(植物油)	0.3	0.7	0.4	0.8	1.4	1.4
蔬菜及制品		0.1			0.1	0.1
肉、禽、蛋、奶及制品	0.3	1.1	0.4	0.5	2.3	1.1
水产品及制品					0.0	0.1
糖、烟、酒、饮料类	0.7	1.3	1.6	1.2	1.9	1.5
干鲜瓜果类	0.1	0.2	0.2	0.2	0.3	0.4
其他类食品	0.3	0.4	0.9	0.7	0.5	0.8
衣着	0.1	0.1	0.1	0.1	0.1	0.2
居住					0.0	0.0
家庭设备和日用品	0.3	0.5	0.5	0.5	1.9	2.4
交通、通信工具及用品		0.3	0.2	0.2	0.4	0.0
教育文化娱乐用品				0.1	0.0	0.0
医疗保健用品					0.1	0.5
其他用品	0.1	1.2	0.3	0.5	0.5	0.7
从单位或雇主得到的服务折价	12.2	21.5	29.1	42.1	61.7	61.6
免费或低价提供的工作餐	11.8	20.4	27.1	41.0	57.9	58.4
免费或低价提供的住宿		0.5	1.8	0.7	2.9	2.8
单位缴纳的水电费、取暖费、物业费等		0.2				0.0
免费或低价提供的交通和通信服务	0.1	0.1	0.1		0.3	0.3
单位缴纳的教育入学赞助费				0.1		0.0
免费或低价提供的旅游服务	0.1	0.1			0.1	
其他服务	0.1	0.1	0.1	0.2	0.7	0.1
单位或雇主实物福利报销所得						
其他	396.2	359.6	228.2	259.7	94.3	66.9
住房公积金	18.6	29.6	37.6	28.1	37.6	46.7
辞退金	0.6	2.8	0.9	5.6	1.1	4.0
自由职业劳动所得(如稿费、翻译费)	15.4	5.7	4.2	12.4	2.7	3.8
安家费	0.9	0.2		0.3	0.8	0.3
股票期权						
其他劳动所得	360.8	321.3	185.5	213.4	52.1	12.0
经营净收入	**4197.3**	**4525.2**	**4821.4**	**5117.2**	**5641.1**	**6152.0**
第一产业经营净收入	3068.5	3227.1	3393.8	3500.7	3813.9	4139.9
农业	1958.8	1915.3	2032.2	2147.2	2136.9	2248.1
林业	201.9	215.7	267.9	349.1	376.0	304.0
牧业	862.5	1041.5	1035.8	954.3	1245.7	1529.2
渔业	45.2	54.6	57.8	50.1	55.3	58.6

2-28 续表 1

单位：元/人

指　　标	2015	2016	2017	2018	2019	2020
第二产业经营净收入	144.9	163.2	180.2	193.0	208.2	242.1
采矿业	3.8	15.4	2.1	-0.3	0.9	0.7
制造业	38.7	77.6	107.3	119.9	99.5	122.1
电力、热力、燃气及水生产和供应业	-1.4	-2.0		-0.4	-0.2	-0.1
建筑业	103.8	72.2	70.9	73.7	108.0	119.4
第三产业经营净收入	983.9	1134.8	1247.4	1423.5	1619.0	1770.0
批发和零售业	454.3	556.6	570.7	714.5	854.5	925.7
交通运输、仓储和邮政业	244.7	287.5	340.6	298.4	287.5	339.2
住宿和餐饮业	59.7	83.2	102.0	146.4	167.7	182.1
房地产业	6.8	0.8	0.1	1.0	-1.5	-0.3
租赁和商务服务业	4.2	4.4	1.3	22.6	12.0	3.9
居民服务、修理和其他服务业	179.7	169.2	181.6	193.2	231.6	254.9
其他	29.6	22.2	34.7	36.6	33.4	45.4
农林牧渔服务业	5.0	10.9	16.4	10.8	33.9	19.1
财产净收入	**223.6**	**268.5**	**322.5**	**379.5**	**456.5**	**510.2**
利息净收入	64.2	74.1	83.8	81.9	81.5	86.3
红利收入	20.8	35.1	32.7	42.3	68.5	108.4
集体分配的红利	6.3	7.7	7.3	12.0	19.6	6.7
其他红利收入	14.5	27.4	26.5	30.2	48.9	101.7
储蓄性保险净收益	0.3	2.4	2.7	4.8	3.9	0.9
转让承包土地经营权租金净收入	83.9	94.4	114.7	116.8	149.4	154.5
出租房屋财产性收入	30.9	52.5	71.6	101.9	121.5	142.7
出租机械、专利、版权等资产的收入	5.7	3.9	8.2	12.0	17.6	9.3
其他财产净收入	17.8	6.1	8.8	19.8	14.0	8.1
房屋虚拟租金						
转移净收入	**2363.0**	**2671.8**	**3066.9**	**3523.7**	**3910.5**	**4289.1**
转移性收入	2849.6	3225.4	3741.1	4137.9	4525.6	4966.2
养老金或离退休金	586.2	776.3	1030.4	1055.9	1165.3	1307.1
离退休金	205.1	239.7	293.3	326.1	348.3	384.6
(城镇)居民社会养老保险	110.8	188.2	203.7	263.1	288.1	335.3
新型农村养老保险	193.5	222.2	266.0	255.4	289.0	324.7
其他养老金	76.8	126.2	267.3	211.3	239.9	262.5
社会救济和补助	135.8	153.9	197.3	240.6	231.2	260.4
最低生活保障费	40.1	44.4	53.4	80.5	86.4	104.5
五保户救助金	2.7	2.1	2.9	11.1	15.3	18.0
扶贫款	16.4	33.1	57.4	52.9	10.1	8.7
救灾款	15.2	4.0	2.8	0.9	0.8	0.4
抚恤金	30.6	37.5	42.0	42.6	68.8	83.6
医疗救助专项补贴						12.2
教育救助专项补贴						10.1
其他社会救济收入	30.9	32.6	38.9	52.6	49.8	22.8
政策性生活补贴	54.3	61.0	53.3	197.8	152.5	163.0
家电补贴	2.0	1.9	2.3	0.3	0.0	0.2
能源补贴	0.2	0.2	2.2	0.1	0.6	
免费或低价提供的住宿(廉租房)			1.1	0.4	0.3	0.4
居住专项补贴						15.2

2-28 续表 2

单位：元/人

指　　标	2015	2016	2017	2018	2019	2020
建房改造专项补贴						20.4
其他生活补贴	51.9	58.8	48.8	197.5	151.7	126.8
报销医疗费	186.5	222.2	237.7	285.1	319.0	336.6
家庭外出从业人员寄回带回收入	1158.6	1263.3	1368.8	1427.3	1584.0	1750.1
赡养收入	317.5	438.4	515.3	586.6	650.7	750.8
其他经常转移收入	97.2	74.0	83.2	100.2	95.4	136.0
失业保险金	7.4	4.4	2.1	14.5	19.5	25.0
经常性捐赠收入	5.4	7.6	8.7	3.2	2.0	5.2
经常性赔偿收入	3.2	0.7	2.9	4.2	10.8	0.2
社保支出专项补贴					3.7	7.9
扶贫补助金孳息收入					0.0	0.7
扶贫贷款利息补助收入					0.0	0.5
其他转移性收入	81.3	61.4	69.6	78.3	59.3	96.6
从政府和组织得到的实物产品和服务折价	44.9	58.0	71.7	72.4	57.2	51.5
食品	9.0	15.7	13.2	16.9	22.4	20.1
谷物、薯类及豆类	1.3	2.0	2.2	2.5	2.7	3.3
食用油(植物油)	2.7	2.1	2.3	2.9	3.3	3.7
蔬菜及制品						0.0
肉、禽、蛋、奶及制品	4.4	8.8	4.0	4.4	9.5	9.0
水产品及制品		0.1	0.3			
糖、烟、酒、饮料类		0.5	0.3	0.2	1.6	0.2
干鲜瓜果类					0.1	0.0
其他类食品	0.5	2.1	4.0	6.8	5.2	3.8
衣着	0.1	0.3	3.4	0.4	0.2	0.1
居住	2.7	0.5	5.1	0.2	0.1	0.3
家庭设备和日用品	5.9	5.8	5.9	18.3	15.0	8.7
交通、通信工具及用品	0.2	0.2	0.4	0.4	0.0	0.0
教育文化娱乐用品	0.4	0.2	0.3	2.0	0.4	0.2
医疗保健用品		0.3	0.1	0.6	0.3	0.4
其他用品	0.8	1.9	7.5	2.8	2.3	2.9
其他服务折价(不含廉租房)	25.6	33.2	35.8	30.8	16.6	18.8
现金政策性惠农补贴	268.7	178.4	183.5	171.9	270.1	210.8
转移性支出	486.6	553.6	674.2	614.2	615.1	677.2
个人所得税	1.5	2.4	2.9	4.8	4.7	6.7
社会保障支出	349.0	444.8	607.0	511.1	524.1	593.8
个人缴纳的养老保险	220.0	270.0	403.2	263.2	266.4	299.3
个人缴纳的医疗保险	120.4	165.2	188.6	236.1	245.4	280.9
个人缴纳的失业保险	2.5	3.7	5.5	3.6	5.6	5.6
其他社会保障支出	6.1	6.0	9.6	8.2	6.7	8.0
外来从业人员寄给家人的支出	3.9	11.9	0.5	1.7	1.3	3.7
赡养支出	36.1	43.8	33.8	45.4	44.3	38.0
其他转移性支出	96.1	50.6	30.0	51.2	40.7	35.0
经常性捐赠支出	18.0	16.0	8.9	12.6	11.0	6.6
经常性赔偿支出	0.1					
其他经常转移支出	78.1	34.6	21.1	38.6	29.8	28.4

2-29 农村居民人均总收入(2015-2020年)

单位：元/人

指　　标	2015	2016	2017	2018	2019	2020
农村居民总收入	**14561.2**	**15906.9**	**17263.9**	**19016.4**	**20482.6**	**21559.1**
工资性收入	**3463.5**	**3737.6**	**4016.1**	**4311.0**	**4662.1**	**4977.8**
工资	3051.5	3349.7	3753.3	4003.8	4495.1	4838.2
实物福利	15.8	28.3	34.7	47.5	72.7	72.7
其他	396.2	359.6	228.2	259.7	94.3	66.9
经营性收入	**8004.6**	**8655.2**	**9166.6**	**10153.1**	**10776.7**	**11035.9**
第一产业经营收入	5928.0	6264.4	6432.6	6794.8	7371.3	7308.4
第一产业经营收入(不含惠农补贴)	5928.0	6264.4	6432.6	6794.8	7371.3	7308.4
农业	2838.3	2684.0	2837.3	3326.5	3352.0	3246.4
林业	225.3	231.6	292.9	389.0	406.9	340.2
牧业	2776.9	3236.9	3181.1	2964.5	3501.5	3612.1
渔业	87.5	111.8	121.3	114.7	110.9	109.8
第二产业经营收入	290.9	322.1	401.8	406.8	416.4	488.2
采矿业	5.9	17.0	2.9	0.2	1.1	0.7
制造业	114.5	164.4	216.1	236.6	233.3	248.6
电力、热力、燃气及水生产和供应业	0.4	0.2		1.8		
建筑业	170.1	140.5	182.8	168.1	182.0	238.9
第三产业经营收入	1785.8	2068.7	2332.1	2951.5	2989.0	3239.3
批发和零售业	969.5	1066.4	1245.0	1700.6	1665.8	1831.2
交通运输、仓储和邮政业	404.8	535.8	595.5	482.7	547.9	586.0
住宿和餐饮业	104.5	166.1	161.7	346.0	294.4	331.6
房地产业	9.1	0.8	1.3	1.4		
租赁和商务服务业	6.0	5.4	6.5	26.1	15.5	9.6
居民服务、修理和其他服务业	231.1	226.4	242.8	311.8	360.7	363.1
其他	35.1	38.7	45.8	49.4	43.9	62.9
农林牧渔服务业	25.7	29.1	33.5	33.5	60.7	55.0
财产性收入	**243.2**	**288.6**	**339.9**	**414.4**	**518.3**	**579.1**
利息收入	81.7	91.3	99.6	114.3	140.4	150.1
红利收入	20.8	35.1	32.7	42.3	68.5	108.4
储蓄性保险净收益	0.3	2.4	2.7	4.8	3.9	0.9
转让承包土地经营权租金净收入	83.9	94.4	114.7	116.8	149.4	154.5
出租房屋财产性净收入	30.9	52.5	71.6	101.9	121.5	142.7
出租机械、专利、版权等资产的净收入	5.7	3.9	8.2	12.0	17.6	9.3
其他财产净收入	19.9	8.9	10.4	22.3	16.9	13.2
房屋虚拟租金						
转移性收入	**2849.8**	**3225.4**	**3741.1**	**4137.9**	**4525.6**	**4966.2**
养老金或离退休金	586.2	776.3	1030.4	1055.9	1165.3	1307.1

2-29 续表

单位：元/人

指 标	2015	2016	2017	2018	2019	2020
社会救济和补助	135.8	153.9	197.3	240.6	231.2	260.4
政策性生活补贴	54.3	61.0	53.3	197.8	152.5	163.0
家庭外出从业人员寄回带回收入	1158.6	1263.3	1368.8	1427.3	1584.0	1750.1
赡养收入	317.5	438.4	515.3	586.6	650.7	750.8
报销医疗费	186.5	222.2	237.7	285.1	319.0	336.6
从政府和组织得到的实物产品和服务折价	45.1	58.0	71.7	72.4	57.2	51.5
现金政策性惠农补贴	268.7	178.4	183.5	171.9	270.1	210.8
其他转移性收入	97.2	74.0	83.2	100.2	95.4	136.0
非收入所得	**1375.9**	**1676.1**	**2328.1**	**2301.0**	**2669.3**	**2325.9**
出售资产所得	203.6	315.0	881.4	690.3	826.3	486.5
出售住房本金所得	8.4		19.7	43.1	22.5	
出售住房溢价所得(含亏损)		0.1	11.4			6.0
出售股票、基金、收藏品本金所得		3.7				
出售股票、基金、收藏品所得(含亏损)			0.5	0.1	0.2	0.5
出售生产性固定资产所得	24.0	54.8	24.7	14.0	41.0	56.5
拆迁征地补偿所得	133.1	213.9	591.3	559.9	700.1	343.4
出售其他财物和收回其他投资本金所得	38.1	42.5	233.6	73.1	62.5	80.0
非经常性转移所得	1155.6	1354.3	1433.3	1603.8	1839.4	1834.3
博彩所得	25.5	31.1	21.6	48.6	60.1	45.8
婚丧嫁娶礼金所得	570.2	715.1	528.0	666.7	692.0	528.8
遗产及一次性馈赠所得	154.2	230.2	231.8	302.3	368.9	325.6
一次性赔偿所得	48.3	70.9	179.7	148.7	79.1	194.7
提取住房公积金	6.0	·	0.1	6.7	2.9	10.7
调查补贴	256.7	266.5	365.2	410.6	595.7	680.0
其他非经常性转移所得	94.7	40.4	106.9	20.0	40.7	48.9
其他非收入所得	16.7	6.8	13.4	6.9	3.6	5.1
借贷性所得	**1854.9**	**2412.4**	**1987.2**	**2662.3**	**2947.3**	**2069.7**
提取储蓄存款	1074.7	1533.6	1335.3	1852.1	2036.8	1509.1
借入款	497.0	552.4	376.6	473.9	478.8	304.1
收回借出款	172.2	184.5	114.7	144.6	148.9	117.0
收回储蓄性保险本金	2.7	1.2	1.7	9.5	1.5	0.0
住房贷款	24.5	13.0	28.5	15.1	130.2	2.2
汽车贷款		0.6	5.2	0.5	49.1	17.2
教育贷款	1.8	5.4	7.0	15.8	13.0	9.0
其他贷款	70.0	105.5	107.1	136.5	83.3	103.2
其他借贷所得	12.0	16.2	11.2	14.3	5.7	7.8

2-30 农村居民人均总支出(2015-2020年)

单位：元/人

指　标	2015	2016	2017	2018	2019	2020
农村居民人均总支出	**16924.1**	**18706.5**	**20127.8**	**22537.8**	**25988.8**	**24864.2**
消费支出	**9250.6**	**10191.6**	**11396.7**	**12723.2**	**14055.6**	**14952.6**
食品烟酒	3618.4	3886.6	4235.2	4482.7	4878.6	5478.1
食品	2734.5	2957.5	3138.9	3224.8	3480.8	4018.2
谷物	484.6	486.2	502.6	511.5	484.0	526.1
薯类	89.7	126.2	116.3	120.0	130.8	128.4
豆类	34.8	41.5	45.7	44.2	52.0	59.6
食用油	168.1	171.2	172.0	168.8	166.7	215.1
蔬菜和食用菌	331.8	359.6	377.8	337.8	355.1	403.8
肉类	810.0	854.0	923.4	988.0	1070.5	1357.5
禽类	195.1	217.5	226.5	215.0	282.4	344.0
水产品	70.4	78.2	89.0	85.3	121.8	135.2
蛋类	112.2	117.9	103.0	119.3	136.5	149.4
奶类	97.9	115.3	138.0	177.4	176.4	166.0
干鲜瓜果类	162.7	180.8	214.8	217.5	250.1	257.5
糖果糕点类	61.0	75.4	86.9	93.1	100.1	101.2
其他食品	116.4	133.5	142.9	147.0	154.4	174.4
烟酒	414.9	444.3	480.3	581.4	664.3	709.4
烟草	283.7	314.9	336.9	415.1	500.9	542.6
酒类	131.3	129.5	143.4	166.3	163.5	166.8
饮料	54.3	61.2	73.3	82.8	96.8	100.4
饮食服务	414.7	423.5	542.8	593.7	636.7	650.1
食堂用餐	110.6	141.9	168.6	149.1	168.4	165.0
其他在外饮食	290.5	267.9	358.4	430.8	457.0	475.6
食品加工服务费	13.6	13.7	15.8	13.8	11.2	9.5
衣着	580.4	640.6	682.9	716.4	760.4	753.3
衣类	407.0	468.9	505.5	541.9	576.7	572.2
鞋类	173.4	171.7	177.4	174.5	183.6	181.1
居住	1675.4	1918.5	2157.1	2500.0	2747.5	2866.4
租赁房房租	23.5	25.0	25.7	55.3	82.6	76.3
租赁房房租中租赁公房房租						5.8
租赁房房租中租赁私房房租						70.4
住房维修及管理	249.4	286.1	336.6	456.7	516.3	569.3
住房维修及管理中物业管理费						17.2
水电燃料及其他	379.6	400.1	483.5	524.0	577.5	579.8
自有住房折算租金	1022.9	1207.2	1311.2	1464.0	1571.1	1641.0
生活用品及服务	659.9	692.7	782.3	859.8	917.3	905.4
家具及室内装饰品	125.2	98.4	117.6	141.5	159.0	140.9
家用器具	165.9	189.4	222.3	249.1	249.6	240.4
家用纺织品	55.6	57.9	63.1	63.8	66.8	68.5
家庭日用杂品	236.0	238.5	248.5	262.3	264.8	270.8
个人用品	61.8	90.3	110.5	120.3	147.6	159.8
家庭服务	15.4	18.4	20.3	22.9	29.4	25.0
其中：家政服务			6.9	5.1	8.5	5.3

2-30 续表 1

单位：元/人

指　　标	2015	2016	2017	2018	2019	2020
交通通信	1019.8	1174.0	1378.2	1578.3	1808.0	1935.0
交通	681.7	804.5	956.2	1141.8	1304.5	1364.6
交通工具	213.8	305.9	332.9	412.8	444.8	538.2
交通费	163.4	160.8	187.3	217.0	251.2	215.2
交通工具用燃料	173.9	185.1	252.3	301.0	364.5	340.5
交通工具使用及维修	130.5	152.6	183.7	210.9	244.0	270.7
其中：车辆保险支出	37.0	50.6	56.7	68.5	86.1	105.0
通信	338.1	369.5	422.1	436.5	503.5	570.5
通信工具	85.1	97.9	123.5	144.9	134.9	150.0
通信服务	253.0	271.6	298.6	291.6	368.6	420.4
教育文化娱乐	699.4	707.2	847.7	934.2	1065.1	1106.5
教育	504.6	507.1	609.4	667.7	752.1	844.9
学前教育	53.9	53.7	69.3	87.0	105.7	92.0
小学教育	60.9	60.3	72.9	92.7	110.8	130.7
初中教育	58.5	60.1	79.2	93.2	113.1	135.2
高中教育	109.0	90.3	109.6	114.5	150.7	186.2
中专职高教育	20.9	24.9	33.4	20.6	14.5	30.3
大专及以上教育	160.0	178.8	202.0	206.1	203.5	227.1
成人教育	41.5	39.0	43.0	53.7	53.8	43.3
文化娱乐	194.7	200.0	238.3	266.5	313.0	261.7
文娱耐用消费品	69.8	63.1	77.3	78.3	78.9	90.4
其他文娱用品	57.4	70.4	85.8	96.7	113.6	102.8
文化娱乐服务	67.6	66.5	75.3	91.5	120.5	68.6
医疗保健	839.8	972.5	1093.6	1413.8	1620.8	1650.3
医疗器具及药品	259.3	289.1	325.1	398.6	398.5	393.3
医疗服务	580.5	683.4	768.5	1015.2	1222.2	1257.0
门诊总费用	231.4	257.8	287.6	370.5	416.1	409.8
住院总费用	349.2	425.6	480.8	644.7	806.1	847.2
其他用品及服务	157.5	199.5	219.6	237.9	258.0	257.6
其他用品	75.9	98.1	112.1	114.6	121.1	124.2
其他服务	81.7	101.3	107.5	123.3	136.9	133.3
生产经营费用支出	**3522.5**	**3818.9**	**4008.5**	**4685.2**	**4793.9**	**4551.7**
第一产业经营费用支出	2674.6	2843.5	2820.5	3062.4	3338.8	2960.8
农业	777.3	664.1	677.3	1038.7	1072.3	882.9
林业	23.1	15.6	24.7	38.5	28.3	34.9
牧业	1834.5	2109.4	2056.6	1922.0	2184.6	1993.1
渔业	39.7	54.4	61.9	63.2	53.6	49.8
第二产业经营费用支出	128.7	142.1	204.2	189.2	193.6	226.3
采矿业	1.7	1.3	0.6	0.5	0.2	
制造业	62.6	82.8	96.1	110.3	128.1	116.7
电力、热力、燃气及水生产和供应业	1.6	2.2		0.4		0.1
建筑业	62.7	55.8	107.5	78.1	65.3	109.5
第三产业经营费用支出	719.1	833.3	983.8	1433.7	1261.6	1364.6
批发和零售业	486.5	478.5	638.1	945.2	770.7	867.3
交通运输、仓储和邮政业	131.9	211.7	219.4	163.2	230.7	209.2

2-30 续表 2

单位：元/人

指　　标	2015	2016	2017	2018	2019	2020
住宿和餐饮业	37.9	70.6	53.5	191.5	115.2	140.4
房地产业	2.4		1.2	0.4	1.5	0.3
租赁和商务服务业	1.1	0.9	2.7	2.3	2.4	5.4
居民服务、修理和其他服务业	43.7	48.1	52.6	101.3	111.4	96.3
其他	4.8	13.5	9.4	11.7	8.7	16.3
农林牧渔服务业	10.9	10.0	7.0	18.0	21.0	29.5
财产性支出	**19.6**	**20.1**	**17.4**	**34.9**	**61.8**	**68.9**
生活贷款利息支出	17.5	17.2	15.9	32.4	58.9	63.9
住房贷款利息支出	13.4	11.5	11.0	26.9	49.6	54.4
其他生活贷款利息支出	4.1	5.7	4.8	5.4	9.3	9.5
其他财产性支出	2.1	2.8	1.6	2.5	2.9	5.0
非储蓄性财产保险支出	0.8	0.6	0.3	0.6	0.6	0.6
其他财产性支出	1.3	2.3	1.3	1.9	2.3	4.4
转移性支出	**486.6**	**553.6**	**674.2**	**614.2**	**615.1**	**677.2**
个人所得税	1.5	2.4	2.9	4.8	4.7	6.7
社会保障支出	349.0	444.8	607.0	511.1	524.1	593.8
个人缴纳的养老保险	220.0	270.0	403.2	263.2	266.4	299.3
个人缴纳的医疗保险	120.4	165.2	188.6	236.1	245.4	280.9
个人缴纳的失业保险	2.5	3.7	5.5	3.6	5.6	5.6
其他社会保障支出	6.1	6.0	9.6	8.2	6.7	8.0
外来从业人员寄给家人的支出	3.9	11.9	0.5	1.7	1.3	3.7
赡养支出	36.1	43.8	33.8	45.4	44.3	38.0
其他转移性支出	96.1	50.6	30.0	51.2	40.7	35.0
部分商业保险支出	**30.5**	**43.9**	**42.8**	**72.7**	**77.8**	**70.7**
意外伤害保险	7.3	9.6	9.8	14.7	13.7	14.0
商业医疗保险(含大病保险)	6.9	10.4	15.8	29.1	35.6	34.7
其他非储蓄性商业保险	6.2	6.5	5.3	5.9	8.7	4.3
其他储蓄性商业保险	10.0	17.3	11.9	23.0	19.9	17.6
购置资产及非经常性转移支出	**2732.6**	**3151.9**	**3246.0**	**3363.2**	**4735.9**	**3083.0**
购置资产支出	884.9	1045.5	1177.1	1048.2	2269.4	1179.6
建造住房支出	424.6	527.3	290.9	398.8	614.2	411.1
建造住房材料	307.8	378.9	183.5	239.0	446.5	315.6
建造住房雇工	116.7	148.4	107.4	83.9	107.6	75.1
购买住房支出	305.2	331.3	673.1	455.5	1389.6	385.2
购建第一产业生产性固定资产支出	114.7	110.7	140.2	123.6	173.1	232.5
购买或建造农业生产性用房	43.4	34.6	50.2	26.1	82.3	76.3
购买用房建筑材料	29.7	22.2	37.3	21.9	54.2	47.6
建筑农业生产用房雇工	11.5	10.3	11.7	3.0	16.7	6.8
购买农业生产用房	1.1	1.2		0.4	6.2	19.1
其他	1.1	0.9	1.1	0.8	5.2	2.9
购买役畜	16.4	8.9	13.1	12.2	16.8	4.0
购买产品畜	4.9	13.3	25.3	7.8	14.4	57.5
购买或建造农业设施	5.6	15.6	24.4	23.1	29.0	30.8
大棚、温室	3.6	13.6	22.2	17.0	19.6	11.1

2-30 续表 3

单位：元/人

指　　标	2015	2016	2017	2018	2019	2020
自备井	0.1		0.3	1.4	1.5	4.8
喷灌设施	0.3		0.3	2.3	2.1	8.9
其他农业设施	1.7	1.9	1.6	2.4	5.9	5.9
购买农业机械	44.4	38.3	27.2	54.4	30.5	63.9
大中型农用拖拉机	18.6	0.5	4.1	12.2	2.0	1.4
小型(手扶)农用拖拉机	0.8	2.0		4.1	2.0	3.8
农用排灌动力机械	1.0	0.6	0.7	0.8	0.4	1.3
插秧机		2.5	0.3			24.4
收割机	3.8	6.2	1.8	2.0	0.6	7.1
脱粒机	1.6	2.3	1.8	4.2	1.5	4.1
其他农业机械	18.6	24.4	18.5	31.0	24.2	21.8
购建第二产业生产性固定资产支出	5.7	11.9	20.0	1.6	9.4	12.7
采矿业	0.1					
制造业	1.6	7.8	9.8	0.1	0.5	0.4
电力、热力、燃气及水生产和供应业	1.0	4.0	0.8		1.1	
建筑业	3.0	0.1	9.4	1.5	7.9	12.3
购建第三产业生产性固定资产支出	32.2	53.4	46.7	59.8	71.6	131.1
批发和零售业	6.7	6.9	6.2	16.2	1.0	27.8
交通运输、仓储和邮政业	16.1	41.9	25.2	29.3	62.0	101.5
住宿和餐饮业	2.3	0.6		0.2	0.6	
房地产业						
租赁和商务服务业	1.3	1.0	3.1		7.2	
居民服务、修理和其他服务业	3.1	1.2	11.9	13.8	0.6	1.7
其他	2.6	1.8	0.4	0.3	0.1	
购建其他资产支出	2.6	11.0	6.3	8.9	11.5	7.0
非经常性转移支出	1847.6	2106.4	2068.9	2315.0	2466.5	1903.4
博彩支出	21.2	23.3	19.3	44.2	48.1	30.4
婚丧嫁娶礼金支出	1520.5	1576.2	1525.4	1596.5	1588.0	1217.3
一次性赔偿支出	11.4	12.2	11.1	3.8	5.6	1.6
一次性馈赠支出	236.4	218.6	250.2	317.9	515.7	415.1
婚丧嫁娶宴请支出		156.5	203.3	292.4	288.3	216.5
其他非经常性转移支出	58.1	69.8	59.6	60.1	20.9	22.4
借贷性支出	**881.8**	**926.6**	**742.1**	**1044.3**	**1648.6**	**1460.1**
存入储蓄款	414.2	431.5	294.6	361.2	734.2	709.1
借出款	43.2	68.9	42.5	33.0	76.5	104.6
归还借款	281.6	255.8	212.0	293.6	349.1	191.0
购买有价证券	8.4	0.4		4.6	2.4	1.0
其他投资支出	18.4	1.0	7.8	15.0	60.4	33.9
归还住房贷款	56.2	63.5	68.9	183.4	285.1	214.2
归还汽车贷款	7.8	20.7	31.9	62.4	74.4	113.7
归还教育贷款		1.1		2.0		1.3
归还其他贷款	40.4	60.1	43.5	51.1	55.4	82.8
其他借贷支出	11.5	23.6	41.0	38.0	11.1	8.6

2-31 农村居民人均现金支出(2015-2020年)

单位：元/人

指　　标	2015	2016	2017	2018	2019	2020
农村居民人均现金支出	**13827.7**	**15441.4**	**16819.3**	**19177.4**	**22548.6**	**21332.7**
现金消费支出	**6795.2**	**7474.8**	**8595.0**	**9848.0**	**11033.0**	**11733.4**
食品烟酒	2488.5	2693.6	3084.6	3549.0	3862.0	4339.5
食品	1616.5	1784.9	2015.4	2312.9	2522.3	2938.3
谷物	220.5	231.7	257.5	328.8	309.9	355.6
薯类	18.2	23.4	25.3	35.1	40.0	45.6
豆类	27.3	33.6	38.3	39.3	46.2	54.1
食用油	77.9	86.8	89.5	104.6	105.5	128.3
蔬菜和食用菌	152.0	163.5	171.3	208.2	226.9	260.0
肉类	494.5	543.7	649.1	725.8	794.6	1047.3
禽类	90.1	101.0	99.8	125.8	179.7	185.7
水产品	63.1	68.9	80.4	80.7	116.3	128.7
蛋类	43.7	38.9	37.2	44.0	51.6	55.8
奶类	97.6	114.7	137.3	178.7	169.0	166.0
干鲜瓜果类	157.5	176.0	210.2	213.5	244.0	250.0
糖果糕点类	60.2	73.6	85.0	93.1	96.5	99.4
其他食品	114.0	129.0	134.5	135.2	142.1	161.7
烟酒	414.9	444.3	480.3	590.2	664.3	709.4
烟草	283.6	314.8	336.9	421.3	500.8	542.5
酒类	131.3	129.5	143.4	168.9	163.5	166.8
饮料	54.3	61.2	73.3	84.0	96.7	100.1
饮食服务	402.9	403.1	515.7	561.8	578.8	591.7
食堂用餐	98.7	121.4	141.5	110.4	110.5	106.6
其他在外饮食	290.5	267.9	358.4	437.4	457.0	475.6
食品加工服务费	13.6	13.7	15.8	14.0	11.2	9.5
衣着	580.1	640.1	679.4	715.8	760.0	753.0
衣类	406.7	468.5	502.0	541.3	576.4	571.9
鞋类	173.4	171.7	177.4	174.5	183.6	181.1
居住	570.4	638.2	776.1	948.1	1091.4	1146.3
租赁房房租	23.5	25.0	25.7	55.3	82.6	76.3
住房维修及管理	249.4	286.1	336.6	456.7	516.3	569.3
水电燃料及其他	297.5	327.1	413.7	436.1	492.4	500.8
生活用品及服务	630.3	681.6	769.1	836.3	899.0	893.5
家具及室内装饰品	101.8	93.5	110.9	136.8	157.6	140.0
家用器具	165.9	189.4	222.3	249.1	249.6	240.4
家用纺织品	55.6	57.9	63.1	63.8	66.8	68.5
家庭日用杂品	229.8	232.2	242.1	243.5	248.0	259.7
个人用品	61.8	90.3	110.5	120.3	147.6	159.8
家庭服务	15.4	18.4	20.3	22.9	29.4	25.0
交通通信	1019.4	1173.3	1377.5	1577.7	1807.3	1934.8
交通	681.3	803.8	955.4	1141.1	1303.8	1364.3
交通工具	213.8	305.9	332.9	412.8	444.8	538.2
交通费	163.0	160.2	186.6	216.4	250.6	214.9
交通工具用燃料	173.9	185.1	252.3	301.0	364.5	340.5

2-31 续表 1

单位：元/人

指　　标	2015	2016	2017	2018	2019	2020
交通工具使用及维修	130.5	152.6	183.7	210.9	244.0	270.7
其中：车辆保险支出	37.0	50.6	56.7	68.5	86.1	105.0
通信	338.1	369.5	422.1	436.5	503.5	570.5
通信工具	85.1	97.9	123.5	144.9	134.9	150.0
通信服务	253.0	271.6	298.6	291.6	368.6	420.4
教育文化娱乐	698.8	706.9	847.3	931.9	1064.6	1106.3
教育	504.6	507.1	609.3	667.6	752.1	844.8
学前教育	53.9	53.7	69.3	87.0	105.7	92.0
小学教育	60.9	60.3	72.9	92.7	110.8	130.7
初中教育	58.5	60.1	79.2	93.2	113.1	135.2
高中教育	109.0	90.3	109.6	114.5	150.7	186.2
中专职高教育	20.9	24.9	33.4	20.6	14.5	30.3
大专及以上教育	160.0	178.8	202.0	206.1	203.5	227.1
成人教育	41.5	39.0	42.9	53.5	53.8	43.3
文化娱乐	194.2	199.8	238.0	264.3	312.5	261.5
文娱耐用消费品	69.8	63.1	77.3	78.3	78.9	90.4
其他文娱用品	57.0	70.2	85.5	94.5	113.2	102.5
文化娱乐服务	67.4	66.4	75.2	91.5	120.4	68.6
医疗保健	653.3	749.4	855.7	1058.7	1301.0	1312.9
医疗器具及药品	259.3	288.9	324.9	378.6	398.1	392.4
医疗服务(不含报销医疗费)	394.1	460.5	530.7	680.1	902.8	920.5
门诊费用(不含报销医疗费)	191.1	206.6	228.4	295.4	364.7	344.9
住院费用(不含报销医疗费)	202.9	254.0	302.4	384.6	538.2	575.6
其他用品及服务	154.4	191.8	205.3	230.6	247.8	247.2
其他用品	74.9	95.1	104.2	111.2	118.3	120.6
其他服务	79.5	96.7	101.0	119.4	129.5	126.5
生产经营现金费用支出	**2881.6**	**3270.5**	**3501.7**	**4200.0**	**4376.3**	**4239.5**
第一产业经营现金费用支出	2033.7	2295.1	2313.6	2577.2	2921.1	2648.5
农业	686.7	571.7	603.9	954.9	1034.0	855.6
林业	23.1	15.6	24.7	38.5	28.3	34.9
牧业	1284.3	1653.6	1623.7	1520.7	1806.4	1708.4
渔业	39.5	54.2	61.3	63.0	52.4	49.6
第二产业经营现金费用支出	128.7	142.1	204.2	189.2	193.6	226.3
采矿业	1.7	1.3	0.6	0.5	0.2	
制造业	62.6	82.8	96.1	110.3	128.1	116.7
电力、热力、燃气及水生产和供应业	1.6	2.2		0.4		0.1
建筑业	62.7	55.8	107.5	78.1	65.3	109.5
第三产业经营现金费用支出	719.1	833.3	983.8	1433.7	1261.6	1364.6
批发和零售业	486.5	478.5	638.1	945.2	770.7	867.3
交通运输、仓储和邮政业	131.9	211.7	219.4	163.2	230.7	209.2
住宿和餐饮业	37.9	70.6	53.5	191.5	115.2	140.4
房地产业	2.4		1.2	0.4	1.5	0.3
租赁和商务服务业	1.1	0.9	2.7	2.3	2.4	5.4
居民服务、修理和其他服务业	43.7	48.1	52.6	101.3	111.4	96.3
其他	4.8	13.5	9.4	11.7	8.7	16.3
农林牧渔服务业	10.9	10.0	7.0	18.0	21.0	29.5

2-31 续表 2

单位：元/人

指　　标	2015	2016	2017	2018	2019	2020
现金财产性支出	**19.6**	**20.1**	**17.4**	**34.9**	**61.8**	**68.9**
生活贷款利息支出	17.5	17.2	15.9	32.4	58.9	63.9
住房贷款利息支出	13.4	11.5	11.0	26.9	49.6	54.4
其他生活贷款利息支出	4.1	5.7	4.8	5.4	9.3	9.5
其他财产性支出	2.1	2.8	1.6	2.5	2.9	5.0
非储蓄性财产保险支出	0.8	0.6	0.3	0.6	0.6	0.6
其他财产性支出	1.3	2.3	1.3	1.9	2.3	4.4
现金转移性支出	**486.6**	**553.6**	**674.2**	**614.2**	**615.1**	**677.2**
个人所得税	1.5	2.4	2.9	4.8	4.7	6.7
社会保障支出	349.0	444.8	607.0	511.1	524.1	593.8
个人缴纳的养老保险	220.0	270.0	403.2	263.2	266.4	299.3
个人缴纳的医疗保险	120.4	165.2	188.6	236.1	245.4	280.9
个人缴纳的失业保险	2.5	3.7	5.5	3.6	5.6	5.6
其他社会保障支出	6.1	6.0	9.6	8.2	6.7	8.0
外来从业人员寄给家人的支出	3.9	11.9	0.5	1.7	1.3	3.7
农村外来从业人员寄给家人的支出	3.8	11.9	0.4	1.7	1.1	3.7
城镇外来从业人员寄给家人的支出			0.1		0.2	
赡养支出	36.1	43.8	33.8	45.4	44.3	38.0
其他转移性支出	96.1	50.6	30.0	51.2	40.7	35.0
经常性捐赠支出	17.9	16.0	8.9	12.6	11.0	6.6
经常性赔偿支出	0.1					
其他经常转移支出	78.1	34.6	21.1	38.6	29.8	28.4
部分商业保险支出	**30.5**	**43.9**	**42.8**	**72.7**	**77.8**	**70.7**
意外伤害保险	7.3	9.6	9.8	14.7	13.7	14.0
商业医疗保险(含大病保险)	6.9	10.4	15.8	29.1	35.6	34.7
其他非储蓄性商业保险	6.2	6.5	5.3	5.9	8.7	4.3
其他储蓄性商业保险	10.0	17.3	11.9	23.0	19.9	17.6
购置资产及非经常性转移支出	**2732.6**	**3151.9**	**3246.0**	**3363.2**	**4735.9**	**3083.0**
购置资产支出	884.9	1045.5	1177.1	1048.2	2269.4	1179.6
建造住房支出	424.6	527.3	290.9	398.8	614.2	411.1
建造住房材料	307.8	378.9	183.5	239.0	446.5	315.6
建造住房雇工	116.7	148.4	107.4	83.9	107.6	75.1
购买住房支出	305.2	331.3	673.1	455.5	1389.6	385.2
购建第一产业生产性固定资产支出	114.7	110.7	140.2	123.6	173.1	232.5
购买或建造农业生产性用房	43.4	34.6	50.2	26.1	82.3	76.3
购买用房建筑材料	29.7	22.2	37.3	21.9	54.2	47.6
建筑农业生产用房雇工	11.5	10.3	11.7	3.0	16.7	6.8
购买农业生产用房	1.1	1.2		0.4	6.2	19.1
其他	1.1	0.9	1.1	0.8	5.2	2.9
购买役畜	16.4	8.9	13.1	12.2	16.8	4.0
购买产品畜	4.9	13.3	25.3	7.8	14.4	57.5
购买或建造农业设施	5.6	15.6	24.4	23.1	29.0	30.8
大棚、温室	3.6	13.6	22.2	17.0	19.6	11.1

2-31 续表 3

单位：元/人

指　　标	2015	2016	2017	2018	2019	2020
自备井	0.1		0.3	1.4	1.5	4.8
喷灌设施	0.3		0.3	2.3	2.1	8.9
其他农业设施	1.7	1.9	1.6	2.4	5.9	5.9
购买农业机械	44.4	38.3	27.2	54.4	30.5	63.9
大中型农用拖拉机	18.6	0.5	4.1	12.2	2.0	1.4
小型(手扶)农用拖拉机	0.8	2.0		4.1	2.0	3.8
农用排灌动力机械	1.0	0.6	0.7	0.8	0.4	1.3
插秧机		2.5	0.3			24.4
收割机	3.8	6.2	1.8	2.0	0.6	7.1
脱粒机	1.6	2.3	1.8	4.2	1.5	4.1
其他农业机械	18.6	24.4	18.5	31.0	24.2	21.8
购建第二产业生产性固定资产支出	5.7	11.9	20.0	1.6	9.4	12.7
采矿业	0.1					
制造业	1.6	7.8	9.8	0.1	0.5	0.4
电力、热力、燃气及水生产和供应业	1.0	4.0	0.8		1.1	
建筑业	3.0	0.1	9.4	1.5	7.9	12.3
购建第三产业生产性固定资产支出	32.2	53.4	46.7	59.8	71.6	131.1
批发和零售业	6.7	6.9	6.2	16.2	1.0	27.8
交通运输、仓储和邮政业	16.1	41.9	25.2	29.3	62.0	101.5
住宿和餐饮业	2.3	0.6		0.2	0.6	
房地产业						
租赁和商务服务业	1.3	1.0	3.1		7.2	
居民服务、修理和其他服务业	3.1	1.2	11.9	13.8	0.6	1.7
其他行业	2.6	1.8	0.4	0.3	0.1	
购建其他资产支出	2.6	11.0	6.3	8.9	11.5	7.0
非经常性转移支出	1847.6	2106.4	2068.9	2315.0	2466.5	1903.4
博彩支出	21.2	23.3	19.3	44.2	48.1	30.4
婚丧嫁娶礼金支出	1520.5	1576.2	1525.4	1596.5	1588.0	1217.3
一次性赔偿支出	11.4	12.2	11.1	3.8	5.6	1.6
一次性馈赠支出	236.4	218.6	250.2	317.9	515.7	415.1
婚丧嫁娶宴请支出			203.3	292.4	288.3	216.5
其他非经常性转移支出	58.1	69.8	59.6	60.1	20.9	22.4
借贷性支出	**881.8**	**926.6**	**742.1**	**1044.3**	**1648.6**	**1460.1**
存入储蓄款	414.2	431.5	294.6	361.2	734.2	709.1
借出款	43.2	68.9	42.5	33.0	76.5	104.6
归还借款	281.6	255.8	212.0	293.6	349.1	191.0
购买有价证券	8.4	0.4		4.6	2.4	1.0
其他投资支出	18.4	1.0	7.8	15.0	60.4	33.9
归还住房贷款	56.2	63.5	68.9	183.4	285.1	214.2
归还汽车贷款	7.8	20.7	31.9	62.4	74.4	113.7
归还教育贷款		1.1		2.0		1.3
归还其他贷款	40.4	60.1	43.5	51.1	55.4	82.8
其他借贷支出	11.5	23.6	41.0	38.0	11.1	8.6

2-32 农村居民人均现金收入(2015-2020年)

单位：元/人

指　标	2015	2016	2017	2018	2019	2020
农村居民现金收入	**12343.5**	**13817.7**	**15183.3**	**16975.2**	**18437.2**	**19363.5**
现金工资性收入	**3447.7**	**3709.3**	**3981.5**	**4263.5**	**4589.4**	**4905.1**
工资	3051.5	3349.7	3753.3	4003.8	4495.1	4838.2
其他工资性收入	396.2	359.6	228.2	259.7	94.3	66.9
现金经营性收入	**6034.3**	**6874.6**	**7430.2**	**8516.9**	**9180.2**	**9301.1**
第一产业现金经营收入	3957.6	4483.8	4696.2	5158.6	5774.8	5573.6
农业	1453.8	1489.8	1644.2	2238.6	2315.0	2183.0
林业	145.9	160.3	230.6	301.8	324.5	263.0
牧业	2277.8	2731.2	2708.4	2509.4	3029.8	3024.2
渔业	80.1	102.5	113.0	108.8	105.5	103.3
第二产业现金经营收入	290.9	322.1	401.8	406.8	416.4	488.2
采矿业	5.9	17.0	2.9	0.2	1.1	0.7
制造业	114.5	164.4	216.1	236.6	233.3	248.6
电力、热力、燃气及水生产和供应业	0.4	0.2		1.8		
建筑业	170.1	140.5	182.8	168.1	182.0	238.9
第三产业现金经营收入	1785.8	2068.7	2332.1	2951.5	2989.0	3239.3
批发和零售业	969.5	1066.4	1245.0	1700.6	1665.8	1831.2
交通运输、仓储和邮政业	404.8	535.8	595.5	482.7	547.9	586.0
住宿和餐饮业	104.5	166.1	161.7	346.0	294.4	331.6
房地产业	9.1	0.8	1.3	1.4		
租赁和商务服务业	6.0	5.4	6.5	26.1	15.5	9.6
居民服务、修理和其他服务业	231.1	226.4	242.8	311.8	360.7	363.1
其他行业	35.1	38.7	45.8	49.4	43.9	62.9
农林牧渔服务业	25.7	29.1	33.5	33.5	60.7	55.0
现金财产性收入	**243.2**	**288.6**	**339.9**	**414.4**	**518.3**	**579.1**
利息收入	81.7	91.3	99.6	114.3	140.4	150.1
红利收入	20.8	35.1	32.7	42.3	68.5	108.4
储蓄性保险收益	0.3	2.4	2.7	4.8	3.9	0.9
转让承包土地经营权租金收入	83.9	94.4	114.7	116.8	149.4	154.5
出租房屋财产性净收入	30.9	52.5	71.6	101.9	121.5	142.7
出租机械、专利、版权等资产的净收入	5.7	3.9	8.2	12.0	17.6	9.3
其他财产性收入	19.9	8.9	10.4	22.3	16.9	13.2
现金转移性收入	**2618.3**	**2945.2**	**3431.7**	**3780.4**	**4149.4**	**4578.2**
养老金或离退休金	586.2	776.3	1030.4	1055.9	1165.3	1307.1

2-32 续表

单位：元/人

指　　标	2015	2016	2017	2018	2019	2020
社会救济和补助	135.8	153.9	197.3	240.6	231.2	260.4
政策性生活补贴	54.3	61.0	53.3	197.8	152.5	163.0
家庭外出从业人员寄回带回收入	1158.6	1263.3	1368.8	1427.3	1584.0	1750.1
赡养收入	317.5	438.4	515.3	586.6	650.7	750.8
其他转移性收入	97.2	74.0	83.2	100.2	95.4	136.0
现金政策性惠农补贴	268.7	178.4	183.5	171.9	270.1	210.8
非收入所得	**1375.9**	**1676.1**	**2328.1**	**2301.0**	**2669.3**	**2325.9**
出售资产所得	203.6	315.0	881.4	690.3	826.3	486.5
出售住房本金所得	8.4		19.7	43.1	22.5	
出售住房溢价所得(含亏损)		0.1	11.4			6.0
出售股票、基金、收藏品本金所得		3.7				
出售股票、基金、收藏品所得(含亏损)			0.5	0.1	0.2	0.5
出售生产性固定资产所得	24.0	54.8	24.7	14.0	41.0	56.5
拆迁征地补偿所得	133.1	213.9	591.3	559.9	700.1	343.4
出售其他财物和收回其他投资本金所得	38.1	42.5	233.6	73.1	62.5	80.0
非经常性转移所得	1155.6	1354.3	1433.3	1603.8	1839.4	1834.3
博彩所得	25.5	31.1	21.6	48.6	60.1	45.8
婚丧嫁娶礼金所得	570.2	715.1	528.0	666.7	692.0	528.8
遗产及一次性馈赠所得	154.2	230.2	231.8	302.3	368.9	325.6
一次性赔偿所得	48.3	70.9	179.7	148.7	79.1	194.7
提取住房公积金	6.0		0.1	6.7	2.9	10.7
调查补贴	256.7	266.5	365.2	410.6	595.7	680.0
其他非经常性转移所得	94.7	40.4	106.9	20.0	40.7	48.9
其他非收入所得	16.7	6.8	13.4	6.9	3.6	5.1
借贷性所得	**1854.9**	**2412.4**	**1987.2**	**2662.3**	**2947.3**	**2069.7**
提取储蓄存款	1074.7	1533.6	1335.3	1852.1	2036.8	1509.1
借入款	497.0	552.4	376.6	473.9	478.8	304.1
收回借出款	172.2	184.5	114.7	144.6	148.9	117.0
收回储蓄性保险本金	2.7	1.2	1.7	9.5	1.5	0.0
住房贷款	24.5	13.0	28.5	15.1	130.2	2.2
汽车贷款		0.6	5.2	0.5	49.1	17.2
教育贷款	1.8	5.4	7.0	15.8	13.0	9.0
其他贷款	70.0	105.5	107.1	136.5	83.3	103.2
其他借贷所得	12.0	16.2	11.2	14.3	5.7	7.8

2-33 按五等份分组的农村居民人均可支配收入(2020年)

单位：元/人

指　　标	总平均	低收入户	中低收入户	中等收入户	中高收入户	高收入户
农村居民人均可支配收入	**15929.1**	**6151.0**	**10178.7**	**13980.7**	**18990.5**	**33837.4**
工资性收入	**4977.8**	**2227.3**	**3236.4**	**4927.2**	**7151.7**	**8853.6**
工资	4838.2	2181.2	3154.4	4800.8	6977.2	8526.1
按月发放的工资	3389.2	939.6	1996.8	3394.0	5403.2	6488.5
补发工资	151.9	76.9	94.8	213.8	158.1	252.1
不按月发放的奖金、津贴、过节费等	1297.1	1164.7	1062.8	1193.1	1415.9	1785.5
实物福利	72.7	22.2	45.6	60.8	110.9	153.5
从单位或雇主得到的实物产品折价	11.1	4.7	9.7	10.8	11.8	21.7
食品	7.2	3.5	4.7	7.0	7.2	16.3
谷物、薯类及豆类	2.0	0.7	0.8	1.4	2.2	5.9
食用油(植物油)	1.4	0.8	1.2	0.9	2.0	2.3
蔬菜及制品	0.1	0.1			0.0	0.2
肉、禽、蛋、奶及制品	1.1	0.9	1.4	0.7	0.4	2.3
水产品及制品	0.1			0.3		
糖、烟、酒、饮料类	1.5	0.6	1.0	3.0	1.6	1.4
干鲜瓜果类	0.4	0.2	0.1	0.3	0.5	0.8
其他类食品	0.8	0.2	0.3	0.4	0.4	3.4
衣着	0.2	0.1		0.1	0.3	0.4
居住	0.0					0.0
家庭设备和日用品	2.4	0.9	2.7	2.2	3.0	4.1
交通、通信工具及用品	0.0				0.0	
教育文化娱乐用品	0.0	0.0	0.0			0.0
医疗保健用品	0.5	0.0	0.7	0.9	0.5	0.5
其他用品	0.7	0.2	1.6	0.5	0.9	0.4
从单位或雇主得到的服务折价	61.6	17.5	35.9	50.0	99.0	131.8
免费或低价提供的工作餐	58.4	16.3	34.9	49.1	92.5	123.4
免费或低价提供的住宿	2.8	0.7	0.3	0.4	6.5	8.0
单位缴纳的水电费、取暖费、物业费等	0.0		0.0	0.0		
免费或低价提供的交通和通信服务	0.3	0.3	0.7			0.3
单位缴纳的教育入学赞助费	0.0	0.2				
免费或低价提供的旅游服务						
其他服务	0.1			0.5	0.0	
单位或雇主实物福利报销所得						
其他	66.9	23.9	36.4	65.6	63.6	174.0
住房公积金	46.7	22.0	23.5	48.1	48.7	108.0
辞退金	4.0		0.2			24.5
自由职业劳动所得(如稿费、翻译费)	3.8	1.0	5.8	5.3	6.7	0.4
安家费	0.3			1.6		
股票期权						
其他劳动所得	12.0	1.0	6.9	10.6	8.3	41.1
经营净收入	**6152.0**	**1345.6**	**2704.3**	**4197.1**	**6072.1**	**17394.6**
第一产业经营净收入	4139.9	1222.0	2218.2	3124.6	3925.5	9863.9
农业	2248.1	788.0	1236.9	1645.7	2132.8	4648.9
林业	304.0	311.3	317.3	302.7	214.1	385.7
牧业	1529.2	117.7	613.6	1148.1	1534.8	4627.0
渔业	58.6	5.0	50.3	28.1	43.9	202.3

2-33 续表 1

单位：元/人

指　　标	总平均	低收入户	中低收入户	中等收入户	中高收入户	高收入户
第二产业经营净收入	242.1	-37.9	9.9	189.2	246.3	1014.6
采矿业	0.7					4.2
制造业	122.1	44.1	29.4	90.3	150.5	364.5
电力、热力、燃气及水生产和供应业	-0.1					-0.6
建筑业	119.4	-82.0	-19.5	98.9	95.7	646.6
第三产业经营净收入	1770.0	161.4	476.3	883.3	1900.2	6516.1
批发和零售业	925.7	32.6	225.4	358.9	808.5	3974.6
交通运输、仓储和邮政业	339.2	125.2	175.6	182.9	441.0	747.9
住宿和餐饮业	182.1	34.3	19.8	112.6	147.6	734.5
房地产业	-0.3					-1.7
租赁和商务服务业	3.9	-15.7		0.0	45.3	-4.2
居民服务、修理和其他服务业	254.9	18.8	56.3	209.7	373.8	781.1
其他	45.4	-22.8	-0.3	19.8	78.3	198.5
农林牧渔服务业	19.1	-10.9	-0.5	-0.6	5.7	85.5
财产净收入	**510.2**	**143.3**	**170.2**	**338.6**	**464.1**	**1735.5**
利息净收入	86.3	11.7	47.6	74.0	78.3	269.5
红利收入	108.4	44.0	7.9	43.9	68.5	455.8
集体分配的红利	6.7	1.3	2.1	3.9	14.1	13.5
其他红利收入	101.7	42.7	5.7	40.0	54.4	442.4
储蓄性保险净收益	0.9	0.2		0.8	0.4	3.8
转让承包土地经营权租金净收入	154.5	67.3	90.0	133.6	194.1	348.5
出租房屋财产性收入	142.7	20.6	20.7	88.5	100.3	577.8
出租机械、专利、版权等资产的收入	9.3		0.1	6.1	18.0	29.2
其他财产净收入	8.1	-0.6	3.8	-8.3	4.4	50.9
房屋虚拟租金						
转移净收入	**4289.1**	**2434.8**	**4067.8**	**4517.7**	**5302.7**	**5853.7**
转移性收入	4966.2	3045.7	4550.8	5157.1	6049.9	6847.8
养老金或离退休金	1307.1	590.7	981.3	1367.0	1927.1	2018.1
离退休金	384.6	30.1	204.6	275.0	734.5	879.6
(城镇)居民社会养老保险	335.3	144.6	233.6	489.6	435.7	448.0
新型农村养老保险	324.7	263.9	360.5	324.6	397.2	288.5
其他养老金	262.5	152.1	182.7	277.8	359.7	401.9
社会救济和补助	260.4	218.9	302.4	253.9	267.8	270.3
最低生活保障费	104.5	114.5	120.5	127.5	82.1	67.9
五保户救助金	18.0	11.0	30.7	14.7	18.9	15.3
扶贫款	8.7	10.3	17.4	5.7	4.8	3.5
救灾款	0.4	0.7	0.2	0.7	0.4	0.1
抚恤金	83.6	46.9	73.0	57.8	115.2	148.0
医疗救助专项补贴	12.2	5.5	19.8	12.8	16.8	6.3
教育救助专项补贴	10.1	11.8	9.7	12.7	5.6	10.4
其他社会救济收入	22.8	18.1	30.9	22.0	24.1	18.9
政策性生活补贴	163.0	89.5	77.1	139.5	171.0	403.5
家电补贴	0.2			0.0	0.0	1.1
能源补贴						
免费或低价提供的住宿(廉租房)	0.4	0.6	0.0			1.7
居住专项补贴	15.2	12.0		13.7	2.8	55.4

2-33 续表 2

单位：元/人

指　　标	总平均	低收入户	中低收入户	中等收入户	中高收入户	高收入户
建房改造专项补贴	20.4	5.5	7.6	17.0	59.3	19.3
其他生活补贴	126.8	71.5	69.5	108.7	108.9	326.0
报销医疗费	336.6	146.3	266.9	299.1	389.5	674.3
家庭外出从业人员寄回带回收入	1750.1	1267.6	1962.4	1987.3	1723.1	1947.0
赡养收入	750.8	409.8	625.2	786.0	1095.6	990.0
其他经常转移收入	136.0	70.8	105.4	124.1	227.6	184.0
失业保险金	25.0	3.2		5.6	83.1	48.1
经常性捐赠收入	5.2	0.8	0.7	13.2	4.8	8.1
经常性赔偿收入	0.2		0.5			0.3
社保支出专项补贴	7.9	7.6	7.8	14.8	5.0	3.4
扶贫补助金孳息收入	0.7	2.4	0.5			
扶贫贷款利息补助收入	0.5		0.5		2.3	
其他转移性收入	96.6	56.8	95.5	90.5	132.5	124.1
从政府和组织得到的实物产品和服务折价	51.5	57.0	52.8	51.4	43.6	50.8
食品	20.1	22.6	21.1	21.1	15.6	18.1
谷物、薯类及豆类	3.3	2.7	3.2	3.4	3.1	4.7
食用油(植物油)	3.7	3.2	3.3	3.4	4.8	3.9
蔬菜及制品	0.0		0.0			
肉、禽、蛋、奶及制品	9.0	11.7	10.4	10.3	5.6	4.9
水产品及制品						
糖、烟、酒、饮料类	0.2	0.2	0.2	0.2	0.3	0.3
干鲜瓜果类	0.0		0.0	0.0		
其他类食品	3.8	4.8	4.0	3.8	1.8	4.3
衣着	0.1	0.2	0.1	0.1	0.1	0.1
居住	0.3	0.6	0.4		0.6	
家庭设备和日用品	8.7	7.5	7.0	9.4	8.1	12.2
交通、通信工具及用品	0.0		0.0	0.0		
教育文化娱乐用品	0.2	0.4	0.6	0.0	0.0	
医疗保健用品	0.4	0.4	0.3	0.2	0.5	0.7
其他用品	2.9	2.9	1.7	3.4	2.4	4.1
其他服务折价(不含廉租房)	18.8	22.3	21.6	17.1	16.2	15.6
现金政策性惠农补贴	210.8	195.2	177.3	148.7	204.5	309.9
转移性支出	677.2	610.9	483.0	639.4	747.2	994.1
个人所得税	6.7	3.7	2.5	4.2	6.5	19.6
社会保障支出	593.8	535.9	426.8	561.0	656.7	864.7
个人缴纳的养老保险	299.3	269.9	156.6	254.4	353.3	518.9
个人缴纳的医疗保险	280.9	253.3	267.0	292.3	290.3	317.5
个人缴纳的失业保险	5.6	7.5	1.6	3.6	6.1	9.7
其他社会保障支出	8.04	5.27	1.52	10.72	6.96	18.52
外来从业人员寄给家人的支出	3.7	0.4	9.3	7.3		1.0
赡养支出	38.0	25.9	26.3	46.3	43.5	55.0
其他转移性支出	35.0	45.1	18.1	20.5	40.5	54.0
经常性捐赠支出	6.6	14.8	4.7	4.4	3.7	3.3
经常性赔偿支出						
其他经常转移支出	28.4	30.3	13.4	16.1	36.7	50.6

2-34 按五等份分组的农村居民人均总收入(2020年)

单位：元/人

指　　标	总平均	低收入户	中低收入户	中等收入户	中高收入户	高收入户
农村居民人均总收入	**21559.1**	**11486.5**	**13393.5**	**17320.3**	**24945.5**	**44206.8**
工资性收入	**4977.8**	**2227.3**	**3236.4**	**4927.2**	**7151.7**	**8853.6**
工资	4838.2	2181.2	3154.4	4800.8	6977.2	8526.1
实物福利	72.7	22.2	45.6	60.8	110.9	153.5
其他	66.9	23.9	36.4	65.6	63.6	174.0
经营性收入	**11035.9**	**6014.4**	**5392.2**	**6856.0**	**11184.6**	**26644.4**
第一产业经营收入	7308.4	4405.4	4165.2	5326.6	6243.9	15658.3
第一产业经营收入(不含惠农补贴)	7308.4	4405.4	4165.2	5326.6	6243.9	15658.3
农业	3246.4	1426.2	1896.3	2429.7	3080.6	6504.5
林业	340.2	363.0	340.6	328.8	239.2	439.2
牧业	3612.1	2545.8	1854.8	2528.3	2835.6	8389.3
渔业	109.8	70.4	73.6	39.8	88.4	325.4
第二产业经营收入	488.2	219.7	56.4	266.5	697.9	1480.0
采矿业	0.7					4.2
制造业	248.6	143.0	63.6	125.3	383.5	644.0
电力、热力、燃气及水生产和供应业						
建筑业	238.9	76.7	-7.2	141.2	314.4	831.9
第三产业经营收入	3239.3	1389.3	1170.7	1262.9	4242.8	9506.0
批发和零售业	1831.2	833.0	675.9	476.6	2628.4	5567.8
交通运输、仓储和邮政业	586.0	333.9	348.3	302.5	741.7	1129.4
住宿和餐饮业	331.6	97.8	53.1	171.3	187.8	1396.6
房地产业						
租赁和商务服务业	9.6				49.5	2.9
居民服务、修理和其他服务业	363.1	111.4	75.2	272.6	534.8	1025.1
其他	62.9	5.1		31.2	84.9	243.2
农林牧渔服务业	55.0	8.2	18.1	8.7	15.7	141.2
财产性收入	**579.1**	**199.1**	**214.0**	**380.0**	**559.3**	**1861.0**
利息收入	150.1	58.4	88.6	106.8	171.9	393.7
红利收入	108.4	44.0	7.9	43.9	68.5	455.8
储蓄性保险净收益	0.9	0.2		0.8	0.4	3.8
转让承包土地经营权租金净收入	154.5	67.3	90.0	133.6	194.1	348.5
出租房屋财产性净收入	142.7	20.6	20.7	88.5	100.3	577.8
出租机械、专利、版权等资产的净收入	9.3		0.1	6.1	18.0	29.2
其他财产净收入	13.2	8.6	6.7	0.2	6.1	52.2
房屋虚拟租金						
转移性收入	**4966.2**	**3045.7**	**4550.8**	**5157.1**	**6049.9**	**6847.8**
养老金或离退休金	1307.1	590.7	981.3	1367.0	1927.1	2018.1

2-34 续表

单位：元/人

指　　标	总平均	低收入户	中低收入户	中等收入户	中高收入户	高收入户
社会救济和补助	260.4	218.9	302.4	253.9	267.8	270.3
政策性生活补贴	163.0	89.5	77.1	139.5	171.0	403.5
家庭外出从业人员寄回带回收入	1750.1	1267.6	1962.4	1987.3	1723.1	1947.0
赡养收入	750.8	409.8	625.2	786.0	1095.6	990.0
报销医疗费	336.6	146.3	266.9	299.1	389.5	674.3
从政府和组织得到的实物产品和服务折价	51.5	57.0	52.8	51.4	43.6	50.8
现金政策性惠农补贴	210.8	195.2	177.3	148.7	204.5	309.9
其他转移性收入	136.0	70.8	105.4	124.1	227.6	184.0
非收入所得	**2325.9**	**2036.8**	**1704.1**	**1910.3**	**2533.8**	**3744.1**
出售资产所得	486.5	634.7	316.3	167.9	640.7	619.4
出售住房本金所得						
出售住房溢价所得(含亏损)	6.0		4.6			30.9
出售股票、基金、收藏品本金所得						
出售股票、基金、收藏品所得(含亏损)	0.5				0.1	3.1
出售生产性固定资产所得	56.5	14.6	21.3	16.7	3.7	242.9
拆迁征地补偿所得	343.4	563.3	259.9	131.9	561.8	148.4
出售其他财物和收回其他投资本金所得	80.0	56.7	30.4	19.3	75.1	194.1
非经常性转移所得	1834.3	1402.1	1386.4	1729.0	1883.5	3123.0
博彩所得	45.8	16.4	34.5	42.9	25.9	129.8
婚丧嫁娶礼金所得	528.8	382.7	313.9	303.0	705.2	1105.0
遗产及一次性馈赠所得	325.6	259.8	375.9	306.6	281.4	423.9
一次性赔偿所得	194.7	211.0	48.6	379.4	16.1	334.0
提取住房公积金	10.7			-0.4	52.6	6.3
调查补贴	680.0	519.7	605.9	661.3	792.2	908.8
其他非经常性转移所得	48.9	12.5	7.5	36.3	10.2	215.1
其他非收入所得	5.1	0.1	1.5	13.4	9.7	1.6
借贷性所得	**2069.7**	**1935.5**	**1597.8**	**1706.0**	**2238.1**	**2988.5**
提取储蓄存款	1509.1	1328.2	1041.8	1246.0	1732.4	2296.1
借入款	304.1	314.7	378.7	202.4	293.0	334.3
收回借出款	117.0	89.6	70.6	65.6	156.2	237.4
收回储蓄性保险本金	0.0				0.1	
住房贷款	2.2			11.0		
汽车贷款	17.2	24.2	0.1	4.1		64.8
教育贷款	9.0	9.4	17.5	6.4	9.6	
其他贷款	103.2	169.3	88.3	136.2	42.6	55.9
其他借贷所得	7.8		0.7	34.4	4.2	0.0

2-35 按五等份分组的农村居民人均总支出(2020年)

单位：元/人

指　　标	总平均	低收入户	中低收入户	中等收入户	中高收入户	高收入户
农村居民人均总支出	**24864.2**	**20216.5**	**18666.7**	**21202.8**	**28366.0**	**38658.7**
消费支出	**14952.6**	**11801.2**	**12839.4**	**14202.0**	**16745.0**	**21106.8**
食品烟酒	5478.1	4241.8	4792.2	5334.6	6204.6	7514.0
食品	4018.2	3214.1	3636.1	3979.3	4494.7	5191.3
谷物	526.1	480.4	495.2	522.2	551.3	612.1
薯类	128.4	105.6	125.2	134.5	138.3	148.4
豆类	59.6	44.1	53.9	63.5	69.6	73.7
食用油	215.1	175.2	244.7	205.5	220.2	242.0
蔬菜和食用菌	403.8	323.3	361.2	397.7	461.5	520.6
肉类	1357.5	1050.6	1191.2	1347.8	1513.3	1849.9
禽类	344.0	243.6	280.4	331.0	426.6	493.8
水产品	135.2	91.4	111.2	142.3	156.3	198.0
蛋类	149.4	113.0	135.6	144.0	179.7	194.1
奶类	166.0	157.1	159.5	172.4	176.7	164.7
干鲜瓜果类	257.5	196.9	222.5	241.9	300.3	362.0
糖果糕点类	101.2	87.9	95.4	97.1	109.9	122.6
其他食品	174.4	145.0	160.1	179.5	191.0	209.5
烟酒	709.4	487.6	529.7	683.5	820.1	1175.7
烟草	542.6	375.8	408.8	487.4	626.9	935.7
酒类	166.8	111.8	120.9	196.1	193.2	240.1
饮料	100.4	97.7	81.5	89.2	97.0	143.2
饮食服务	650.1	442.5	544.8	582.6	792.8	1003.8
食堂用餐	165.0	118.6	156.0	168.9	208.2	192.4
其他在外饮食	475.6	319.2	381.1	404.3	573.0	796.1
食品加工服务费	9.5	4.7	7.7	9.4	11.6	15.3
衣着	753.3	598.3	606.4	686.9	864.4	1114.4
衣类	572.2	443.0	449.1	524.4	666.4	862.4
鞋类	181.1	155.2	157.3	162.5	198.0	252.0
居住	2866.4	2306.6	2368.9	2727.8	3312.2	3993.5
租赁房房租	76.3	58.9	45.3	68.5	91.7	128.7
租赁房房租中租赁公房房租	5.8	2.1	3.5	0.8	15.4	9.7
租赁房房租中租赁私房房租	70.4	56.8	41.8	67.7	76.3	119.0
住房维修及管理	569.3	440.9	379.4	579.5	777.3	762.0
住房维修及管理中物业管理费	17.2	11.2	7.9	14.8	22.4	35.4
水电燃料及其他	579.8	470.6	519.7	563.7	637.5	771.4
自有住房折算租金	1641.0	1336.2	1424.5	1516.1	1805.7	2331.3
生活用品及服务	905.4	794.8	735.8	932.0	1001.8	1143.5
家具及室内装饰品	140.9	146.5	72.0	149.6	173.2	173.5
家用器具	240.4	202.7	214.6	246.3	255.2	305.9
家用纺织品	68.5	74.1	49.8	65.4	77.0	78.6
家庭日用杂品	270.8	223.9	242.6	281.2	278.4	353.3
个人用品	159.8	135.4	137.0	166.7	190.1	183.4
家庭服务	25.0	12.3	19.8	22.8	28.0	48.9
其中：家政服务	5.3	1.3	1.8	2.3	2.2	22.6

2-35 续表 1

单位：元/人

指　　标	总平均	低收入户	中低收入户	中等收入户	中高收入户	高收入户
交通通信	1935.0	1626.3	1363.1	1673.5	2051.7	3280.2
交通	1364.6	1174.3	868.6	1137.4	1415.8	2470.0
交通工具	538.2	579.3	287.3	405.4	454.0	1046.6
交通费	215.2	174.7	198.7	242.8	226.0	251.7
交通工具用燃料	340.5	232.0	230.0	290.7	404.7	621.9
交通工具使用及维修	270.7	188.4	152.6	198.4	331.1	549.9
其中：车辆保险支出	105.0	71.4	61.0	76.4	141.6	206.2
通信	570.5	451.9	494.5	536.1	635.9	810.2
通信工具	150.0	116.2	121.7	133.1	176.2	225.4
通信服务	420.4	335.8	372.8	403.0	459.7	584.8
教育文化娱乐	1106.5	946.5	1072.3	1125.8	1193.5	1262.5
教育	844.9	753.6	850.2	885.8	893.8	869.8
学前教育	92.0	110.9	92.6	84.9	99.7	64.8
小学教育	130.7	141.8	101.4	172.2	91.0	143.6
初中教育	135.2	130.9	149.6	161.1	118.7	111.0
高中教育	186.2	130.2	190.6	187.8	205.5	241.5
中专职高教育	30.3	31.4	31.1	24.5	24.9	41.3
大专及以上教育	227.1	185.8	255.4	194.1	307.0	204.8
成人教育	43.3	22.6	29.5	61.1	47.1	62.8
文化娱乐	261.7	192.9	222.1	239.9	299.7	392.7
文娱耐用消费品	90.4	67.0	85.3	79.7	113.1	117.7
其他文娱用品	102.8	84.1	92.3	99.0	101.9	146.7
文化娱乐服务	68.6	41.8	44.6	61.3	84.6	128.3
医疗保健	1650.3	1070.2	1690.0	1467.6	1862.1	2412.3
医疗器具及药品	393.3	283.5	358.0	386.4	451.5	537.4
医疗服务	1257.0	786.7	1332.0	1081.2	1410.6	1874.9
门诊总费用	409.8	333.3	388.8	387.5	450.8	532.2
住院总费用	847.2	453.5	943.2	693.8	959.8	1342.8
其他用品及服务	257.6	216.8	210.8	253.7	254.7	386.3
其他用品	124.2	92.1	107.5	119.4	127.1	195.8
其他服务	133.3	124.7	103.3	134.3	127.6	190.5
生产经营费用支出	**4551.7**	**4383.1**	**2466.5**	**2430.2**	**4828.1**	**8560.2**
第一产业经营费用支出	2960.8	3010.7	1787.9	2029.0	2147.6	5415.4
农业	882.9	550.7	553.2	689.1	834.3	1682.4
林业	34.9	51.0	22.2	24.0	24.4	51.4
牧业	1993.1	2344.8	1189.6	1304.6	1245.1	3563.3
渔业	49.8	64.2	22.9	11.3	43.8	118.3
第二产业经营费用支出	226.3	235.2	43.6	70.5	425.0	419.5
采矿业						
制造业	116.7	85.2	33.0	34.6	211.8	266.0
电力、热力、燃气及水生产和供应业	0.1					0.6
建筑业	109.5	150.0	10.6	35.8	213.2	152.9
第三产业经营费用支出	1364.6	1137.2	634.9	330.7	2255.5	2725.3
批发和零售业	867.3	768.5	435.1	98.0	1788.4	1485.8
交通运输、仓储和邮政业	209.2	157.6	149.2	103.2	272.2	317.6

2-35 续表 2

单位：元/人

指　　标	总平均	低收入户	中低收入户	中等收入户	中高收入户	高收入户
住宿和餐饮业	140.4	58.2	24.8	55.4	32.2	638.3
房地产业	0.3					1.7
租赁和商务服务业	5.4	15.7		0.0	2.7	7.1
居民服务、修理和其他服务业	96.3	91.4	17.0	57.2	144.5	200.6
其他	16.3	27.8	0.3	10.5	6.0	39.3
农林牧渔服务业	29.5	18.0	8.7	6.4	9.5	35.1
财产性支出	**68.9**	**55.8**	**43.9**	**41.4**	**95.2**	**125.5**
生活贷款利息支出	63.9	46.7	41.0	32.8	93.5	124.2
住房贷款利息支出	54.4	39.2	32.0	18.0	89.8	110.8
其他生活贷款利息支出	9.5	7.4	9.0	14.8	3.8	13.4
其他财产性支出	5.0	9.2	2.9	8.6	1.7	1.3
非储蓄性财产保险支出	0.6	0.3	0.2	0.1	1.3	1.3
其他财产性支出	4.4	8.9	2.7	8.5	0.4	
转移性支出	**677.2**	**610.9**	**483.0**	**639.4**	**747.2**	**994.1**
个人所得税	6.7	3.7	2.5	4.2	6.5	19.6
社会保障支出	593.8	535.9	426.8	561.0	656.7	864.7
个人缴纳的养老保险	299.3	269.9	156.6	254.4	353.3	518.9
个人缴纳的医疗保险	280.9	253.3	267.0	292.3	290.3	317.5
个人缴纳的失业保险	5.6	7.5	1.6	3.6	6.1	9.7
其他社会保障支出	8.0	5.3	1.5	10.7	7.0	18.5
外来从业人员寄给家人的支出	**3.7**	**0.4**	**9.3**	**7.3**		**1.0**
赡养支出	38.0	25.9	26.3	46.3	43.5	55.0
其他转移性支出	35.0	45.1	18.1	20.5	40.5	54.0
部分商业保险支出	**70.7**	**54.1**	**47.2**	**75.1**	**91.5**	**97.3**
意外伤害保险	14.0	11.6	13.2	13.9	16.4	16.1
商业医疗保险(含大病保险)	34.7	31.1	20.0	23.9	56.6	48.2
其他非储蓄性商业保险	4.3	0.6	7.3	6.1	1.6	6.5
其他储蓄性商业保险	17.6	10.7	6.7	31.2	16.9	26.4
购置资产及非经常性转移支出	**3083.0**	**2244.6**	**1902.4**	**2548.1**	**4058.6**	**5211.5**
购置资产支出	1179.6	872.8	525.1	919.8	1596.5	2170.0
购建造住房支出	411.1	320.5	152.8	420.5	849.0	377.6
建造住房材料	315.6	258.4	86.1	316.8	673.3	295.5
建造住房雇工	75.1	56.7	59.2	86.7	116.4	62.8
购买住房支出	385.2	262.7	199.1	338.3	337.6	921.2
购建第一产业生产性固定资产支出	232.5	205.5	71.4	96.2	172.1	550.5
购买或建造农业生产性用房	76.3	97.7	9.8	31.2	102.6	154.3
购买用房建筑材料	47.6	14.7	5.0	19.3	92.2	133.2
建筑农业生产用房雇工	6.8	2.8		11.8	8.9	13.0
购买农业生产用房	19.1	80.2				
其他	2.9	0.1	4.8	0.1	1.5	8.0
购买役畜	4.0	5.6	8.8	4.0		
购买产品畜	57.5	34.3	3.2	17.2	24.4	248.1
购买或建造农业设施	30.8	31.2	17.3	24.0	12.4	77.0
大棚、温室	11.1	17.4	4.9	7.6	3.9	22.6

2-35 续表 3

单位：元/人

指　　标	总平均	低收入户	中低收入户	中等收入户	中高收入户	高收入户
自备井	4.8	1.1		7.7	1.7	16.4
喷灌设施	8.9	10.5	0.2	7.4	1.5	28.2
其他农业设施	5.9	2.2	12.2	1.3	5.4	9.7
购买农业机械	63.9	36.6	32.2	19.7	32.8	71.2
大中型农用拖拉机	1.4					8.3
小型(手扶)农用拖拉机	3.8	7.4	4.9		3.2	2.3
农用排灌动力机械	1.3	1.0	1.3	1.9	0.8	1.6
插秧机	24.4					27.0
收割机	7.1	0.3	1.1		0.9	7.9
脱粒机	4.1	3.5	4.1	2.8	6.4	4.3
其他农业机械	21.8	24.4	20.7	15.0	21.5	19.7
购建第二产业生产性固定资产支出	12.7	28.3		1.3	27.4	3.8
采矿业						
制造业	0.4	1.5				
电力、热力、燃气及水生产和供应业						
建筑业	12.3	26.8		1.3	27.4	3.8
购建第三产业生产性固定资产支出	131.1	51.4	96.0	56.4	197.2	311.5
批发和零售业	27.8	48.9	8.9		1.5	85.9
交通运输、仓储和邮政业	101.5	1.8	86.3	56.4	188.9	224.9
住宿和餐饮业						
房地产业						
租赁和商务服务业						
居民服务、修理和其他服务业	1.7	0.7	0.8		6.7	0.7
其他						
购建其他资产支出	7.0	4.5	5.8	7.2	13.3	5.3
非经常性转移支出	1903.4	1371.8	1377.3	1628.3	2462.0	3041.5
博彩支出	30.4	15.6	17.0	17.8	34.5	80.3
婚丧嫁娶礼金支出	1217.3	864.6	943.4	1061.4	1489.1	1960.2
一次性赔偿支出	1.6	0.1	6.3	0.3	0.7	0.2
一次性馈赠支出	415.1	286.1	252.5	414.1	529.5	685.1
婚丧嫁娶宴请支出	216.5	179.4	144.3	131.4	400.6	246.7
其他非经常性转移支出	22.4	25.9	13.8	3.4	7.7	68.9
借贷性支出	**1460.1**	**1066.7**	**884.3**	**1266.7**	**1800.4**	**2563.3**
存入储蓄款	709.1	464.8	262.1	746.1	928.5	1360.8
借出款	104.6	146.9	18.2	46.5	160.5	164.3
归还借款	191.0	143.8	185.8	162.3	183.8	271.2
购买有价证券	1.0			4.9		
其他投资支出	33.9	79.9	4.4	0.3	10.0	73.4
归还住房贷款	214.2	121.3	316.5	111.3	247.7	309.2
归还汽车贷款	113.7	58.8	33.6	76.2	174.3	276.7
归还教育贷款	1.3	5.6				
归还其他贷款	82.77	45.1	62.9	109.0	62.1	107.3
其他借贷支出	8.6	0.5	0.8	10.2	33.5	0.4

2-36 农村居民家庭平均每百户耐用消费品拥有量(2015-2020年)

主要耐用消费品拥有情况	单位	2015	2016	2017	2018	2019	2020
家用汽车	辆	8.6	12.4	13.4	15.5	20.6	22.3
摩托车	辆	51.5	49.4	49.5	48.7	49.1	46.8
助力车	台	19.7	26.6	28.5	32.5	33.9	36.7
洗衣机	台	82.1	87.3	89.9	90.5	94.9	96.0
电冰箱(柜)	台	82.7	92.1	96.2	96.7	101.0	102.5
微波炉	台	9.5	11.2	12.6	11.0	11.6	12.2
彩色电视机	台	112.4	114.2	117.1	113.9	115.6	116.4
空调	台	22.4	33.2	40.3	51.1	59.3	64.2
热水器	台	50.0	60.7	65.8	71.7	76.1	83.1
洗碗机	台	0.1	0.2	0.4	0.4	0.5	0.3
排油烟机	台	6.2	9.6	11.2	15.6	17.4	19.4
固定电话	线	14.6	11.5	11.6	8.0	6.2	5.4
移动电话	部	216.5	237.5	242.0	258.5	260.5	259.2
其中：接入互联网	部	34.4	53.3	74.8	141.9	160.8	205.0
计算机	台	13.2	16.2	17.7	18.5	17.7	18.5
其中：接入互联网	台	8.3	10.4	11.0	11.7	13.3	14.7
照相机	台	2.6	2.5	2.9	2.5	2.7	2.5
中高档乐器	架	0.3	0.5	0.6	1.0	0.9	0.9
健身器材	台	0.6	0.6	0.9	0.7	0.9	1.2
空气净化器(含新风系统)	台			0.1	0.6	0.9	1.0
吸尘器	台			0.1	0.8	1.0	1.2

注：根据国家制度，空气净化器(含新风系统)、吸尘器拥有量2017年开始统计调查。

2-37 全省及各市(州)全体居民人均可支配收入(2015-2020年)

单位：元/人

地　区	2015	2016	2017	2018	2019	2020
全　省	**17221**	**18808**	**20580**	**22461**	**24703**	**26522**
成都市	28121	30474	33217	36142	39503	42075
自贡市	18699	20304	22151	24069	26319	28299
攀枝花市	24066	26096	28492	31044	33822	35897
泸州市	18218	19853	21798	23941	26212	28270
德阳市	19525	21141	23045	25127	27475	29416
绵阳市	19240	20900	22956	25079	27457	29594
广元市	14716	16090	17700	19477	21511	23439
遂宁市	17461	18910	20707	22697	24865	26928
内江市	17752	19342	21199	23183	25508	27315
乐山市	18422	20047	21991	23968	26130	28102
南充市	16086	17519	19271	21163	23349	25356
眉山市	18276	19903	21774	23743	25938	27608
宜宾市	18095	19665	21600	23665	26076	28133
广安市	16636	18113	19834	21718	23747	25328
达州市	15885	17350	19068	20881	22995	24797
雅安市	16435	17835	19498	21291	23311	25152
巴中市	14824	16157	17772	19522	21444	23241
资阳市	17523	19048	20838	22756	24554	26173
阿坝州	15502	16892	18565	20384	22425	23726
甘孜州	12861	14134	15674	17049	18776	20133
凉山州	14031	15274	16909	18618	20516	22218

2-38 全省及各市(州)城镇居民人均可支配收入(2015-2020年)

单位：元/人

地　区	2015	2016	2017	2018	2019	2020
全　省	**26205**	**28335**	**30727**	**33216**	**36154**	**38253**
成都市	33202	35902	38918	42128	45878	48593
自贡市	26267	28455	31016	33597	36622	38781
攀枝花市	30362	32860	35620	38510	41864	44209
泸州市	26656	28959	31449	34141	37252	39547
德阳市	27049	29159	31609	34216	37222	39360
绵阳市	27170	29407	31822	34411	37454	39680
广元市	23628	25762	28132	30592	33481	35740
遂宁市	25012	26962	29308	31830	34854	37117
内江市	25787	27986	30393	32982	36059	38337
乐山市	26361	28583	31070	33663	36676	38931
南充市	23950	25993	28333	30810	33749	36057
眉山市	26395	28691	31130	33697	36743	38892
宜宾市	26207	28390	30832	33465	36694	39166
广安市	26072	28218	30616	33079	36005	38071
达州市	23884	26016	28383	30882	33823	36001
雅安市	25318	27352	29732	32198	35043	37191
巴中市	23846	25950	28286	30816	33663	35821
资阳市	26358	28501	30867	33336	35536	37562
阿坝州	25939	28048	30264	32686	35470	37011
甘孜州	24978	27101	29486	31972	34831	36521
凉山州	24084	25963	28170	30421	33044	34636

2-39 全省及各市(州)农村居民人均可支配收入(2015-2020年)

单位：元/人

地区	2015	2016	2017	2018	2019	2020
全省	**10247**	**11203**	**12227**	**13331**	**14670**	**15929**
成都市	17690	18605	20298	22135	24357	26432
自贡市	12088	13192	14380	15692	17277	18788
攀枝花市	12861	14057	15336	16708	18352	19938
泸州市	11359	12450	13670	14983	16531	18035
德阳市	12787	13951	15207	16583	18249	19790
绵阳市	12349	13504	14752	16101	17735	19303
广元市	8939	9819	10801	11854	13127	14367
遂宁市	11379	12423	13579	14844	16358	17815
内江市	11428	12491	13640	14908	16450	17918
乐山市	11649	12749	13927	15173	16728	18175
南充市	10292	11273	12389	13583	15027	16431
眉山市	12756	13935	15203	16563	18177	19730
宜宾市	11745	12843	14063	15391	16999	18569
广安市	11371	12479	13655	14931	16445	17867
达州市	10688	11718	12843	14055	15504	16876
雅安市	10195	11138	12145	13243	14586	15890
巴中市	9084	9969	10946	12002	13232	14429
资阳市	12284	13422	14670	16007	17592	19076
阿坝州	9711	10702	11751	12893	14252	15539
甘孜州	8408	9367	10444	11555	12808	13967
凉山州	9422	10368	11415	12548	13908	15232

2-40 全省及各市(州)全体居民人均可支配收入构成(2020年)

单位：元/人

地 区	人均可支配收入	(一) 工资性收入	(二) 经营净收入	(三) 财产净收入	(四) 转移净收入
全 省	**26522**	**13032**	**5289**	**1720**	**6482**
成都市	42075	24197	5230	4193	8456
自贡市	28299	13968	5394	1147	7790
攀枝花市	35897	20035	8634	1377	5852
泸州市	28270	15338	6128	1262	5543
德阳市	29416	15105	6532	1681	6098
绵阳市	29594	15598	5746	2116	6134
广元市	23439	13058	5552	1053	3776
遂宁市	26928	11362	6812	2121	6634
内江市	27315	14666	5639	1192	5818
乐山市	28102	15043	5720	1565	5774
南充市	25356	11102	6132	1360	6762
眉山市	27608	13745	6781	1421	5661
宜宾市	28133	13912	7417	1647	5157
广安市	25328	14533	6527	1117	3151
达州市	24797	11794	6428	1244	5331
雅安市	25152	13465	5284	1503	4900
巴中市	23241	8910	7675	1375	5281
资阳市	26173	12347	5453	1419	6953
阿坝州	23726	12884	8327	825	1691
甘孜州	20133	9387	7993	581	2171
凉山州	22218	10360	7334	923	3600

2-41 全省及各市(州)城镇居民人均可支配收入构成(2020年)

单位：元/人

地 区	人均可支配收入	（一）工资性收入	（二）经营净收入	（三）财产净收入	（四）转移净收入
全 省	**38253**	**21951**	**4334**	**3059**	**8910**
成都市	48593	28825	4658	4886	10224
自贡市	38781	20236	5276	1847	11422
攀枝花市	44209	27298	6743	1875	8293
泸州市	39547	23774	6004	2325	7444
德阳市	39360	21440	6234	2611	9075
绵阳市	39680	23569	4163	3492	8457
广元市	35740	22985	5933	2176	4647
遂宁市	37117	18767	7210	3845	7295
内江市	38337	23676	5510	2011	7140
乐山市	38931	21781	5703	2891	8556
南充市	36057	18113	6538	2510	8896
眉山市	38892	22689	6823	2565	6815
宜宾市	39166	22490	6595	2936	7145
广安市	38071	25215	5435	2229	5192
达州市	36001	19858	6719	2235	7190
雅安市	37191	20451	5129	3094	8517
巴中市	35821	15920	10638	2648	6615
资阳市	37562	21542	4107	2692	9220
阿坝州	37011	26973	7212	1449	1377
甘孜州	36521	27571	4583	1598	2768
凉山州	34636	20602	6641	2169	5224

2-42 全省及各市(州)农村居民人均可支配收入构成(2020年)

单位：元/人

地区	人均可支配收入	(一)工资性收入	(二)经营净收入	(三)财产净收入	(四)转移净收入
全省	**15929**	**4978**	**6152**	**510**	**4289**
成都市	26432	13088	6602	2529	4212
自贡市	18788	8279	5502	512	4495
攀枝花市	19938	6090	12265	419	1163
泸州市	18035	7681	6240	297	3817
德阳市	19790	8972	6820	781	3217
绵阳市	19303	7465	7362	712	3764
广元市	14367	5737	5271	225	3135
遂宁市	17815	5094	6298	519	5904
内江市	17918	6985	5748	494	4691
乐山市	18175	8627	5736	426	3386
南充市	16431	5254	5794	401	4982
眉山市	19730	7501	6752	623	4855
宜宾市	18569	6476	8129	531	3433
广安市	17867	8279	7166	467	1955
达州市	16876	6092	6223	544	4017
雅安市	15890	8090	5404	279	2117
巴中市	14429	4000	5599	484	4346
资阳市	19076	6617	6292	626	5540
阿坝州	15539	4201	9013	440	1885
甘孜州	13967	2545	9276	199	1947
凉山州	15232	4599	7724	222	2687

2-43 全省及各市(州)全体居民人均消费支出(2015-2020年)

单位：元/人

地区	2015	2016	2017	2018	2019	2020
全省	**13632**	**14839**	**16180**	**17664**	**19338**	**19783**
成都市	18720	20349	21977	23918	26121	25726
自贡市	13542	14693	15718	16982	19013	18354
攀枝花市	16278	17273	18879	20124	21542	21748
泸州市	13195	14115	15340	16805	18643	19329
德阳市	14617	15883	17090	18282	19848	19443
绵阳市	13667	14812	16145	17666	19432	19933
广元市	10485	11543	12711	14062	15507	16492
遂宁市	12612	14122	15421	16871	18626	19172
内江市	12233	13163	14281	15715	17332	18133
乐山市	13455	14536	15786	17138	18902	19779
南充市	11583	12475	13710	14873	16209	17015
眉山市	14038	14925	16059	16484	18460	18871
宜宾市	13105	14078	15359	16753	18588	18685
广安市	12617	13312	14524	15404	16672	17361
达州市	11201	12326	13447	14457	16085	16769
雅安市	11390	12522	13624	14744	15997	16934
巴中市	11341	12360	13707	14988	16324	15997
资阳市	12517	13728	14990	16220	17186	16870
阿坝州	11593	12809	14103	15632	17097	15386
甘孜州	9051	9967	11199	12246	13501	13451
凉山州	10131	10873	11960	12738	13966	14948

2-44 全省及各市(州)城镇居民人均消费支出(2015-2020年)

单位：元/人

地区	2015	2016	2017	2018	2019	2020
全省	**19297**	**20660**	**21991**	**23484**	**25367**	**25133**
成都市	21658	23514	25342	27312	29720	28736
自贡市	18361	19410	20208	21833	24415	22335
攀枝花市	19860	20745	22846	24106	25792	25630
泸州市	17893	19276	21121	22961	25335	25608
德阳市	19980	21534	22524	23960	25457	24279
绵阳市	18134	19561	21043	22854	25026	24730
广元市	15250	16820	18388	20080	21912	22469
遂宁市	16923	18665	20796	22638	24856	24531
内江市	16391	17591	18797	20427	22370	22891
乐山市	17873	19317	20771	22768	24916	25539
南充市	15742	16780	18335	19703	21441	21740
眉山市	18698	19686	19946	21035	23554	23965
宜宾市	17613	18963	20492	22303	24635	23391
广安市	18400	19428	20812	22075	23637	23888
达州市	16509	17952	19557	20713	22660	22813
雅安市	15528	16968	17972	19659	21117	21773
巴中市	17032	18701	20940	22247	24112	21669
资阳市	17676	19389	20889	22437	23228	21949
阿坝州	17139	18946	20443	22046	23858	20619
甘孜州	17036	18580	20566	22318	24563	22975
凉山州	16118	17054	18287	19361	20862	21453

2-45 全省及各市(州)农村居民人均消费支出(2015-2020年)

单位：元/人

地 区	2015	2016	2017	2018	2019	2020
全 省	**9251**	**10192**	**11397**	**12723**	**14056**	**14953**
成都市	12289	13428	14616	15977	17572	18501
自贡市	9331	10577	11790	12716	14271	14742
攀枝花市	9903	11092	11807	12478	13384	14293
泸州市	9375	9919	10573	11399	12775	13631
德阳市	9816	10817	11904	12944	14538	14762
绵阳市	9787	10684	11638	12676	13992	15038
广元市	7397	8122	8958	9934	11021	12083
遂宁市	9137	10461	11342	12417	13790	14772
内江市	8961	9653	10683	11736	13008	14076
乐山市	9685	10449	11241	12309	13724	14837
南充市	8519	9302	10296	11077	12023	13075
眉山市	10870	11691	12407	13121	14801	15314
宜宾市	9577	10257	11058	12066	13418	14606
广安市	9391	9902	10593	11418	12523	13539
达州市	7752	8437	9261	10188	11536	12496
雅安市	8483	9393	9860	11117	12189	13212
巴中市	7721	8354	9337	10155	11090	12023
资阳市	9449	10358	11261	12255	13356	13705
阿坝州	8517	9405	10590	11726	12862	12162
甘孜州	6117	6801	7758	8537	9389	9868
凉山州	7385	8036	8734	9333	10327	11289

2-46 全省及各市(州)全体居民人均消费支出构成(2020年)

单位：元/人

地 区	消费支出	(一)食品烟酒	(二)衣着	(三)居住	(四)生活用品及服务	(五)交通通信	(六)教育文化娱乐	(七)医疗保健	(八)其他用品及服务
全 省	**19783**	**7026**	**1190**	**3856**	**1235**	**2465**	**1651**	**1908**	**452**
成都市	25726	8899	2107	5269	1440	3093	2461	1513	943
自贡市	18354	6831	1296	3200	1272	1992	1755	1573	436
攀枝花市	21748	7138	1333	3496	1470	3353	2321	2119	518
泸州市	19329	7370	1567	3463	1419	2099	1458	1423	531
德阳市	19443	6863	1476	3142	1198	3091	1638	1559	477
绵阳市	19933	7218	1470	3551	1368	2502	1728	1517	580
广元市	16492	6182	1386	3125	1101	1808	1296	1059	536
遂宁市	19172	7285	1092	3701	1181	2146	1512	1806	449
内江市	18133	6721	1349	3231	1630	1889	1304	1446	563
乐山市	19779	6835	1441	3498	1302	2778	1661	1818	446
南充市	17015	6078	1290	3450	1361	1769	1264	1417	388
眉山市	18871	7225	1116	3362	1224	2520	1436	1632	356
宜宾市	18685	6950	1310	3351	1338	2214	1766	1278	478
广安市	17361	6073	1683	2939	1655	1809	1263	1496	442
达州市	16769	6538	1462	2967	1268	1463	1309	1380	382
雅安市	16934	6025	1219	3548	1150	1944	1420	1289	339
巴中市	15997	6399	1628	2760	1009	1450	1333	1041	377
资阳市	16870	6172	948	3562	1717	1468	1179	1345	479
阿坝州	15386	5587	1086	3288	1211	1812	1003	906	494
甘孜州	13451	5703	1274	2727	979	1029	669	524	546
凉山州	14948	5732	1064	2513	953	1879	1445	1055	308

2-47 全省及各市(州)城镇居民人均消费支出构成(2020年)

单位：元/人

地 区	消费支出	(一)食品烟酒	(二)衣着	(三)居住	(四)生活用品及服务	(五)交通通信	(六)教育文化娱乐	(七)医疗保健	(八)其他用品及服务
全 省	**25133**	**8741**	**1675**	**4951**	**1600**	**3052**	**2253**	**2193**	**668**
成都市	28736	9795	2345	6147	1594	3365	2819	1595	1076
自贡市	22335	8230	1868	3730	1533	2269	2503	1586	616
攀枝花市	25630	8394	1729	4069	1775	3802	2779	2427	655
泸州市	25608	9480	2344	4324	1963	2800	2115	1797	785
德阳市	24279	8612	1974	3726	1535	4113	2149	1521	650
绵阳市	24730	8894	1979	4137	1605	3130	2408	1808	768
广元市	22469	8382	2121	4049	1429	2664	1866	1077	881
遂宁市	24531	8854	1650	4287	1535	3175	2184	2130	715
内江市	22891	8054	2022	3838	2209	2466	1897	1437	967
乐山市	25539	8659	2041	4185	1672	3635	2276	2396	676
南充市	21740	7544	1941	4126	1876	2424	1759	1503	567
眉山市	23965	9132	1612	4012	1341	3267	2186	1860	556
宜宾市	23391	8441	1812	3842	1664	2844	2561	1502	724
广安市	23888	8207	2522	3828	2440	2427	1902	1850	712
达州市	22813	8946	2171	3974	1783	1995	1843	1509	593
雅安市	21773	7668	1650	4462	1440	2321	2089	1615	527
巴中市	21669	8618	2796	3437	1465	1836	2113	908	495
资阳市	21949	7789	1507	3972	2404	2108	1767	1628	774
阿坝州	20619	7132	1698	3765	1890	2468	1680	1232	754
甘孜州	22975	8778	2379	4356	1787	2097	1498	1083	998
凉山州	21453	7782	1612	3919	1390	2665	2073	1507	506

2-48　全省及各市(州)农村居民人均消费支出构成(2020年)

单位：元/人

地　区	消费支出	(一)食品烟酒	(二)衣着	(三)居住	(四)生活用品及服务	(五)交通通信	(六)教育文化娱乐	(七)医疗保健	(八)其他用品及服务
全　省	**14953**	**5478**	**753**	**2866**	**905**	**1935**	**1107**	**1650**	**258**
成都市	18501	6749	1536	3161	1069	2442	1602	1316	625
自贡市	14742	5560	777	2719	1036	1742	1076	1560	272
攀枝花市	14293	4727	573	2397	883	2491	1442	1527	254
泸州市	13631	5455	861	2681	925	1463	861	1083	301
德阳市	14762	5169	995	2576	871	2101	1143	1596	310
绵阳市	15038	5507	950	2954	1126	1861	1034	1220	388
广元市	12083	4560	844	2443	858	1177	876	1045	281
遂宁市	14772	5997	633	3220	891	1301	959	1540	230
内江市	14076	5584	775	2714	1135	1397	798	1454	218
乐山市	14837	5270	926	2909	984	2042	1134	1323	248
南充市	13075	4856	747	2887	931	1222	850	1345	238
眉山市	15314	5894	769	2907	1143	1999	912	1473	217
宜宾市	14606	5658	874	2926	1056	1669	1076	1083	264
广安市	13539	4824	1191	2419	1195	1447	889	1289	284
达州市	12496	4836	960	2255	904	1086	931	1289	233
雅安市	13212	4761	887	2844	927	1654	906	1038	194
巴中市	12023	4844	810	2285	690	1179	786	1134	294
资阳市	13705	5164	600	3307	1290	1069	813	1169	295
阿坝州	12162	4634	708	2994	793	1408	586	705	334
甘孜州	9868	4546	858	2114	675	628	358	313	377
凉山州	11289	4578	755	1722	707	1438	1092	800	196

主要统计指标解释

一、2013 年以来城乡住户一体化调查主要收支指标解释

从 2012 年四季度起，国家统计局对分别进行的城乡住户调查实施了一体化改革，统一了城乡居民收入指标名称、分类和统计标准，建立了城乡统一的一体化住户调查，并据此获得了全国居民有关数据。

居民可支配收入 指居民可用于最终消费支出和储蓄的总和，即居民可用于自由支配的收入。既包括现金收入，也包括实物收入。按照收入的来源，可支配收入包含四项，分别为：工资性收入、经营性净收入、转移性净收入和财产性净收入。

居民消费支出 是指居民用于满足家庭日常生活消费需要的全部支出，既包括现金消费支出，也包括实物消费支出。消费支出可划分为食品烟酒、衣着、居住、生活用品及服务、交通通信、教育文化娱乐、医疗保健以及其他用品及服务八大类。

二、2012 年及以前的分城乡住户调查收支指标解释

（一）城镇住户调查主要收支指标解释

城镇居民家庭总收入 指调查户中生活一起的所有家庭成员在调查期得到的工薪收入、经营净收入、财产性收入、转移性收入的总和，不包括出售财物和借贷收入。

城镇居民可支配收入 指居民可用于最终消费支出和其他非义务性支出以及储蓄的总和，即居民家庭可以用来自由支配的收入。它是家庭总收入扣除交纳的所得税、个人交纳的社会保障费以及调查户的记账补贴后的收入。计算公式为：

可支配收入=家庭总收入-交纳所得税-个人交纳的社会保障支出-记账补贴

这一指标从 1997 年起作为主要指标代替生活费收入指标。

工资性收入 指就业人员通过各种途径得到的全部劳动报酬，包括所从事的主要职业的工资以及从事第二职业、其他兼职和零星劳动得到的其他劳动收入。

工资及补贴收入 指劳动者从工作单位得到的全部劳动报酬。既包括单位支付的计时计件劳动报酬，也包括根据国家的有关政策、法令规定，因病、工伤、产假、计划生育假、婚丧假、事假、探亲假、定期休假、停工学习、执行国家或社会等原因按计时工资标准或计时工资标准的一定比例支付的工资。

其他劳动收入 指家庭成员从事第二职业、兼职、零星劳动所得的劳动报酬。

经营净收入 指家庭成员从事生产经营活动所获得的净收入。是全部生产经营收入中扣除生产成本和税金后所得的收入。

财产性收入 指家庭拥有的动产（如银行存款、有价证券）、不动产（如房屋、车辆、土地、收藏品等）所获得的收入。包括出让财产使用权所获得的利息、租金、专利收入；财产营运所获得的红利收入、财产增值收益等。

转移性收入 指国家、单位、社会团体对居民家庭的各种转移支付和居民家庭间的收入转移。包括政府对个人收入转移的离退休金、失业救济金、赔偿等；单位对个人收入转移的辞退金、保险索赔、住房公积金、家庭间的赠送和赡养等。

城镇居民家庭消费性支出 指居民用于本家庭日常生活的全部支出，包括食品、衣着、家庭设备用品及服务、医疗保健、交通和通信、教育文化娱乐服务、居住、杂项商品和服务等八大类支出，包括用于赠送的商品或服务。消费支出按商品（服务）的用途分类。

服务性消费支出 指调查户用于本家庭支付社会提供的各种文化和生活方面的非商品性服务费用。应包括为别人付款的服务。服务消费与商品消费不同，其特点在于其劳动过程和消费过程在时间与空间上的统一。

服务性消费支出=食品加工服务费用+在外饮食业 × 50%+衣着加工服务费+家庭服务+医疗费+交通工具服务支出+交通费+通信服务+文化娱乐服务费+教育费用+房租+自有房租折算+住房装潢支出 × 40%+居住服务费+杂项服务费

社会保障支出 指调查户家庭成员参加国家法律、法规规定的社会保障项目中由个人交纳的保障支出。不包括职工所在单位交纳的那部分社会保障金。

城镇居民家庭住房建筑面积 指居民家庭现有住房的总建筑面积，以房屋产权证或租赁为准，包括房屋建筑物的有效面积和结构面积。

城镇居民家庭住房使用面积 指居民家庭住房的有效面积扣除公摊面积（如楼道、垃圾道、电梯井等）以后，可供使用的按内墙线计算的房屋面积。

城镇居民家庭居住面积 指居民家庭成员在调查时点实际居住的住房面积，不包括厨房、厕所、门厅、过道等，也不包括公用楼道和院子。

（二）农村住户调查主要收支指标解释

人均纯收入 指农村住户常住人口当年从各个来源得到的总收入相应地扣除所发生的费用后的收入总和。反映的是一个地区或一个农户农村居民的平均收入水平。 计算方法:

纯收入＝总收入-家庭经营费用支出-税费支出-生产性固定资产折旧-赠送农村内部亲友

人均现金收入 是指农村住户和常住人口在调查期内得到以现金形态表现的收入。按来源分成工资性收入、家庭经营收入、财产性收入、转移性收入。

工资性收入 是指农村常住人口受雇于单位或个人，靠出卖劳动而获得的收入。

家庭经营收入 是指农村住户以家庭为生产经营单位进行生产筹划和管理而获得的收入。农村住户家庭经营活动按行业划分为农业、林业、牧业、渔业、工业、建筑业、交通运输业邮电业、批发和零贸易餐饮业、社会服务业、文教卫生业和其他家庭经营。

财产性收入 是指金融资产或有形非生产性资产的所有者向其他机构单位提供资金或将有形非生产性资产供其支配，作为回报而从中获得的收入。

转移性收入 指农村住户和常住人口无须付出任何对应物而获得的货物、服务、资金或资产所有权等，不包括无偿提供的用于固定资本形成的资金。一般情况下，指农村住户在二次分配中的所有收入。包括亲友赠送、养老金等。

价格调查

3-1 居民消费、商品零售、农业生产资料价格总指数(1985-2020年)

(上年=100)

年份	居民消费价格指数			商品零售价格指数			农业生产资料价格指数		
	全省	城市	农村	全省	城市	农村	全省	城市	农村
1985	107.6	109.5	105.3	106.8	109.6	104.9	111.9	-	111.9
1986	104.8	104.8	104.7	103.9	104.6	103.5	100.6	-	100.6
1987	107.6	110.1	105.6	107.5	110.6	105.7	106.3	-	106.3
1988	119.9	122.9	118.5	120.0	123.7	118.7	120.5	-	120.5
1989	119.8	117.8	121.3	118.3	116.8	119.2	116.2	-	116.2
1990	103.8	101.5	105.0	103.1	100.4	104.2	104.7	-	104.7
1991	103.0	104.3	102.1	102.3	103.7	101.4	100.8	-	100.8
1992	107.4	109.8	104.6	106.4	108.4	104.4	106.2	-	106.2
1993	116.8	116.9	116.7	113.9	114.7	113.7	115.0	-	115.0
1994	124.6	127.9	122.5	123.9	124.1	122.2	117.4	-	117.4
1995	118.5	119.0	118.3	117.0	115.7	118.2	130.8	-	130.8
1996	109.3	109.8	109.1	107.7	106.4	108.8	114.0	-	114.0
1997	105.1	105.1	105.0	102.9	102.8	102.9	100.9	-	100.9
1998	99.6	99.8	99.5	97.7	97.7	97.6	92.9	-	92.9
1999	98.5	98.1	99.0	97.3	96.9	97.6	95.2	-	95.2
2000	100.1	99.7	100.6	97.7	97.5	97.8	96.2	-	96.2
2001	102.1	101.8	102.7	100.8	100.5	101.2	97.8	-	97.8
2002	99.7	99.5	100.0	99.4	99.0	99.8	104.1	-	104.1
2003	101.7	101.9	100.9	100.1	100.1	100.1	100.8	-	100.8
2004	104.9	104.6	105.2	103.7	102.8	104.6	110.9	-	110.9
2005	101.7	101.7	101.6	100.6	100.1	101.0	107.2	-	107.2
2006	102.3	102.4	102.3	101.7	101.5	101.9	103.3	-	103.3
2007	105.9	105.9	106.0	105.3	105.1	105.5	109.0	-	109.0
2008	105.1	104.7	105.5	105.3	105.1	105.4	116.6	-	116.6
2009	100.8	100.7	101.0	100.1	99.8	100.4	101.2	-	101.2
2010	103.2	103.3	103.1	103.0	102.7	103.3	103.6	-	103.6
2011	105.3	105.1	105.8	104.6	104.4	105.2	112.4	-	112.4
2012	102.5	102.8	102.0	101.6	101.7	101.4	104.7	-	104.7
2013	102.8	102.8	102.8	101.7	101.7	101.6	101.5	-	101.5
2014	101.6	101.7	101.3	100.6	100.7	100.4	98.8	-	98.8
2015	101.5	101.4	101.6	100.2	99.9	101.0	101.5	-	101.5
2016	101.9	102.0	101.7	100.8	100.8	100.9	103.7	-	103.7
2017	101.4	101.7	100.8	100.5	100.4	100.8	99.8	-	99.8
2018	101.7	101.7	101.7	101.4	101.4	101.3	101.8		101.8
2019	103.2	103.1	103.3	102.7	102.5	103.1	109.0		109.0
2020	103.2	102.9	103.8	102.7	102.5	103.4	120.9		120.9

3-2 居民消费价格分类指数(2020年)

(上年＝100)

指 标	全 省	城 市	农 村
居民消费价格总指数	**103.2**	**102.9**	**103.8**
一、食品烟酒	**111.0**	**110.6**	**111.8**
1.食品	114.2	113.9	114.6
(1)粮食	100.7	101.2	100.3
大米	99.7	99.6	99.7
面粉	100.4	99.0	101.0
(2)薯类	103.7	102.8	105.5
(3)豆类	107.9	109.7	105.4
(4)食用油	109.8	106.1	115.5
(5)菜	109.6	108.7	111.4
鲜菜	110.4	109.4	112.6
(6)畜肉类	139.3	138.9	140.1
猪肉	147.7	147.5	147.9
(7)禽肉类	101.0	101.2	100.8
鸡	98.1	98.2	98.0
鸭	101.0	100.8	101.5
(8)水产品	103.8	102.9	105.7
(9)蛋类	94.9	95.7	93.5
鸡蛋	94.0	94.8	92.6
(10)奶类	100.6	101.0	99.8
(11)干鲜瓜果类	93.5	93.1	94.0
鲜瓜果	91.6	91.3	92.0
(12)糖果糕点类	100.6	100.9	100.1
(13)调味品	101.1	101.2	101.1
(14)其他食品类	102.8	103.0	102.5
2.茶及饮料	100.5	100.1	101.3
3.烟酒	102.3	102.0	102.6
(1)烟草	100.6	100.6	100.6
(2)酒类	104.6	103.9	105.4
4.在外餐饮	106.1	105.5	107.7
二、衣着	**99.7**	**99.7**	**99.7**
1.服装	99.9	100.0	99.5
2.服装材料	100.5	101.4	98.2
3.其他衣着及配件	99.7	99.6	100.0
4.衣着加工服务费	101.6	101.6	100.2
5.鞋类	99.1	98.6	100.4
三、居住	**98.9**	**98.6**	**99.6**
1.租赁房房租	98.5	97.9	99.8
2.住房保养维修及管理	100.8	101.2	100.4
3.水电燃料	99.9	100.2	99.3
4.自有住房	98.0	97.3	99.4

3-2 续表

(上年=100)

指　标	全　省	城　市	农　村
四、生活用品及服务	**99.9**	**99.9**	**99.8**
1.家具及室内装饰品	101.1	100.8	101.6
2.家用器具	97.0	96.7	97.5
3.家用纺织品	99.1	99.2	99.1
4.家庭日用杂品	100.5	100.6	100.3
5.个人护理用品	101.0	101.1	100.6
6.家庭服务	103.6	104.4	101.1
五、交通通信	**96.4**	**96.3**	**96.6**
1.交通	94.8	94.5	95.1
(1)交通工具	97.4	97.4	97.5
(2)交通工具用燃料	86.8	86.8	86.7
(3)交通工具使用和维修	100.8	100.9	100.5
(4)交通费	98.3	98.2	98.4
2.通信	99.4	99.3	99.4
(1)通信工具	97.8	98.3	96.8
(2)通信服务	99.7	99.6	100.0
(3)邮递服务	100.3	99.6	101.5
六、教育文化娱乐	**101.2**	**101.4**	**100.7**
1.教育	101.5	101.9	101.0
(1)教育用品	100.6	100.5	100.9
(2)教育服务	101.6	102.0	101.1
2.文化娱乐	100.8	101.0	100.2
(1)文娱耐用消费品	96.8	96.4	97.6
(2)其他文娱用品	100.2	100.0	100.4
(3)文化娱乐服务	100.3	100.6	99.8
(4)旅游	102.7	102.8	102.3
七、医疗保健	**100.7**	**100.5**	**101.1**
1.药品及医疗器具	101.0	100.6	101.6
(1)中药	102.3	101.6	103.0
(2)西药	100.2	99.9	100.7
(3)滋补保健品	100.5	100.8	99.6
(4)医疗卫生器具	103.8	102.9	105.6
(5)保健器具	98.5	98.3	99.1
2.医疗服务	100.5	100.4	100.7
八、其他用品及服务	**103.1**	**102.9**	**103.8**
1.其他用品类	107.7	107.6	107.9
(1)首饰手表	113.0	112.5	114.2
2.其他服务类	100.4	100.2	101.0
(1)旅馆住宿	94.2	93.4	97.3
(2)美容美发洗浴	99.8	99.5	101.0
(3)养老服务	103.7	103.7	103.5
(4)金融保险	102.1	102.2	101.7
(5)其他服务类	99.6	99.4	100.1

3-3 分月居民消费价格指数(2020年)

(上年同月=100)

分类名称	1月	2月	3月	4月	5月	6月
居民消费价格总指数	**106.1**	**106.9**	**105.7**	**104.4**	**103.6**	**104.1**
非食品烟酒价格指数	**100.7**	**99.9**	**100.0**	**99.3**	**99.5**	**99.5**
服务价格指数	**100.9**	**99.8**	**100.8**	**100.1**	**100.6**	**100.3**
工业品价格指数	**100.4**	**100.0**	**99.0**	**98.5**	**98.3**	**98.6**
消费品价格指数	**109.0**	**110.9**	**108.4**	**106.8**	**105.3**	**106.2**
一、食品烟酒	**118.1**	**122.3**	**118.2**	**115.4**	**112.6**	**114.2**
1.食品	124.4	130.9	124.8	120.4	116.1	118.8
(1)粮食	101.0	101.0	100.3	100.8	101.1	101.0
大　米	99.5	99.6	98.9	99.5	99.7	99.8
面　粉	100.5	100.6	100.5	100.6	100.8	100.3
其他粮食	101.3	101.9	101.6	102.1	101.0	102.0
粮食制品	104.3	103.8	103.1	103.3	103.9	103.4
(2)薯类	102.5	115.8	110.9	110.3	106.7	99.6
薯　类	102.5	115.8	110.9	110.3	106.7	99.6
(3)豆类	103.8	104.1	104.9	107.6	109.2	109.9
干　豆	99.5	99.5	99.5	101.4	103.6	105.2
豆 制 品	104.8	105.1	106.1	109.0	110.5	111.0
(4)食用油	111.4	112.8	113.1	112.7	112.0	112.6
食用植物油	100.1	100.1	100.6	100.4	100.7	101.1
食用动物油	199.7	211.4	213.3	212.2	205.4	208.5
(5)菜	115.2	114.1	102.8	97.8	96.5	108.2
鲜　菜	116.4	115.1	102.8	97.5	96.1	108.8
干菜及菜制品	102.3	101.8	102.1	101.6	101.9	101.5
(6)畜肉类	170.1	195.0	181.8	171.9	160.3	167.9
猪　肉	192.0	232.4	213.3	198.0	180.8	193.8
牛　肉	120.8	121.6	120.5	120.1	119.8	119.1
羊　肉	110.7	112.3	113.2	113.0	112.8	112.2
畜肉副产品	165.3	176.6	168.5	163.9	157.5	162.1
其他畜肉及制品	119.3	120.8	121.2	120.3	116.8	115.1
(7)禽肉类	111.3	111.3	112.0	109.9	107.4	105.2
鸡	109.1	109.6	111.4	109.2	106.4	103.2
鸭	111.2	110.4	110.7	108.7	106.5	105.0
其他禽肉及制品	117.7	117.1	115.5	113.2	111.2	110.6
(8)水产品	105.5	108.1	106.5	105.4	105.5	106.2
淡 水 鱼	106.8	110.9	108.2	107.2	108.0	109.7
海 水 鱼	107.6	107.8	109.3	106.5	104.5	100.8
虾 蟹 类	98.8	96.3	96.2	96.6	94.3	95.2
其他水产品及制品	100.4	100.0	99.7	99.5	99.7	100.4
(9)蛋类	100.6	99.9	101.8	100.2	94.8	93.1
鸡　蛋	100.6	99.7	101.8	99.9	93.6	91.7
其他蛋及制品	100.9	101.0	101.4	102.0	100.9	100.1

3-3 续表 1

(上年同月=100)

分类名称	1月	2月	3月	4月	5月	6月
(10)奶类	99.8	100.9	100.7	100.0	99.8	99.5
鲜　奶	98.3	99.1	100.0	99.7	100.1	100.0
酸　奶	100.9	101.4	100.6	100.6	100.1	99.4
奶　粉	100.7	102.7	101.5	99.9	99.5	99.0
其他奶制品	101.3	101.0	101.1	100.8	99.9	100.0
(11)干鲜瓜果类	99.8	101.5	100.6	95.3	89.5	81.9
鲜瓜果	99.5	101.8	100.4	93.9	86.6	77.6
坚　果	101.5	101.0	101.7	101.0	103.2	102.3
瓜果制品	98.2	99.2	99.3	98.8	99.2	99.1
(12)糖果糕点类	100.6	100.7	100.6	101.2	100.5	100.7
食　糖	100.7	100.2	100.6	101.7	101.4	101.3
糖　果	99.7	100.3	100.4	100.4	101.2	101.2
糕　点	100.8	101.0	100.9	101.5	99.6	100.2
其他糖果糕点	101.2	101.0	100.4	100.7	101.0	101.0
(13)调味品	100.5	100.8	101.0	100.9	101.1	101.2
食用盐	99.8	99.7	99.7	99.9	100.0	100.1
酱　油	99.7	100.2	100.3	100.2	100.3	99.9
食　醋	100.8	100.9	101.1	100.0	100.2	100.7
调味酱	101.6	101.3	101.9	102.5	104.1	103.7
味　精	100.0	100.7	101.0	100.5	100.6	101.8
其他调味品	101.9	102.3	102.6	102.4	101.3	102.0
(14)其他食品类	103.0	102.9	104.1	104.2	104.0	104.1
方便食品	103.8	104.1	106.4	106.4	106.4	106.0
淀粉及制品	104.4	104.5	104.6	104.2	104.1	104.4
膨化食品	101.5	100.6	101.2	101.4	101.0	101.5
2.茶及饮料	100.0	100.1	100.5	100.7	100.3	100.7
茶　叶	101.0	100.5	101.4	101.4	100.5	100.9
固体咖啡	99.3	99.9	100.0	100.2	99.8	100.1
其他固体饮料	98.6	98.9	98.7	98.6	100.1	101.3
饮用水	99.9	99.9	99.5	99.9	99.9	100.3
果汁饮料	99.2	100.5	100.9	101.1	101.0	101.3
其他液体饮料	97.9	99.1	98.9	99.6	99.9	100.2
3.烟酒	103.1	103.1	102.8	102.7	102.5	102.1
(1)烟草	100.8	100.7	100.7	100.7	100.7	100.6
烟　草	100.8	100.7	100.7	100.7	100.7	100.6
(2)酒类	106.2	106.5	105.7	105.5	105.0	104.2
白　酒	109.7	109.6	108.7	108.5	107.7	106.7
葡萄酒	100.8	102.3	100.1	99.4	98.7	97.9
啤　酒	99.1	99.9	99.7	99.9	100.2	100.0
其他酒类	101.6	102.3	101.9	101.7	100.8	99.9
4.在外餐饮	107.7	107.2	107.4	107.8	108.0	107.8
正　餐	107.9	107.5	107.6	108.1	108.1	107.8

3-3 续表 2

(上年同月=100)

分类名称	1月	2月	3月	4月	5月	6月
快　　餐	105.4	105.3	105.2	105.2	105.3	105.4
地方小吃	113.5	112.0	112.7	113.7	114.6	114.7
其他在外餐饮	103.3	103.0	103.5	104.0	104.6	104.2
二、衣着	**100.3**	**100.7**	**99.8**	**99.8**	**99.6**	**99.7**
1.服装	100.4	100.9	99.9	99.9	99.7	99.9
(1)男式服装	99.9	100.9	100.4	99.9	99.8	100.0
男式西服	98.8	98.9	98.8	98.6	98.9	98.9
男式冬衣	95.6	99.1	99.6	98.3	98.3	98.3
男式夹克衫	102.3	102.9	102.3	102.9	102.9	102.9
男式毛线衣	98.1	99.4	98.9	98.9	99.3	99.3
男式运动装	102.7	103.0	99.6	97.6	97.7	98.4
男式衬衫T恤	101.9	102.0	101.3	100.9	99.7	100.5
男式裤子	101.2	101.3	100.7	100.3	100.5	100.8
男式内衣	98.9	99.9	100.7	100.7	100.0	99.1
(2)女式服装	100.5	100.7	99.4	99.6	99.4	99.5
女式外套	102.0	101.7	99.4	99.9	99.8	99.9
女式冬衣	97.4	99.0	98.0	97.4	97.3	97.4
女式毛线衣	98.6	98.8	97.6	98.0	98.2	98.2
女式运动装	103.6	103.3	100.9	99.4	98.8	99.3
女式衬衫T恤	102.1	101.8	99.3	100.2	99.6	100.1
女式裤子	101.9	101.7	99.8	100.5	100.5	101.4
女式裙子	101.1	100.7	100.4	101.1	100.0	99.6
女式内衣	99.3	100.3	100.7	101.0	101.0	100.3
(3)儿童服装	101.6	101.5	100.8	100.8	100.7	101.3
婴幼服装	100.0	100.2	100.7	101.0	101.0	101.7
儿童上衣	103.6	103.0	101.3	101.3	100.5	100.9
儿童裤子	100.4	100.7	99.9	100.2	100.7	101.5
儿童裙子	101.1	101.3	101.5	100.4	100.6	101.5
2.服装材料	101.9	101.8	101.8	101.7	101.4	99.5
服装材料	101.9	101.8	101.8	101.7	101.4	99.5
3.其他衣着及配件	100.3	100.4	99.7	99.5	99.5	99.5
袜　　子	100.0	100.2	99.1	98.9	98.9	99.0
帽　　子	100.8	100.8	100.9	101.0	100.4	100.3
其他衣着配件	100.5	100.5	100.1	99.8	100.1	100.0
4.衣着加工服务费	105.5	102.9	101.6	101.5	101.3	101.3
衣着洗涤保养	107.0	103.8	101.8	102.0	101.9	101.9
衣着加工	102.1	101.0	101.0	100.2	100.0	100.0
5.鞋类	99.7	99.9	99.5	99.5	99.2	99.1
(1)鞋	99.5	99.9	99.5	99.4	99.1	99.0
男　　鞋	99.3	99.5	98.8	98.4	97.6	97.6
女　　鞋	99.6	100.1	99.7	99.8	99.7	99.5
童　　鞋	99.4	99.8	99.9	100.5	100.6	100.4
(2)鞋类加工服务	104.2	100.8	101.3	101.3	102.0	101.7
鞋类加工服务	104.2	100.8	101.3	101.3	102.0	101.7

3-3 续表 3

(上年同月=100)

分类名称	1月	2月	3月	4月	5月	6月
三、居住	**99.6**	**99.5**	**99.5**	**98.9**	**98.9**	**98.7**
1.租赁房房租	100.3	99.8	99.5	98.6	98.8	98.2
公房房租	102.0	102.0	102.0	102.0	102.0	102.0
私房房租	100.1	99.5	99.2	98.2	98.4	97.7
2.住房保养维修及管理	101.3	101.3	101.1	101.0	101.0	101.0
(1)住房装潢材料	100.5	100.4	100.1	99.9	100.1	100.2
木 地 板	102.5	101.7	101.0	100.4	100.6	100.6
瓷　砖	98.1	98.2	98.4	97.9	98.4	98.7
水　泥	99.7	99.0	97.9	96.1	96.5	96.5
涂　料	100.3	100.0	99.6	100.2	100.5	100.5
板　材	101.2	101.2	100.9	101.3	101.1	101.1
管　材	101.3	101.1	101.1	101.1	100.7	100.8
厨卫设备	101.4	101.6	101.1	101.7	102.1	102.4
门　窗	99.2	99.4	99.6	98.4	98.3	98.5
其他住房装潢材料	101.6	101.4	101.4	101.9	102.0	102.1
(2)物业管理费	100.0	100.0	100.0	100.0	100.0	100.0
物业管理费	100.0	100.0	100.0	100.0	100.0	100.0
(3)住房装潢维修	103.1	103.2	103.1	103.1	102.8	102.7
装潢维修费	103.3	103.5	103.3	103.4	103.0	102.8
其他住房费用	102.4	102.4	102.4	102.4	102.4	102.4
3.水电燃料	100.1	100.1	99.8	99.9	99.9	100.1
(1)水	102.1	102.1	101.7	101.7	101.7	101.6
水	102.1	102.1	101.7	101.7	101.7	101.6
(2)电	100.0	100.0	100.0	100.0	100.0	100.1
电	100.0	100.0	100.0	100.0	100.0	100.1
(3)燃气	99.8	99.9	99.6	99.5	99.3	99.3
管道燃气	100.5	100.5	100.5	100.9	100.9	100.9
液化石油气	98.0	98.3	96.9	95.6	95.0	95.0
(4)取暖费	100.0	100.0	100.0	100.0	100.0	100.0
取 暖 费	100.0	100.0	100.0	100.0	100.0	100.0
(5)其他燃料	95.2	93.9	92.5	94.1	95.0	98.1
其他燃料	95.2	93.9	92.5	94.1	95.0	98.1
4.自有住房	98.7	98.6	98.8	97.9	97.9	97.5
自有住房	98.7	98.6	98.8	97.9	97.9	97.5
四、生活用品及服务	**100.1**	**99.8**	**100.0**	**99.8**	**99.6**	**99.7**
1.家具及室内装饰品	101.1	100.9	100.7	100.6	100.5	100.6
(1)家具	101.4	101.2	101.1	100.8	100.7	100.9
柜	101.7	101.5	101.6	101.3	101.2	101.4
床	102.5	102.4	102.1	101.9	101.5	101.5
桌	101.4	101.2	101.0	100.8	100.7	100.8

3-3 续表 4

(上年同月=100)

分类名称	1月	2月	3月	4月	5月	6月
椅	100.9	100.7	100.8	100.2	100.0	100.1
沙　发	100.6	100.4	100.4	100.1	100.3	100.4
其他家具	100.7	100.5	99.8	99.8	99.7	100.5
(2)室内装饰品	99.2	99.1	98.3	99.0	98.9	99.1
灯　具	99.7	99.6	98.4	99.6	99.4	99.3
其他室内装饰品	98.3	98.4	98.0	98.1	98.1	98.9
2.家用器具	97.3	96.9	96.8	96.4	96.2	96.5
(1)大型家用器具	97.3	96.7	96.7	96.2	95.9	96.4
洗 衣 机	97.8	97.2	96.8	96.3	95.6	95.5
电冰箱(柜)	98.3	98.5	98.1	96.8	96.9	96.7
抽油烟机	97.6	97.6	97.6	97.4	96.7	97.2
空 调 器	95.9	94.4	95.0	94.9	94.3	95.8
热 水 器	97.4	97.4	97.2	96.2	96.9	97.3
炉具灶具	97.6	97.4	97.4	96.4	96.7	97.1
微 波 炉	96.7	96.8	97.1	97.2	96.8	97.0
其他大型家用器具	98.0	97.6	97.3	97.1	96.9	96.7
(2)小家电	97.4	97.4	97.4	97.3	97.2	97.2
厨房小家电	96.5	96.6	96.5	96.4	96.2	96.2
生活小家电	98.4	98.4	98.4	98.4	98.2	98.3
3.家用纺织品	99.6	99.4	99.3	99.3	99.1	99.0
(1)床上用品	99.6	99.4	99.2	99.1	99.0	98.9
被　子	99.7	99.7	99.4	99.2	99.1	98.8
床单被套	99.2	98.9	98.9	98.7	98.6	98.6
其他床上用品	100.1	99.9	99.9	99.7	99.6	99.5
(2)窗帘门帘	99.4	99.4	99.5	99.6	99.3	99.5
窗帘门帘	99.4	99.4	99.5	99.6	99.3	99.5
(3)其他家用纺织品	99.7	99.7	99.8	100.5	100.1	100.1
其他家用纺织品	99.7	99.7	99.8	100.5	100.1	100.1
4.家庭日用杂品	99.9	100.7	101.0	100.7	100.6	100.5
(1)洗涤卫生用品	99.9	100.8	101.4	101.6	101.2	100.8
清洗用品	100.1	101.4	101.3	100.6	100.7	100.4
清洁用具	101.2	100.3	102.9	104.3	104.1	102.7
清洁用纸	98.6	99.9	100.5	101.5	100.0	100.3
(2)厨具餐具茶具	99.3	100.0	100.1	99.8	100.0	100.1
厨　具	99.8	100.2	99.9	99.6	99.9	99.9
餐　具	98.5	99.9	100.5	100.2	100.2	100.3
茶　具	99.7	99.7	99.6	99.8	100.1	100.2
(3)家用手工工具	100.1	99.8	99.9	100.0	100.1	100.1
家用手工工具	100.1	99.8	99.9	100.0	100.1	100.1
(4)其他家庭日用杂品	100.1	101.0	101.1	99.9	99.9	100.2
配电附件	102.1	102.2	102.2	101.8	101.1	102.1
雨　具	98.9	99.3	100.1	100.3	100.7	100.7
其他日用杂品	99.7	101.0	101.0	99.0	99.2	99.3

3-3 续表 5

(上年同月=100)

分类名称	1月	2月	3月	4月	5月	6月
5.个人护理用品	101.0	100.9	101.5	101.3	101.5	101.2
(1)化妆品	100.8	100.8	100.9	100.6	100.7	100.8
清洁化妆品	101.4	101.1	101.1	99.9	100.7	100.0
护肤化妆品	101.0	100.9	100.9	101.3	100.9	101.4
彩妆化妆品	100.0	100.2	100.6	100.2	100.5	100.5
化妆器具	99.4	100.2	100.8	99.8	99.7	100.0
(2)其他护理用品类	101.2	101.1	102.2	102.0	102.4	101.7
清洁类护理用品	101.9	101.5	103.1	102.8	103.7	102.5
护发美发用品	102.3	102.2	101.9	102.0	102.2	102.0
护理器具	98.6	99.9	100.2	100.4	101.1	100.1
其他护理用品	99.4	99.6	102.1	101.4	100.7	100.4
6.家庭服务	108.4	102.8	104.5	104.3	103.9	103.7
家政服务	115.3	105.0	107.9	107.9	107.3	106.9
家庭维修服务	101.7	100.6	101.1	100.9	100.6	100.6
五、交通通信	**100.8**	**98.4**	**96.1**	**94.9**	**94.7**	**95.1**
1.交通	102.0	98.3	94.4	92.3	91.9	92.6
(1)交通工具	97.0	97.6	97.5	97.2	97.2	97.2
小型汽车	96.1	96.7	96.6	96.4	96.4	96.8
电动自行车	98.4	98.4	98.5	98.1	97.6	96.9
自 行 车	99.6	99.8	99.5	99.3	99.2	99.3
其他交通工具	99.4	99.9	99.9	100.2	99.9	98.7
(2)交通工具用燃料	107.0	97.7	86.1	80.3	78.6	81.4
汽　　油	107.2	97.5	85.5	79.5	77.8	80.6
柴　　油	108.2	97.5	84.5	77.8	76.1	78.9
其他车用能源	101.5	100.9	98.0	96.9	96.9	96.9
(3)交通工具使用和维修	102.8	100.2	101.0	100.8	100.8	100.8
停 车 费	102.8	102.0	101.6	101.4	101.5	101.6
车辆使用费	102.2	102.2	102.2	102.2	102.5	102.5
交通工具零配件	100.9	100.4	100.1	99.8	98.9	98.8
车辆修理与保养	105.1	97.7	100.6	100.4	100.9	100.9
(4)交通费	102.3	99.0	98.0	97.0	98.2	96.6
市内公共交通	100.4	100.4	100.4	100.4	100.4	100.4
出租汽车	106.6	103.3	103.7	103.7	103.0	103.0
飞 机 票	106.1	95.3	83.5	77.9	86.9	75.9
火 车 票	99.8	99.9	99.8	99.8	99.8	99.8
长途汽车	100.0	99.4	100.3	98.8	98.1	98.2
其他交通费	106.0	94.8	99.2	101.7	101.3	101.3
2.通信	98.5	98.7	99.0	99.6	99.8	99.7
(1)通信工具	93.5	95.1	96.1	98.2	98.0	97.3
固定电话机	101.0	100.8	100.8	100.9	100.9	100.9
移动电话机	92.7	94.5	95.6	97.9	97.7	96.9
通信工具零配件	99.8	99.4	100.0	100.0	100.1	99.5

3-3 续表 6

(上年同月=100)

分类名称	1月	2月	3月	4月	5月	6月
(2)通信服务	99.8	99.7	99.7	99.9	100.3	100.3
固定电话费	99.8	99.8	100.0	100.0	100.0	100.0
移动通信费	99.7	99.5	99.5	99.5	100.0	99.8
上 网 费	100.2	100.1	100.2	101.2	101.2	101.6
其他通信服务	100.2	100.2	100.4	100.4	100.4	100.4
(3)邮递服务	99.5	99.5	99.8	99.7	100.1	100.5
邮政邮寄	98.4	98.4	98.8	100.0	100.0	100.0
快递服务	99.9	99.8	100.1	99.6	100.1	100.6
六、教育文化娱乐	**101.9**	**100.1**	**102.9**	**101.5**	**102.8**	**102.7**
1.教育	102.3	102.2	101.3	101.2	101.3	101.4
(1)教育用品	100.3	100.3	100.3	100.3	100.2	100.5
工 具 书	100.6	100.6	100.6	100.6	100.6	100.6
教　　材	99.3	99.3	99.4	99.5	99.5	99.4
参考资料	101.6	101.4	101.3	101.1	101.0	101.6
其他教育用品	97.2	98.0	98.0	98.3	97.5	97.9
(2)教育服务	102.5	102.4	101.4	101.3	101.4	101.4
学前教育	103.9	103.9	102.2	102.3	102.4	102.8
小学初中教育	104.0	104.0	104.0	104.0	104.0	104.0
高中中职教育	100.7	100.7	100.8	101.0	101.0	101.0
高等教育	100.0	100.0	100.0	100.0	100.0	100.0
课外教育	106.4	105.9	101.7	101.6	101.6	101.3
专业技能培训	100.1	99.9	99.3	98.3	98.9	99.9
2.文化娱乐	101.5	98.1	104.5	101.8	104.5	104.2
(1)文娱耐用消费品	96.5	96.6	96.6	96.5	96.2	96.4
电 视 机	93.8	94.1	93.8	93.4	92.9	93.4
照 相 机	99.5	99.0	98.9	98.1	97.6	97.5
台式计算机	97.3	97.1	97.3	97.2	97.4	97.4
笔记本平板	97.2	97.2	97.6	98.4	98.5	99.0
乐　　器	99.1	98.9	99.2	99.9	99.8	100.2
音　　响	99.0	99.4	99.8	99.9	99.6	98.7
其他文娱耐用消费品	99.6	99.5	99.6	98.9	98.4	98.3
(2)其他文娱用品	99.8	99.8	100.2	100.0	100.4	100.4
书报杂志	100.5	101.0	101.0	101.0	101.0	101.0
纸张文具	101.3	101.3	101.9	101.5	101.4	100.9
体育户外用品	98.8	98.8	99.7	100.1	99.5	99.5
游戏用品和玩具	99.3	100.1	100.1	100.1	101.4	101.8
园艺花卉及用品	97.7	96.7	97.1	96.4	96.7	97.1
宠物及用品	101.6	100.3	100.4	100.4	103.9	104.1
其他文化娱乐用品	98.3	97.9	99.2	98.2	98.2	98.2
(3)文化娱乐服务	100.7	100.5	100.5	100.5	100.6	100.7
电 影 票	100.5	98.6	100.2	100.3	100.3	100.3

3-3 续表 7

(上年同月=100)

分类名称	1月	2月	3月	4月	5月	6月
景点门票	103.3	104.6	102.0	98.6	99.2	99.9
有线电视	100.0	100.0	100.0	99.8	99.8	99.7
健身活动	100.0	100.0	99.9	102.3	102.4	102.7
其他文娱服务	101.5	100.6	101.4	101.8	102.1	102.1
(4)旅游	104.1	97.4	110.4	104.9	110.6	109.8
旅行社收费	105.9	96.2	116.1	107.6	117.1	115.8
其他旅游	100.6	100.0	100.3	100.2	99.5	99.5
七、医疗保健	**101.2**	**101.1**	**101.1**	**100.9**	**100.8**	**100.8**
1.药品及医疗器具	101.4	101.6	101.7	101.2	101.0	100.9
(1)中药	102.5	103.0	102.7	102.3	102.6	102.7
中 药 材	103.6	103.3	103.8	103.5	103.4	103.7
中 成 药	102.0	102.8	102.1	101.8	102.3	102.3
(2)西药	101.2	101.2	101.3	100.9	100.4	100.0
抗微生物药	101.6	101.7	101.7	99.8	99.2	98.5
消化系统用药	100.4	100.4	101.1	101.6	100.5	101.2
呼吸系统用药	98.4	98.4	97.8	99.7	99.6	99.5
解热镇痛药	103.9	104.2	105.9	103.8	100.8	100.1
抗肿瘤药	98.8	99.5	101.1	101.8	100.8	100.4
激素及影响内分泌药	100.9	101.0	101.2	101.2	100.7	100.7
心血管系统用药	101.0	100.4	100.3	100.1	99.8	98.7
血液系统用药	100.2	100.2	100.6	100.2	100.7	99.1
治疗精神障碍药	106.4	104.9	104.7	99.1	98.9	99.2
神经系统用药	102.7	102.7	101.4	101.6	101.6	101.2
消毒防腐及创伤外科用药	100.5	102.8	101.7	101.9	103.5	103.5
泌尿系统用药	101.1	101.0	101.3	101.4	101.6	101.3
维生素、矿物质类药	104.0	103.8	102.6	101.3	100.5	100.3
调节水、电解质及酸碱平衡药	103.7	103.6	103.3	101.4	101.4	100.9
(3)滋补保健品	103.2	102.2	101.5	100.2	99.9	100.1
滋补保健品	103.2	102.2	101.5	100.2	99.9	100.1
(4)医疗卫生器具	99.1	101.0	102.4	102.5	103.5	104.0
医疗卫生器具	99.1	101.0	102.4	102.5	103.5	104.0
(5)保健器具	97.4	97.4	98.8	98.7	98.6	98.6
保健器具	97.4	97.4	98.8	98.7	98.6	98.6
2.医疗服务	100.9	100.7	100.7	100.7	100.6	100.6
(1)综合医疗类	101.0	101.0	101.0	101.0	100.8	100.8
一般医疗服务	100.4	100.2	100.2	100.2	100.3	100.3
一般治疗操作	102.3	102.3	102.3	102.3	102.2	102.2
护 理	100.0	100.3	100.3	100.3	100.4	100.4
其他综合医疗服务	101.6	101.6	101.6	101.6	100.0	100.0
(2)诊断类	100.9	100.2	100.2	100.2	100.2	100.2
病理学诊断	100.9	100.7	100.7	100.7	100.8	100.7
实验室诊断	101.9	100.5	100.5	100.5	100.4	100.4

3-3 续表 8

(上年同月=100)

分类名称	1月	2月	3月	4月	5月	6月
影像学诊断	99.8	99.8	99.8	99.8	99.8	99.8
临床诊断	100.3	100.3	100.3	100.3	100.4	100.4
(3)治疗类	101.4	101.4	101.4	101.4	101.4	101.4
临床手术治疗	102.1	102.1	102.1	102.0	102.1	102.1
临床非手术治疗	100.3	100.3	100.3	100.3	100.3	100.3
(4)康复类	100.2	100.3	100.3	100.3	100.4	100.4
康复医疗	100.2	100.3	100.3	100.3	100.4	100.4
(5)中医医疗服务类	101.4	101.4	101.4	101.4	101.3	101.3
中医治疗	101.4	101.4	101.4	101.4	101.3	101.3
(6)其他医疗服务	100.5	100.4	100.5	100.5	100.5	100.5
其他医疗服务	100.5	100.4	100.5	100.5	100.5	100.5
八、其他用品及服务	**103.8**	**102.2**	**103.4**	**103.4**	**103.8**	**103.5**
1.其他用品类	107.5	107.6	108.4	108.6	109.6	108.7
(1)首饰手表	112.1	112.7	114.2	114.8	116.8	115.0
金 饰 品	119.9	120.3	123.9	125.3	128.4	124.9
银 饰 品	101.7	101.7	101.8	101.9	102.1	101.5
铂金饰品	102.0	103.9	100.6	99.7	100.5	100.8
手　　表	100.5	100.5	101.2	101.2	101.2	101.1
(2)其他杂项用品	100.6	99.9	99.6	99.1	98.8	99.0
箱　　包	99.8	99.7	99.2	99.2	98.6	99.0
母婴用品	99.9	100.0	99.9	99.0	99.0	99.2
眼　　镜	103.2	100.1	99.9	99.3	98.9	98.8
2.其他服务类	101.6	99.2	100.5	100.5	100.3	100.4
(1)旅馆住宿	101.5	91.5	90.8	91.4	91.5	91.9
宾馆住宿	100.1	90.5	89.8	90.4	91.5	91.7
其他住宿	103.5	93.0	92.4	92.9	91.6	92.1
(2)美容美发洗浴	100.3	96.4	100.5	100.2	99.9	100.1
美　　容	100.3	99.6	100.7	100.6	100.6	100.4
美　　发	100.3	94.2	100.3	99.8	99.2	99.4
洗　　浴	99.9	98.7	101.0	100.8	101.2	101.9
(3)养老服务	103.7	103.7	103.7	103.1	103.1	103.1
养老服务	103.7	103.7	103.7	103.1	103.1	103.1
(4)金融保险	102.8	102.8	102.8	102.8	102.8	102.8
金融服务	100.3	100.0	100.0	100.2	100.2	100.2
车辆保险	100.0	100.0	100.0	100.0	100.0	100.0
旅行保险	100.0	100.0	99.9	100.0	100.0	99.7
其他保险	105.8	105.8	105.8	105.8	105.8	105.8
(5)其他服务类	100.0	99.9	99.8	99.8	99.6	99.5
中介服务	100.0	99.8	99.5	99.5	99.0	98.9
其他服务	100.0	100.0	100.0	100.0	100.0	100.0

3-3 续表 9

(上年同月=100)

分类名称	7月	8月	9月	10月	11月	12月
居民消费价格总指数	**104.1**	**103.4**	**101.9**	**100.2**	**99.2**	**99.8**
非食品烟酒价格指数	**98.9**	**99.0**	**99.4**	**99.4**	**99.2**	**99.3**
服务价格指数	**99.0**	**99.1**	**99.9**	**99.9**	**99.6**	**99.6**
工业品价格指数	**98.7**	**98.9**	**98.9**	**98.7**	**98.7**	**99.0**
消费品价格指数	**107.0**	**105.8**	**103.0**	**100.3**	**98.9**	**99.9**
一、食品烟酒	**115.6**	**112.6**	**106.8**	**101.7**	**99.1**	**100.7**
1.食品	121.0	116.3	108.3	101.1	97.7	100.1
(1)粮食	100.2	100.3	100.3	100.9	100.7	101.1
大　　米	99.0	99.8	99.7	100.3	99.9	100.2
面　　粉	100.3	99.3	99.9	100.2	100.5	100.9
其他粮食	102.2	103.1	102.7	103.5	103.7	103.3
粮食制品	102.3	100.9	101.2	101.8	102.0	102.7
(2)薯类	96.6	97.7	100.2	103.0	100.6	102.0
薯　　类	96.6	97.7	100.2	103.0	100.6	102.0
(3)豆类	110.1	110.4	109.6	109.9	108.3	107.6
干　　豆	105.3	106.2	105.7	107.1	107.5	107.6
豆 制 品	111.2	111.3	110.4	110.6	108.4	107.7
(4)食用油	113.6	113.1	108.3	105.3	101.8	103.2
食用植物油	101.3	101.5	101.3	101.9	101.6	102.8
食用动物油	217.0	197.5	146.0	120.1	102.5	105.0
(5)菜	105.7	117.6	118.9	119.8	113.1	108.6
鲜　　菜	106.1	119.3	120.7	121.9	114.4	109.4
干菜及菜制品	101.1	99.8	99.2	98.4	99.5	99.7
(6)畜肉类	178.7	145.4	118.0	97.9	92.3	98.0
猪　　肉	209.9	151.8	116.1	92.0	88.3	96.5
牛　　肉	116.8	112.1	108.2	106.6	102.2	103.6
羊　　肉	112.2	111.3	108.4	104.7	102.0	103.8
畜肉副产品	173.0	172.8	144.2	119.0	99.5	98.9
其他畜肉及制品	115.3	113.6	111.0	108.3	101.9	102.0
(7)禽肉类	102.5	98.9	93.3	90.4	86.9	90.5
鸡	99.6	95.6	88.6	85.1	82.1	86.8
鸭	102.7	98.1	94.6	92.1	87.7	91.3
其他禽肉及制品	110.2	108.9	105.0	103.6	100.0	99.3
(8)水产品	105.0	102.8	101.3	100.6	99.5	100.3
淡 水 鱼	108.1	104.8	103.3	102.7	101.1	101.8
海 水 鱼	101.2	99.9	97.4	96.6	96.5	98.5
虾 蟹 类	94.8	94.1	93.6	94.2	94.6	94.7
其他水产品及制品	99.1	99.8	99.2	97.2	97.0	97.2
(9)蛋类	92.1	94.3	90.5	90.8	90.0	92.2
鸡　　蛋	90.8	93.4	89.1	89.4	88.6	91.3
其他蛋及制品	99.2	99.4	98.9	98.7	98.0	97.3

3-3 续表 10

(上年同月=100)

分类名称	7月	8月	9月	10月	11月	12月
(10)奶类	99.9	100.4	100.8	101.4	101.4	102.3
鲜　奶	99.8	100.7	101.4	103.2	103.5	104.7
酸　奶	99.1	99.0	98.4	98.7	99.0	99.0
奶　粉	100.3	100.8	101.1	100.7	100.1	101.0
其他奶制品	100.0	99.9	100.2	100.3	100.6	100.9
(11)干鲜瓜果类	81.1	86.5	92.9	96.7	100.2	101.9
鲜瓜果	76.8	82.9	90.9	95.8	100.2	102.6
坚　果	100.9	101.5	101.0	100.1	100.7	99.9
瓜果制品	99.4	99.8	99.9	99.8	99.3	98.5
(12)糖果糕点类	100.7	100.8	100.7	100.4	100.4	100.2
食　糖	101.9	101.3	101.4	101.2	100.8	99.8
糖　果	100.8	101.5	101.2	101.3	101.1	101.0
糕　点	100.0	100.6	100.1	99.7	100.3	100.3
其他糖果糕点	101.2	100.0	101.2	100.5	99.6	99.6
(13)调味品	101.2	101.0	101.6	101.5	101.5	101.4
食用盐	100.0	100.1	100.4	100.3	100.6	100.7
酱　油	99.5	99.6	99.7	99.6	99.4	99.2
食　醋	100.0	99.2	100.4	98.4	99.0	99.3
调味酱	104.5	104.0	105.7	107.5	106.9	107.0
味　精	101.9	102.6	103.1	102.0	102.5	102.4
其他调味品	102.1	101.3	101.5	102.2	101.7	101.2
(14)其他食品类	103.3	102.3	101.6	101.9	101.5	101.0
方便食品	104.6	103.8	102.4	102.7	102.2	101.5
淀粉及制品	104.0	103.3	102.3	102.6	102.5	102.2
膨化食品	101.2	100.0	100.2	100.4	100.2	99.8
2.茶及饮料	100.7	100.6	100.4	101.0	100.7	100.7
茶　叶	100.9	100.5	100.0	101.3	100.9	101.0
固体咖啡	100.8	100.7	101.9	101.1	100.5	100.4
其他固体饮料	100.4	100.9	100.5	100.8	100.4	100.4
饮用水	100.5	100.1	100.0	99.9	99.9	100.3
果汁饮料	100.5	100.5	100.0	99.9	100.3	100.3
其他液体饮料	100.6	101.3	101.7	101.6	101.1	100.8
3.烟酒	102.0	101.9	101.7	101.9	101.9	101.5
(1)烟草	100.5	100.4	100.5	100.4	100.4	100.4
烟　草	100.5	100.4	100.5	100.4	100.4	100.4
(2)酒类	103.9	104.0	103.5	103.9	103.9	102.9
白　酒	106.3	106.0	105.7	106.1	105.9	104.9
葡萄酒	99.1	101.2	100.4	101.2	101.5	100.2
啤　酒	99.4	99.6	98.5	98.8	99.5	98.4
其他酒类	99.7	100.2	100.4	100.0	100.2	100.1
4.在外餐饮	107.7	106.8	104.7	104.1	102.7	102.4
正　餐	107.5	106.4	104.3	104.0	102.7	102.3

3-3 续表 11

(上年同月=100)

分类名称	7月	8月	9月	10月	11月	12月
快　餐	105.7	105.2	104.0	103.4	101.8	101.8
地方小吃	114.8	114.2	109.4	106.6	104.4	104.5
其他在外餐饮	104.2	104.3	103.6	103.1	102.5	100.9
二、衣着	**99.5**	**99.5**	**99.5**	**99.4**	**99.3**	**99.6**
1.服装	99.7	99.7	99.7	99.5	99.4	99.9
(1)男式服装	99.8	99.8	99.9	99.6	99.2	99.5
男式西服	99.1	99.5	99.8	99.2	99.3	98.9
男式冬衣	98.3	98.2	98.0	97.7	95.8	97.4
男式夹克衫	103.0	102.8	103.2	102.8	103.4	103.2
男式毛线衣	99.2	98.6	98.1	96.7	97.2	97.4
男式运动装	98.5	98.3	98.9	98.7	98.8	99.4
男式衬衫T恤	100.0	100.0	99.8	99.9	99.2	99.1
男式裤子	99.9	100.3	100.6	100.8	100.2	100.4
男式内衣	98.8	98.6	99.1	99.1	98.6	98.9
(2)女式服装	99.6	99.8	99.7	99.7	99.6	100.3
女式外套	100.2	99.9	100.0	100.7	100.4	101.3
女式冬衣	97.4	97.9	98.1	97.2	96.2	97.1
女式毛线衣	98.2	97.2	96.9	97.1	97.3	98.1
女式运动装	99.7	99.6	99.6	99.0	99.1	98.9
女式衬衫T恤	100.7	102.6	103.2	102.8	103.8	103.9
女式裤子	101.2	101.1	100.6	100.8	101.5	102.0
女式裙子	100.3	100.3	99.7	99.9	100.7	101.4
女式内衣	99.9	100.2	100.4	99.8	99.2	99.9
(3)儿童服装	99.6	99.1	99.1	98.7	98.6	98.9
婴幼服装	100.6	100.4	100.1	98.7	98.6	99.8
儿童上衣	98.3	97.0	97.5	96.9	97.3	97.6
儿童裤子	100.8	101.1	101.1	101.4	100.4	100.3
儿童裙子	99.5	99.2	98.2	98.5	98.4	98.4
2.服装材料	99.5	99.5	100.2	100.3	99.6	99.2
服装材料	99.5	99.5	100.2	100.3	99.6	99.2
3.其他衣着及配件	99.4	99.5	99.6	99.7	99.6	99.8
袜　子	98.9	99.1	99.2	99.2	99.3	99.3
帽　子	100.3	100.4	100.4	100.5	100.5	100.6
其他衣着配件	99.6	99.7	100.0	100.0	99.6	100.4
4.衣着加工服务费	101.3	101.2	101.0	100.6	100.4	100.4
衣着洗涤保养	101.9	101.7	101.2	100.6	100.6	100.6
衣着加工	100.0	100.0	100.4	100.4	99.8	100.0
5.鞋类	98.8	98.7	98.7	98.8	99.0	98.8
(1)鞋	98.6	98.6	98.6	98.6	98.9	98.7
男　鞋	97.9	98.3	98.2	98.3	99.0	99.1
女　鞋	98.7	98.2	98.3	98.2	98.3	98.1
童　鞋	100.2	100.9	100.7	101.0	101.0	100.4
(2)鞋类加工服务	101.7	101.7	101.7	101.7	101.2	101.2
鞋类加工服务	101.7	101.7	101.7	101.7	101.2	101.2

3-3 续表 12

(上年同月=100)

分类名称	7月	8月	9月	10月	11月	12月
三、居住	**98.5**	**98.6**	**98.7**	**98.8**	**98.8**	**99.0**
1.租赁房房租	97.7	97.7	97.7	97.6	97.6	98.1
公房房租	102.0	102.0	101.8	101.8	100.6	100.0
私房房租	97.2	97.2	97.2	97.1	97.3	97.9
2.住房保养维修及管理	101.0	100.9	100.6	100.6	100.4	100.2
(1)住房装潢材料	100.2	100.0	100.3	99.8	99.5	99.4
木 地 板	100.5	100.1	100.1	99.1	98.3	99.2
瓷　　砖	99.0	98.8	100.0	99.2	99.5	99.2
水　　泥	96.8	97.6	98.8	98.0	98.2	97.5
涂　　料	100.6	100.6	100.6	100.5	99.8	98.8
板　　材	100.9	100.6	99.8	99.2	99.4	99.4
管　　材	100.6	100.6	100.6	100.6	100.8	100.7
厨卫设备	101.9	101.0	101.5	101.0	99.9	99.7
门　　窗	99.3	99.2	99.2	99.1	99.4	99.6
其他住房装潢材料	101.5	101.7	101.2	101.0	100.7	100.6
(2)物业管理费	100.0	100.0	100.0	101.2	101.2	101.2
物业管理费	100.0	100.0	100.0	101.2	101.2	101.2
(3)住房装潢维修	102.7	102.7	101.2	101.3	101.2	100.9
装潢维修费	102.8	103.0	101.1	101.2	101.2	101.2
其他住房费用	102.4	101.6	101.6	101.6	101.2	99.8
3.水电燃料	99.8	99.9	99.7	99.7	99.7	99.8
(1)水	100.1	100.0	100.0	100.0	100.0	100.0
水	100.1	100.0	100.0	100.0	100.0	100.0
(2)电	100.3	100.3	100.3	100.3	100.2	100.0
电	100.3	100.3	100.3	100.3	100.2	100.0
(3)燃气	99.4	99.5	98.9	99.1	99.2	99.6
管道燃气	100.9	100.9	100.0	100.0	100.0	100.2
液化石油气	95.4	95.8	95.8	96.6	97.1	98.2
(4)取暖费	100.0	100.0	100.0	100.0	100.0	100.0
取 暖 费	100.0	100.0	100.0	100.0	100.0	100.0
(5)其他燃料	96.9	97.1	97.3	96.8	96.4	98.8
其他燃料	96.9	97.1	97.3	96.8	96.4	98.8
4.自有住房	97.2	97.4	97.8	98.0	98.0	98.3
自有住房	97.2	97.4	97.8	98.0	98.0	98.3
四、生活用品及服务	**99.7**	**99.7**	**99.9**	**100.0**	**100.0**	**100.1**
1.家具及室内装饰品	101.1	101.4	100.9	101.9	102.0	101.8
(1)家具	101.4	101.7	101.1	102.3	102.4	102.1
柜	101.8	102.1	101.6	102.9	103.3	102.5
床	102.4	102.9	101.8	103.1	102.9	102.5
桌	101.3	101.5	100.9	102.0	102.3	102.5

3-3 续表 13

(上年同月=100)

分类名称	7月	8月	9月	10月	11月	12月
椅	100.8	101.2	100.6	100.9	101.0	101.2
沙　　发	100.7	100.8	100.4	102.2	101.9	101.9
其他家具	100.9	101.4	101.0	101.8	101.8	101.8
(2)室内装饰品	99.0	99.1	99.2	99.1	99.4	99.4
灯　　具	99.0	99.4	99.6	99.2	99.5	99.4
其他室内装饰品	99.0	98.7	98.5	98.8	99.2	99.2
2.家用器具	96.5	97.1	97.4	97.4	97.5	97.7
(1)大型家用器具	96.4	97.1	97.3	97.3	97.5	97.7
洗 衣 机	95.8	96.0	97.3	97.6	97.3	97.4
电冰箱(柜)	96.5	97.2	97.1	96.9	96.8	97.0
抽油烟机	95.7	97.4	98.4	98.0	97.4	98.2
空 调 器	96.3	97.2	97.4	97.3	98.4	98.8
热 水 器	97.3	97.1	97.1	96.9	96.4	96.8
炉具灶具	96.8	97.2	97.4	96.9	96.5	95.8
微 波 炉	96.7	97.2	98.1	98.1	98.3	98.0
其他大型家用器具	96.7	97.3	97.1	97.4	97.5	97.5
(2)小家电	97.1	97.6	97.5	97.7	97.8	98.0
厨房小家电	96.1	96.5	96.6	97.4	97.7	97.9
生活小家电	98.1	98.8	98.5	98.1	97.9	98.0
3.家用纺织品	99.1	99.0	99.1	99.0	99.0	98.9
(1)床上用品	98.9	98.8	98.9	99.0	98.8	98.8
被　　子	98.8	98.7	98.8	98.5	98.1	98.2
床单被套	98.6	98.5	98.6	99.1	99.2	99.1
其他床上用品	99.9	100.0	100.2	100.0	99.4	99.2
(2)窗帘门帘	99.5	99.2	99.2	98.9	99.2	99.3
窗帘门帘	99.5	99.2	99.2	98.9	99.2	99.3
(3)其他家用纺织品	100.2	100.3	100.3	99.4	100.7	99.7
其他家用纺织品	100.2	100.3	100.3	99.4	100.7	99.7
4.家庭日用杂品	100.2	99.8	100.5	100.7	100.5	100.7
(1)洗涤卫生用品	100.6	99.8	100.4	101.4	100.5	100.7
清洗用品	100.1	99.3	99.6	100.4	100.4	100.7
清洁用具	102.3	102.3	102.5	102.7	101.4	101.1
清洁用纸	100.5	99.0	100.2	102.1	100.0	100.4
(2)厨具餐具茶具	100.0	99.8	100.4	99.9	100.9	101.0
厨　　具	99.6	99.7	99.6	98.8	99.5	99.6
餐　　具	100.4	99.3	101.0	100.7	102.7	102.8
茶　　具	100.4	100.9	101.2	100.8	101.3	101.0
(3)家用手工工具	100.3	100.1	100.0	99.7	99.5	100.1
家用手工工具	100.3	100.1	100.0	99.7	99.5	100.1
(4)其他家庭日用杂品	99.7	99.7	100.7	100.2	100.3	100.4
配电附件	101.3	102.3	102.2	100.7	100.8	100.9
雨　　具	100.7	100.9	100.8	100.7	100.6	100.6
其他日用杂品	98.6	98.3	100.1	99.8	100.0	100.2

3-3 续表 14

(上年同月=100)

分类名称	7月	8月	9月	10月	11月	12月
5.个人护理用品	101.1	101.1	101.0	100.7	100.2	100.3
(1)化妆品	100.5	100.3	100.5	100.5	100.8	100.3
清洁化妆品	100.1	100.2	100.2	99.8	99.5	99.6
护肤化妆品	100.9	100.3	100.9	100.9	101.8	100.5
彩妆化妆品	100.2	100.3	100.3	100.5	100.6	100.6
化妆器具	100.3	100.7	99.8	99.8	99.9	99.9
(2)其他护理用品类	101.7	101.9	101.4	100.9	99.6	100.3
清洁类护理用品	102.3	102.7	102.7	101.5	98.2	99.8
护发美发用品	101.9	102.3	102.7	101.9	101.2	101.2
护理器具	100.3	99.5	99.3	99.6	99.6	99.2
其他护理用品	100.9	101.0	98.0	98.9	99.8	100.7
6.家庭服务	103.7	103.3	103.3	101.5	101.9	102.5
家政服务	106.8	106.3	106.3	102.8	103.8	104.9
家庭维修服务	100.6	100.4	100.4	100.1	100.1	100.1
五、交通通信	**95.3**	**96.1**	**96.6**	**96.2**	**96.1**	**96.8**
1.交通	93.1	94.3	94.9	94.3	94.0	94.9
(1)交通工具	96.9	97.0	97.8	97.8	98.0	97.7
小型汽车	96.4	96.5	97.3	97.2	97.4	96.8
电动自行车	96.4	97.0	97.6	98.3	98.4	98.9
自 行 车	99.3	99.5	99.7	99.6	99.9	100.3
其他交通工具	99.4	98.9	99.7	99.7	99.5	99.8
(2)交通工具用燃料	85.2	86.8	86.0	83.8	83.5	86.4
汽　　油	84.7	86.4	85.6	83.2	82.8	85.9
柴　　油	82.3	84.1	83.3	80.9	80.4	83.8
其他车用能源	97.6	96.9	96.6	96.6	99.5	99.3
(3)交通工具使用和维修	100.7	100.8	100.6	100.4	100.1	100.2
停 车 费	101.6	101.6	102.0	102.1	101.2	101.2
车辆使用费	102.5	102.5	101.2	100.5	99.9	99.9
交通工具零配件	98.7	99.1	99.0	99.0	99.0	99.0
车辆修理与保养	100.9	100.8	100.9	100.9	100.7	101.1
(4)交通费	94.1	96.7	99.3	100.0	99.2	99.5
市内公共交通	100.0	100.3	100.3	100.3	100.3	100.3
出租汽车	104.3	104.3	104.3	101.7	101.7	101.4
飞 机 票	62.9	76.7	90.4	98.5	93.8	95.7
火 车 票	99.6	99.6	99.6	99.6	99.6	99.8
长途汽车	99.5	99.3	99.1	98.7	98.5	98.8
其他交通费	102.4	103.1	103.4	104.0	102.4	100.7
2.通信	99.0	99.2	99.6	99.5	99.8	100.1
(1)通信工具	97.6	98.7	99.0	98.7	100.1	102.0
固定电话机	100.7	100.7	100.3	100.4	99.8	99.8
移动电话机	97.3	98.5	98.9	98.5	100.2	102.4
通信工具零配件	99.5	99.4	99.3	99.2	99.2	99.1

3-3 续表 15

(上年同月=100)

分类名称	7月	8月	9月	10月	11月	12月
(2)通信服务	99.2	99.2	99.6	99.6	99.6	99.5
固定电话费	100.0	100.0	100.0	100.0	100.0	100.0
移动通信费	98.2	98.2	98.2	98.2	98.2	98.2
上 网 费	101.6	101.6	103.4	103.4	103.3	103.2
其他通信服务	100.4	100.4	100.2	100.1	100.1	100.1
(3)邮递服务	100.8	100.8	100.8	100.8	100.8	100.8
邮政邮寄	100.0	100.0	100.0	100.0	100.0	100.0
快递服务	101.0	101.0	101.0	101.0	101.0	101.0
六、教育文化娱乐	**99.5**	**99.3**	**101.0**	**101.4**	**100.6**	**100.3**
1.教育	101.3	101.2	101.5	101.6	101.6	101.6
(1)教育用品	100.5	100.3	101.2	101.1	101.1	101.1
工 具 书	100.5	100.8	102.9	102.4	102.5	102.5
教　材	99.4	99.4	99.7	99.7	99.7	99.7
参考资料	101.6	101.1	102.2	102.2	102.2	102.2
其他教育用品	98.6	98.3	98.4	98.4	98.2	98.2
(2)教育服务	101.3	101.3	101.5	101.6	101.6	101.6
学前教育	102.8	102.8	102.9	102.9	102.9	102.9
小学初中教育	104.0	104.0	104.2	104.2	104.2	104.2
高中中职教育	101.0	101.0	101.1	101.1	101.1	101.1
高等教育	100.0	100.0	100.6	100.6	100.6	100.6
课外教育	101.0	101.0	100.8	100.8	100.8	100.8
专业技能培训	99.2	98.7	98.7	99.7	100.1	100.3
2.文化娱乐	97.7	97.4	100.5	101.3	99.6	98.9
(1)文娱耐用消费品	96.2	96.4	96.9	97.5	97.7	98.0
电 视 机	93.1	93.7	94.8	96.1	96.4	96.8
照 相 机	97.8	98.4	98.4	98.3	98.5	99.3
台式计算机	97.3	97.6	97.4	97.5	97.2	97.3
笔记本平板	98.6	98.2	98.2	98.7	99.2	99.7
乐　器	100.3	100.1	99.8	100.2	100.2	100.1
音　响	98.8	98.7	99.3	99.4	99.7	99.7
其他文娱耐用消费品	98.3	97.8	97.8	97.9	98.0	98.2
(2)其他文娱用品	100.3	100.5	100.5	100.0	100.1	100.0
书报杂志	101.0	101.0	101.0	101.0	101.0	101.0
纸张文具	101.1	101.5	100.7	100.6	100.4	100.6
体育户外用品	99.5	99.6	99.5	99.4	99.4	99.4
游戏用品和玩具	102.5	102.5	102.7	101.3	101.4	101.3
园艺花卉及用品	97.2	97.2	97.4	97.5	97.1	96.5
宠物及用品	101.6	103.0	103.3	98.3	98.1	97.9
其他文化娱乐用品	97.8	97.9	98.2	99.5	100.0	99.8
(3)文化娱乐服务	100.0	99.7	100.3	100.4	100.3	100.0
电 影 票	93.4	90.1	99.1	99.2	98.9	98.5

3-3 续表 16

(上年同月=100)

分类名称	7月	8月	9月	10月	11月	12月
景点门票	100.5	100.7	99.5	99.9	99.8	99.4
有线电视	99.8	99.8	99.8	99.8	99.7	99.7
健身活动	102.8	103.0	103.0	103.0	102.5	103.1
其他文娱服务	102.1	102.1	100.5	100.5	101.3	99.4
(4)旅游	96.9	96.2	102.1	103.4	99.9	98.6
旅行社收费	95.6	94.2	103.1	105.1	99.3	95.1
其他旅游	99.4	100.1	100.4	100.5	100.8	104.9
七、医疗保健	**100.7**	**100.5**	**100.6**	**100.4**	**100.4**	**100.4**
1.药品及医疗器具	100.8	100.7	100.9	100.7	100.6	100.5
(1)中药	102.2	102.1	102.2	101.7	101.6	101.7
中 药 材	103.0	103.2	102.9	101.6	101.8	102.2
中 成 药	101.8	101.7	101.9	101.7	101.6	101.4
(2)西药	99.7	99.8	99.8	99.8	99.6	99.3
抗微生物药	98.5	98.7	98.7	98.9	98.7	98.7
消化系统用药	100.1	100.1	100.3	101.1	100.7	98.9
呼吸系统用药	99.6	99.8	100.0	100.6	100.0	100.5
解热镇痛药	100.4	100.6	101.1	100.6	100.2	100.2
抗肿瘤药	100.0	100.1	99.8	98.6	98.6	97.7
激素及影响内分泌药	100.5	100.1	100.3	99.9	100.0	99.4
心血管系统用药	98.3	98.5	98.7	98.8	98.6	98.9
血液系统用药	99.1	99.1	99.0	98.9	98.9	98.9
治疗精神障碍药	99.2	99.1	99.6	99.6	99.6	99.6
神经系统用药	100.9	101.0	100.9	100.2	100.5	100.5
消毒防腐及创伤外科用药	103.5	103.4	103.2	102.6	102.6	102.6
泌尿系统用药	100.4	100.2	100.3	100.1	100.1	98.4
维生素、矿物质类药	100.3	100.0	100.0	99.9	99.8	100.1
调节水、电解质及酸碱平衡药	100.8	100.3	100.2	99.4	99.4	98.3
(3)滋补保健品	99.7	99.1	99.9	100.3	100.0	99.8
滋补保健品	99.7	99.1	99.9	100.3	100.0	99.8
(4)医疗卫生器具	106.0	105.5	105.8	105.4	105.0	105.6
医疗卫生器具	106.0	105.5	105.8	105.4	105.0	105.6
(5)保健器具	98.7	98.7	98.7	98.0	99.3	99.3
保健器具	98.7	98.7	98.7	98.0	99.3	99.3
2.医疗服务	100.6	100.4	100.4	100.1	100.2	100.3
(1)综合医疗类	100.8	100.3	100.3	100.1	100.1	100.1
一般医疗服务	100.3	100.3	100.3	100.0	100.0	99.9
一般治疗操作	102.2	100.5	100.5	100.2	100.2	100.2
护　　理	100.4	100.3	100.3	100.2	100.2	100.2
其他综合医疗服务	100.0	100.0	100.0	100.0	100.0	100.0
(2)诊断类	100.2	100.2	100.2	100.1	100.2	100.2
病理学诊断	100.5	100.5	100.5	100.2	100.2	100.1
实验室诊断	100.4	100.4	100.4	100.2	100.2	100.2

3-3 续表 17

(上年同月=100)

分类名称	7月	8月	9月	10月	11月	12月
影像学诊断	99.8	99.9	99.9	99.8	100.2	100.2
临床诊断	100.4	100.4	100.4	100.3	100.3	100.3
(3)治疗类	101.4	101.0	101.0	100.1	100.1	100.6
临床手术治疗	102.0	101.4	101.4	100.2	100.2	100.9
临床非手术治疗	100.3	100.3	100.3	100.1	100.1	100.1
(4)康复类	100.4	100.4	100.4	100.2	100.2	100.2
康复医疗	100.4	100.4	100.4	100.2	100.2	100.2
(5)中医医疗服务类	101.3	101.3	101.3	100.2	100.2	101.5
中医治疗	101.3	101.3	101.3	100.2	100.2	101.5
(6)其他医疗服务	100.5	100.5	100.5	100.2	100.2	100.8
其他医疗服务	100.5	100.5	100.5	100.2	100.2	100.8
八、其他用品及服务	**103.7**	**104.0**	**103.6**	**102.1**	**102.2**	**101.8**
1.其他用品类	108.4	109.3	106.9	105.9	106.2	105.2
(1)首饰手表	114.5	115.4	111.6	109.9	110.6	109.0
金 饰 品	124.1	124.8	118.4	116.2	117.0	114.1
银 饰 品	101.5	102.6	102.6	102.8	102.2	101.7
铂金饰品	100.5	100.7	100.2	98.2	99.4	100.4
手 表	100.3	100.6	101.3	101.3	101.3	101.3
(2)其他杂项用品	98.8	99.2	99.0	99.0	99.0	98.9
箱 包	98.4	98.5	98.4	97.9	98.6	97.8
母婴用品	99.4	99.5	99.4	99.6	98.9	99.6
眼 镜	98.8	99.8	99.7	99.8	99.9	100.0
2.其他服务类	100.8	100.8	101.5	99.8	99.7	99.6
(1)旅馆住宿	92.8	94.3	95.1	97.5	97.1	95.9
宾馆住宿	92.8	94.3	94.6	96.8	97.4	95.7
其他住宿	93.0	94.5	95.8	98.5	96.6	96.2
(2)美容美发洗浴	100.1	99.9	100.1	100.4	100.2	100.2
美 容	100.4	100.1	100.1	100.1	100.3	100.3
美 发	99.5	99.2	99.6	100.4	99.8	99.9
洗 浴	102.1	102.3	102.3	101.4	101.7	101.6
(3)养老服务	105.6	104.9	103.5	103.6	103.2	103.2
养老服务	105.6	104.9	103.5	103.6	103.2	103.2
(4)金融保险	102.8	102.9	104.6	99.3	99.3	99.3
金融服务	100.2	100.2	100.2	100.2	100.2	100.2
车辆保险	100.0	100.0	99.8	87.9	87.9	87.9
旅行保险	99.8	99.8	99.8	99.8	99.8	99.8
其他保险	105.9	106.0	109.8	107.9	108.0	108.0
(5)其他服务类	99.6	99.4	99.4	99.4	99.5	99.7
中介服务	99.0	98.7	98.6	98.6	99.0	99.4
其他服务	100.0	100.0	100.0	100.0	100.0	100.0

3-4 居民消费价格分类指数(2016-2020年)

(上年=100)

指　　标	2016	2017	2018	2019	2020
居民消费价格总指数	**101.9**	**101.4**	**101.7**	**103.2**	**103.2**
非食品价格指数	**101.1**	**102.5**	**101.8**	**101.0**	**100.2**
服务项目价格指数	**101.9**	**103.4**	**102.1**	**101.2**	**100.0**
工业品价格指数	**99.9**	**101.9**	**101.8**	**100.1**	**99.0**
消费品价格指数	**101.9**	**100.3**	**101.5**	**104.3**	**105.0**
一、食品烟酒	**104.1**	**98.6**	**101.3**	**108.9**	**111.0**
1.食品	105.0	97.2	101.3	112.1	114.2
(1)粮食	101.1	101.0	100.3	100.3	100.7
(2)薯类	110.8	97.9	107.7	101.2	103.7
(3)豆类	101.3	102.5	103.5	101.8	107.9
(4)食用油	103.3	97.1	98.0	104.9	109.8
(5)菜	107.4	94.1	108.4	102.2	109.6
(6)畜肉类	113.4	92.2	96.0	137.0	139.3
(7)禽肉类	99.2	99.3	105.7	110.2	101.0
(8)水产品	102.8	104.0	100.9	100.8	103.8
(9)蛋类	96.7	97.8	109.6	103.5	94.9
(10)奶类	99.5	99.8	100.5	101.8	100.6
(11)干鲜瓜果类	98.0	102.8	102.9	108.2	93.5
(12)糖果糕点类	100.4	101.7	101.7	100.5	100.6
(13)调味品	103.3	101.4	101.1	100.4	101.1
(14)其他食品类	101.7	100.1	100.5	102.3	102.8
2.茶及饮料	100.2	101.7	101.2	101.0	100.5
3.烟酒	101.2	101.5	101.7	101.6	102.3
(1)烟草	101.9	99.7	99.8	100.3	100.6
(2)酒类	100.2	104.4	104.6	103.5	104.6
4.在外餐饮	103.2	101.4	100.9	103.6	106.1
二、衣着	**100.6**	**102.5**	**101.1**	**101.2**	**99.7**
1.服装	100.5	102.9	101.7	101.3	99.9
(1)男式服装	100.6	103.2	101.3	100.8	99.9
(2)女式服装	100.4	102.8	101.9	101.6	99.8
(3)儿童服装	100.7	102.0	101.8	101.2	100.1
2.服装材料	99.8	100.6	104.6	104.4	100.5
3.其他衣着及配件	99.6	99.8	99.5	101.0	99.7
4.衣着加工服务费	103.1	106.1	104.7	105.2	101.6
5.鞋类	101.1	101.5	99.4	100.9	99.1
(1)鞋	101.0	101.3	99.2	100.8	99.0
(2)鞋类加工服务	103.2	106.5	104.7	102.0	101.7

3-4 续表 1

(上年=100)

指 标	2016	2017	2018	2019	2020
三、居住	**101.2**	**102.4**	**102.6**	**101.5**	**98.9**
1.租赁房房租	101.5	103.0	104.6	102.4	98.5
2.住房保养维修及管理	100.0	102.7	104.1	100.9	100.8
(1)住房装潢材料	99.5	103.7	104.6	100.1	100.0
(2)物业管理费	100.1	100.3	100.0	100.0	100.3
(3)住房装潢维修	100.8	102.3	105.2	102.7	102.3
3.水电燃料	101.4	100.6	101.8	101.7	99.9
(1)水	104.2	104.7	103.9	102.5	100.9
(2)电	100.1	98.2	99.5	99.8	100.1
(3)燃气	102.4	100.4	103.6	104.6	99.4
(4)取暖费	100.0	100.0	100.0	100.0	100.0
(5)其他燃料	98.2	115.3	106.3	99.4	95.9
4.自有住房	101.5	103.0	102.3	101.4	98.0
四、生活用品及服务	**100.3**	**101.2**	**101.5**	**100.2**	**99.9**
1.家具及室内装饰品	99.7	103.3	103.9	100.9	101.1
(1)家具	99.9	103.8	104.4	101.2	101.4
(2)室内装饰品	98.8	100.2	100.8	99.2	99.1
2.家用器具	99.2	101.0	99.7	98.2	97.0
(1)大型家用器具	99.2	101.0	99.6	98.2	96.9
(2)小家电	99.0	100.6	100.2	98.3	97.5
3.家用纺织品	99.7	100.6	101.3	100.1	99.1
(1)床上用品	99.8	100.6	100.9	100.2	99.0
(2)窗帘门帘	99.0	100.5	103.9	100.4	99.3
(3)其他家用纺织品	99.9	101.2	101.5	98.6	100.0
4.家庭日用杂品	100.3	100.2	101.1	100.9	100.5
(1)洗涤卫生用品	100.4	99.8	101.8	101.2	100.8
(2)厨具餐具茶具	100.4	100.4	100.1	100.3	100.1
(3)家用手工工具	100.7	101.6	103.3	101.0	100.0
(4)其他家庭日用杂品	100.1	100.8	100.5	100.8	100.3
5.个人护理用品	100.8	101.4	100.5	99.9	101.0
(1)化妆品	101.2	102.0	100.6	100.1	100.6
(2)其他护理用品类	100.4	100.8	100.4	99.7	101.4
6.家庭服务	107.0	101.2	107.0	104.0	103.6
五、交通和通信	**98.6**	**101.6**	**101.2**	**97.1**	**96.4**
1.交通	98.2	102.6	102.8	97.1	94.8
(1)交通工具	97.3	98.0	96.9	96.2	97.4
(2)交通工具用燃料	95.3	110.5	112.1	94.6	86.8
(3)交通工具使用和维修	101.0	101.2	100.8	101.5	100.8
(4)交通费	101.8	101.3	100.8	99.6	98.3

3-4 续表 2

(上年=100)

指　　标	2016	2017	2018	2019	2020
2.通信	99.2	99.9	98.6	96.9	99.4
(1)通信工具	95.3	97.8	94.6	93.3	97.8
(2)通信服务	100.3	100.4	99.6	97.7	99.7
(3)邮递服务	99.9	100.2	100.3	99.4	100.3
六、教育文化娱乐	**102.5**	**104.1**	**101.5**	**100.8**	**101.2**
1.教育	101.9	103.2	102.5	102.9	101.5
(1)教育用品	102.4	105.0	102.1	101.1	100.6
(2)教育服务	101.8	103.1	102.6	103.1	101.6
2.文化娱乐	103.2	104.9	100.5	98.6	100.8
(1)文娱耐用消费品	96.4	97.1	96.3	96.3	96.8
(2)其他文娱用品	100.8	100.6	102.6	101.8	100.2
(3)文化娱乐服务	100.8	100.3	100.8	100.2	100.3
(4)旅游	108.6	111.8	101.6	98.2	102.7
七、医疗保健	**101.6**	**104.2**	**102.8**	**102.8**	**100.7**
1.药品及医疗器具	103.1	103.8	104.4	103.5	101.0
(1)中药	102.9	104.1	105.0	105.1	102.3
(2)西药	103.1	104.5	106.1	104.1	100.2
(3)滋补保健品	106.1	104.6	102.2	102.5	100.5
(4)医疗卫生器具	100.6	100.1	100.2	99.5	103.8
(5)保健器具	100.1	100.0	99.6	98.7	98.5
2.医疗服务	100.6	104.5	101.6	102.2	100.5
(1)综合医疗类	101.9	113.9	101.0	102.5	100.6
(2)诊断类	100.2	100.4	100.4	101.0	100.3
(3)治疗类	100.2	107.4	101.9	103.0	101.1
(4)康复类	100.1	100.8	109.4	106.7	100.3
(5)中医医疗服务类	100.4	102.6	101.5	102.6	101.1
(6)其他医疗服务	100.2	100.6	103.6	102.0	100.5
八、其他用品及服务	**102.9**	**103.7**	**102.4**	**103.2**	**103.1**
1.其他用品类	102.0	101.5	99.4	104.2	107.7
(1)首饰手表	104.4	102.9	99.1	106.3	113.0
(2)其他杂项用品	98.7	99.5	99.9	101.0	99.3
2.其他服务类	103.5	105.1	104.2	102.6	100.4
(1)旅馆住宿	100.4	100.8	102.8	100.0	94.2
(2)美容美发洗浴	103.1	103.9	105.5	102.4	99.8
(3)养老服务	100.5	101.3	100.7	102.6	103.7
(4)金融保险	105.4	109.1	105.1	104.0	102.1
(5)其他服务类	104.3	102.9	101.4	101.3	99.6

3-5 主要城市居民消费价格总指数(1985-2020年)

(上年＝100)

年 份	成都市	自贡市	攀枝花市	泸州市	德阳市	绵阳市	广元市	遂宁市	内江市	乐山市	南充市
1985	111.4	111.0	110.9	112.5		107.9	108.4		108.0	107.5	107.1
1986	104.8	104.4	106.6	103.8		104.8	106.9		106.6	105.8	106.9
1987	108.8	111.0	109.1	111.2		111.4	110.0		109.7	109.4	110.2
1988	124.6	121.6	121.9	123.4		118.7	123.2		119.7	124.4	126.5
1989	116.2	113.8	121.3	115.0		113.7	115.8		115.2	114.3	113.5
1990	103.5	103.1	102.4	99.3		101.4	103.4		100.6	100.9	100.1
1991	105.2	106.4	106.3	105.8		102.3	105.7		103.7	107.7	106.8
1992	110.8	108.6	111.4	110.0		113.0	106.6		110.7	110.1	108.2
1993	115.9	116.9	122.0	115.7		115.1	116.7		114.1	121.0	117.1
1994	126.5	129.7	124.0	125.7		128.8	127.0		131.4	127.5	127.6
1995	117.5	119.1	121.2	118.7		121.7	117.0		119.7	120.1	118.2
1996	109.7	108.2	115.0	107.3		108.0	107.2		108.3	109.2	109.3
1997	105.7	105.5	107.3	104.7		105.5	105.0		103.1	104.3	103.1
1998	100.3	98.0	100.5	98.4		99.7	99.8		99.1	99.7	99.2
1999	98.3	96.9	98.2	99.1		98.3	97.9		99.6	98.2	96.8
2000	100.2	99.2	99.6	100.6		99.5	99.3		99.6	97.6	99.6
2001	100.8	103.2	101.4	101.5		102.6	102.0		102.0	104.4	102.0
2002	98.7	100.1	100.4	100.2		99.2	100.0		100.2	99.0	99.5
2003	102.1	102.5	101.0	100.3		101.7	101.0		102.3	101.9	101.8
2004	103.9	104.7	103.5	104.3		104.5	104.5		103.4	104.3	105.2
2005	102.3	100.9	101.0	100.7		100.6	101.2		101.3	101.1	101.5
2006	101.8	102.8	102.1	102.5		102.5	102.3		102.7	101.8	102.5
2007	105.2	105.8	105.4	106.2		106.4	106.4		106.4	105.7	107.6
2008	104.3	105.1	105.5	104.5		104.6	104.8		105.0	104.4	105.2
2009	100.3	100.9	100.7	101.2	100.5	101.6	101.4	100.9	100.8	101.2	101.4
2010	103.0	103.9	103.3	102.7	105.8	103.5	104.1	104.0	103.2	103.2	104.0
2011	105.4	105.7	104.8	105.8	106.1	105.0	105.3	106.5	105.4	105.0	106.4
2012	103.0	102.8	103.0	102.6	102.1	102.8	102.0	102.3	103.0	102.6	103.2
2013	103.1	103.5	101.3	103.2	102.3	103.2	102.9	102.9	102.3	102.4	103.2
2014	101.3	101.7	102.0	101.8	100.7	101.5	101.9	101.8	101.4	101.8	102.3
2015	101.1	101.5	101.5	101.5	100.4	101.4	101.9	101.7	101.7	101.8	101.8
2016	102.2	102.4	101.7	102.1	101.9	101.7	101.9	101.4	101.6	101.8	102.0
2017	102.0	101.3	101.2	101.8	101.0	102.0	101.6	101.8	101.7	101.7	101.8
2018	101.4	102.3	101.8	101.8	102.0	102.1	101.6	101.8	101.6	102.1	101.8
2019	102.8	103.7	104.1	102.7	104.1	103.4	103.9	102.8	103.5	103.8	103.1
2020	102.5	102.4	104.0	103.2	104.1	103.0	103.3	103.1	103.4	102.0	103.3

3-5 续表

（上年＝100）

年份	眉山市	宜宾市	广安市	达州市	雅安市	巴中市	资阳市	阿坝州	甘孜州	凉山州
1985										107.6
1986										104.5
1987										109.3
1988										126.8
1989										118.0
1990										104.3
1991										104.7
1992										110.9
1993										114.5
1994										121.7
1995										118.1
1996										118.1
1997										103.1
1998										101.8
1999										99.6
2000										99.2
2001										102.9
2002										99.5
2003										101.2
2004										105.0
2005										102.1
2006										102.4
2007										104.5
2008										104.9
2009	101.2	102.0	100.5	100.6	99.4	100.8	100.3	103.1	105.0	99.8
2010	103.2	103.4	103.8	102.6	102.5	103.2	103.8	104.5	106.8	102.8
2011	106.1	105.6	106.1	105.8	105.7	106.6	105.9	106.2	108.6	105.0
2012	102.7	102.4	102.4	102.9	102.8	102.1	103.2	103.1	104.2	102.8
2013	102.8	102.2	102.8	102.5	102.9	102.6	102.9	103.6	104.1	102.5
2014	101.9	101.7	102.3	102.1	102.1	102.3	101.8	101.6	102.1	102.0
2015	101.1	100.8	102.0	101.5	101.0	101.6	101.5	101.0	102.7	102.2
2016	102.0	101.1	101.5	101.6	101.7	101.4	101.3	102.2	102.2	101.9
2017	101.6	101.3	101.4	101.4	101.5	100.5	101.8	101.2	102.2	101.8
2018	101.6	101.8	101.2	102.3	101.9	101.6	101.6	101.1	102.1	101.8
2019	103.7	102.3	103.6	103.1	103.9	103.4	103.5	102.3	103.0	103.8
2020	104.1	104.0	103.3	103.1	103.9	102.9	103.1	106.3	104.3	102.7

3-6 居民消费价格累计指数(2020年)

(上年=100)

单位	居民消费价格总指数	一、食品烟酒	二、衣着	三、居住	四、生活用品及服务	五、交通通信	六、教育文化娱乐	七、医疗保健	八、其他用品及服务
四　川	103.2	111.0	99.7	98.9	99.9	96.4	101.2	100.7	103.1
成都市	102.5	110.2	99.8	97.6	101.4	95.5	101.9	100.5	101.7
自贡市	102.4	109.2	99.3	100.4	98.5	96.1	98.7	100.3	103.0
攀枝花市	104.0	114.3	99.3	98.3	99.1	98.1	100.0	99.5	103.8
泸州市	103.2	109.5	101.9	98.7	99.0	96.9	103.9	102.6	103.5
德阳市	104.1	111.5	97.6	100.7	98.3	97.4	104.7	100.9	102.7
绵阳市	103.0	111.6	98.4	98.9	99.2	96.3	99.9	99.9	103.0
广元市	103.3	111.8	99.3	98.1	99.8	97.2	102.5	100.4	99.5
遂宁市	103.1	110.8	99.6	99.1	97.4	96.9	102.7	99.9	104.6
内江市	103.4	111.5	98.1	98.8	99.1	96.8	100.2	101.5	104.7
乐山市	102.0	109.6	96.3	100.2	97.3	95.3	98.8	98.5	102.9
南充市	103.3	110.5	99.8	98.7	99.1	98.7	103.7	99.9	105.0
眉山市	104.1	111.4	98.4	100.3	98.1	96.9	105.3	100.9	104.9
宜宾市	104.0	111.9	102.5	100.2	100.4	96.4	101.6	100.3	104.0
广安市	103.3	110.1	101.1	98.9	97.3	97.3	102.3	100.5	104.3
达州市	103.1	110.4	101.0	100.3	100.2	96.9	97.2	101.3	104.7
雅安市	103.9	112.3	101.2	99.3	99.4	96.1	101.2	101.6	103.3
巴中市	102.9	108.8	101.1	100.4	99.7	96.7	100.2	101.4	103.4
资阳市	103.1	110.6	99.7	99.3	99.3	95.5	101.1	101.3	104.0
阿坝州	106.3	115.2	101.0	100.6	100.4	96.9	102.5	103.7	104.0
甘孜州	104.3	111.4	100.2	100.1	99.9	97.2	101.7	103.3	103.0
凉山州	102.7	108.7	98.1	100.0	99.8	95.7	100.5	101.2	103.8

3-7 主要城市居民消费价格分类指数(2020年)

(上年＝100)

指标	成都市	自贡市	攀枝花市	泸州市	德阳市	绵阳市	广元市
居民消费价格总指数	**102.5**	**102.4**	**104.0**	**103.2**	**104.1**	**103.0**	**103.3**
一、食品烟酒	**110.2**	**109.2**	**114.3**	**109.5**	**111.5**	**111.6**	**111.8**
粮　食	103.2	99.7	99.4	99.0	99.1	100.4	101.4
鲜　菜	110.9	106.2	108.3	101.1	113.0	111.9	109.3
畜　肉	136.6	137.2	145.4	145.2	137.2	139.7	140.5
水产品	100.6	104.7	104.1	101.7	100.5	104.4	103.1
蛋	94.8	89.0	89.3	107.8	93.6	94.4	92.1
鲜　果	91.7	96.5	96.1	89.6	85.6	86.7	90.4
二、衣着	**99.8**	**99.3**	**99.3**	**101.9**	**97.6**	**98.4**	**99.3**
三、居住	**97.6**	**100.4**	**98.3**	**98.7**	**100.7**	**98.9**	**98.1**
四、生活用品及服务	**101.4**	**98.5**	**99.1**	**99.0**	**98.3**	**99.2**	**99.8**
五、交通通信	**95.5**	**96.1**	**98.1**	**96.9**	**97.4**	**96.3**	**97.2**
六、教育文化娱乐	**101.9**	**98.7**	**100.0**	**103.9**	**104.7**	**99.9**	**102.5**
七、医疗保健	**100.5**	**100.3**	**99.5**	**102.6**	**100.9**	**99.9**	**100.4**
八、其他用品及服务	**101.7**	**103.0**	**103.8**	**103.5**	**102.7**	**103.0**	**99.5**

3-7 续表 1

(上年＝100)

指标	遂宁市	内江市	乐山市	南充市	眉山市	宜宾市	广安市
居民消费价格总指数	**103.1**	**103.4**	**102.0**	**103.3**	**104.1**	**104.0**	**103.3**
一、食品烟酒	**110.8**	**111.5**	**109.6**	**110.5**	**111.4**	**111.9**	**110.1**
粮　食	101.5	102.0	100.5	100.3	100.7	97.5	103.9
鲜　菜	111.4	110.2	110.1	119.4	112.6	113.8	107.0
畜　肉	138.2	142.0	140.0	135.8	138.4	141.9	137.6
水产品	100.3	106.5	108.0	103.1	104.6	104.8	102.1
蛋	95.0	90.1	98.3	97.9	95.5	95.6	97.2
鲜　果	93.0	88.2	90.0	92.6	98.6	94.5	89.7
二、衣着	**99.6**	**98.1**	**96.3**	**99.8**	**98.4**	**102.5**	**101.1**
三、居住	**99.1**	**98.8**	**100.2**	**98.7**	**100.3**	**100.2**	**98.9**
四、生活用品及服务	**97.4**	**99.1**	**97.3**	**99.1**	**98.1**	**100.4**	**97.3**
五、交通通信	**96.9**	**96.8**	**95.3**	**98.7**	**96.9**	**96.4**	**97.3**
六、教育文化娱乐	**102.7**	**100.2**	**98.8**	**103.7**	**105.3**	**101.6**	**102.3**
七、医疗保健	**99.9**	**101.5**	**98.5**	**99.9**	**100.9**	**100.3**	**100.5**
八、其他用品及服务	**104.6**	**104.7**	**102.9**	**105.0**	**104.9**	**104.0**	**104.3**

3-7 续表 2

(上年＝100)

指标	达州市	雅安市	巴中市	资阳市	阿坝州	甘孜州	凉山州
居民消费价格总指数	**103.1**	**103.9**	**102.9**	**103.1**	**106.3**	**104.3**	**102.7**
一、食品烟酒	**110.4**	**112.3**	**108.8**	**110.6**	**115.2**	**111.4**	**108.7**
粮　食	100.3	103.2	101.8	100.8	99.6	100.8	99.2
鲜　菜	106.8	111.9	100.9	113.9	108.3	101.7	102.4
畜　肉	137.3	140.9	140.7	134.0	158.9	137.4	135.7
水产品	104.2	101.2	101.0	100.0	101.5	93.4	106.4
蛋	101.7	93.3	92.0	94.0	99.1	94.5	89.4
鲜　果	93.3	77.0	89.2	89.4	93.6	93.3	85.7
二、衣着	**101.0**	**101.2**	**101.1**	**99.7**	**101.0**	**100.2**	**98.1**
三、居住	**100.3**	**99.3**	**100.4**	**99.3**	**100.6**	**100.1**	**100.0**
四、生活用品及服务	**100.2**	**99.4**	**99.7**	**99.3**	**100.4**	**99.9**	**99.8**
五、交通通信	**96.9**	**96.1**	**96.7**	**95.5**	**96.9**	**97.2**	**95.7**
六、教育文化娱乐	**97.2**	**101.2**	**100.2**	**101.1**	**102.5**	**101.7**	**100.5**
七、医疗保健	**101.3**	**101.6**	**101.4**	**101.3**	**103.7**	**103.3**	**101.2**
八、其他用品及服务	**104.7**	**103.3**	**103.4**	**104.0**	**104.0**	**103.0**	**103.8**

3-8 商品零售价格分类指数(2020年)

(上年＝100)

指 标	全 省	城 市	农 村
商品零售价格指数	**102.7**	**102.5**	**103.4**
一、食品	**112.5**	**112.2**	**113.8**
1.粮食	101.0	101.2	100.1
2.薯类	103.6	102.7	107.1
3.豆类	109.9	111.5	103.8
4.食用油	109.3	107.6	114.8
5.菜	109.5	109.3	110.5
6.畜肉类	138.4	138.2	139.3
7.禽肉类	100.7	101.1	99.1
8.水产品	103.0	102.8	103.6
9.蛋类	95.6	95.9	94.6
10.奶类	101.1	101.4	99.7
11.干鲜瓜果类	93.4	93.6	92.6
12.糖果糕点类	101.0	101.2	100.3
13.调味品	101.2	101.4	100.9
14.其他食品类	102.4	102.4	102.1
15.在外餐饮	106.3	105.7	108.6
二、饮料、烟酒	**101.5**	**101.4**	**102.1**
1.茶及饮料	99.9	100.0	99.8
2.烟草	100.4	100.4	100.4
3.酒类	103.7	103.3	105.3
三、服装、鞋帽	**99.6**	**99.7**	**98.9**
1.服装	99.9	100.3	98.6
2.鞋帽袜	98.5	98.2	99.5
四、纺织品	**99.4**	**99.9**	**98.2**
1.服装材料	101.9	102.8	100.0
2.床上用品	98.7	99.2	97.6
五、家用电器及音像器材	**96.4**	**96.2**	**97.4**
六、文化办公用品	**98.9**	**98.5**	**100.5**
七、日用品	**100.0**	**100.0**	**99.9**
1.日用百货	99.7	99.6	99.7
2.厨具餐具茶具	100.2	100.2	99.9
3.清洗用品	100.6	100.6	100.9
八、体育娱乐用品	**99.2**	**99.0**	**99.8**
九、交通、通信用品	**98.9**	**99.1**	**97.8**
十、家具	**102.2**	**102.5**	**100.7**
十一、化妆品	**101.9**	**102.1**	**100.9**
十二、金银饰品	**113.7**	**113.8**	**113.1**
十三、中西药品及医疗保健用品	**100.9**	**100.8**	**101.6**
1.医疗卫生器具	102.8	102.4	104.2
2.中药	102.1	101.8	103.2
3.西药	100.4	100.3	100.7
十四、书报杂志及电子出版物	**100.5**	**100.5**	**100.4**
十五、燃料	**92.7**	**92.6**	**93.3**
十六、建筑材料及五金电料	**100.0**	**100.0**	**100.1**

3-9 商品零售价格分类指数(2016-2020年)

(上年=100)

指标	2016	2017	2018	2019	2020
商品零售价格总指数	**100.8**	**100.5**	**101.4**	**102.7**	**102.7**
一、食品	**104.5**	**98.3**	**101.5**	**110.6**	**112.5**
1.粮食	101.1	100.5	100.2	100.7	101.0
2.薯类	112.5	98.0	106.9	102.9	103.6
3.豆类	101.2	103.8	105.2	102.3	109.9
4.食用油	103.2	97.6	98.3	105.2	109.3
5.菜	107.3	94.3	110.1	102.1	109.5
6.畜肉类	112.8	93.3	96.4	136.1	138.4
猪肉	118.0	88.9	93.3	150.9	146.7
牛肉	100.7	100.3	104.7	114.9	113.5
羊肉	91.2	98.9	116.1	113.8	108.4
畜肉副产品	113.0	100.0	94.7	124.4	143.7
7.禽肉类	99.7	99.5	104.6	110.9	100.7
鸡	99.1	97.9	104.2	111.5	97.5
鸭	98.9	101.2	106.4	109.2	100.8
8.水产品	103.2	103.6	100.2	100.2	103.0
9.蛋类	96.7	98.3	108.4	103.4	95.6
10.奶类	99.1	99.8	100.5	101.8	101.1
11.干鲜瓜果类	97.6	103.8	102.1	109.1	93.4
鲜瓜果	97.1	105.4	103.8	111.7	91.5
12.糖果糕点类	100.4	102.1	102.5	100.6	101.0
13.调味品	103.4	101.6	101.5	100.3	101.2
14.其他食品类	101.6	99.6	100.3	101.8	102.4
15.在外餐饮	103.3	101.6	101.0	104.0	106.3
二、饮料、烟酒	**100.8**	**101.4**	**101.6**	**101.6**	**101.5**
1.茶及饮料	100.2	102.0	101.8	100.7	99.9
2.烟草	101.6	99.7	100.0	100.6	100.4
3.酒类	100.0	103.8	104.0	103.4	103.7
三、服装、鞋帽	**100.1**	**101.6**	**100.9**	**101.4**	**99.6**
1.服装	100.2	102.4	101.8	101.6	99.9
(1)男式服装	100.5	102.7	101.2	100.9	100.1
(2)女式服装	100.0	102.4	102.2	102.0	99.8
(3)儿童服装	100.1	101.4	101.5	101.5	100.2
2.鞋袜帽	99.9	99.8	98.5	100.9	98.5
(1)鞋	99.9	99.7	98.3	101.0	98.3
(2)袜子	100.0	100.2	99.8	100.1	99.2
(3)帽子	100.0	100.6	99.2	101.1	100.5
3.其他	99.7	100.1	98.8	102.9	99.3

3-9 续表

(上年=100)

指 标	2016	2017	2018	2019	2020
四、纺织品	**99.8**	**100.6**	**100.6**	**101.3**	**99.4**
1.衣着材料	100.6	101.0	103.9	104.8	101.9
2.床上用品	99.7	100.5	99.9	100.4	98.7
五、家用电器及音像器材	**98.9**	**100.1**	**98.7**	**97.5**	**96.4**
1.家庭设备	99.4	100.9	99.9	98.2	96.8
2.文娱用耐用消费品	98.3	98.7	96.0	95.3	95.6
3.专业音像器材	97.9	99.3	99.6	99.1	96.6
六、文化办公用品	**96.2**	**94.7**	**99.4**	**99.2**	**98.9**
七、日用品	**99.7**	**99.7**	**100.9**	**101.1**	**100.0**
1.日用百货	99.5	100.4	100.4	100.2	99.7
2.日用杂品	100.4	99.7	99.4	100.4	100.2
3.洗涤用品	100.9	99.4	103.5	101.9	100.6
4.其他日用品	98.4	99.1	100.1	101.7	99.6
八、体育娱乐用品	**99.8**	**100.3**	**103.8**	**100.8**	**99.2**
1.体育用品	99.9	101.1	102.0	98.8	98.8
2.娱乐用品	99.8	100.2	104.3	101.3	99.3
九、交通、通信用品	**97.4**	**99.0**	**96.4**	**96.0**	**98.9**
1.交通运输机械	97.7	99.6	97.0	96.8	97.7
2.通信器材	97.0	97.7	95.2	94.0	101.6
十、家具	**99.3**	**103.0**	**103.8**	**101.8**	**102.2**
十一、化妆品	**101.7**	**101.2**	**99.7**	**100.1**	**101.9**
十二、金银珠宝	**106.3**	**102.3**	**98.5**	**107.8**	**113.7**
十三、中西药品及医疗保健用品	**104.2**	**102.6**	**104.9**	**103.7**	**100.9**
1.医疗器具及用品	100.9	100.3	100.3	99.9	102.8
2.中药材及中成药	102.6	102.8	105.8	105.9	102.1
3.西药	104.0	102.1	106.0	103.7	100.4
4.保健器具及用品	108.1	104.6	101.9	102.0	100.4
十四、书报杂志及电子出版物	**102.1**	**101.4**	**102.8**	**102.7**	**100.5**
1.教材及参考书	101.7	103.0	102.1	102.4	100.2
2.书报杂志	103.8	100.4	105.9	104.1	101.4
3.电子音像制品	100.1	97.3	98.8	100.0	99.5
十五、燃料	**98.5**	**108.1**	**109.1**	**99.4**	**92.7**
1.煤炭及制品	97.2	119.0	109.1	101.4	96.3
2.石油及制品	98.7	106.1	109.1	99.0	91.9
十六、建筑材料及五金电料	**99.8**	**102.0**	**102.8**	**100.7**	**100.0**
1.建筑装潢材料	99.7	102.4	103.0	100.5	100.0
2.五金电料	100.5	98.9	101.2	101.7	100.0

3-10 主要城市商品零售价格总指数(1985-2020年)

(上年＝100)

年 份	成都市	自贡市	攀枝花市	泸州市	德阳市	绵阳市	广元市	遂宁市	内江市	乐山市	南充市
1985	111.3	111.5	111.9	113.1		108.3	108.2		107.5	107.7	107.4
1986	104.7	104.1	106.9	101.8		105.0	106.8		106.6	105.9	106.8
1987	109.4	110.6	109.0	111.9		112.2	111.6		110.0	110.3	110.9
1988	125.7	123.2	122.8	124.7		119.8	125.0		120.6	125.1	128.1
1989	116.1	114.0	119.9	114.3		112.9	115.3		114.4	113.1	112.8
1990	102.9	101.7	100.9	98.7		100.6	102.5		99.7	100.6	99.5
1991	104.7	106.0	105.8	105.8		102.1	105.0		103.0	105.6	106.7
1992	108.5	107.1	108.7	109.3		110.3	106.1		107.7	107.7	107.6
1993	115.1	116.1	119.9	113.2		113.2	114.3		112.6	116.8	113.6
1994	123.3	124.4	119.0	122.0		122.0	122.0		125.4	123.8	126.0
1995	114.5	113.4	119.0	116.7		115.9	116.7		115.1	114.3	114.7
1996	106.5	105.5	107.0	106.3		106.2	106.1		106.6	106.7	107.4
1997	102.9	102.9	104.9	102.0		102.5	102.7		102.5	102.9	101.6
1998	98.4	97.1	99.2	96.2		97.4	96.2		98.1	96.2	96.5
1999	97.1	96.4	97.0	97.1		96.7	95.4		97.4	97.7	96.1
2000	98.2	97.0	96.7	97.8		96.3	97.1		98.4	96.7	97.2
2001	100.7	101.8	98.3	98.4		100.7	101.3		103.9	100.5	100.9
2002	98.8	100.0	99.8	98.0		98.8	99.6		101.9	98.5	99.2
2003	100.2	101.4	100.3	97.4		100.6	98.7		101.5	100.4	99.7
2004	101.4	103.7	103.1	102.7		104.0	103.1		102.7	103.0	103.8
2005	99.8	100.0	100.3	100.0		99.7	100.7		100.0	99.8	100.6
2006	101.2	102.6	102.4	101.7		102.1	101.9		101.7	101.3	102.2
2007	104.2	105.0	105.1	105.9		106.0	105.2		106.3	104.6	107.4
2008	104.5	105.3	105.0	104.9		104.8	104.8		106.4	104.8	105.9
2009	99.0	100.7	100.4	99.7	98.0	100.6	100.2	100.2	100.2	100.7	100.2
2010	102.4	103.6	103.9	102.2	102.5	102.5	103.4	104.0	102.7	103.1	103.5
2011	104.3	104.7	105.0	104.7	105.4	104.2	104.4	106.1	104.7	105.1	106.8
2012	101.4	102.0	102.0	102.0	100.7	101.4	100.2	101.6	102.3	101.3	102.4
2013	101.7	101.7	100.9	102.2	101.3	101.8	101.1	101.9	101.8	101.8	102.0
2014	100.4	100.5	101.2	100.9	99.8	100.2	100.4	101.1	100.7	101.3	101.7
2015	99.5	99.5	100.2	100.6	100.5	99.9	101.9	100.3	100.3	99.9	100.8
2016	100.8	101.2	101.0	100.4	101.1	100.0	100.2	101.7	100.1	100.8	101.8
2017	99.4	100.9	101.5	100.1	100.0	101.0	101.4	101.0	102.1	101.9	101.9
2018	100.7	102.0	102.2	101.5	102.1	101.6	101.3	101.4	102.0	101.9	101.8
2019	101.9	103.3	103.8	103.0	103.8	101.9	102.2	103.4	103.1	102.9	103.4
2020	102.2	102.3	103.6	102.6	103.1	101.9	102.3	103.4	102.6	101.3	103.7

3-10 续表

(上年=100)

年　份	眉山市	宜宾市	广安市	达州市	雅安市	巴中市	资阳市	阿坝州	甘孜州	凉山州
1985										108.1
1986										104.3
1987										109.9
1988										127.4
1989										117.6
1990										102.2
1991										103.9
1992										105.3
1993										113.6
1994										120.5
1995										115.8
1996										106.4
1997										101.7
1998										99.6
1999										99.2
2000										98.1
2001										98.7
2002										98.9
2003										99.8
2004										103.9
2005										101.4
2006										102.7
2007										104.0
2008										104.2
2009	100.8	100.1	99.4	98.5	98.5	100.2	99.9	102.9	105.5	99.2
2010	103.3	102.6	103.0	102.3	102.6	103.3	103.6	104.3	107.0	102.4
2011	105.3	104.4	106.6	103.6	104.2	106.6	106.2	105.6	109.1	103.9
2012	101.6	101.1	101.3	101.5	101.5	101.7	102.6	103.1	104.2	102.8
2013	101.4	100.4	101.5	101.3	101.7	101.8	101.7	102.8	103.2	101.5
2014	101.1	100.6	101.0	100.6	100.5	101.1	101.2	100.5	101.5	100.7
2015	99.9	99.3	100.1	100.4	99.4	100.3	100.6	99.5	102.0	99.9
2016	100.6	100.0	100.7	100.8	100.4	100.5	100.8	100.9	101.2	100.2
2017	100.9	101.3	101.6	101.3	100.6	100.1	101.2	100.4	100.6	101.9
2018	101.8	102.3	101.4	101.9	101.3	101.5	101.1	101.4	101.1	101.6
2019	102.7	102.2	103.4	102.0	103.6	103.5	102.5	101.5	102.5	102.7
2020	102.7	103.4	102.3	102.2	103.1	102.9	102.8	105.1	103.6	101.0

3-11 主要城市商品零售价格分类指数(2020年)

(上年=100)

指　标	成都市	自贡市	攀枝花市	泸州市	德阳市	绵阳市	广元市
商品零售价格总指数	**102.2**	**102.3**	**103.6**	**102.6**	**103.1**	**101.9**	**102.3**
一、食品	112.2	110.0	116.3	111.0	112.4	112.7	113.5
二、饮料、烟酒	100.6	101.7	103.6	103.8	101.3	102.0	100.8
三、服装、鞋帽	99.9	99.2	99.2	102.2	97.1	98.2	99.3
四、纺织品	100.8	96.4	95.5	99.7	101.6	100.0	100.0
五、家用电器及音像器材	95.6	97.4	97.8	96.7	97.0	97.4	99.2
六、文化办公用品	98.6	97.7	99.8	99.1	100.4	100.1	99.4
七、日用品	100.2	99.1	99.3	99.9	98.3	99.6	99.7
八、体育娱乐用品	98.5	99.1	100.0	100.2	100.6	100.3	101.3
九、交通、通信用品	100.2	96.4	99.2	94.8	97.8	96.5	95.9
十、家具	104.9	99.9	99.7	100.0	100.0	99.4	100.0
十一、化妆品	102.6	99.5	101.3	100.0	99.7	100.8	99.9
十二、金银珠宝	111.4	120.0	114.6	118.2	120.0	112.4	107.7
十三、中西药品及医疗保健用品	100.9	100.6	98.8	101.1	101.6	98.5	100.8
十四、书报杂志及电子出版物	100.5	100.5	102.2	99.7	98.4	101.3	99.9
十五、燃料	92.7	92.8	91.8	94.5	94.3	93.4	94.6
十六、建筑材料及五金电料	100.9	98.8	99.6	101.9	98.6	99.9	99.0

3-11 续表 1

(上年=100)

指　标	遂宁市	内江市	乐山市	南充市	眉山市	宜宾市	广安市
商品零售价格总指数	**103.4**	**102.6**	**101.3**	**103.7**	**102.7**	**103.4**	**102.3**
一、食品	112.7	113.0	110.9	113.2	112.5	113.2	111.5
二、饮料、烟酒	104.7	102.9	100.7	101.0	102.3	104.6	101.4
三、服装、鞋帽	99.6	97.9	96.1	99.8	98.3	102.6	101.0
四、纺织品	99.4	101.9	93.2	100.0	99.6	101.1	99.8
五、家用电器及音像器材	98.9	97.8	95.4	96.3	96.0	96.1	98.6
六、文化办公用品	101.2	102.1	98.2	100.1	99.3	96.0	98.9
七、日用品	99.3	98.5	98.2	100.1	100.8	100.9	96.8
八、体育娱乐用品	99.7	98.0	100.2	100.4	100.0	100.2	99.7
九、交通、通信用品	97.2	96.8	98.9	101.1	96.5	95.6	97.9
十、家具	85.0	99.6	98.6	100.0	90.9	101.8	96.2
十一、化妆品	100.3	100.4	98.7	102.9	100.2	99.3	94.8
十二、金银珠宝	120.4	118.3	112.1	108.7	118.5	117.4	121.0
十三、中西药品及医疗保健用品	99.5	102.8	96.3	99.8	102.0	100.7	101.1
十四、书报杂志及电子出版物	101.0	101.0	100.6	100.6	101.9	100.6	99.6
十五、燃料	93.6	91.4	95.3	92.3	93.7	92.5	92.2
十六、建筑材料及五金电料	99.9	98.6	98.3	100.3	99.2	97.8	96.9

3-11 续表 2

(上年=100)

指标	达州市	雅安市	巴中市	资阳市	阿坝州	甘孜州	凉山州
商品零售价格总指数	**102.2**	**103.1**	**102.9**	**102.8**	**105.1**	**103.6**	**101.0**
一、食品	111.6	113.9	110.1	111.5	116.8	112.9	109.9
二、饮料、烟酒	100.7	102.2	104.1	102.1	102.2	101.9	103.0
三、服装、鞋帽	100.9	101.2	101.0	99.7	100.4	100.0	97.9
四、纺织品	99.9	99.7	99.7	100.3	101.7	100.3	98.1
五、家用电器及音像器材	95.9	96.9	99.8	95.7	99.4	95.2	97.2
六、文化办公用品	100.6	99.4	100.6	102.0	100.6	100.4	98.4
七、日用品	99.1	99.2	100.1	99.3	100.2	100.6	100.9
八、体育娱乐用品	98.3	100.8	100.1	100.2	100.4	99.4	98.4
九、交通、通信用品	97.4	94.7	97.9	98.3	99.0	97.2	94.1
十、家具	100.0	98.0	97.6	101.3	100.0	101.1	96.8
十一、化妆品	100.8	100.5	100.4	100.6	100.0	100.3	100.6
十二、金银珠宝	118.3	118.1	109.3	121.8	119.2	113.1	111.6
十三、中西药品及医疗保健用品	102.2	101.9	103.0	102.0	102.1	104.8	100.2
十四、书报杂志及电子出版物	99.9	100.3	100.0	100.1	100.2	99.3	97.7
十五、燃料	93.1	96.8	93.4	91.7	89.3	92.0	87.8
十六、建筑材料及五金电料	97.6	100.1	100.5	99.6	100.2	101.2	99.3

3-12 农业生产资料价格分类指数(2020年)

(上年＝100)

指　　标	全　省	农　村
农业生产资料价格指数	**120.9**	**120.9**
一、农用手工工具	**99.9**	**99.9**
二、饲料	**107.3**	**107.3**
混合饲料	107.3	107.3
其他饲料	107.1	107.1
三、仔畜幼禽及产品畜	**191.3**	**191.3**
仔　　畜	234.4	234.4
幼　　禽	86.5	86.5
产 品 畜	149.4	149.4
四、半机械化农具	**100.0**	**100.0**
五、机械化农具	**100.0**	**100.0**
六、化学肥料	**99.0**	**99.0**
氮　　肥	97.8	97.8
磷　　肥	99.1	99.1
钾　　肥	99.7	99.7
复合肥料	100.0	100.0
七、农药及农药器械	**101.1**	**101.1**
1.化学农药	101.2	101.2
杀 虫 剂	101.5	101.5
杀 菌 剂	100.9	100.9
除 草 剂	100.8	100.8
生长调节剂	102.6	102.6
2.农药器械	100.3	100.3
八、农机用油	**88.8**	**88.8**
九、其他农用生产资料	**100.4**	**100.4**
农用种子	101.2	101.2
农用薄膜	98.4	98.4
十、农业生产服务	**101.1**	**101.1**
排 灌 费	100.9	100.9
机械作业费	100.6	100.6

3-13 分月农业生产资料价格指数(2020年)

(上年同月=100)

指　标	1月	2月	3月	4月	5月	6月	7月	8月	9月	10月	11月	12月
农业生产资料价格指数	**117.9**	**119.4**	**124.2**	**127.9**	**127.2**	**123.9**	**125.3**	**126.2**	**124.5**	**117.4**	**110.1**	**109.1**
一、农用手工工具	**99.9**	**99.8**	**99.6**	**99.6**	**99.7**	**99.6**	**99.5**	**99.9**	**100.2**	**100.3**	**100.3**	**100.3**
农用手工工具	99.9	99.8	99.6	99.6	99.7	99.6	99.5	99.9	100.2	100.3	100.3	100.3
二、饲料	**104.1**	**105.2**	**106.1**	**106.6**	**106.9**	**107.0**	**108.3**	**110.5**	**109.6**	**109.0**	**106.9**	**107.1**
混合饲料	104.9	106.0	107.3	107.7	108.0	107.9	108.4	109.7	109.6	108.1	105.1	105.3
其他饲料	101.5	102.7	102.4	103.1	103.4	104.0	107.9	112.9	109.6	112.2	112.7	112.8
三、仔畜幼禽及产品畜	**202.3**	**209.2**	**223.7**	**234.3**	**236.6**	**217.2**	**223.5**	**218.6**	**203.0**	**160.8**	**132.0**	**126.3**
仔　畜	237.8	251.7	284.7	291.6	284.3	275.8	299.1	311.7	267.7	192.5	153.0	138.9
幼　禽	129.4	123.8	106.8	108.5	113.5	85.6	76.2	63.9	65.7	67.2	63.7	74.5
产 品 畜	140.7	143.3	156.0	159.3	161.6	165.6	167.9	167.0	159.3	141.8	128.5	119.1
四、半机械化农具	**99.4**	**99.5**	**99.9**	**99.9**	**99.9**	**99.9**	**99.9**	**100.0**	**100.4**	**100.4**	**100.3**	**100.4**
半机械化农具	99.4	99.5	99.9	99.9	99.9	99.9	99.9	100.0	100.4	100.4	100.3	100.4
五、机械化农具	**100.0**	**100.1**	**100.1**	**100.1**	**100.1**	**100.1**	**100.1**	**99.9**	**99.9**	**99.9**	**99.9**	**99.8**
机械化农具	100.0	100.1	100.1	100.1	100.1	100.1	100.1	99.9	99.9	99.9	99.9	99.8
六、化学肥料	**97.8**	**98.3**	**100.1**	**100.5**	**99.3**	**99.1**	**98.9**	**98.2**	**98.4**	**98.9**	**99.1**	**99.4**
氮　肥	94.4	95.8	99.4	101.0	98.8	98.6	97.9	96.3	96.5	97.9	98.4	99.2
磷　肥	99.1	98.6	100.3	100.3	99.1	99.0	98.5	98.6	99.0	99.0	99.0	99.0
钾　肥	99.3	99.2	100.0	99.7	99.4	98.9	99.5	100.0	100.0	100.0	100.0	100.0
复合肥料	100.9	101.0	100.8	100.3	99.9	99.9	100.0	99.5	99.5	99.5	99.5	99.5
七、农药及农药器械	**101.7**	**101.6**	**101.7**	**101.1**	**100.8**	**100.8**	**100.9**	**100.8**	**100.6**	**100.9**	**101.0**	**101.0**
1.化学农药	101.7	101.6	102.0	101.4	101.0	101.0	101.1	101.0	100.7	101.0	101.2	101.2
杀 虫 剂	101.0	101.0	101.8	101.4	101.5	101.7	102.0	101.9	101.3	101.3	101.3	101.3
杀 菌 剂	103.0	102.7	102.6	101.5	100.7	100.7	100.5	100.2	100.2	99.8	99.8	99.8
除 草 剂	101.8	101.7	101.9	101.2	100.0	99.6	99.6	99.6	99.8	101.2	101.8	101.8
生长调节剂	102.9	103.1	103.9	102.8	102.2	102.3	102.3	102.3	102.3	102.3	102.3	102.3
2.农药器械	101.6	101.5	100.1	99.9	100.0	100.1	100.1	100.1	100.1	100.1	100.1	100.1
农药器械	101.6	101.5	100.1	99.9	100.0	100.1	100.1	100.1	100.1	100.1	100.1	100.1
八、农机用油	**106.3**	**98.0**	**87.9**	**83.4**	**82.6**	**84.8**	**87.8**	**89.0**	**88.3**	**85.7**	**85.3**	**87.6**
农用柴油	108.2	97.5	84.5	77.8	76.1	78.6	82.3	84.1	83.3	81.0	80.4	83.8
润 滑 油	99.7	99.7	100.6	105.7	109.2	109.1	108.7	107.3	106.7	103.3	103.3	101.8
九、其他农用生产资料	**100.8**	**100.9**	**99.9**	**100.0**	**100.2**	**100.2**	**100.3**	**100.3**	**100.3**	**100.4**	**100.4**	**100.6**
农用种子	101.4	101.6	101.0	101.0	101.0	101.0	101.0	101.0	101.0	101.3	101.4	101.6
农用薄膜	98.8	98.6	96.2	97.7	98.3	98.5	98.7	98.8	98.9	98.6	98.6	98.6
未列名的其他农用生产资料	102.0	102.1	101.8	100.5	100.5	100.5	100.4	100.2	100.3	100.2	100.1	100.1
十、农业生产服务	**101.8**	**101.4**	**101.5**	**101.5**	**100.7**	**100.6**	**100.9**	**101.5**	**101.0**	**101.0**	**100.8**	**100.9**
排 灌 费	100.5	100.5	100.5	100.5	100.0	100.0	101.4	101.4	101.4	101.4	101.4	101.4
机械作业费	101.1	101.1	101.2	101.2	100.6	100.2	100.3	100.3	100.2	100.2	100.2	100.2
农业用电	100.0	100.0	100.0	100.0	100.0	100.0	100.0	100.0	100.0	100.0	100.0	100.0
农业用工	102.5	101.9	102.0	102.0	100.9	100.9	101.0	102.1	101.3	101.3	101.1	101.1

3-14 农业生产资料价格分类指数(2016-2020年)

(上年=100)

指　　标	2016	2017	2018	2019	2020
农业生产资料价格指数	**103.7**	**99.8**	**101.8**	**109.0**	**120.9**
农用手工工具	100.1	100.5	107.3	105.8	99.9
饲料	95.2	101.5	103.6	100.6	107.3
混合饲料	95.7	100.3	103.3	101.7	107.3
其他	93.4	105.2	104.4	97.5	107.1
仔畜幼禽及产品畜	139.1	90.4	88.2	150.8	191.3
仔　畜	148.4	88.2	77.3	159.4	234.4
幼　禽	112.7	97.3	125.1	138.4	86.5
产 品 畜	129.6	98.0	100.3	118.8	149.4
半机械化农具	98.5	103.0	101.2	98.1	100
机械化农具	98.1	102.1	101.8	99.2	100
化学肥料	98.8	102.5	107.0	103.0	99.0
氮肥	96.9	106.6	111.3	100.8	97.8
磷肥	100.1	100.2	102.9	101.3	99.1
钾肥	100.9	101.3	103.2	102.8	99.7
复合肥料	99.2	99.6	106.0	107.0	100.0
农药及农药器械	100.0	100.8	103.8	104.2	101.1
化学农药	100.0	100.8	103.9	104.4	101.2
杀虫剂	100.7	101.2	104.4	104.3	101.5
杀菌剂	100.1	100.2	106.2	107.0	100.9
除草剂	98.5	100.6	101.8	103.1	100.8
农药器械	100.2	100.7	103.0	102.9	100.3
农用机油	96.2	110.1	111.3	94.0	88.8
其他农业生产资料	100.9	102.2	102.5	101.1	100.4
农用种子	102.2	100.8	101.0	101.4	101.2
农用薄膜	99.8	105.9	102.8	100.2	98.4
农业生产服务	102.5	101.6	104.4	103.3	101.1
排灌费	100.0	100.0	101.4	100.9	100.9
机械作业费	99.8	100.0	101.7	101.9	100.6
农业用电	100.0	100.0	100.2	100.1	100.0
农业用工	104.5	102.7	106.5	104.5	101.5

3-15 主要年份工业生产者价格指数(1992-2020年)

(上年同期=100)

年份	工业生产者出厂价格指数	生产资料	生活资料	工业生产者购进价格指数
1992	106.1	106.9	104.3	112.5
1993	127.4	135.0	112.4	137.2
1994	115.4	112.2	122.1	120.9
1995	112.3	108.4	120.6	115.5
1996	102.2	103.4	99.7	106.1
1997	100.9	99.9	102.9	101.5
1998	97.3	97.8	96.4	95.3
1999	97.0	96.4	98.3	96.4
2000	98.1	98.6	97.0	101.5
2001	98.5	98.5	98.5	100.4
2002	97.7	98.0	97.1	99.2
2003	100.5	101.4	98.3	101.7
2004	105.4	107.0	101.3	110.3
2005	104.0	105.5	100.1	109.3
2006	101.9	102.8	99.1	104.3
2007	103.9	103.3	105.9	105.7
2008	109.3	109.6	108.0	112.4
2009	96.5	95.7	98.8	95.3
2010	105.0	105.7	102.8	106.1
2011	107.3	107.9	105.7	112.6
2012	98.6	97.9	100.6	100.0
2013	98.7	98.2	99.9	99.2
2014	98.7	98.1	100.6	98.7
2015	96.4	95.3	99.8	96.7
2016	98.9	98.7	99.5	98.8
2017	106.5	108.7	100.8	108.3
2018	103.6	104.6	101.1	105.3
2019	100.4	100.2	100.7	100.6
2020	98.8	97.9	101.1	98.1

3-16 按轻重部类分组的工业生产者出厂价格指数(2015-2020年)

(上年同期=100)

项目	2015	2016	2017	2018	2019	2020
总指数	**96.4**	**98.9**	**106.5**	**103.6**	**100.4**	**98.8**
按轻重工业分						
轻工业	98.7	99.2	102.3	101.6	99.8	100.4
以农产品为原料	99.0	99.6	102.1	102.6	101.1	101.7
以非农产品为原料	97.5	97.9	102.9	98.6	96.1	96.4
重工业	95.5	98.8	108.3	104.5	100.6	98.0
采掘	90.4	95.0	116.5	102.3	103.9	101.8
原料	96.4	99.1	109.9	105.4	98.7	95.2
加工	96.0	99.2	106.9	104.5	100.9	98.5
按生产生活资料分						
生产资料	95.3	98.7	108.7	104.6	100.2	97.9
采掘	90.3	95.0	116.5	102.3	103.9	101.8
原料	96.4	99.1	110.2	105.3	98.0	94.6
加工	95.7	99.0	107.4	104.6	100.5	98.4
生活资料	99.8	99.5	100.8	101.1	100.7	101.1
食品	100.2	100.2	100.9	101.9	102.2	102.9
衣着	103.5	104.7	101.0	103.0	100.9	98.4
一般日用品	98.0	98.5	101.5	101.7	100.2	99.0
耐用消费品	98.1	96.6	99.6	97.3	95.6	96.7
按工业部门分						
冶金工业	89.3	99.9	123.0	106.7	101.2	99.6
电力工业	99.9	99.9	98.4	98.1	98.0	96.3
煤炭及炼焦工业	87.9	98.1	133.0	102.0	99.5	96.0
石油工业	97.4	91.9	105.2	108.7	101.0	90.7
化学工业	97.5	99.1	105.8	105.5	99.1	97.5
机械工业	99.1	98.5	102.6	101.2	99.4	98.6
建筑材料工业	92.8	98.9	106.1	110.7	105.6	97.5
森林工业	101.0	99.6	100.1	101.4	100.9	99.2
食品工业	99.8	99.7	100.6	101.9	101.9	102.8
纺织工业	93.5	97.8	105.7	105.0	99.2	98.0
缝纫工业	104.9	101.8	102.7	103.7	99.2	97.9
皮革工业	102.8	106.8	100.4	104.9	103.0	99.9
造纸工业	98.8	100.2	117.5	106.4	95.0	97.6
文教艺术用品工业	95.0	96.9	106.8	104.2	101.2	100.1
其他工业	96.3	99.0	104.5	105.0	99.2	98.1

3-17　分月工业生产者出厂价格指数(2020年)

(上年同月=100)

类　别	全年	1月	2月	3月	4月	5月	6月	7月	8月	9月	10月	11月	12月
工业生产者出厂价格指数	**98.8**	**99.7**	**99.6**	**99.2**	**98.1**	**97.5**	**97.9**	**98.1**	**98.8**	**98.7**	**98.5**	**99.0**	**100.0**
#轻工业	100.4	100.3	100.4	100.2	99.9	99.2	99.9	100.3	101.3	100.7	100.3	100.8	102.0
以农产品为原料	101.7	101.8	102.3	102.3	101.6	101.1	101.3	101.8	102.6	102.0	101.3	101.3	101.6
以非农产品为原料	96.4	95.9	94.5	93.9	94.6	93.4	95.8	95.5	97.2	96.7	97.4	99.3	103.2
重工业	98.0	99.5	99.3	98.8	97.3	96.8	97.0	97.1	97.6	97.8	97.7	98.2	99.2
采掘	101.8	104.4	103.5	103.6	102.7	101.3	100.6	100.0	99.6	100.1	100.9	101.7	103.0
原料	95.2	97.8	97.3	95.9	93.5	92.6	93.3	94.2	94.5	95.0	95.1	96.0	97.9
加工	98.5	99.4	99.5	99.2	98.0	97.7	97.8	97.8	98.4	98.5	98.2	98.6	99.1
#生产资料	97.9	99.1	98.9	98.5	97.1	96.6	96.8	97.0	97.6	97.7	97.7	98.3	99.3
采掘	101.8	104.4	103.5	103.6	102.7	101.3	100.6	100.0	99.6	100.1	100.9	101.7	103.0
原料	94.6	97.2	96.7	95.4	92.7	91.9	92.6	93.5	93.8	94.4	94.4	95.4	97.4
加工	98.4	99.0	99.1	99.0	97.8	97.5	97.6	97.7	98.5	98.5	98.3	98.8	99.4
生活资料	101.1	101.4	101.3	101.0	100.8	100.0	100.8	100.9	101.8	101.1	100.7	100.9	102.0
食品	102.9	103.4	103.8	103.6	102.9	102.4	102.8	103.4	104.0	102.8	102.0	101.7	101.9
衣着	98.4	99.1	100.7	100.2	100.4	99.0	98.8	97.5	97.9	96.9	96.1	96.3	97.5
一般日用品	99.0	100.4	100.7	100.6	99.9	98.7	97.9	97.6	97.7	98.5	98.6	98.6	98.3
耐用消费品	96.7	95.4	92.9	92.1	94.0	92.6	96.1	95.6	98.1	97.8	98.4	100.8	106.6
按工业部门分													
冶金工业	99.6	102.6	101.8	100.2	96.9	96.5	97.2	97.1	98.6	99.7	100.4	101.5	103.0
电力工业	96.3	96.0	95.7	95.9	96.0	95.3	95.7	96.6	96.8	96.5	96.6	96.9	97.9
煤炭及炼焦工业	96.0	97.1	97.5	97.9	96.6	95.9	94.8	94.5	94.1	94.4	94.9	96.1	98.1
石油工业	90.7	102.0	98.9	92.5	87.9	86.3	87.6	89.5	89.4	89.2	87.6	88.1	90.2
化学工业	97.5	98.5	98.8	98.8	97.1	96.1	96.7	96.5	96.7	96.8	96.9	97.8	98.8
机械工业	98.6	98.6	98.4	98.2	98.4	98.0	98.2	98.2	98.9	98.6	98.4	98.9	100.2
建筑材料工业	97.5	98.3	98.4	98.8	96.1	95.6	96.3	96.8	98.0	97.7	97.6	98.0	98.3
森林工业	99.2	99.6	99.5	99.4	98.6	98.3	98.2	98.4	98.9	99.5	99.5	100.1	100.5
食品工业	102.8	102.6	103.2	103.1	102.6	102.4	102.6	103.1	104.0	103.2	102.4	102.3	102.6
纺织工业	98.0	100.8	100.6	100.2	98.5	97.3	98.2	97.7	98.3	97.0	96.3	95.6	95.9
缝纫工业	97.9	98.0	100.6	99.7	100.3	98.0	98.2	96.9	97.6	96.9	95.5	96.4	97.2
皮革工业	99.9	102.6	102.4	102.4	102.2	102.0	99.3	98.8	98.5	97.9	97.9	97.4	97.3
造纸工业	97.6	97.2	97.1	97.7	96.2	94.1	93.6	96.4	97.6	99.0	99.8	101.8	101.7
文教艺术用品工业	100.1	100.5	100.1	100.1	99.8	99.8	100.0	100.3	100.1	99.8	100.0	99.9	100.2
其他工业	98.1	98.2	98.6	98.6	98.3	97.7	97.2	97.0	97.3	97.9	98.4	98.6	99.7

3-18 分月工业生产者出厂价格环比指数(2020年)

(上月=100)

类　别	1月	2月	3月	4月	5月	6月	7月	8月	9月	10月	11月	12月
全部工业品	**99.9**	**99.9**	**99.7**	**99.2**	**99.4**	**99.8**	**99.9**	**100.2**	**100.2**	**100.0**	**100.7**	**101.2**
#轻工业	99.7	99.9	99.9	99.7	99.4	100.6	100.2	100.6	99.9	100.1	100.8	101.0
以农产品为原料	99.8	100.2	100.0	99.6	99.6	100.3	100.5	100.6	100.0	99.9	100.5	100.7
以非农产品为原料	99.5	99.0	99.8	100.1	98.6	101.4	99.4	100.8	99.6	100.8	102.0	102.2
重工业	100.0	99.8	99.6	98.9	99.4	99.5	99.8	100.0	100.3	100.0	100.6	101.3
采掘	100.0	100.0	100.4	99.1	99.5	99.8	100.0	100.1	100.8	100.6	100.8	101.8
原料	100.9	99.4	98.5	98.0	98.3	97.8	99.2	99.8	100.4	100.2	101.7	103.8
加工	99.7	99.9	99.9	99.3	99.8	99.9	100.0	100.0	100.2	99.8	100.2	100.4
#生产资料	100.0	99.8	99.6	98.9	99.4	99.4	99.8	100.1	100.3	100.0	100.7	101.3
采掘	100.0	100.0	100.4	99.1	99.5	99.8	100.0	100.1	100.8	100.6	100.8	101.8
原料	100.9	99.4	98.5	97.8	98.3	97.7	99.1	99.8	100.4	100.1	101.7	103.9
加工	99.7	99.9	99.9	99.2	99.8	99.9	100.0	100.2	100.2	99.9	100.3	100.5
生活资料	99.7	100.0	99.9	100.0	99.3	100.7	100.2	100.4	100.0	100.1	100.6	100.9
食品	99.8	100.4	100.0	99.9	99.7	100.6	100.6	100.3	99.9	99.8	100.4	100.6
衣着	99.6	99.8	99.3	99.5	99.5	100.1	99.2	100.5	100.0	99.8	99.6	100.6
一般日用品	100.1	100.0	99.8	99.3	99.0	99.4	99.6	100.3	100.8	100.2	99.9	99.8
耐用消费品	99.2	98.4	99.8	101.1	98.3	102.6	99.3	101.2	99.7	101.3	102.5	103.3
按工业部门分												
冶金工业	99.7	99.5	98.8	98.1	99.9	100.9	100.6	101.1	101.0	100.3	101.1	102.1
电力工业	102.8	100.3	100.0	100.0	97.1	94.2	97.4	98.6	99.6	100.0	102.5	105.8
煤炭及炼焦工业	99.5	99.7	100.2	98.7	99.2	98.9	99.1	99.2	100.4	100.2	101.1	101.7
石油工业	100.3	97.6	94.1	95.2	99.0	100.0	100.8	100.2	100.3	98.5	100.5	103.6
化学工业	99.8	99.9	100.0	98.5	99.1	99.6	99.5	99.9	100.5	100.2	100.9	101.0
机械工业	99.5	99.8	100.1	100.0	99.6	100.2	99.9	100.1	100.0	100.1	100.3	100.6
建筑材料工业	100.2	99.9	99.9	98.5	99.9	100.1	100.1	99.6	99.9	99.4	100.5	100.3
森林工业	99.8	99.8	100.0	99.6	99.7	100.0	100.1	100.3	100.5	100.2	100.3	100.1
食品工业	99.7	100.4	99.9	100.0	99.8	100.5	100.7	100.5	100.0	99.9	100.6	100.7
纺织工业	100.1	99.7	99.6	98.5	98.8	99.8	99.5	100.5	99.6	99.8	99.4	100.5
缝纫工业	100.4	99.8	99.1	99.6	98.4	100.8	99.0	100.6	100.2	99.4	99.7	100.1
皮革工业	98.3	99.8	99.7	99.4	100.8	98.6	99.7	99.9	100.3	100.2	99.5	100.9
造纸工业	100.4	99.7	101.0	98.1	97.9	99.4	101.0	101.0	100.9	100.9	101.0	100.5
文教艺术用品工业	100.1	99.9	100.1	99.9	99.9	100.1	100.1	100.0	99.8	100.2	100.1	100.1
其他工业	99.9	100.0	100.1	99.6	99.4	99.4	99.8	100.2	100.0	100.4	100.1	100.9

3-19 分行业工业生产者出厂价格指数(2020年)

(上年同月=100)

类别	全年	1月	2月	3月	4月	5月	6月
总指数	**98.8**	**99.7**	**99.6**	**99.2**	**98.1**	**97.5**	**97.9**
煤炭开采和洗选业	**95.9**	**97.6**	**97.8**	**98.1**	**96.5**	**96.0**	**95.0**
烟煤和无烟煤开采洗选	95.9	97.6	97.8	98.1	96.5	96.0	95.0
石油和天然气开采业	**100.7**	**102.8**	**101.2**	**100.6**	**101.3**	**100.8**	**100.5**
天然气开采	100.7	102.8	101.2	100.6	101.3	100.8	100.5
黑色金属矿采选业	**108.1**	**116.5**	**114.4**	**115.3**	**113.6**	**110.3**	**108.0**
铁矿采选	108.1	116.5	114.4	115.3	113.6	110.3	108.0
有色金属矿采选业	**100.4**	**98.3**	**96.9**	**94.7**	**95.2**	**92.6**	**94.4**
常用有色金属矿采选	100.6	98.3	96.9	94.3	94.5	91.9	93.3
贵金属矿采选	123.5	122.2	118.9	130.7	132.0	132.1	132.6
稀有稀土金属矿采选	90.9	90.0	90.3	89.7	93.9	90.5	98.1
非金属矿采选业	**103.8**	**106.0**	**105.6**	**106.2**	**104.2**	**102.5**	**102.1**
土砂石开采	105.3	106.3	106.0	106.8	105.6	105.9	104.4
化学矿开采	97.6	106.1	103.2	106.2	98.4	86.9	93.3
采盐	100.2	103.4	104.9	101.9	101.0	98.2	96.3
农副食品加工业	**104.3**	**103.5**	**105.0**	**104.7**	**104.1**	**103.0**	**103.3**
谷物磨制	101.8	98.3	99.1	99.0	100.3	100.7	101.3
饲料加工	104.3	99.7	100.9	101.7	103.2	104.6	104.2
植物油加工	106.3	109.5	107.8	107.7	102.8	101.2	102.4
制糖业	105.5	109.4	109.4	109.4	109.4	109.4	107.4
屠宰及肉类加工	105.7	106.2	109.5	108.7	107.1	104.1	104.4
蔬菜、菌类、水果和坚果加工	101.5	102.1	102.1	101.7	102.2	101.1	101.2
其他农副食品加工	100.1	101.0	101.0	99.7	99.6	99.9	100.2
食品制造业	**102.2**	**103.9**	**104.4**	**105.1**	**104.0**	**103.7**	**102.4**
焙烤食品制造	100.0	101.2	101.0	101.3	100.5	100.2	99.2
糖果、巧克力及蜜饯制造	103.7	107.5	106.5	105.4	105.8	103.4	103.4
方便食品制造	98.7	100.0	100.1	100.3	99.6	99.3	98.9
乳制品制造	101.6	102.5	103.3	101.9	100.8	102.0	102.8
罐头食品制造	117.0	126.6	126.6	132.2	127.4	128.1	117.8
调味品、发酵制品制造	101.0	100.9	101.8	101.8	101.5	100.8	101.0
其他食品制造	98.0	98.1	99.6	100.6	99.5	99.0	97.6
酒、饮料及精制茶制造业	**101.6**	**100.8**	**100.7**	**100.7**	**100.6**	**101.3**	**102.0**
酒的制造	102.5	100.9	100.9	101.2	101.4	102.2	103.1
饮料制造	99.9	100.8	100.3	100.6	98.5	99.5	99.9
精制茶加工	97.1	99.8	99.6	97.5	96.8	96.8	96.1
烟草制品业	**100.6**	**102.4**	**102.4**	**102.4**	**100.1**	**100.1**	**100.1**
卷烟制造	100.6	102.4	102.4	102.4	100.0	100.0	100.0
其他烟草制品制造	102.6	103.9	103.9	103.9	103.9	103.9	103.9
纺织业	**98.0**	**100.8**	**100.6**	**100.2**	**98.5**	**97.3**	**98.2**
棉纺织及印染精加工	95.4	98.3	97.8	97.5	94.9	93.7	94.8
毛纺织及染整精加工	100.0	100.0	100.0	100.0	100.0	100.0	100.0
麻纺织及染整精加工	103.3	113.9	113.4	113.0	108.3	102.7	103.6
丝绢纺织及印染精加工	105.0	107.0	107.3	106.6	107.1	107.7	107.5
化纤织造及印染精加工	85.3	84.3	86.1	86.7	86.7	82.0	85.9
家用纺织制成品制造	104.6	105.3	105.3	105.3	105.3	105.3	105.3
产业用纺织制成品制造	93.2	101.7	102.3	102.5	100.2	88.8	88.9
纺织服装、服饰业	**97.9**	**98.0**	**100.6**	**99.7**	**100.3**	**98.0**	**98.2**
机织服装制造	97.7	97.5	100.4	99.5	100.3	97.7	98.1
针织或钩针编织服装制造	99.1	101.9	101.9	101.9	99.3	99.3	98.1
服饰制造	105.1	100.0	100.0	100.0	106.8	106.8	106.8

3-19 续表 1

(上年同月＝100)

类　别	全年	1月	2月	3月	4月	5月	6月
皮革、毛皮、羽毛及其制品和制鞋业	**99.7**	**102.2**	**102.3**	**102.1**	**101.9**	**101.5**	**98.9**
皮革鞣制加工	102.9	107.0	107.0	107.0	107.0	107.0	99.1
皮革制品制造	97.7	101.2	99.1	102.6	101.2	100.7	98.2
羽毛(绒)加工及制品制造	95.8	100.8	99.9	97.9	96.9	93.2	92.3
制鞋业	99.0	100.6	100.9	100.8	100.5	100.3	99.5
木材加工和木、竹、藤、棕、草制品业	**98.3**	**99.3**	**99.3**	**99.0**	**97.9**	**97.4**	**96.9**
木材加工	98.0	94.8	94.8	93.9	93.7	99.0	99.2
人造板制造	98.3	100.5	100.4	100.2	98.3	97.2	96.2
木制品制造	99.2	98.8	98.5	98.3	98.2	98.1	98.1
竹、藤、棕、草制品制造	95.4	93.2	95.1	95.3	96.7	95.9	96.7
家具制造业	**100.1**	**100.0**	**99.9**	**99.8**	**99.4**	**99.2**	**99.5**
木质家具制造	99.9	99.9	99.6	99.7	99.1	98.9	99.3
竹、藤家具制造	100.0	100.0	100.0	100.0	100.0	100.0	100.0
金属家具制造	103.0	102.2	102.1	101.9	101.5	101.5	100.6
其他家具制造	99.7	99.8	100.5	99.4	100.2	99.7	100.0
造纸和纸制品业	**97.6**	**97.2**	**97.1**	**97.7**	**96.2**	**94.1**	**93.6**
纸浆制造	90.7	84.0	84.0	84.5	85.8	86.0	87.1
造纸	96.1	95.4	95.5	95.6	94.0	92.0	91.6
纸制品制造	99.0	99.0	98.9	99.9	98.2	95.9	95.3
印刷和记录媒介复制业	**100.0**	**100.4**	**100.0**	**100.0**	**99.7**	**99.8**	**100.1**
印刷	100.5	101.0	100.6	100.6	100.2	100.3	100.6
装订及印刷相关服务	93.8	92.2	92.2	92.2	92.2	92.2	92.2
文教、工美、体育和娱乐用品制造业	**100.2**	**100.4**	**100.0**	**99.8**	**100.1**	**100.1**	**99.5**
文教办公用品制造	99.1	99.7	99.7	99.5	98.2	98.7	99.0
乐器制造	100.7	103.2	101.8	101.8	101.8	100.0	100.0
工艺美术及礼仪用品制造	100.0	99.5	99.5	99.2	99.4	100.2	99.2
玩具制造	99.4	97.3	97.3	97.3	100.0	100.0	100.0
游艺器材及娱乐用品制造	100.0	100.0	100.0	100.0	100.0	100.0	100.0
石油、煤炭及其他燃料加工业	**87.8**	**101.7**	**98.0**	**90.2**	**84.3**	**82.2**	**83.5**
精炼石油产品制造	84.5	105.1	99.1	87.6	79.4	77.3	79.5
煤炭加工	95.7	94.5	95.7	96.4	96.0	94.3	93.0
化学原料和化学制品制造业	**95.5**	**95.6**	**96.5**	**96.9**	**95.5**	**93.8**	**94.3**
基础化学原料制造	92.2	91.7	93.3	92.0	91.3	90.6	91.1
肥料制造	95.9	96.8	96.2	97.4	96.5	95.9	95.4
农药制造	102.2	94.4	93.0	97.2	97.9	100.5	103.1
涂料、油墨、颜料及类似产品制造	99.2	99.3	100.0	100.2	100.0	97.6	96.8
合成材料制造	95.0	93.4	97.3	97.9	92.5	92.7	98.3
专用化学产品制造	94.6	99.2	98.4	100.0	97.9	90.3	89.5
炸药、火工及焰火产品制造	99.9	100.9	100.9	100.7	100.9	99.9	99.6
日用化学产品制造	98.7	99.5	105.6	104.4	100.7	97.7	97.6
医药制造业	**102.9**	**105.7**	**105.2**	**104.2**	**103.5**	**102.9**	**103.5**
化学药品原料药制造	99.8	106.5	108.9	106.2	101.9	101.1	98.1
化学药品制剂制造	99.6	100.0	99.7	99.6	99.7	99.5	99.8
中药饮片加工	105.0	109.2	108.2	105.7	104.5	103.8	105.5
中成药生产	101.6	103.8	103.8	101.5	100.8	99.9	101.4
兽用药品制造	101.5	105.3	101.2	101.0	100.6	100.2	100.1
生物药品制品制造	113.7	117.2	116.9	121.1	121.6	121.6	122.0
卫生材料及医药用品制造	95.3	95.9	95.9	96.1	94.9	93.5	93.8
药用辅料及包装材料	95.3	95.9	95.9	96.1	94.9	93.5	93.8
化学纤维制造业	**83.8**	**83.6**	**84.1**	**84.0**	**78.9**	**80.6**	**85.1**
纤维素纤维原料及纤维制造	83.9	81.7	82.4	83.2	80.1	81.0	83.6
合成纤维制造	83.7	86.7	86.9	85.3	76.7	79.9	87.7
生物基材料制造	83.9	81.7	82.4	83.2	80.1	81.0	83.6

3-19 续表 2

(上年同月=100)

类　　别	全年	1月	2月	3月	4月	5月	6月
橡胶和塑料制品业	**97.2**	**98.5**	**98.1**	**97.5**	**96.0**	**95.8**	**96.2**
橡胶制品业	97.0	98.4	98.6	98.2	96.4	96.0	95.0
塑料制品业	97.2	98.5	98.0	97.4	96.0	95.7	96.3
非金属矿物制品业	**96.2**	**96.9**	**97.1**	**97.4**	**94.9**	**94.3**	**94.9**
水泥、石灰和石膏制造	89.8	93.0	93.1	94.1	87.6	85.6	87.1
石膏、水泥制品及类似制品制造	100.0	101.5	101.5	99.9	99.3	98.8	99.0
砖瓦、石材等建筑材料制造	99.3	96.9	97.8	99.3	98.9	100.6	100.9
玻璃制造	107.4	113.7	113.3	112.3	98.8	95.4	104.1
玻璃制品制造	100.9	102.2	101.8	101.6	102.0	100.7	100.0
玻璃纤维和玻璃纤维增强塑料制品制造	95.5	88.7	88.5	87.8	88.6	87.5	90.4
陶瓷制品制造	95.7	98.5	98.4	99.0	95.2	95.5	95.2
耐火材料制品制造	98.6	97.5	96.6	101.1	99.9	99.9	98.4
石墨及其他非金属矿物制品制造	86.9	84.6	86.8	87.7	86.2	85.7	84.5
黑色金属冶炼和压延加工业	**96.1**	**98.3**	**98.1**	**96.3**	**92.1**	**91.8**	**93.5**
炼铁	98.4	93.5	94.8	98.8	96.7	97.2	96.3
炼钢	96.3	100.2	98.2	98.8	96.3	94.0	93.8
钢压延加工	97.8	101.3	101.4	98.2	93.1	92.2	94.3
铁合金冶炼	85.7	80.7	81.3	82.9	80.9	85.9	88.0
有色金属冶炼和压延加工业	**101.5**	**104.2**	**102.7**	**100.1**	**96.5**	**97.9**	**99.1**
常用有色金属冶炼	97.8	101.7	98.5	93.2	87.0	90.2	92.6
贵金属冶炼	111.3	112.9	113.3	113.1	112.9	112.9	112.1
稀有稀土金属冶炼	94.5	84.3	85.2	86.6	88.3	95.0	94.7
有色金属合金制造	96.9	95.5	94.9	95.7	94.4	94.4	94.1
有色金属压延加工	106.3	110.7	110.2	108.3	105.6	105.5	106.1
金属制品业	**100.4**	**103.5**	**102.9**	**102.3**	**100.8**	**100.1**	**99.5**
结构性金属制品制造	102.3	105.8	104.9	104.8	104.3	103.2	101.2
金属工具制造	100.3	102.8	102.8	101.9	100.6	99.8	99.8
集装箱及金属包装容器制造	101.6	101.8	102.4	102.1	101.4	102.3	102.0
金属丝绳及其制品制造	95.2	108.4	108.4	102.1	94.6	90.4	91.1
建筑、安全用金属制品制造	99.2	103.1	103.1	103.1	99.1	99.2	99.3
金属表面处理及热处理加工	92.5	93.4	93.4	93.4	83.5	86.7	86.7
金属制日用品制造	100.6	102.3	102.3	102.3	102.3	100.0	100.0
锻造及其他金属制品制造	99.8	101.6	100.8	100.3	99.8	99.4	99.9
通用设备制造业	**99.4**	**100.0**	**99.4**	**99.7**	**99.4**	**99.4**	**99.1**
锅炉及原动设备制造	99.9	100.4	100.4	100.5	100.2	100.3	99.7
金属加工机械制造	102.6	107.4	106.2	106.4	106.1	105.1	104.3
物料搬运设备制造	99.6	100.0	99.9	99.7	99.9	99.2	99.2
泵、阀门、压缩机及类似机械制造	97.7	97.0	97.1	97.8	97.3	97.1	96.7
轴承、齿轮和传动部件制造	96.7	95.6	95.7	95.8	97.2	96.0	96.1
烘炉、风机、包装等设备制造	101.0	102.4	102.4	102.3	102.3	102.5	100.3
通用零部件制造	100.4	102.7	99.9	100.3	99.3	99.5	100.2
其他通用设备制造	91.0	84.5	84.4	85.2	87.3	90.2	90.2
专用设备制造业	**100.2**	**100.1**	**100.1**	**100.7**	**100.1**	**99.5**	**99.4**
采矿、冶金、建筑专用设备制造	101.3	100.9	101.0	102.3	102.1	101.0	100.7
化工、木材、非金属加工专用设备制造	99.5	100.3	99.9	99.9	99.1	99.0	98.8
食品、饮料、烟草及饲料生产专用设备制造	100.1	101.3	101.7	101.5	99.6	99.2	99.4
印刷、制药、日化及日用品生产专用设备制造	104.9	109.0	107.5	107.4	107.1	106.6	106.6
电子和电工机械专用设备制造	100.0	100.0	100.0	100.0	100.0	100.0	100.0
农、林、牧、渔专用机械制造	91.5	90.4	90.2	87.7	85.7	86.9	86.2
医疗仪器设备及器械制造	104.1	102.3	103.7	105.7	104.2	102.3	105.4
环保、邮政、社会公共服务及其他专用设备制造	100.0	100.1	100.1	100.1	100.1	100.1	100.1

3-19 续表 3

(上年同月=100)

类　别	全年	1月	2月	3月	4月	5月	6月
汽车制造业	**98.8**	**99.1**	**99.1**	**98.8**	**98.4**	**98.3**	**98.5**
汽车整车制造	99.1	100.1	99.9	99.3	98.8	98.6	98.6
汽车用发动机制造	99.1	100.1	99.9	99.3	98.8	98.6	98.6
改装汽车制造	100.2	100.4	100.1	100.6	100.2	100.1	100.0
汽车车身、挂车制造	99.7	99.4	100.1	100.1	100.0	99.9	99.9
汽车零部件及配件制造	98.3	98.2	98.2	98.2	97.7	97.7	98.2
铁路、船舶、航空航天和其他运输设备制造业	**99.1**	**99.4**	**99.6**	**100.1**	**99.2**	**100.1**	**98.8**
铁路运输设备制造	98.0	99.0	99.3	100.0	98.2	99.8	96.9
城市轨道交通设备制造	100.4	100.4	100.4	100.4	100.4	100.4	100.4
船舶及相关装置制造	100.0	100.6	100.0	100.0	100.0	100.0	100.0
摩托车制造	100.2	99.2	99.4	100.1	100.5	100.7	101.6
电气机械和器材制造业	**97.8**	**98.8**	**98.7**	**97.6**	**96.4**	**96.2**	**96.8**
电机制造	98.2	99.2	99.7	97.0	96.8	98.0	97.8
输配电及控制设备制造	98.9	101.3	100.8	99.4	98.4	96.9	97.0
电线、电缆、光缆及电工器材制造	96.7	96.6	96.5	95.2	93.2	93.5	95.0
电池制造	99.1	99.8	99.8	99.9	100.4	99.9	100.0
家用电力器具制造	91.4	94.8	94.7	94.1	94.2	95.4	94.1
非电力家用器具制造	98.9	102.0	101.7	100.9	95.0	96.0	98.1
照明器具制造	98.8	99.4	99.4	99.4	99.4	99.9	97.9
计算机、通信和其他电子设备制造业	**97.0**	**95.9**	**95.6**	**95.4**	**97.2**	**96.3**	**97.1**
计算机制造	98.1	97.3	99.3	99.7	100.6	100.4	98.4
通信设备制造	100.2	100.1	100.4	100.9	100.7	100.3	100.3
广播电视设备制造	105.2	107.5	107.5	107.5	107.5	107.5	107.5
视听设备制造	89.5	85.0	78.9	76.9	82.9	79.2	88.2
智能消费设备制造	102.0	100.4	100.5	100.2	100.6	101.4	100.9
电子器件制造	99.6	99.6	99.8	100.5	100.6	100.1	100.2
电子元件及电子专用材料制造	98.6	101.3	101.2	98.2	99.9	99.4	99.1
其他电子设备制造	93.9	100.0	100.0	99.6	100.4	101.6	101.0
仪器仪表制造业	**99.7**	**99.8**	**100.0**	**100.3**	**99.2**	**99.6**	**97.8**
通用仪器仪表制造	100.2	100.5	100.4	100.8	99.4	99.8	97.2
专用仪器仪表制造	94.9	100.0	100.0	100.0	93.3	93.3	93.3
光学仪器制造	99.2	96.2	97.4	97.4	100.0	101.4	102.8
其他仪器仪表制造业	99.9	99.2	100.0	100.0	100.0	100.0	100.0
其他制造业	**104.0**	**100.4**	**101.4**	**101.4**	**103.7**	**104.7**	**105.8**
日用杂品制造	106.5	100.5	102.2	102.2	106.0	107.6	109.4
其他未列明制造业	100.1	100.1	100.1	100.1	100.1	100.1	100.1
废弃资源综合利用业	**98.2**	**101.8**	**99.7**	**96.3**	**88.1**	**89.6**	**92.3**
金属废料和碎屑加工处理	100.1	102.6	99.0	94.6	85.5	88.5	92.4
非金属废料和碎屑加工处理	95.0	100.4	100.8	99.2	92.5	91.6	92.3
金属制品、机械和设备修理业	**94.3**	**91.7**	**91.7**	**91.7**	**91.7**	**91.7**	**91.7**
铁路、船舶、航空航天等运输设备修理	94.3	91.7	91.7	91.7	91.7	91.7	91.7
电力、热力生产和供应业	**96.8**	**96.6**	**96.3**	**96.6**	**96.4**	**95.8**	**96.1**
电力生产	95.6	95.7	95.2	95.6	95.8	95.1	94.8
电力供应	98.2	97.7	97.7	97.8	97.2	96.6	97.5
燃气生产和供应业	**95.4**	**96.1**	**96.8**	**96.0**	**94.3**	**93.3**	**93.7**
燃气生产和供应业	95.4	96.1	96.8	96.0	94.3	93.3	93.7
生物质燃气生产和供应业	95.4	96.1	96.8	96.0	94.3	93.3	93.7
水的生产和供应业	**102.2**	**103.7**	**102.9**	**102.7**	**102.6**	**102.4**	**102.2**
自来水生产和供应	100.2	101.6	100.8	100.5	100.4	100.2	100.2
污水处理及其再生利用	107.1	108.6	108.0	107.9	107.9	107.8	107.2

3-19 续表 4

(上年同月=100)

类别	7月	8月	9月	10月	11月	12月
总指数	**98.1**	**98.8**	**98.7**	**98.5**	**99.0**	**100.0**
煤炭开采和洗选业	**94.7**	**94.2**	**94.2**	**94.5**	**95.3**	**96.5**
烟煤和无烟煤开采洗选	94.7	94.2	94.2	94.5	95.3	96.5
石油和天然气开采业	**100.2**	**100.2**	**100.4**	**100.1**	**100.3**	**100.0**
天然气开采	100.2	100.2	100.4	100.1	100.3	100.0
黑色金属矿采选业	**104.2**	**101.5**	**101.6**	**104.2**	**104.5**	**106.2**
铁矿采选	104.2	101.5	101.6	104.2	104.5	106.2
有色金属矿采选业	**97.5**	**101.6**	**104.5**	**104.7**	**109.4**	**115.9**
常用有色金属矿采选	98.6	103.2	105.2	105.4	109.9	117.0
贵金属矿采选	126.2	128.4	116.5	113.5	116.8	117.0
稀有稀土金属矿采选	76.8	75.6	93.3	93.7	101.1	102.2
非金属矿采选业	**102.5**	**103.1**	**103.6**	**104.2**	**103.3**	**102.4**
土砂石开采	104.7	104.9	105.2	105.8	104.8	103.8
化学矿开采	94.4	94.0	97.1	98.6	97.8	97.7
采盐	97.2	100.9	100.0	100.3	99.5	98.8
农副食品加工业	**104.7**	**106.7**	**105.3**	**104.1**	**103.1**	**104.1**
谷物磨制	101.6	102.0	103.8	104.1	106.0	106.0
饲料加工	103.9	105.8	106.4	106.1	107.1	108.2
植物油加工	104.9	105.4	106.4	108.6	109.0	109.8
制糖业	107.4	102.8	105.5	99.0	99.5	99.5
屠宰及肉类加工	107.5	111.4	106.8	103.3	99.7	101.2
蔬菜、菌类、水果和坚果加工	101.3	100.9	100.6	101.7	101.4	101.7
其他农副食品加工	100.0	99.9	100.1	99.5	99.8	100.1
食品制造业	**102.2**	**102.1**	**100.9**	**100.1**	**99.3**	**98.8**
焙烤食品制造	99.5	99.6	99.6	99.4	99.1	98.8
糖果、巧克力及蜜饯制造	103.8	103.2	102.1	101.6	101.1	100.8
方便食品制造	98.6	98.4	98.1	97.6	97.3	96.6
乳制品制造	100.9	102.4	103.5	98.9	97.1	104.0
罐头食品制造	117.8	117.8	108.9	108.9	104.4	96.5
调味品、发酵制品制造	101.0	100.9	100.7	100.4	100.2	100.7
其他食品制造	98.2	97.1	96.5	95.9	97.0	97.0
酒、饮料及精制茶制造业	**102.1**	**102.2**	**102.1**	**101.5**	**102.7**	**102.8**
酒的制造	103.3	103.3	103.2	102.3	104.1	104.1
饮料制造	100.0	100.3	100.2	99.6	99.6	99.7
精制茶加工	95.4	96.1	96.1	97.1	96.9	96.9
烟草制品业	**100.1**	**100.1**	**100.0**	**100.0**	**100.0**	**100.0**
卷烟制造	100.0	100.0	100.0	100.0	100.0	100.0
其他烟草制品制造	103.9	103.9	100.0	100.0	100.0	100.0
纺织业	**97.7**	**98.3**	**97.0**	**96.3**	**95.6**	**95.9**
棉纺织及印染精加工	93.8	94.4	94.7	95.2	94.8	94.8
毛纺织及染整精加工	100.0	100.0	100.0	100.0	100.0	100.0
麻纺织及染整精加工	97.7	97.2	96.7	97.9	99.7	99.4
丝绢纺织及印染精加工	109.1	109.6	103.7	99.5	98.2	98.2
化纤织造及印染精加工	85.9	85.9	84.0	85.3	80.2	90.8
家用纺织制成品制造	104.9	104.3	103.9	103.9	103.9	102.7
产业用纺织制成品制造	88.9	89.0	89.0	89.0	89.1	89.1
纺织服装、服饰业	**96.9**	**97.6**	**96.9**	**95.5**	**96.4**	**97.2**
机织服装制造	96.8	97.5	96.8	95.1	96.1	96.9
针织或钩针编织服装制造	97.3	97.3	97.3	98.0	98.0	99.2
服饰制造	106.8	106.8	106.8	106.8	106.8	106.8

3-19 续表 5

(上年同月＝100)

类　　别	7月	8月	9月	10月	11月	12月
皮革、毛皮、羽毛及其制品和制鞋业	**98.6**	**98.4**	**97.9**	**97.9**	**97.5**	**97.5**
皮革鞣制加工	100.7	99.7	101.6	101.6	101.6	96.5
皮革制品制造	98.6	96.9	95.9	93.4	92.7	92.4
羽毛(绒)加工及制品制造	93.9	93.8	94.4	95.0	95.7	96.9
制鞋业	98.3	98.4	96.9	97.0	96.3	98.0
木材加工和木、竹、藤、棕、草制品业	**97.5**	**97.7**	**98.0**	**98.0**	**99.2**	**99.6**
木材加工	99.2	100.9	99.6	99.3	101.2	101.1
人造板制造	96.8	96.9	97.4	97.6	98.9	99.2
木制品制造	99.4	99.7	100.0	99.7	100.5	100.8
竹、藤、棕、草制品制造	95.8	94.6	95.0	93.7	95.7	97.2
家具制造业	**99.5**	**100.1**	**100.8**	**100.8**	**100.9**	**101.3**
木质家具制造	99.2	99.8	100.7	100.7	100.8	101.3
竹、藤家具制造	100.0	100.0	100.0	100.0	100.0	100.0
金属家具制造	104.4	104.4	104.3	104.0	104.2	104.3
其他家具制造	99.1	99.4	99.2	99.3	99.5	99.8
造纸和纸制品业	**96.4**	**97.6**	**99.0**	**99.8**	**101.8**	**101.7**
纸浆制造	96.6	95.5	95.2	95.1	99.3	100.8
造纸	96.2	97.7	98.7	98.4	99.5	99.5
纸制品制造	96.5	97.7	99.3	101.0	103.5	103.3
印刷和记录媒介复制业	**100.3**	**100.2**	**99.8**	**99.9**	**99.9**	**100.2**
印刷	100.7	100.6	100.1	100.3	100.1	100.4
装订及印刷相关服务	95.3	94.3	94.3	94.3	97.6	97.6
文教、工美、体育和娱乐用品制造业	**100.0**	**100.2**	**100.5**	**100.7**	**100.5**	**100.1**
文教办公用品制造	99.0	99.0	99.0	99.1	99.0	99.0
乐器制造	100.0	100.0	100.0	100.0	100.0	100.0
工艺美术及礼仪用品制造	100.1	100.4	100.8	101.1	100.9	100.3
玩具制造	100.0	100.0	100.0	101.3	100.0	100.1
游艺器材及娱乐用品制造	100.0	100.0	100.0	100.0	100.0	100.0
石油、煤炭及其他燃料加工业	**86.0**	**85.6**	**85.7**	**84.0**	**85.0**	**87.7**
精炼石油产品制造	83.0	82.5	81.9	79.2	79.4	80.9
煤炭加工	93.0	92.9	94.6	95.5	98.3	104.4
化学原料和化学制品制造业	**93.5**	**93.7**	**95.0**	**95.1**	**96.9**	**98.5**
基础化学原料制造	90.1	90.3	91.8	91.9	95.2	97.0
肥料制造	93.0	95.0	95.2	94.4	96.0	98.6
农药制造	106.7	106.9	103.5	108.6	110.0	106.5
涂料、油墨、颜料及类似产品制造	98.4	96.9	97.5	97.0	102.6	104.1
合成材料制造	94.7	94.5	93.9	94.4	94.9	96.4
专用化学产品制造	89.3	88.6	95.3	94.4	94.3	97.4
炸药、火工及焰火产品制造	99.7	99.4	99.8	99.3	98.7	99.4
日用化学产品制造	98.3	97.1	95.7	96.4	95.8	95.6
医药制造业	**103.5**	**103.2**	**101.3**	**101.2**	**100.7**	**100.2**
化学药品原料药制造	97.1	96.5	95.9	95.8	95.5	95.3
化学药品制剂制造	99.5	99.7	99.1	99.7	100.0	98.7
中药饮片加工	106.9	105.8	107.4	104.2	100.1	99.2
中成药生产	100.6	100.4	100.9	101.7	102.1	102.3
兽用药品制造	101.9	101.7	101.8	101.3	101.3	101.4
生物药品制品制造	122.3	121.5	102.7	102.8	102.1	100.8
卫生材料及医药用品制造	93.5	94.0	94.5	94.5	96.8	100.7
药用辅料及包装材料	93.5	94.0	94.5	94.5	96.8	100.7
化学纤维制造业	**81.8**	**84.9**	**82.9**	**84.9**	**86.8**	**89.6**
纤维素纤维原料及纤维制造	82.4	85.8	84.5	86.9	87.5	89.7
合成纤维制造	81.0	83.4	80.4	81.9	85.7	89.4
生物基材料制造	82.4	85.8	84.5	86.9	87.5	89.7

3-19 续表 6

(上年同月=100)

类　别	7月	8月	9月	10月	11月	12月
橡胶和塑料制品业	**96.5**	**96.7**	**97.1**	**97.1**	**97.9**	**99.1**
橡胶制品业	95.3	95.5	96.0	96.3	97.6	101.0
塑料制品业	96.6	96.9	97.3	97.2	97.9	98.9
非金属矿物制品业	**95.2**	**96.5**	**96.3**	**96.3**	**96.9**	**97.6**
水泥、石灰和石膏制造	88.8	90.2	89.1	88.7	90.4	90.5
石膏、水泥制品及类似制品制造	98.6	101.1	101.1	99.9	99.7	99.2
砖瓦、石材等建筑材料制造	100.7	100.0	99.6	99.2	98.0	99.8
玻璃制造	108.2	111.9	113.1	107.5	103.9	107.0
玻璃制品制造	99.7	100.4	100.7	100.6	100.5	100.8
玻璃纤维和玻璃纤维增强塑料制品制造	91.0	95.4	97.4	101.9	114.5	118.3
陶瓷制品制造	95.8	95.5	94.1	95.3	93.0	92.3
耐火材料制品制造	98.3	98.9	98.0	98.1	98.3	98.1
石墨及其他非金属矿物制品制造	83.4	84.1	85.8	88.5	91.1	95.8
黑色金属冶炼和压延加工业	**93.7**	**95.9**	**97.1**	**97.4**	**99.3**	**99.7**
炼铁	96.6	96.2	99.7	102.6	104.6	105.0
炼钢	93.5	94.9	95.5	96.9	97.3	96.8
钢压延加工	94.8	97.7	99.2	99.1	101.5	101.6
铁合金冶炼	86.9	86.5	87.3	88.3	88.9	92.9
有色金属冶炼和压延加工业	**99.0**	**101.5**	**103.0**	**103.5**	**104.0**	**106.6**
常用有色金属冶炼	96.2	99.6	102.7	103.5	103.1	106.1
贵金属冶炼	115.6	118.9	113.2	106.3	104.6	101.8
稀有稀土金属冶炼	93.5	95.7	98.5	97.0	102.8	115.5
有色金属合金制造	94.9	98.6	98.5	100.8	100.3	101.8
有色金属压延加工	102.8	104.4	104.8	104.9	105.7	107.3
金属制品业	**99.1**	**99.3**	**99.6**	**99.4**	**99.2**	**99.3**
结构性金属制品制造	101.0	100.9	101.0	100.8	100.4	99.7
金属工具制造	99.7	99.1	98.6	99.4	99.8	99.8
集装箱及金属包装容器制造	101.6	101.3	100.7	100.7	101.2	101.3
金属丝绳及其制品制造	90.0	90.2	93.0	93.1	91.9	92.0
建筑、安全用金属制品制造	99.4	96.8	97.1	97.2	96.8	97.0
金属表面处理及热处理加工	86.7	93.5	96.9	96.9	95.7	104.5
金属制日用品制造	99.7	99.7	99.7	99.7	99.7	99.7
锻造及其他金属制品制造	99.3	99.4	99.5	99.0	99.2	99.1
通用设备制造业	**99.2**	**99.2**	**99.1**	**99.1**	**99.3**	**99.5**
锅炉及原动设备制造	99.5	99.5	99.3	99.6	99.9	100.1
金属加工机械制造	103.0	100.9	98.9	98.9	97.0	97.5
物料搬运设备制造	99.6	99.3	99.2	99.9	99.9	99.7
泵、阀门、压缩机及类似机械制造	96.9	98.0	98.1	98.4	99.3	99.1
轴承、齿轮和传动部件制造	96.6	96.5	96.7	97.1	97.9	99.3
烘炉、风机、包装等设备制造	100.6	100.6	100.6	99.8	99.6	99.1
通用零部件制造	100.9	100.6	100.9	100.0	100.0	100.3
其他通用设备制造	92.6	94.4	95.1	95.8	97.4	98.6
专用设备制造业	**99.1**	**101.2**	**101.1**	**100.3**	**100.5**	**100.6**
采矿、冶金、建筑专用设备制造	99.0	102.5	103.2	100.7	101.0	101.2
化工、木材、非金属加工专用设备制造	99.1	99.0	99.6	99.6	99.4	99.7
食品、饮料、烟草及饲料生产专用设备制造	99.5	99.5	99.9	100.3	100.0	99.7
印刷、制药、日化及日用品生产专用设备制造	106.1	105.9	104.2	100.1	99.7	99.2
电子和电工机械专用设备制造	100.0	100.0	100.0	100.0	100.0	100.0
农、林、牧、渔专用机械制造	94.6	95.3	90.3	97.6	98.1	98.1
医疗仪器设备及器械制造	104.2	105.6	102.3	104.0	105.8	103.2
环保、邮政、社会公共服务及其他专用设备制造	100.1	100.1	100.0	100.0	100.0	100.0

3-19 续表 7

(上年同月=100)

类　　别	7月	8月	9月	10月	11月	12月
汽车制造业	**98.6**	**98.6**	**98.8**	**98.7**	**99.1**	**99.6**
汽车整车制造	98.7	98.4	98.8	98.8	99.2	100.0
汽车用发动机制造	98.7	98.4	98.8	98.8	99.2	100.0
改装汽车制造	100.2	99.7	100.0	100.4	100.5	100.7
汽车车身、挂车制造	99.9	99.9	98.9	98.9	99.5	99.5
汽车零部件及配件制造	98.3	98.5	98.6	98.4	98.8	99.1
铁路、船舶、航空航天和其他运输设备制造业	**97.7**	**98.8**	**98.7**	**98.2**	**98.5**	**99.5**
铁路运输设备制造	95.1	97.7	97.7	96.5	97.0	98.9
城市轨道交通设备制造	100.4	100.4	100.4	100.4	100.4	100.4
船舶及相关装置制造	100.0	100.0	100.0	100.0	100.0	100.0
摩托车制造	101.0	99.9	99.4	99.9	100.1	100.0
电气机械和器材制造业	**98.1**	**98.0**	**98.3**	**98.7**	**98.0**	**98.5**
电机制造	98.0	97.8	98.2	99.0	97.9	99.2
输配电及控制设备制造	96.6	97.1	99.0	100.2	100.1	100.4
电线、电缆、光缆及电工器材制造	98.7	98.6	98.7	98.8	97.4	98.1
电池制造	99.9	99.5	97.8	97.6	97.3	97.1
家用电力器具制造	94.6	87.3	87.3	86.1	86.0	87.7
非电力家用器具制造	98.2	98.1	98.2	99.6	99.7	99.6
照明器具制造	98.0	98.5	98.3	98.3	98.3	98.3
计算机、通信和其他电子设备制造业	**96.7**	**98.0**	**96.9**	**96.5**	**97.7**	**101.3**
计算机制造	98.3	98.3	96.8	95.4	95.7	96.6
通信设备制造	99.8	100.2	100.4	99.6	100.0	100.1
广播电视设备制造	107.5	107.5	104.3	104.3	99.6	95.0
视听设备制造	87.1	93.9	92.7	94.9	101.5	118.7
智能消费设备制造	100.9	100.4	104.9	104.7	104.7	104.8
电子器件制造	99.3	99.7	98.8	98.6	98.8	99.3
电子元件及电子专用材料制造	99.0	98.5	98.2	98.4	95.3	95.2
其他电子设备制造	101.0	100.7	80.6	80.6	80.6	80.6
仪器仪表制造业	**99.5**	**99.6**	**100.2**	**100.1**	**100.1**	**100.3**
通用仪器仪表制造	99.4	100.3	100.9	100.7	101.2	101.3
专用仪器仪表制造	93.3	93.3	93.3	93.3	93.3	93.3
光学仪器制造	102.9	98.6	100.0	100.0	97.3	97.3
其他仪器仪表制造业	100.0	100.0	100.0	100.0	100.0	100.0
其他制造业	**105.9**	**105.0**	**106.5**	**105.7**	**104.4**	**103.5**
日用杂品制造	109.7	108.2	110.7	109.4	107.1	105.7
其他未列明制造业	100.1	100.1	100.0	100.0	100.0	100.0
废弃资源综合利用业	**97.5**	**99.6**	**101.6**	**102.7**	**102.6**	**107.7**
金属废料和碎屑加工处理	98.7	102.3	105.6	108.4	108.2	115.9
非金属废料和碎屑加工处理	95.4	95.0	94.5	92.8	92.8	93.5
金属制品、机械和设备修理业	**91.7**	**91.7**	**100.0**	**100.0**	**100.0**	**100.0**
铁路、船舶、航空航天等运输设备修理	91.7	91.7	100.0	100.0	100.0	100.0
电力、热力生产和供应业	**97.0**	**97.1**	**96.9**	**97.1**	**97.6**	**98.6**
电力生产	95.4	96.1	94.6	94.5	95.8	97.9
电力供应	98.6	98.1	99.4	99.7	99.5	99.3
燃气生产和供应业	**93.8**	**94.6**	**95.1**	**94.5**	**95.6**	**100.6**
燃气生产和供应业	93.8	94.6	95.1	94.5	95.6	100.6
生物质燃气生产和供应业	93.8	94.6	95.1	94.5	95.6	100.6
水的生产和供应业	**101.9**	**101.7**	**101.7**	**101.6**	**101.4**	**101.7**
自来水生产和供应	99.7	99.7	99.7	99.7	99.7	99.7
污水处理及其再生利用	107.1	106.6	106.5	105.9	105.3	106.4

3-20 分行业工业生产者出厂价格环比指数(2020年)

(上月=100)

类别	1月	2月	3月	4月	5月	6月
总指数	**99.9**	**99.9**	**99.7**	**99.2**	**99.4**	**99.8**
煤炭开采和洗选业	**99.1**	**99.6**	**100.3**	**98.7**	**99.6**	**98.8**
烟煤和无烟煤开采洗选	99.1	99.6	100.3	98.7	99.6	98.8
石油和天然气开采业	**100.0**	**100.0**	**99.4**	**100.0**	**99.6**	**100.0**
天然气开采	100.0	100.0	99.4	100.0	99.6	100.0
黑色金属矿采选业	**100.2**	**100.5**	**101.1**	**98.9**	**99.7**	**100.3**
铁矿采选	100.2	100.5	101.1	98.9	99.7	100.3
有色金属矿采选业	**99.8**	**99.8**	**98.2**	**100.5**	**96.8**	**100.6**
常用有色金属矿采选	100.6	99.8	98.1	100.4	96.9	100.5
贵金属矿采选	104.8	98.1	109.4	99.8	101.5	103.0
稀有稀土金属矿采选	89.4	100.3	95.4	101.8	93.6	100.2
非金属矿采选业	**101.3**	**100.5**	**101.6**	**98.9**	**99.9**	**99.3**
土砂石开采	102.0	100.7	101.6	99.7	100.5	98.8
化学矿开采	98.1	99.6	103.0	93.8	96.1	101.4
采盐	100.5	100.2	100.5	98.9	98.9	100.5
农副食品加工业	**99.2**	**101.0**	**99.6**	**99.6**	**99.1**	**100.2**
谷物磨制	99.8	100.9	100.4	101.3	99.8	99.9
饲料加工	99.1	100.4	99.9	100.7	100.7	100.0
植物油加工	103.0	99.6	99.6	95.5	98.6	101.8
制糖业	99.5	100.0	100.0	100.0	100.0	100.0
屠宰及肉类加工	97.9	102.1	99.4	99.3	98.0	100.0
蔬菜、菌类、水果和坚果加工	100.7	99.8	99.5	100.8	99.1	100.1
其他农副食品加工	99.8	100.1	99.7	100.1	100.1	100.0
食品制造业	**100.2**	**100.4**	**100.4**	**99.9**	**99.7**	**99.9**
焙烤食品制造	99.8	99.8	99.8	99.9	99.6	99.9
糖果、巧克力及蜜饯制造	100.5	100.2	100.0	100.5	98.5	100.5
方便食品制造	100.1	100.0	100.0	100.0	99.7	99.6
乳制品制造	101.6	100.5	99.4	99.3	100.0	100.7
罐头食品制造	100.0	100.0	104.4	100.0	100.0	100.0
调味品、发酵制品制造	100.1	101.1	100.0	100.0	99.8	99.9
其他食品制造	99.9	101.0	99.2	99.4	99.7	99.3
酒、饮料及精制茶制造业	**99.9**	**99.9**	**100.1**	**100.2**	**100.6**	**101.2**
酒的制造	99.9	100.0	100.3	100.4	100.8	101.5
饮料制造	100.2	99.7	99.9	99.9	100.0	100.0
精制茶加工	99.6	99.3	98.9	99.2	99.4	99.8
烟草制品业	**100.0**	**100.0**	**100.0**	**100.0**	**100.0**	**100.0**
卷烟制造	100.0	100.0	100.0	100.0	100.0	100.0
其他烟草制品制造	100.0	100.0	100.0	100.0	100.0	100.0
纺织业	**100.1**	**99.7**	**99.6**	**98.5**	**98.8**	**99.8**
棉纺织及印染精加工	99.9	99.5	99.7	98.3	98.9	99.9
毛纺织及染整精加工	100.0	100.0	100.0	100.0	100.0	100.0
麻纺织及染整精加工	100.1	99.6	100.1	99.3	98.8	100.8
丝绢纺织及印染精加工	100.4	99.7	99.4	98.3	99.5	99.6
化纤织造及印染精加工	99.1	102.2	100.0	100.0	94.5	100.0
家用纺织制成品制造	104.3	100.0	100.0	100.0	100.0	100.0
产业用纺织制成品制造	100.0	100.0	100.0	100.0	89.1	100.0
纺织服装、服饰业	**100.4**	**99.8**	**99.1**	**99.6**	**98.4**	**100.8**
机织服装制造	100.4	99.8	99.0	99.5	98.3	100.9
针织或钩针编织服装制造	100.0	100.0	100.0	100.0	100.0	100.0
服饰制造	100.0	100.0	100.0	106.8	100.0	100.0

3-20 续表 1

(上月=100)

类　　别	1月	2月	3月	4月	5月	6月
皮革、毛皮、羽毛及其制品和制鞋业	**98.6**	**99.8**	**99.7**	**99.3**	**100.7**	**98.9**
皮革鞣制加工	98.3	100.0	100.0	100.0	100.0	97.3
皮革制品制造	99.6	99.8	100.4	98.6	100.5	98.3
羽毛(绒)加工及制品制造	101.3	100.0	98.8	97.2	100.0	101.2
制鞋业	98.5	99.8	99.6	99.3	101.0	99.3
木材加工和木、竹、藤、棕、草制品业	**99.5**	**100.0**	**99.9**	**99.3**	**99.6**	**99.8**
木材加工	99.8	100.0	99.8	99.1	100.6	99.9
人造板制造	99.9	100.1	100.0	99.0	99.5	99.6
木制品制造	98.6	100.0	99.8	100.0	99.8	100.3
竹、藤、棕、草制品制造	99.7	99.5	99.5	99.3	98.0	99.9
家具制造业	**100.1**	**99.7**	**100.0**	**99.8**	**99.8**	**100.2**
木质家具制造	100.1	99.6	100.1	99.8	99.8	100.2
竹、藤家具制造	100.0	100.0	100.0	100.0	100.0	100.0
金属家具制造	100.1	99.9	99.9	99.7	100.1	100.3
其他家具制造	100.1	100.0	98.7	100.2	99.8	100.0
造纸和纸制品业	**100.4**	**99.7**	**101.0**	**98.1**	**97.9**	**99.4**
纸浆制造	98.8	100.0	100.6	101.2	100.0	97.5
造纸	101.0	99.4	101.0	97.5	98.1	98.6
纸制品制造	100.0	99.9	101.0	98.3	97.7	100.0
印刷和记录媒介复制业	**100.1**	**99.8**	**100.1**	**99.9**	**99.9**	**100.1**
印刷	100.1	99.8	100.1	99.9	99.9	100.1
装订及印刷相关服务	100.0	100.0	100.0	100.0	100.0	100.0
文教、工美、体育和娱乐用品制造业	**100.2**	**100.0**	**99.6**	**99.9**	**100.3**	**100.1**
文教办公用品制造	99.9	100.0	99.5	98.9	100.4	100.0
乐器制造	100.0	100.0	100.0	100.0	100.0	100.0
工艺美术及礼仪用品制造	100.4	100.0	99.4	99.8	100.5	100.2
玩具制造	100.0	100.0	100.0	100.0	100.0	100.0
游艺器材及娱乐用品制造	100.0	100.0	100.0	100.0	100.0	100.0
石油、煤炭及其他燃料加工业	**100.9**	**97.2**	**92.7**	**94.0**	**98.7**	**99.9**
精炼石油产品制造	100.9	96.1	89.7	92.0	99.3	100.2
煤炭加工	101.0	100.0	99.6	98.3	97.6	99.3
化学原料和化学制品制造业	**99.7**	**99.6**	**100.4**	**98.5**	**98.2**	**98.9**
基础化学原料制造	99.7	100.5	98.6	98.4	98.7	99.5
肥料制造	99.7	98.8	102.1	98.8	99.2	99.1
农药制造	97.4	98.8	104.6	98.3	99.9	100.5
涂料、油墨、颜料及类似产品制造	99.8	100.1	100.4	99.8	98.8	99.0
合成材料制造	99.7	99.3	98.1	97.3	99.2	98.2
专用化学产品制造	99.6	98.8	101.4	98.3	94.0	96.9
炸药、火工及焰火产品制造	99.8	100.0	99.6	100.4	100.2	99.9
日用化学产品制造	102.3	100.1	100.1	96.9	96.9	99.3
医药制造业	**100.1**	**100.4**	**99.9**	**99.7**	**100.0**	**100.5**
化学药品原料药制造	100.7	102.1	97.5	97.7	99.7	100.5
化学药品制剂制造	99.8	99.6	100.1	99.3	100.1	100.5
中药饮片加工	100.5	101.1	99.6	99.8	100.0	100.1
中成药生产	99.9	100.2	100.1	100.1	99.9	101.0
兽用药品制造	100.1	101.1	99.9	100.0	100.1	100.0
生物药品制品制造	100.4	99.7	101.4	100.1	100.0	100.4
卫生材料及医药用品制造	99.5	100.0	99.1	99.1	98.6	100.3
药用辅料及包装材料	99.5	100.0	99.1	99.1	98.6	100.3
化学纤维制造业	**99.5**	**100.1**	**99.3**	**94.8**	**100.9**	**99.2**
纤维素纤维原料及纤维制造	99.2	100.3	99.9	97.3	100.0	99.4
合成纤维制造	100.1	99.8	98.2	90.6	102.4	98.8
生物基材料制造	99.2	100.3	99.9	97.3	100.0	99.4

3-20 续表 2

(上月=100)

类　　别	1月	2月	3月	4月	5月	6月
橡胶和塑料制品业	**100.0**	**99.7**	**99.0**	**98.6**	**99.6**	**100.0**
橡胶制品业	99.3	99.9	99.5	98.6	99.4	99.9
塑料制品业	100.1	99.6	98.9	98.6	99.7	100.0
非金属矿物制品业	**99.9**	**99.8**	**99.8**	**98.4**	**99.6**	**100.0**
水泥、石灰和石膏制造	100.1	99.4	99.5	95.7	99.4	100.6
石膏、水泥制品及类似制品制造	100.1	99.9	99.7	99.9	100.2	100.2
砖瓦、石材等建筑材料制造	99.8	100.4	101.0	101.1	100.0	99.2
玻璃制造	102.1	98.8	97.2	88.9	96.8	107.1
玻璃制品制造	100.3	99.8	100.3	100.6	99.4	100.0
玻璃纤维和玻璃纤维增强塑料制品制造	100.0	99.8	96.2	100.2	98.7	100.6
陶瓷制品制造	99.6	100.0	100.0	96.3	100.2	99.5
耐火材料制品制造	99.7	99.3	99.8	99.9	100.4	100.2
石墨及其他非金属矿物制品制造	98.4	100.3	100.4	97.8	98.0	96.5
黑色金属冶炼和压延加工业	**99.0**	**99.6**	**98.4**	**97.8**	**100.0**	**100.9**
炼铁	99.8	100.7	100.8	98.0	99.8	101.2
炼钢	99.2	97.9	100.2	98.7	98.4	100.2
钢压延加工	99.2	99.8	97.7	97.5	100.5	101.1
铁合金冶炼	97.2	100.7	99.9	98.0	99.8	100.4
有色金属冶炼和压延加工业	**100.8**	**98.4**	**97.4**	**96.8**	**100.4**	**101.8**
常用有色金属冶炼	100.5	96.7	95.1	94.0	102.6	102.0
贵金属冶炼	99.2	100.0	100.1	100.0	100.0	100.0
稀有稀土金属冶炼	99.0	99.7	100.0	96.1	98.1	100.9
有色金属合金制造	102.3	99.5	100.2	97.6	99.9	100.0
有色金属压延加工	100.8	99.3	98.3	98.9	99.2	102.3
金属制品业	**100.2**	**99.5**	**99.7**	**99.4**	**99.7**	**100.3**
结构性金属制品制造	100.8	99.2	100.0	99.9	100.1	100.2
金属工具制造	100.2	100.0	100.2	99.5	99.9	100.0
集装箱及金属包装容器制造	100.3	100.0	100.2	99.8	101.1	100.0
金属丝绳及其制品制造	99.0	100.0	98.0	98.9	91.4	100.7
建筑、安全用金属制品制造	100.0	100.0	100.0	99.8	100.0	100.0
金属表面处理及热处理加工	100.0	100.0	100.0	89.4	103.9	100.0
金属制日用品制造	100.0	100.0	100.0	100.0	100.0	100.0
锻造及其他金属制品制造	99.6	99.3	99.5	99.8	100.0	100.7
通用设备制造业	**100.0**	**99.9**	**100.1**	**99.9**	**99.9**	**99.8**
锅炉及原动设备制造	99.9	100.0	100.0	100.0	100.0	100.0
金属加工机械制造	100.5	99.6	100.4	99.8	99.6	99.8
物料搬运设备制造	99.9	100.0	100.1	100.0	99.9	100.1
泵、阀门、压缩机及类似机械制造	100.0	100.0	100.0	100.0	100.1	99.2
轴承、齿轮和传动部件制造	100.2	99.9	99.9	99.9	98.9	100.0
烘炉、风机、包装等设备制造	100.0	100.0	99.5	100.0	100.3	99.7
通用零部件制造	99.7	99.8	100.4	99.7	99.9	100.3
其他通用设备制造	99.7	100.0	100.0	99.2	99.8	100.0
专用设备制造业	**99.7**	**100.0**	**100.8**	**100.1**	**100.1**	**100.4**
采矿、冶金、建筑专用设备制造	99.5	100.1	101.4	100.3	100.4	100.5
化工、木材、非金属加工专用设备制造	99.8	100.0	100.0	99.9	99.9	100.0
食品、饮料、烟草及饲料生产专用设备制造	100.1	99.9	99.8	99.9	99.9	100.4
印刷、制药、日化及日用品生产专用设备制造	99.8	100.0	99.9	99.6	100.2	100.1
电子和电工机械专用设备制造	100.0	100.0	100.0	100.0	100.0	100.0
农、林、牧、渔专用机械制造	101.0	98.4	99.0	100.0	99.1	100.3
医疗仪器设备及器械制造	98.8	101.4	101.7	99.9	99.4	102.1
环保、邮政、社会公共服务及其他专用设备制造	100.0	100.0	100.0	100.0	100.0	100.0

3-20 续表 3

(上月=100)

类 别	1月	2月	3月	4月	5月	6月
汽车制造业	**99.6**	**99.9**	**99.7**	**99.8**	**100.0**	**100.1**
汽车整车制造	100.0	99.8	99.4	100.0	99.9	100.0
汽车用发动机制造	100.0	99.8	99.4	100.0	99.9	100.0
改装汽车制造	100.0	100.0	100.4	99.8	100.3	100.0
汽车车身、挂车制造	100.0	100.0	100.0	99.8	99.7	100.0
汽车零部件及配件制造	99.2	99.9	99.9	99.7	100.0	100.2
铁路、船舶、航空航天和其他运输设备制造业	**99.8**	**100.2**	**100.3**	**100.3**	**99.7**	**99.8**
铁路运输设备制造	99.5	100.3	100.5	100.7	99.5	99.6
城市轨道交通设备制造	100.4	100.0	100.0	100.0	100.0	100.0
船舶及相关装置制造	100.0	100.0	100.0	100.0	100.0	100.0
摩托车制造	100.0	100.0	100.0	100.0	99.9	100.0
电气机械和器材制造业	**99.6**	**99.6**	**99.7**	**98.5**	**99.6**	**99.8**
电机制造	100.1	99.8	100.4	98.8	100.2	100.1
输配电及控制设备制造	100.1	99.9	99.7	99.6	99.0	99.7
电线、电缆、光缆及电工器材制造	99.1	99.7	99.2	97.2	99.5	99.6
电池制造	99.7	99.1	100.3	100.1	100.0	100.2
家用电力器具制造	99.0	95.9	99.2	99.8	100.0	100.9
非电力家用器具制造	100.1	100.0	100.1	94.3	101.0	102.4
照明器具制造	100.0	100.0	100.0	100.0	100.5	98.0
计算机、通信和其他电子设备制造业	**98.8**	**99.7**	**100.5**	**100.6**	**98.9**	**100.5**
计算机制造	99.1	101.0	101.1	99.9	99.8	98.4
通信设备制造	100.1	100.1	100.6	99.7	100.1	100.2
广播电视设备制造	99.5	100.0	100.0	100.0	100.0	100.0
视听设备制造	97.5	95.7	99.2	103.8	94.7	107.7
智能消费设备制造	100.0	100.0	99.7	100.6	100.8	99.5
电子器件制造	99.2	100.1	100.1	100.0	99.7	100.1
电子元件及电子专用材料制造	96.5	99.7	99.9	100.0	99.6	100.1
其他电子设备制造	100.0	100.0	99.6	100.8	101.2	99.4
仪器仪表制造业	**100.3**	**100.0**	**100.4**	**98.6**	**99.9**	**97.9**
通用仪器仪表制造	100.5	100.0	100.4	98.6	100.4	97.4
专用仪器仪表制造	100.0	100.0	100.0	93.3	100.0	100.0
光学仪器制造	100.0	100.0	101.3	100.0	97.4	98.6
其他仪器仪表制造业	100.0	100.0	100.0	100.0	100.0	100.0
其他制造业	**100.2**	**100.0**	**100.0**	**101.0**	**100.8**	**100.6**
日用杂品制造	100.3	100.0	100.0	101.6	101.2	100.9
其他未列明制造业	100.0	100.0	100.0	100.0	100.0	100.0
废弃资源综合利用业	**100.1**	**98.7**	**97.5**	**94.1**	**101.5**	**102.1**
金属废料和碎屑加工处理	99.9	97.7	96.0	93.6	103.1	103.6
非金属废料和碎屑加工处理	100.4	100.4	100.0	94.8	99.0	99.5
金属制品、机械和设备修理业	**100.0**	**100.0**	**100.0**	**100.0**	**100.0**	**100.0**
铁路、船舶、航空航天等运输设备修理	100.0	100.0	100.0	100.0	100.0	100.0
电力、热力生产和供应业	**103.2**	**100.4**	**100.0**	**100.0**	**97.0**	**94.1**
电力生产	105.4	100.4	99.9	100.2	95.2	89.3
电力供应	100.5	100.3	100.1	99.7	99.2	99.7
燃气生产和供应业	**99.4**	**98.8**	**98.5**	**97.2**	**98.0**	**99.5**
燃气生产和供应业	99.4	98.8	98.5	97.2	98.0	99.5
生物质燃气生产和供应业	99.4	98.8	98.5	97.2	98.0	99.5
水的生产和供应业	**100.2**	**100.1**	**100.2**	**100.1**	**100.0**	**100.2**
自来水生产和供应	100.0	100.0	100.0	99.9	99.8	100.0
污水处理及其再生利用	100.5	100.5	100.5	100.5	100.5	100.5

3-20 续表 4

(上月=100)

类　　别	7月	8月	9月	10月	11月	12月
总指数	**99.9**	**100.2**	**100.2**	**100.0**	**100.7**	**101.2**
煤炭开采和洗选业	**98.9**	**98.9**	**100.0**	**100.3**	**101.0**	**101.3**
烟煤和无烟煤开采洗选	98.9	98.9	100.0	100.3	101.0	101.3
石油和天然气开采业	**100.0**	**100.0**	**100.2**	**100.0**	**100.8**	**100.0**
天然气开采	100.0	100.0	100.2	100.0	100.8	100.0
黑色金属矿采选业	**99.1**	**100.5**	**100.9**	**101.3**	**101.0**	**102.7**
铁矿采选	99.1	100.5	100.9	101.3	101.0	102.7
有色金属矿采选业	**103.6**	**103.4**	**102.9**	**100.9**	**102.7**	**106.0**
常用有色金属矿采选	103.8	103.6	102.4	101.0	102.5	106.5
贵金属矿采选	102.1	107.0	97.2	97.4	98.5	97.9
稀有稀土金属矿采选	101.8	98.3	113.4	100.0	107.5	102.6
非金属矿采选业	**101.0**	**100.1**	**100.7**	**100.4**	**98.9**	**99.9**
土砂石开采	101.1	99.9	100.5	100.5	98.7	99.8
化学矿开采	102.5	100.9	103.3	100.2	99.4	99.9
采盐	99.2	100.1	100.0	99.7	99.5	100.7
农副食品加工业	**101.7**	**101.1**	**100.4**	**100.2**	**100.6**	**101.3**
谷物磨制	100.3	99.8	100.8	100.7	101.9	100.3
饲料加工	100.6	102.2	101.0	100.5	101.7	101.1
植物油加工	101.4	100.6	102.5	102.3	102.2	102.6
制糖业	100.0	97.5	102.6	99.9	100.0	100.0
屠宰及肉类加工	103.4	101.2	99.5	99.4	99.3	101.9
蔬菜、菌类、水果和坚果加工	100.0	100.7	100.2	101.0	99.8	100.1
其他农副食品加工	99.9	100.1	100.2	99.5	100.3	100.2
食品制造业	**99.9**	**99.9**	**98.7**	**99.8**	**100.0**	**100.0**
焙烤食品制造	100.1	100.1	100.3	99.7	99.9	99.9
糖果、巧克力及蜜饯制造	100.5	100.5	99.5	100.0	100.0	100.0
方便食品制造	99.5	99.5	99.6	99.5	99.7	99.3
乳制品制造	98.7	100.4	100.6	101.0	100.7	101.2
罐头食品制造	100.0	100.0	92.4	100.0	100.0	100.0
调味品、发酵制品制造	100.1	100.0	99.8	99.9	99.8	100.3
其他食品制造	100.8	99.3	99.0	99.4	100.2	99.9
酒、饮料及精制茶制造业	**100.0**	**100.3**	**100.0**	**99.5**	**100.9**	**100.4**
酒的制造	100.0	100.3	100.0	99.3	101.2	100.5
饮料制造	100.0	100.0	99.9	100.0	100.1	100.0
精制茶加工	100.0	100.6	99.9	100.5	99.9	99.8
烟草制品业	**100.0**	**100.0**	**100.0**	**100.0**	**100.0**	**100.0**
卷烟制造	100.0	100.0	100.0	100.0	100.0	100.0
其他烟草制品制造	100.0	100.0	100.0	100.0	100.0	100.0
纺织业	**99.5**	**100.5**	**99.6**	**99.8**	**99.4**	**100.5**
棉纺织及印染精加工	98.7	100.1	99.9	100.5	99.0	100.4
毛纺织及染整精加工	100.0	100.0	100.0	100.0	100.0	100.0
麻纺织及染整精加工	99.1	99.2	99.9	101.2	101.7	99.6
丝绢纺织及印染精加工	101.1	101.7	99.1	98.0	100.4	101.1
化纤织造及印染精加工	100.0	100.0	100.0	100.0	94.1	100.9
家用纺织制成品制造	100.0	100.0	99.6	100.0	100.0	98.8
产业用纺织制成品制造	100.0	100.0	100.0	100.0	100.0	100.0
纺织服装、服饰业	**99.0**	**100.6**	**100.2**	**99.4**	**99.7**	**100.1**
机织服装制造	98.9	100.7	100.2	99.3	99.7	100.1
针织或钩针编织服装制造	99.2	100.0	100.0	100.0	100.0	100.0
服饰制造	100.0	100.0	100.0	100.0	100.0	100.0

3-20 续表 5

(上月=100)

类 别	7月	8月	9月	10月	11月	12月
皮革、毛皮、羽毛及其制品和制鞋业	**99.7**	**99.9**	**100.2**	**100.2**	**99.6**	**100.8**
皮革鞣制加工	100.0	99.1	101.9	100.0	100.0	100.0
皮革制品制造	101.7	98.7	97.4	97.7	99.2	100.3
羽毛(绒)加工及制品制造	99.9	99.4	99.5	99.5	100.3	99.7
制鞋业	99.5	100.3	99.7	100.4	99.4	101.2
木材加工和木、竹、藤、棕、草制品业	**100.5**	**99.9**	**100.5**	**100.3**	**100.3**	**99.9**
木材加工	100.0	100.8	100.1	100.2	100.9	99.8
人造板制造	100.2	99.7	100.7	100.4	100.2	99.8
木制品制造	101.3	100.2	100.4	99.8	100.4	100.1
竹、藤、棕、草制品制造	99.9	100.4	100.1	100.9	100.0	100.0
家具制造业	**100.1**	**100.5**	**100.4**	**100.2**	**100.2**	**100.3**
木质家具制造	99.8	100.6	100.5	100.2	100.3	100.3
竹、藤家具制造	100.0	100.0	100.0	100.0	100.0	100.0
金属家具制造	103.8	100.0	100.1	99.9	100.1	100.5
其他家具制造	99.8	100.2	100.0	100.2	100.3	100.5
造纸和纸制品业	**101.0**	**101.0**	**100.9**	**100.9**	**101.0**	**100.5**
纸浆制造	98.7	100.0	100.0	102.7	100.0	101.3
造纸	101.4	100.3	100.6	99.7	100.9	101.0
纸制品制造	100.8	101.5	101.2	101.6	101.2	100.2
印刷和记录媒介复制业	**100.1**	**100.0**	**99.8**	**100.2**	**100.1**	**100.1**
印刷	100.1	100.2	99.8	100.2	100.1	100.1
装订及印刷相关服务	100.0	97.6	100.0	100.0	100.0	100.0
文教、工美、体育和娱乐用品制造业	**100.1**	**99.8**	**99.9**	**100.3**	**100.0**	**99.8**
文教办公用品制造	100.3	100.0	100.0	100.0	100.0	100.0
乐器制造	100.0	100.0	100.0	100.0	100.0	100.0
工艺美术及礼仪用品制造	100.2	99.7	99.8	100.4	100.1	99.7
玩具制造	100.0	100.0	100.0	101.3	98.7	100.1
游艺器材及娱乐用品制造	100.0	100.0	100.0	100.0	100.0	100.0
石油、煤炭及其他燃料加工业	**101.1**	**100.3**	**100.9**	**97.9**	**100.2**	**103.7**
精炼石油产品制造	101.6	100.3	100.3	97.0	99.1	103.3
煤炭加工	99.9	100.4	102.0	99.8	102.2	104.5
化学原料和化学制品制造业	**99.0**	**99.6**	**101.2**	**100.5**	**101.6**	**101.6**
基础化学原料制造	98.5	98.6	100.4	101.2	101.5	101.3
肥料制造	98.1	99.7	99.9	99.2	101.8	102.3
农药制造	101.1	100.5	99.6	104.1	102.5	99.3
涂料、油墨、颜料及类似产品制造	99.1	99.6	100.4	100.2	105.8	101.0
合成材料制造	99.7	100.6	100.1	100.4	101.5	102.3
专用化学产品制造	98.9	100.3	106.5	99.8	100.6	102.9
炸药、火工及焰火产品制造	100.0	99.6	100.1	99.7	99.4	100.8
日用化学产品制造	100.4	98.8	100.0	100.5	100.2	100.0
医药制造业	**100.2**	**99.8**	**100.0**	**99.9**	**99.9**	**99.9**
化学药品原料药制造	98.3	99.4	99.8	99.6	100.2	99.8
化学药品制剂制造	99.8	100.0	99.8	100.3	100.2	99.3
中药饮片加工	101.1	99.4	99.8	98.4	98.6	100.9
中成药生产	100.3	99.9	100.2	100.4	100.2	100.1
兽用药品制造	100.0	99.8	100.2	100.1	100.0	100.2
生物药品制品制造	100.6	100.0	99.6	99.8	99.7	99.1
卫生材料及医药用品制造	99.7	98.6	101.5	100.5	102.1	101.9
药用辅料及包装材料	99.7	98.6	101.5	100.5	102.1	101.9
化学纤维制造业	**95.9**	**99.9**	**97.9**	**99.9**	**101.1**	**100.9**
纤维素纤维原料及纤维制造	93.6	100.7	98.6	99.1	100.6	100.8
合成纤维制造	99.8	98.7	96.9	101.1	102.0	101.0
生物基材料制造	93.6	100.7	98.6	99.1	100.6	100.8

3-20 续表 6

(上月=100)

类别	7月	8月	9月	10月	11月	12月
橡胶和塑料制品业	**99.9**	**100.5**	**100.1**	**100.2**	**100.7**	**100.9**
橡胶制品业	100.0	100.1	100.0	99.8	101.4	103.2
塑料制品业	99.9	100.5	100.1	100.2	100.6	100.6
非金属矿物制品业	**99.9**	**99.7**	**99.8**	**99.5**	**100.6**	**100.6**
水泥、石灰和石膏制造	100.9	97.4	99.1	98.3	100.2	99.8
石膏、水泥制品及类似制品制造	99.2	101.1	99.9	98.8	100.5	99.7
砖瓦、石材等建筑材料制造	99.3	99.1	99.2	99.5	100.0	101.1
玻璃制造	103.9	105.0	104.9	100.8	99.4	103.2
玻璃制品制造	99.6	100.2	99.7	100.0	100.2	100.7
玻璃纤维和玻璃纤维增强塑料制品制造	100.1	100.2	101.8	104.4	112.1	103.6
陶瓷制品制造	100.6	99.4	99.9	99.0	98.0	99.5
耐火材料制品制造	99.6	99.9	99.6	99.7	100.3	99.8
石墨及其他非金属矿物制品制造	98.6	100.7	99.8	101.7	100.9	102.9
黑色金属冶炼和压延加工业	**99.7**	**100.6**	**100.8**	**100.0**	**101.5**	**101.5**
炼铁	100.6	100.6	100.7	99.1	102.1	101.5
炼钢	98.5	100.4	100.1	101.6	101.0	100.6
钢压延加工	100.4	100.8	100.9	99.7	102.2	101.9
铁合金冶炼	97.9	99.6	101.1	99.4	98.7	100.1
有色金属冶炼和压延加工业	**103.1**	**102.0**	**101.9**	**100.6**	**100.8**	**102.4**
常用有色金属冶炼	103.1	102.8	103.6	100.4	101.5	104.2
贵金属冶炼	104.1	104.3	98.5	98.3	99.2	98.3
稀有稀土金属冶炼	106.8	101.7	103.4	101.5	104.6	103.1
有色金属合金制造	100.6	103.3	99.7	99.8	99.5	99.6
有色金属压延加工	103.4	101.1	101.1	100.9	100.3	101.7
金属制品业	**100.1**	**100.3**	**100.2**	**99.9**	**99.9**	**100.2**
结构性金属制品制造	100.1	100.2	100.2	99.6	99.8	99.7
金属工具制造	100.0	100.0	100.0	100.0	100.1	99.9
集装箱及金属包装容器制造	99.8	100.0	99.5	100.0	100.6	100.0
金属丝绳及其制品制造	101.4	100.0	102.8	100.0	100.0	100.0
建筑、安全用金属制品制造	100.1	97.2	100.0	100.1	99.7	100.2
金属表面处理及热处理加工	100.0	106.1	100.0	100.0	98.8	107.3
金属制日用品制造	99.7	100.0	100.0	100.0	100.0	100.0
锻造及其他金属制品制造	100.0	100.1	99.9	100.2	99.9	100.1
通用设备制造业	**99.9**	**99.8**	**100.0**	**100.0**	**100.1**	**100.0**
锅炉及原动设备制造	100.0	100.0	100.0	99.8	100.2	100.1
金属加工机械制造	99.6	98.7	98.9	100.2	99.4	100.9
物料搬运设备制造	100.0	99.9	99.7	100.1	100.1	100.0
泵、阀门、压缩机及类似机械制造	99.5	99.6	100.3	100.2	100.7	99.4
轴承、齿轮和传动部件制造	100.0	100.4	99.7	100.0	100.3	100.0
烘炉、风机、包装等设备制造	100.0	100.0	100.3	100.0	99.8	99.5
通用零部件制造	100.2	99.9	100.1	100.2	99.7	100.4
其他通用设备制造	100.0	100.0	100.0	100.0	100.0	100.0
专用设备制造业	**99.6**	**99.9**	**100.0**	**99.8**	**99.9**	**100.3**
采矿、冶金、建筑专用设备制造	99.2	99.8	100.1	99.8	99.7	100.5
化工、木材、非金属加工专用设备制造	100.1	100.0	100.0	100.0	99.8	100.3
食品、饮料、烟草及饲料生产专用设备制造	100.0	100.0	100.0	100.0	100.0	99.8
印刷、制药、日化及日用品生产专用设备制造	99.6	99.9	99.6	100.5	100.1	100.1
电子和电工机械专用设备制造	100.0	100.0	100.0	100.0	100.0	100.0
农、林、牧、渔专用机械制造	101.1	100.3	99.6	99.2	100.0	100.0
医疗仪器设备及器械制造	99.4	101.0	99.3	100.0	101.4	98.8
环保、邮政、社会公共服务及其他专用设备制造	100.0	100.0	100.0	100.0	100.0	100.0

3-20 续表 7

(上月=100)

类 别	7月	8月	9月	10月	11月	12月
汽车制造业	**100.0**	**99.9**	**100.2**	**100.0**	**100.1**	**100.3**
汽车整车制造	100.0	99.8	100.4	100.0	100.2	100.5
汽车用发动机制造	100.0	99.8	100.4	100.0	100.2	100.5
改装汽车制造	100.0	99.7	100.2	100.4	99.8	100.1
汽车车身、挂车制造	100.0	100.0	100.0	100.0	100.0	100.0
汽车零部件及配件制造	100.0	100.1	100.0	99.9	100.1	100.1
铁路、船舶、航空航天和其他运输设备制造业	**99.4**	**100.5**	**100.2**	**99.5**	**99.9**	**100.0**
铁路运输设备制造	98.6	101.0	100.4	98.9	99.8	100.0
城市轨道交通设备制造	100.0	100.0	100.0	100.0	100.0	100.0
船舶及相关装置制造	100.0	100.0	100.0	100.0	100.0	100.0
摩托车制造	100.1	100.0	100.0	100.0	100.0	100.0
电气机械和器材制造业	**101.1**	**100.0**	**100.2**	**100.1**	**99.6**	**100.6**
电机制造	100.2	99.8	100.1	99.8	100.1	99.9
输配电及控制设备制造	99.8	100.7	100.9	100.9	100.0	100.1
电线、电缆、光缆及电工器材制造	103.0	100.2	100.1	99.7	99.1	101.8
电池制造	100.1	99.6	99.4	99.7	99.6	99.4
家用电力器具制造	100.0	92.5	99.7	99.1	99.9	101.1
非电力家用器具制造	100.1	100.0	100.1	101.5	100.1	100.0
照明器具制造	100.1	99.9	99.8	100.0	100.0	100.0
计算机、通信和其他电子设备制造业	**99.3**	**100.6**	**99.8**	**100.2**	**100.9**	**101.5**
计算机制造	99.6	100.0	100.1	99.1	99.2	99.3
通信设备制造	99.6	99.7	99.9	100.0	100.1	100.1
广播电视设备制造	100.0	100.0	100.0	100.0	95.5	100.0
视听设备制造	97.9	103.6	98.8	103.5	107.1	108.9
智能消费设备制造	100.0	99.5	104.6	99.9	99.9	100.1
电子器件制造	99.6	100.0	99.8	100.3	100.0	100.4
电子元件及电子专用材料制造	100.3	99.6	99.8	99.9	99.7	100.1
其他电子设备制造	100.0	99.7	80.0	100.0	100.0	100.0
仪器仪表制造业	**101.5**	**100.4**	**100.4**	**100.2**	**100.4**	**100.1**
通用仪器仪表制造	102.3	100.8	100.6	99.8	100.5	100.2
专用仪器仪表制造	100.0	100.0	100.0	100.0	100.0	100.0
光学仪器制造	98.6	98.6	100.0	102.8	100.0	100.0
其他仪器仪表制造业	100.0	100.0	100.0	100.0	100.0	100.0
其他制造业	**100.2**	**100.4**	**100.7**	**99.8**	**99.7**	**100.2**
日用杂品制造	100.3	100.6	101.1	99.7	99.6	100.3
其他未列明制造业	100.0	100.0	100.0	100.0	100.0	100.0
废弃资源综合利用业	**102.9**	**102.8**	**101.4**	**101.2**	**100.4**	**105.3**
金属废料和碎屑加工处理	104.9	104.5	102.4	101.8	100.6	107.5
非金属废料和碎屑加工处理	99.5	99.5	99.5	100.0	100.0	100.7
金属制品、机械和设备修理业	**100.0**	**100.0**	**100.0**	**100.0**	**100.0**	**100.0**
铁路、船舶、航空航天等运输设备修理	100.0	100.0	100.0	100.0	100.0	100.0
电力、热力生产和供应业	**97.2**	**98.6**	**99.6**	**100.1**	**102.9**	**106.1**
电力生产	94.9	98.2	99.2	100.0	105.8	111.0
电力供应	99.6	98.9	100.1	100.1	100.1	100.9
燃气生产和供应业	**100.0**	**100.2**	**100.3**	**99.8**	**102.4**	**106.8**
燃气生产和供应业	100.0	100.2	100.3	99.8	102.4	106.8
生物质燃气生产和供应业	100.0	100.2	100.3	99.8	102.4	106.8
水的生产和供应业	**100.2**	**100.0**	**100.1**	**100.2**	**100.1**	**100.3**
自来水生产和供应	100.0	100.0	100.0	100.0	100.0	100.0
污水处理及其再生利用	100.5	100.0	100.5	100.5	100.5	101.0

3-21 工业生产者购进价格指数(2015-2020年)

(上年同期=100)

类　别	2015	2016	2017	2018	2019	2020
总指数	**96.7**	**98.8**	**108.3**	**105.3**	**100.6**	**98.1**
燃料、动力类	97.1	99.1	112.0	105.6	99.5	93.8
黑色金属材料类	91.0	99.0	116.6	110.2	100.7	98.4
#钢材	92.7	99.8	118.6	110.9	99.9	97.6
其他	88.7	97.7	113.5	109.2	102.0	99.7
有色金属材料和电线类	95.0	99.0	117.7	105.8	99.0	97.3
化工原料类	94.7	96.5	107.7	107.4	97.1	94.1
木材及纸浆类	97.3	101.1	107.6	107.7	99.0	97.8
建筑材料及非金属矿类	97.8	97.2	109.3	113.6	108.4	96.8
其他工业原材料及半成品类	98.5	98.8	101.1	101.4	101.3	100.4
农副产品类	99.2	99.3	103.4	102.6	102.0	104.8
纺织原料类	95.7	100.0	109.3	100.2	98.0	97.0

3-22 分月工业生产者购进价格指数(2020年)

(上年同月＝100)

类　别	1月	2月	3月	4月	5月	6月	7月	8月	9月	10月	11月	12月
总指数	**99.3**	**99.4**	**98.7**	**97.1**	**96.3**	**97.2**	**97.9**	**98.1**	**97.8**	**97.7**	**98.1**	**99.5**
燃料、动力类	97.1	96.4	94.7	90.8	89.8	92.0	93.4	94.1	93.9	93.6	94.6	95.6
黑色金属材料类	98.3	98.5	98.0	96.5	96.2	96.6	97.5	98.5	99.1	99.9	100.1	101.7
#钢材	97.5	98.1	97.2	95.8	95.3	95.9	96.6	97.7	98.3	98.7	99.5	100.7
其他	99.5	99.1	99.4	97.7	97.6	97.7	98.9	99.7	100.3	101.8	101.1	103.4
有色金属材料和电线类	98.6	98.5	96.6	95.0	94.2	95.8	96.1	97.7	98.1	97.1	98.3	101.3
化工原料类	95.7	95.3	95.0	93.8	92.3	93.1	92.8	92.0	92.8	93.0	94.3	98.9
木材及纸浆类	97.1	97.2	97.7	98.2	97.8	97.2	97.6	97.8	98.4	98.4	98.6	98.3
建筑材料及非金属矿类	100.6	100.1	99.0	97.6	96.3	95.8	96.0	96.0	95.4	95.2	94.6	94.6
其他工业原材料及半成品类	100.7	101.0	100.9	100.8	100.6	100.2	100.4	100.4	100.4	100.2	99.4	100.2
农副产品类	104.6	106.2	105.9	105.4	104.0	106.3	107.3	106.2	103.0	102.2	102.6	104.0
纺织原料类	97.7	98.0	97.0	96.1	94.4	94.6	94.9	95.6	96.4	98.6	100.2	100.8

3-23 分月工业生产者购进价格环比指数(2020年)

(上月＝100)

类　别	1月	2月	3月	4月	5月	6月	7月	8月	9月	10月	11月	12月
总指数	**100.4**	**99.9**	**99.2**	**98.4**	**99.0**	**100.2**	**100.3**	**100.2**	**100.1**	**100.0**	**100.4**	**101.3**
燃料、动力类	102.2	99.3	98.3	95.4	98.2	100.7	100.1	100.0	99.7	99.6	100.7	101.5
黑色金属材料类	100.1	99.9	99.3	99.1	99.7	100.4	100.8	100.3	100.4	100.1	100.1	101.5
#钢材	100.0	100.1	99.2	98.8	99.6	100.3	100.6	100.2	100.4	100.0	100.3	101.2
其他	100.2	99.6	99.5	99.6	99.9	100.6	101.0	100.4	100.5	100.2	99.9	102.1
有色金属材料和电线类	99.6	99.0	98.0	98.3	98.1	101.0	101.7	102.3	101.1	99.7	100.8	101.9
化工原料类	99.5	99.6	99.1	98.1	98.6	99.5	99.4	99.2	100.1	100.7	100.9	104.3
木材及纸浆类	100.1	99.8	100.2	99.7	99.3	99.3	100.1	99.6	100.1	99.5	100.3	100.1
建筑材料及非金属矿类	99.3	99.9	99.2	99.2	99.0	99.6	99.9	99.5	99.4	99.3	100.2	100.0
其他工业原材料及半成品类	100.0	100.2	99.8	99.7	99.7	99.7	100.1	100.2	100.1	100.3	99.7	100.6
农副产品类	99.7	100.9	99.6	99.9	99.0	100.8	100.8	101.0	100.3	100.0	100.8	101.0
纺织原料类	100.4	100.2	99.2	99.1	98.2	99.5	99.9	100.1	100.4	101.6	101.5	100.6

3-24 分行业工业生产者购进价格指数(2020年)

(上年同月=100)

类　别	全年	1月	2月	3月	4月	5月	6月
总指数	**98.1**	**99.3**	**99.4**	**98.7**	**97.1**	**96.3**	**97.2**
农业	**102.2**	**98.6**	**98.9**	**99.5**	**99.5**	**99.9**	**101.5**
谷物种植	104.8	99.3	100.0	101.4	101.4	102.3	104.3
豆类、油料和薯类种植	101.4	97.6	95.6	95.7	96.7	97.1	100.7
棉、麻、糖、烟草种植	93.1	90.7	92.8	91.9	90.6	90.5	90.4
蔬菜、食用菌及园艺作物种植	103.1	105.6	104.6	105.5	105.1	102.5	101.3
水果种植	100.8	100.5	100.3	100.0	100.0	100.7	101.0
坚果、含油果、香料和饮料作物种植	99.6	100.5	100.5	98.4	98.8	98.8	100.0
中药材种植	103.3	99.8	103.2	104.0	105.8	104.4	104.8
其他农业	100.6	98.7	98.9	101.1	102.1	101.2	102.3
林业	**98.2**	**97.2**	**97.7**	**97.6**	**96.6**	**97.1**	**97.6**
木材和竹材采运	98.4	97.8	98.5	98.3	96.9	97.5	98.2
林产品采集	97.6	95.8	95.8	95.8	96.0	96.1	96.2
畜牧业	**110.8**	**120.4**	**126.7**	**123.5**	**121.3**	**114.4**	**118.8**
牲畜饲养	119.0	128.9	141.9	137.0	134.3	124.7	133.0
家禽饲养	103.1	113.9	114.0	111.6	109.8	104.9	106.9
其他畜牧业	97.5	100.6	100.7	101.3	99.7	99.6	96.6
煤炭开采和洗选业	**96.2**	**96.7**	**96.5**	**96.4**	**96.2**	**95.1**	**95.4**
烟煤和无烟煤开采洗选	95.8	96.5	96.4	96.2	95.8	94.7	95.0
其他煤炭采选	106.9	104.2	101.8	102.0	108.8	107.3	108.9
石油和天然气开采业	**85.9**	**101.6**	**100.4**	**92.9**	**75.7**	**72.9**	**81.6**
石油开采	68.3	98.6	96.5	83.0	46.6	42.0	59.3
天然气开采	101.6	104.1	103.8	101.7	102.7	101.1	101.7
黑色金属矿采选业	**104.0**	**103.2**	**103.2**	**104.3**	**102.4**	**102.3**	**102.0**
铁矿采选	104.6	103.7	103.7	105.1	103.0	102.9	102.4
锰矿、铬矿采选	95.9	96.3	95.8	93.7	93.9	94.4	96.8
有色金属矿采选业	**96.0**	**98.1**	**97.5**	**95.6**	**95.7**	**96.4**	**98.3**
常用有色金属矿采选	96.1	95.0	96.5	93.9	94.0	94.4	95.9
稀有稀土金属矿采选	95.3	102.7	98.5	97.8	97.9	98.8	101.5
非金属矿采选业	**97.6**	**99.5**	**98.9**	**98.6**	**97.8**	**97.5**	**97.3**
土砂石开采	99.3	102.3	101.8	100.5	99.2	98.8	99.2
化学矿开采	96.0	96.7	96.2	95.8	95.7	95.2	94.9
采盐	95.5	91.3	91.1	96.3	95.9	96.1	97.3
石棉及其他非金属矿采选	93.6	98.1	96.4	96.5	96.5	97.1	92.9
农副食品加工业	**104.2**	**109.0**	**110.8**	**111.0**	**107.2**	**105.5**	**104.0**
谷物磨制	101.1	100.2	100.3	100.7	100.3	100.7	101.2
饲料加工	100.0	100.0	100.0	100.0	100.0	100.0	100.0
植物油加工	106.9	110.0	109.8	109.0	107.8	107.7	106.3
制糖业	102.3	103.6	105.0	105.0	105.3	104.1	103.8
屠宰及肉类加工	104.8	114.3	118.0	118.4	110.6	106.9	104.1
水产品加工	100.9	96.3	96.9	97.0	98.0	97.8	97.5
蔬菜、水果和坚果加工	103.3	101.1	102.1	102.5	103.4	103.7	105.5
其他农副食品加工	109.8	113.6	112.7	114.5	111.5	115.0	113.2

3-24 续表 1

(上年同月＝100)

类　别	全年	1月	2月	3月	4月	5月	6月
食品制造业	**99.8**	**99.3**	**102.0**	**100.9**	**101.9**	**101.4**	**100.2**
乳制品制造	104.9	103.7	110.1	110.0	111.7	111.8	108.6
调味品、发酵制品制造	93.1	97.6	97.4	91.9	89.8	88.7	89.2
其他食品制造	96.5	94.3	94.4	94.2	96.0	95.1	95.2
酒、饮料和精制茶制造业	**100.7**	**98.8**	**98.9**	**99.1**	**98.8**	**99.5**	**101.0**
酒的制造	100.3	97.6	98.0	98.3	97.6	98.5	100.8
饮料制造	98.2	98.0	98.0	98.0	98.0	98.4	98.1
精制茶加工	112.2	109.6	108.3	108.4	109.5	110.2	112.8
烟草制品业	**97.7**	**111.5**	**97.4**	**97.4**	**95.1**	**95.1**	**95.1**
烟叶复烤	97.7	111.5	97.4	97.4	95.1	95.1	95.1
其他烟草制品制造	99.5	100.7	100.7	100.0	96.0	99.1	99.8
纺织业	**97.0**	**97.7**	**98.0**	**97.0**	**96.1**	**94.4**	**94.6**
棉纺织及印染精加工	96.9	96.2	96.7	96.0	94.9	94.0	94.0
毛纺织及染整精加工	99.9	100.0	100.0	100.0	99.8	99.8	99.8
麻纺织及染整精加工	104.6	132.3	120.5	117.7	115.0	109.7	110.3
丝绢纺织及印染精加工	95.9	102.3	103.1	100.5	100.3	94.7	95.1
非家用纺织制成品制造	100.0	100.0	100.0	100.0	100.0	100.0	100.0
皮革、毛皮、羽毛及其制品和制鞋业	**98.4**	**99.1**	**98.8**	**99.6**	**100.3**	**98.8**	**98.4**
皮革鞣制加工	98.4	99.4	99.3	100.3	100.7	98.6	98.2
羽毛(绒)加工及制品制造	97.9	96.2	94.8	93.5	97.3	101.0	100.5
木材加工和木、竹、藤、棕、草制品业	**99.5**	**97.4**	**98.0**	**99.0**	**99.8**	**99.5**	**99.6**
木材加工	99.6	96.9	97.5	99.0	100.1	100.0	100.1
人造板制造	98.9	98.4	98.5	98.7	98.9	97.9	97.6
木制品制造	99.9	99.4	99.9	99.9	99.7	99.9	100.4
竹、藤、棕、草等制品制造	96.6	96.0	95.7	95.3	98.4	95.9	96.9
造纸和纸制品业	**95.8**	**95.2**	**94.9**	**95.4**	**96.2**	**94.5**	**94.6**
纸浆制造	89.5	86.8	87.1	85.2	84.0	86.7	87.7
造纸	98.7	98.4	98.6	100.7	102.4	98.4	97.7
纸制品制造	95.5	96.5	94.8	94.6	95.6	94.2	94.8
印刷和记录媒介复制业	**98.8**	**99.8**	**99.7**	**99.6**	**99.4**	**101.0**	**97.7**
印刷	98.8	99.8	99.7	99.6	99.4	101.0	97.7
石油加工、炼焦和核燃料加工业	**93.3**	**94.4**	**93.6**	**91.3**	**91.3**	**91.4**	**92.4**
精炼石油产品制造	95.2	98.3	98.7	96.3	94.3	93.2	93.9
炼焦	91.0	90.0	88.0	85.8	87.9	89.2	90.6
化学原料和化学制品制造业	**94.7**	**96.1**	**95.9**	**95.7**	**94.4**	**92.9**	**93.2**
基础化学原料制造	95.4	97.8	97.5	96.4	94.2	93.2	93.6
肥料制造	95.6	95.8	95.5	94.7	96.5	95.2	94.7
农药制造	95.7	85.9	86.4	97.6	97.1	95.6	96.2
涂料、油墨、颜料及类似产品制造	99.1	101.9	101.8	102.3	102.4	100.9	99.2

3-24 续表 2

(上年同月＝100)

类 别	全年	1月	2月	3月	4月	5月	6月
合成材料制造	89.1	87.3	87.3	89.4	88.9	85.6	87.9
专用化学产品制造	95.3	96.7	96.4	95.6	96.9	95.5	91.2
炸药、火工及焰火产品制造	99.7	100.7	100.3	100.7	100.4	100.1	99.5
日用化学产品制造	97.7	99.0	99.0	98.5	95.4	94.8	98.6
医药制造业	**100.1**	**97.5**	**96.3**	**95.3**	**100.8**	**101.1**	**100.5**
化学药品原料药制造	99.3	96.6	95.3	94.2	100.3	99.9	99.1
中成药生产	112.5	108.7	108.6	109.9	110.9	120.4	121.3
兽用药品制造	98.2	98.5	98.5	96.8	95.1	97.5	97.5
生物药品制造	101.0	98.9	100.4	99.2	99.4	98.7	100.8
化学纤维制造业	**90.0**	**94.2**	**92.6**	**92.6**	**90.8**	**88.3**	**90.6**
纤维素纤维原料及纤维制造	92.7	88.4	89.7	89.0	89.3	88.8	91.4
合成纤维制造	89.8	94.5	92.8	92.8	90.9	88.3	90.6
橡胶和塑料制品业	**96.3**	**95.4**	**95.7**	**95.0**	**94.6**	**95.0**	**96.1**
橡胶制品业	98.0	96.5	96.4	95.8	96.4	96.8	98.0
塑料制品业	96.2	95.3	95.7	94.9	94.5	94.8	95.9
非金属矿物制品业	**96.3**	**101.2**	**100.7**	**99.2**	**97.5**	**95.6**	**94.9**
水泥、石灰和石膏制造	96.4	103.1	102.6	100.1	97.5	95.4	94.8
砖瓦、石材等建筑材料制造	104.6	115.0	112.2	111.1	109.8	110.2	102.7
玻璃制造	100.5	99.7	100.1	100.0	100.1	99.7	99.7
玻璃制品制造	94.3	96.4	96.4	96.5	96.5	92.7	92.7
玻璃纤维和玻璃纤维增强塑料制品制造	95.4	97.7	97.1	97.3	96.2	95.2	95.0
陶瓷制品制造	100.0	100.0	100.0	100.0	100.0	100.0	100.0
耐火材料制品制造	101.0	117.8	117.8	102.1	99.9	99.8	97.1
石墨及其他非金属矿物制品制造	95.2	94.0	93.5	94.2	94.9	95.6	94.9
黑色金属冶炼和压延加工业	**97.5**	**97.5**	**97.7**	**97.0**	**95.6**	**95.3**	**95.8**
炼铁	100.4	101.8	101.5	100.7	99.9	99.5	99.7
炼钢	95.6	95.5	94.7	94.6	92.9	92.8	93.1
黑色金属铸造	100.3	99.1	99.2	99.3	99.3	99.2	99.8
钢压延加工	97.6	97.7	98.1	97.3	95.7	95.2	95.7
铁合金冶炼	97.3	95.5	97.4	94.6	96.8	97.7	99.0
有色金属冶炼和压延加工业	**97.8**	**98.8**	**98.9**	**97.0**	**94.6**	**93.3**	**94.7**
常用有色金属冶炼	97.0	98.0	98.0	95.1	93.2	92.9	93.4
贵金属冶炼	100.0	100.0	100.0	100.0	100.0	100.0	100.0
稀有稀土金属冶炼	85.3	80.0	81.1	92.1	82.3	80.0	82.2
有色金属合金制造	102.6	103.6	103.9	103.8	103.1	103.1	102.7
有色金属压延加工	100.5	102.8	103.0	100.2	97.8	94.6	97.8
金属制品业	**101.0**	**99.3**	**99.8**	**99.9**	**99.2**	**99.0**	**99.5**
结构性金属制品制造	96.9	97.1	97.4	97.4	97.2	98.2	98.2
集装箱及金属包装容器制造	99.5	99.2	99.9	99.5	100.0	100.2	99.4
金属丝绳及其制品制造	102.8	99.9	100.1	100.7	99.0	98.5	99.8
建筑、安全用金属制品制造	85.5	81.1	78.0	78.0	74.5	76.4	92.6
金属制日用品制造	101.0	102.3	102.8	99.7	93.6	91.7	95.2
其他金属制品制造	99.0	98.1	99.2	99.2	99.0	98.9	99.0

3-24 续表 3

(上年同月=100)

类　　别	全年	1月	2月	3月	4月	5月	6月
通用设备制造业	**98.9**	**94.9**	**99.6**	**99.5**	**99.1**	**99.2**	**99.0**
锅炉及原动设备制造	99.2	92.9	100.3	100.3	99.8	99.8	99.8
泵、阀门、压缩机及类似机械制造	100.5	99.8	99.9	99.8	100.2	99.9	99.6
轴承、齿轮和传动部件制造	96.6	97.6	97.1	96.6	96.1	96.6	95.7
通用零部件制造	99.9	99.4	97.7	98.4	99.4	99.0	99.9
专用设备制造业	**100.2**	**100.3**	**100.3**	**100.3**	**100.3**	**100.9**	**99.6**
环保、社会公共服务及其他专用设备制造	100.2	100.3	100.3	100.3	100.3	100.9	99.6
汽车制造业	**98.8**	**96.8**	**96.8**	**96.7**	**97.5**	**99.5**	**99.3**
汽车整车制造	97.4	95.0	94.8	94.2	95.0	98.6	98.6
铁路、船舶、航空航天和其他运输设备制造业	**98.4**	**97.0**	**97.1**	**97.4**	**97.5**	**96.6**	**97.8**
铁路运输设备制造	100.5	100.0	100.0	100.0	100.3	100.3	100.3
摩托车制造	98.1	96.5	96.7	97.0	97.0	96.0	97.4
电气机械和器材制造业	**99.7**	**98.8**	**99.6**	**99.8**	**97.9**	**96.9**	**97.8**
电机制造	99.5	99.3	99.6	100.0	98.6	98.9	99.2
输配电及控制设备制造	101.2	99.9	99.8	101.9	100.7	99.9	100.4
电线、电缆、光缆及电工器材制造	97.4	96.3	98.9	96.3	92.6	90.6	92.6
电池制造	100.2	100.3	100.6	100.8	101.1	101.0	101.2
照明器具制造	100.1	99.4	99.4	99.4	99.3	99.4	99.3
计算机、通信和其他电子设备制造业	**97.6**	**96.1**	**97.7**	**97.6**	**100.3**	**101.0**	**98.2**
计算机制造	93.3	89.6	91.1	92.0	92.1	93.1	94.2
电子器件制造	95.4	93.7	96.2	95.2	97.0	98.0	95.9
电子元件制造	101.5	100.8	100.9	102.1	106.5	106.8	102.3
其他电子设备制造	100.3	100.0	100.0	100.0	100.0	100.0	100.0
仪器仪表制造业	**99.4**	**101.0**	**103.6**	**103.6**	**100.0**	**98.0**	**99.5**
通用仪器仪表制造	99.4	101.0	103.6	103.6	100.0	98.0	99.5
光学仪器及眼镜制造	98.9	98.5	98.2	97.9	98.3	98.7	99.1
废弃资源综合利用业	**99.2**	**101.5**	**101.0**	**98.3**	**97.4**	**94.3**	**97.0**
金属废料和碎屑加工处理	102.3	105.9	105.3	102.0	101.0	98.0	99.0
非金属废料和碎屑加工处理	85.7	83.7	83.6	82.8	82.4	79.1	87.8
金属制品、机械和设备修理业	**96.1**	**97.7**	**97.7**	**97.7**	**95.9**	**95.9**	**95.9**
专用设备修理	96.1	97.7	97.7	97.7	95.9	95.9	95.9
电力、热力生产和供应业	**97.4**	**95.0**	**94.2**	**95.3**	**96.0**	**96.1**	**95.8**
电力供应	97.0	94.3	93.2	94.7	95.7	95.8	95.3
热力生产和供应	102.0	103.2	104.9	101.9	99.0	98.2	101.2
燃气生产和供应业	**95.1**	**95.8**	**96.6**	**96.9**	**89.7**	**91.0**	**93.8**
水的生产和供应业	**100.0**	**100.3**	**100.2**	**100.2**	**100.1**	**100.1**	**100.0**
自来水生产和供应	100.0	100.3	100.2	100.2	100.1	100.1	100.0
其他水的处理、利用与分配	100.2	98.5	98.9	99.2	99.1	101.7	100.9

3-24 续表 4

(上年同月=100)

类别	7月	8月	9月	10月	11月	12月
总指数	**97.9**	**98.1**	**97.8**	**97.7**	**98.1**	**99.5**
农业	**102.2**	**103.1**	**104.2**	**105.1**	**106.7**	**107.3**
谷物种植	104.9	106.0	107.2	108.5	110.5	111.5
豆类、油料和薯类种植	102.8	103.7	105.6	107.1	107.5	107.3
棉、麻、糖、烟草种植	90.8	92.3	93.3	94.4	99.1	101.2
蔬菜、食用菌及园艺作物种植	102.3	102.4	102.5	101.4	102.1	102.2
水果种植	100.8	101.2	101.7	101.5	101.2	101.2
坚果、含油果、香料和饮料作物种植	100.0	99.7	99.9	99.5	99.7	99.6
中药材种植	104.2	103.7	103.4	102.9	102.9	100.6
其他农业	101.3	99.9	100.5	100.8	100.7	99.3
林业	**98.1**	**98.7**	**98.3**	**99.5**	**99.5**	**100.2**
木材和竹材采运	98.5	98.9	98.5	99.5	99.0	99.7
林产品采集	97.2	98.3	97.9	99.6	100.9	101.5
畜牧业	**120.7**	**113.5**	**99.9**	**95.3**	**93.2**	**96.3**
牲畜饲养	141.6	125.7	105.1	97.3	92.0	97.0
家禽饲养	102.3	101.9	94.0	92.7	94.9	95.9
其他畜牧业	97.7	96.1	95.5	94.7	93.7	93.6
煤炭开采和洗选业	**95.0**	**95.4**	**95.8**	**95.8**	**97.0**	**98.7**
烟煤和无烟煤开采洗选	94.5	95.0	95.5	95.4	96.5	98.3
其他煤炭采选	108.9	107.6	105.4	106.0	110.3	111.0
石油和天然气开采业	**85.1**	**86.2**	**85.0**	**83.2**	**82.6**	**83.4**
石油开采	67.5	69.4	67.0	63.0	62.0	65.0
天然气开采	101.0	101.2	100.8	100.9	100.6	99.3
黑色金属矿采选业	**102.9**	**102.6**	**103.6**	**106.2**	**106.4**	**109.2**
铁矿采选	103.4	103.2	104.1	106.8	106.9	109.8
锰矿、铬矿采选	94.9	93.6	95.8	97.5	99.0	99.6
有色金属矿采选业	**93.9**	**95.2**	**95.3**	**93.3**	**94.9**	**98.0**
常用有色金属矿采选	96.3	99.1	96.9	95.2	97.0	99.6
稀有稀土金属矿采选	89.6	88.9	92.6	90.4	91.9	95.5
非金属矿采选业	**97.9**	**97.7**	**97.3**	**96.7**	**96.1**	**96.0**
土砂石开采	99.7	99.4	98.6	98.3	97.6	97.1
化学矿开采	96.3	96.2	96.6	96.3	96.1	95.4
采盐	96.6	96.9	96.4	96.4	94.7	97.6
石棉及其他非金属矿采选	92.8	92.8	92.8	88.6	89.2	89.2
农副食品加工业	**105.2**	**103.7**	**101.7**	**100.2**	**96.8**	**97.5**
谷物磨制	100.8	101.0	101.3	101.3	102.5	102.5
饲料加工	100.0	100.0	100.0	100.0	100.0	100.0
植物油加工	107.0	104.9	105.3	105.6	105.7	104.5
制糖业	102.6	101.7	101.0	99.0	99.2	97.6
屠宰及肉类加工	106.6	104.3	100.4	97.5	90.6	92.5
水产品加工	101.7	103.0	105.8	106.0	105.5	105.6
蔬菜、水果和坚果加工	103.9	103.8	101.4	102.4	104.5	105.0
其他农副食品加工	114.4	112.6	105.8	106.9	102.4	97.6

3-24 续表 5

(上年同月=100)

类　　别	7月	8月	9月	10月	11月	12月
食品制造业	**99.1**	**97.7**	**98.0**	**97.7**	**98.2**	**101.4**
乳制品制造	103.2	99.9	99.1	98.9	99.1	104.9
调味品、发酵制品制造	89.8	89.3	92.9	94.7	96.8	100.6
其他食品制造	98.4	99.2	99.0	97.6	97.7	97.2
酒、饮料和精制茶制造业	**101.3**	**101.4**	**101.9**	**102.3**	**102.5**	**103.4**
酒的制造	101.1	101.2	101.8	102.6	102.7	103.9
饮料制造	98.1	98.1	98.1	98.1	98.5	99.0
精制茶加工	113.9	114.5	115.5	114.1	114.6	114.9
烟草制品业	**95.1**	**97.6**	**97.6**	**97.6**	**97.6**	**97.6**
烟叶复烤	95.1	97.6	97.6	97.6	97.6	97.6
其他烟草制品制造	99.8	98.0	100.0	100.0	100.0	100.0
纺织业	**94.9**	**95.6**	**96.4**	**98.6**	**100.2**	**100.8**
棉纺织及印染精加工	94.7	95.6	97.3	100.0	101.9	102.6
毛纺织及染整精加工	99.8	100.0	99.4	99.4	99.1	101.6
麻纺织及染整精加工	101.4	100.8	92.0	92.5	90.7	86.9
丝绢纺织及印染精加工	94.5	94.2	91.4	91.3	92.0	92.0
非家用纺织制成品制造	100.0	100.0	100.0	100.0	100.0	100.0
皮革、毛皮、羽毛及其制品和制鞋业	**98.0**	**97.2**	**97.2**	**98.1**	**97.5**	**97.3**
皮革鞣制加工	97.5	96.8	97.1	98.2	97.7	97.4
羽毛(绒)加工及制品制造	102.1	100.5	98.5	97.7	96.2	96.7
木材加工和木、竹、藤、棕、草制品业	**99.8**	**100.1**	**100.0**	**100.1**	**100.2**	**100.2**
木材加工	100.4	100.3	100.3	100.1	100.4	100.4
人造板制造	98.0	99.2	99.1	100.1	100.1	99.9
木制品制造	99.9	100.4	99.9	99.7	99.4	100.0
竹、藤、棕、草等制品制造	94.7	95.6	96.9	98.1	97.9	97.9
造纸和纸制品业	**95.1**	**94.9**	**96.4**	**96.8**	**97.3**	**97.9**
纸浆制造	87.5	90.3	95.7	94.9	95.4	95.9
造纸	98.5	96.6	97.3	97.9	98.6	99.6
纸制品制造	95.2	95.6	95.6	96.3	96.5	96.5
印刷和记录媒介复制业	**98.0**	**98.9**	**99.6**	**98.1**	**98.1**	**95.2**
印刷	98.0	98.9	99.6	98.1	98.1	95.2
石油加工、炼焦和核燃料加工业	**92.6**	**93.5**	**93.3**	**93.8**	**95.7**	**96.5**
精炼石油产品制造	94.8	95.2	94.3	94.1	95.0	94.8
炼焦	90.2	91.5	92.1	93.5	96.7	98.7
化学原料和化学制品制造业	**92.6**	**92.5**	**93.6**	**93.9**	**96.4**	**99.5**
基础化学原料制造	92.6	92.5	94.0	94.3	97.5	100.8
肥料制造	94.6	95.8	95.7	95.8	96.5	96.5
农药制造	96.2	99.9	100.0	99.9	95.9	99.1
涂料、油墨、颜料及类似产品制造	99.8	99.7	96.9	95.4	94.0	95.5

3-24 续表 6

(上年同月＝100)

类　别	7月	8月	9月	10月	11月	12月
合成材料制造	87.9	87.2	88.9	90.1	93.2	96.7
专用化学产品制造	91.3	91.2	93.8	95.5	98.3	102.1
炸药、火工及焰火产品制造	99.5	99.3	99.2	99.4	99.0	98.9
日用化学产品制造	98.4	98.2	97.9	97.7	97.6	97.8
医药制造业	**100.6**	**101.1**	**102.3**	**102.6**	**101.5**	**102.6**
化学药品原料药制造	99.1	99.6	101.4	101.8	101.8	103.3
中成药生产	121.3	124.5	115.7	116.1	97.6	97.5
兽用药品制造	99.7	98.6	98.7	97.9	102.0	97.9
生物药品制造	102.9	102.4	102.1	102.3	101.8	103.3
化学纤维制造业	**90.0**	**86.3**	**86.4**	**86.8**	**83.6**	**96.9**
纤维素纤维原料及纤维制造	92.3	94.6	96.1	97.7	97.2	99.3
合成纤维制造	89.8	85.8	85.9	86.2	82.9	96.7
橡胶和塑料制品业	**97.4**	**97.0**	**97.5**	**96.8**	**97.5**	**98.3**
橡胶制品业	99.0	99.4	99.4	98.2	100.0	100.7
塑料制品业	97.2	96.8	97.3	96.7	97.2	98.1
非金属矿物制品业	**95.0**	**95.0**	**94.3**	**94.3**	**93.8**	**93.9**
水泥、石灰和石膏制造	94.4	95.1	93.3	94.2	93.4	93.2
砖瓦、石材等建筑材料制造	103.8	100.2	98.8	98.0	98.1	98.7
玻璃制造	99.9	100.1	100.1	100.3	100.5	105.3
玻璃制品制造	92.8	92.8	96.1	92.9	92.9	92.9
玻璃纤维和玻璃纤维增强塑料制品制造	94.6	94.9	94.1	94.2	94.0	94.7
陶瓷制品制造	100.0	100.0	100.0	100.0	100.0	100.0
耐火材料制品制造	97.1	97.1	97.1	97.1	97.1	97.1
石墨及其他非金属矿物制品制造	98.1	95.3	95.7	95.2	95.1	96.1
黑色金属冶炼和压延加工业	**96.6**	**97.9**	**98.4**	**98.9**	**99.1**	**100.4**
炼铁	99.9	100.1	100.0	100.3	100.1	101.0
炼钢	94.9	97.0	97.5	98.5	96.7	99.0
黑色金属铸造	100.0	101.4	101.5	101.6	102.1	101.6
钢压延加工	96.5	97.7	98.3	98.9	99.8	100.9
铁合金冶炼	98.9	97.8	98.4	97.0	96.2	97.8
有色金属冶炼和压延加工业	**97.0**	**98.8**	**99.3**	**98.8**	**99.7**	**102.7**
常用有色金属冶炼	95.5	98.4	99.4	98.5	99.4	101.7
贵金属冶炼	100.0	100.0	100.0	100.0	100.0	100.0
稀有稀土金属冶炼	86.0	90.7	89.3	83.9	83.9	94.9
有色金属合金制造	101.6	101.0	101.9	101.5	102.2	102.7
有色金属压延加工	100.7	100.4	100.1	101.1	102.2	105.5
金属制品业	**100.7**	**102.0**	**102.7**	**103.1**	**103.1**	**103.7**
结构性金属制品制造	95.7	97.4	97.4	97.4	94.5	94.5
集装箱及金属包装容器制造	99.4	99.4	99.4	99.2	99.3	99.4
金属丝绳及其制品制造	102.4	104.9	106.1	107.0	107.0	107.7
建筑、安全用金属制品制造	92.6	91.7	91.2	91.2	92.7	95.5
金属制日用品制造	101.7	105.1	101.7	102.5	104.9	110.9
其他金属制品制造	98.7	98.6	98.6	99.0	99.0	100.4

3-24 续表 7

(上年同月＝100)

类　别	7月	8月	9月	10月	11月	12月
通用设备制造业	**98.8**	**99.0**	**99.1**	**99.5**	**99.8**	**99.8**
锅炉及原动设备制造	99.4	99.6	99.6	99.6	99.8	99.8
泵、阀门、压缩机及类似机械制造	99.4	99.1	100.1	102.4	102.8	103.0
轴承、齿轮和传动部件制造	96.2	96.6	96.5	96.4	97.0	97.0
通用零部件制造	100.0	99.8	100.6	101.4	101.2	102.2
专用设备制造业	**100.0**	**100.0**	**100.0**	**100.0**	**100.2**	**100.2**
环保、社会公共服务及其他专用设备制造	100.0	100.0	100.0	100.0	100.2	100.2
汽车制造业	**99.4**	**99.9**	**99.9**	**100.0**	**100.0**	**100.0**
汽车整车制造	98.6	98.6	98.9	99.0	99.1	99.1
铁路、船舶、航空航天和其他运输设备制造业	**99.6**	**99.3**	**99.7**	**99.4**	**99.4**	**100.3**
铁路运输设备制造	100.3	100.8	100.8	100.8	100.8	100.8
摩托车制造	99.5	99.0	99.5	99.2	99.2	100.2
电气机械和器材制造业	**99.1**	**100.0**	**100.8**	**101.7**	**102.1**	**102.4**
电机制造	99.3	99.9	99.8	99.8	99.8	100.1
输配电及控制设备制造	101.3	101.3	101.9	102.1	102.8	102.5
电线、电缆、光缆及电工器材制造	95.3	98.0	100.0	102.5	102.7	103.8
电池制造	100.6	100.3	99.3	99.2	99.0	98.8
照明器具制造	99.3	100.1	100.2	100.2	100.1	104.7
计算机、通信和其他电子设备制造业	**95.9**	**95.4**	**97.0**	**96.9**	**96.3**	**99.1**
计算机制造	94.4	94.5	94.1	93.5	95.7	95.4
电子器件制造	94.1	93.7	94.5	95.0	94.8	97.0
电子元件制造	98.8	98.1	100.9	100.1	98.4	102.8
其他电子设备制造	100.2	100.7	100.7	100.7	100.7	100.7
仪器仪表制造业	**98.0**	**98.0**	**98.0**	**98.0**	**98.0**	**98.0**
通用仪器仪表制造	98.0	98.0	98.0	98.0	98.0	98.0
光学仪器及眼镜制造	99.2	99.3	99.7	99.6	99.2	99.6
废弃资源综合利用业	**97.0**	**98.4**	**100.3**	**99.9**	**100.6**	**104.4**
金属废料和碎屑加工处理	99.7	101.2	103.2	102.5	102.9	107.1
非金属废料和碎屑加工处理	85.7	86.1	87.6	88.4	90.5	92.8
金属制品、机械和设备修理业	**95.9**	**95.3**	**95.3**	**97.1**	**94.3**	**94.3**
专用设备修理	95.9	95.3	95.3	97.1	94.3	94.3
电力、热力生产和供应业	**98.5**	**99.2**	**99.1**	**99.0**	**101.0**	**101.6**
电力供应	98.2	98.9	98.9	98.9	101.1	100.7
热力生产和供应	102.1	101.7	100.7	100.7	100.0	110.7
燃气生产和供应业	**94.1**	**95.1**	**95.6**	**96.7**	**97.6**	**98.0**
水的生产和供应业	**99.8**	**99.8**	**100.0**	**100.1**	**99.9**	**99.9**
自来水生产和供应	99.8	99.8	99.9	100.1	99.9	99.9
其他水的处理、利用与分配	100.2	101.1	100.8	100.5	101.1	100.2

3-25 分行业工业生产者购进价格环比指数(2020年)

(上月=100)

类　别	1月	2月	3月	4月	5月	6月
总指数	**100.4**	**99.9**	**99.2**	**98.4**	**99.0**	**100.2**
农业	**100.0**	**100.7**	**100.2**	**100.1**	**100.3**	**100.9**
谷物种植	99.5	100.8	100.5	100.3	100.5	101.8
豆类、油料和薯类种植	100.0	100.0	100.1	100.6	100.0	100.6
棉、麻、糖、烟草种植	100.3	102.2	98.7	98.2	100.0	99.5
蔬菜、食用菌及园艺作物种植	101.4	99.8	100.8	100.1	100.4	99.6
水果种植	101.2	99.6	99.8	100.0	100.5	100.2
坚果、含油果、香料和饮料作物种植	99.5	100.0	100.3	99.7	100.0	99.9
中药材种植	100.2	103.0	100.2	100.0	99.7	100.2
其他农业	98.7	100.1	102.0	101.0	99.5	101.0
林业	**98.7**	**100.2**	**100.0**	**99.0**	**100.1**	**100.4**
木材和竹材采运	98.4	100.2	100.0	98.5	100.2	100.5
林产品采集	99.4	100.0	100.0	100.3	100.0	100.2
畜牧业	**99.2**	**101.3**	**98.4**	**99.5**	**95.9**	**100.7**
牲畜饲养	100.0	103.0	98.5	99.5	93.4	101.3
家禽饲养	97.9	99.2	97.8	99.8	98.9	100.9
其他畜牧业	100.0	99.9	100.0	98.2	99.9	96.0
煤炭开采和洗选业	**99.3**	**99.8**	**99.6**	**99.0**	**98.8**	**99.8**
烟煤和无烟煤开采洗选	99.3	99.8	99.6	98.8	98.8	99.7
其他煤炭采选	99.4	100.0	100.0	106.4	99.8	100.7
石油和天然气开采业	**101.8**	**97.1**	**93.3**	**81.4**	**96.4**	**111.1**
石油开采	103.2	94.2	87.4	56.5	90.2	139.1
天然气开采	100.6	99.8	98.3	99.9	99.0	100.4
黑色金属矿采选业	**101.0**	**99.9**	**100.1**	**99.9**	**100.2**	**100.9**
铁矿采选	101.1	99.9	100.1	99.9	100.1	100.9
锰矿、铬矿采选	99.2	99.1	100.0	99.5	100.6	100.6
有色金属矿采选业	**98.9**	**97.7**	**98.2**	**99.4**	**98.8**	**100.3**
常用有色金属矿采选	99.2	99.9	97.7	99.5	100.2	100.8
稀有稀土金属矿采选	98.3	94.3	99.0	99.3	96.6	99.4
非金属矿采选业	**99.3**	**99.6**	**99.3**	**99.6**	**99.8**	**99.8**
土砂石开采	99.5	99.7	98.9	99.5	99.9	100.6
化学矿开采	99.1	99.8	99.8	99.5	99.5	99.7
采盐	98.6	99.9	99.4	100.2	100.4	99.7
石棉及其他非金属矿采选	99.7	98.6	100.0	100.0	99.4	95.7
农副食品加工业	**99.4**	**100.6**	**99.7**	**98.5**	**99.0**	**99.3**
谷物磨制	99.5	100.0	100.4	99.5	100.3	100.6
饲料加工	100.0	100.0	100.0	100.0	100.0	100.0
植物油加工	101.3	100.0	99.0	98.9	100.0	99.8
制糖业	99.8	101.4	100.2	99.6	98.9	99.6
屠宰及肉类加工	98.6	101.0	99.3	97.8	97.9	98.3
水产品加工	98.8	101.2	100.0	100.0	100.0	101.9
蔬菜、水果和坚果加工	101.3	100.5	100.2	100.6	100.3	101.6
其他农副食品加工	101.2	99.6	101.8	96.2	103.3	98.9

3-25 续表 1

(上月=100)

类别	1月	2月	3月	4月	5月	6月
食品制造业	**99.9**	**99.9**	**99.8**	**99.6**	**99.6**	**100.1**
乳制品制造	99.8	99.9	100.0	99.8	99.9	99.8
调味品、发酵制品制造	99.5	100.0	98.7	98.1	98.0	101.2
其他食品制造	100.0	100.0	100.0	100.0	100.0	100.0
酒、饮料和精制茶制造业	**100.7**	**100.3**	**100.3**	**99.6**	**100.0**	**100.4**
酒的制造	101.0	100.4	100.2	99.1	100.0	100.6
饮料制造	100.0	100.0	100.0	100.0	99.5	99.5
精制茶加工	101.6	100.2	101.7	101.6	101.9	101.7
烟草制品业	**100.0**	**100.0**	**100.0**	**97.6**	**100.0**	**100.0**
烟叶复烤	100.0	100.0	100.0	97.6	100.0	100.0
其他烟草制品制造	100.0	100.0	100.0	100.0	100.0	100.0
纺织业	**100.4**	**100.2**	**99.2**	**99.1**	**98.2**	**99.5**
棉纺织及印染精加工	100.7	100.3	99.3	99.2	98.7	99.5
毛纺织及染整精加工	100.0	100.0	100.0	99.9	100.0	100.0
麻纺织及染整精加工	98.0	100.2	100.0	99.1	100.0	100.0
丝绢纺织及印染精加工	99.4	100.0	98.6	98.4	94.7	99.7
非家用纺织制成品制造	100.0	100.0	100.0	100.0	100.0	100.0
皮革、毛皮、羽毛及其制品和制鞋业	**100.4**	**100.0**	**100.6**	**99.9**	**98.2**	**99.8**
皮革鞣制加工	100.2	100.0	100.9	99.7	98.0	99.7
羽毛(绒)加工及制品制造	102.0	100.0	98.1	101.5	99.5	101.0
木材加工和木、竹、藤、棕、草制品业	**100.1**	**100.0**	**99.9**	**100.4**	**99.7**	**99.9**
木材加工	100.0	100.0	99.9	100.6	99.8	100.0
人造板制造	100.3	100.0	99.7	99.8	99.6	99.4
木制品制造	100.0	100.0	100.0	100.0	100.0	100.0
竹、藤、棕、草等制品制造	99.2	100.0	99.6	102.3	97.0	100.3
造纸和纸制品业	**100.2**	**99.5**	**100.7**	**99.2**	**98.2**	**99.6**
纸浆制造	99.1	100.2	99.1	97.8	99.9	100.6
造纸	100.8	100.2	101.8	99.4	96.5	99.3
纸制品制造	99.8	98.2	100.0	99.9	99.9	99.6
印刷和记录媒介复制业	**100.8**	**100.0**	**100.0**	**100.0**	**100.4**	**97.4**
印刷	100.8	100.0	100.0	100.0	100.4	97.4
石油加工、炼焦和核燃料加工业	**99.5**	**99.8**	**97.8**	**98.5**	**99.7**	**99.7**
精炼石油产品制造	99.5	99.8	97.8	98.4	99.0	99.8
炼焦	99.4	99.7	97.7	98.7	100.4	99.6
化学原料和化学制品制造业	**99.6**	**99.8**	**98.9**	**98.2**	**98.8**	**99.4**
基础化学原料制造	99.5	99.7	98.6	97.4	99.3	99.8
肥料制造	99.0	99.8	99.2	100.1	98.6	99.5
农药制造	99.4	100.6	107.4	99.5	98.4	100.7
涂料、油墨、颜料及类似产品制造	100.0	99.9	100.4	100.1	99.5	98.1

3-25 续表 2

(上月=100)

类别	1月	2月	3月	4月	5月	6月
合成材料制造	99.8	99.9	98.3	98.9	96.4	99.7
专用化学产品制造	98.6	99.7	99.5	100.3	99.3	95.3
炸药、火工及焰火产品制造	100.0	100.0	100.2	99.8	99.6	99.8
日用化学产品制造	100.1	100.0	100.1	97.2	100.2	100.1
医药制造业	**99.7**	**100.2**	**98.9**	**102.5**	**100.5**	**99.7**
化学药品原料药制造	99.5	100.2	98.8	102.8	99.9	99.6
中成药生产	102.4	99.9	100.0	100.9	108.6	100.8
兽用药品制造	99.6	100.0	99.6	99.6	99.8	100.0
生物药品制造	99.7	100.5	99.3	101.0	99.4	100.4
化学纤维制造业	**99.3**	**98.7**	**100.0**	**97.1**	**96.9**	**100.1**
纤维素纤维原料及纤维制造	99.3	100.0	99.1	98.2	98.3	100.0
合成纤维制造	99.4	98.6	100.1	97.0	96.8	100.1
橡胶和塑料制品业	**99.6**	**100.1**	**99.2**	**99.1**	**99.6**	**99.7**
橡胶制品业	100.2	100.0	99.3	99.4	100.6	100.4
塑料制品业	99.6	100.1	99.2	99.1	99.5	99.6
非金属矿物制品业	**99.2**	**100.0**	**99.2**	**99.0**	**98.5**	**99.5**
水泥、石灰和石膏制造	98.9	100.1	98.6	98.7	99.1	99.4
砖瓦、石材等建筑材料制造	100.0	98.5	100.0	99.9	100.0	100.0
玻璃制造	100.0	100.0	100.0	100.0	99.7	100.0
玻璃制品制造	100.6	100.0	100.0	100.0	95.5	100.0
玻璃纤维和玻璃纤维增强塑料制品制造	98.6	99.9	99.6	98.4	99.0	98.5
陶瓷制品制造	100.0	100.0	100.0	100.0	100.0	100.0
耐火材料制品制造	100.0	100.0	99.5	100.0	100.0	97.6
石墨及其他非金属矿物制品制造	99.4	99.8	100.9	98.9	98.7	98.9
黑色金属冶炼和压延加工业	**99.9**	**99.9**	**99.2**	**99.0**	**99.6**	**100.3**
炼铁	100.7	99.9	99.4	98.9	99.6	99.9
炼钢	99.3	99.1	99.0	99.6	99.8	100.4
黑色金属铸造	100.3	99.9	100.1	100.0	99.9	100.1
钢压延加工	100.0	100.1	99.2	98.7	99.5	100.3
铁合金冶炼	99.9	100.1	99.0	100.6	100.5	100.5
有色金属冶炼和压延加工业	**99.9**	**99.5**	**97.9**	**97.8**	**97.9**	**101.3**
常用有色金属冶炼	99.1	99.4	97.6	97.6	98.5	100.5
贵金属冶炼	100.0	100.0	100.0	100.0	100.0	100.0
稀有稀土金属冶炼	105.0	101.4	100.6	92.9	96.5	100.9
有色金属合金制造	100.2	100.0	99.9	99.5	99.8	100.4
有色金属压延加工	100.5	99.5	97.7	98.6	96.5	102.9
金属制品业	**100.4**	**99.9**	**100.0**	**98.9**	**99.6**	**100.8**
结构性金属制品制造	100.0	100.0	100.0	100.0	100.0	100.0
集装箱及金属包装容器制造	100.1	100.0	99.9	100.0	100.2	99.6
金属丝绳及其制品制造	100.9	99.5	100.1	97.9	99.1	101.9
建筑、安全用金属制品制造	100.0	100.0	100.0	95.5	102.5	98.9
金属制日用品制造	100.2	100.5	97.5	94.3	98.1	105.8
其他金属制品制造	98.8	101.1	100.0	100.3	100.3	100.0

3-25 续表 3

(上月=100)

类别	1月	2月	3月	4月	5月	6月
通用设备制造业	**100.0**	**99.9**	**99.9**	**99.9**	**99.9**	**99.7**
锅炉及原动设备制造	99.9	100.0	100.0	100.0	100.0	100.0
泵、阀门、压缩机及类似机械制造	100.0	100.0	99.9	100.0	99.7	99.8
轴承、齿轮和传动部件制造	100.1	99.5	99.5	99.6	99.9	98.8
通用零部件制造	100.7	99.2	100.3	101.0	100.0	100.3
专用设备制造业	**100.0**	**100.0**	**100.0**	**100.0**	**100.1**	**100.0**
环保、社会公共服务及其他专用设备制造	100.0	100.0	100.0	100.0	100.1	100.0
汽车制造业	**99.9**	**100.0**	**100.0**	**99.9**	**100.0**	**100.0**
汽车整车制造	100.0	100.0	99.3	100.0	99.6	100.0
铁路、船舶、航空航天和其他运输设备制造业	**100.3**	**100.0**	**100.0**	**99.8**	**99.6**	**100.2**
铁路运输设备制造	100.0	100.0	100.0	100.3	100.0	100.0
摩托车制造	100.3	100.0	100.0	99.7	99.5	100.3
电气机械和器材制造业	**100.2**	**100.3**	**99.9**	**98.7**	**98.9**	**100.6**
电机制造	100.0	100.2	100.4	98.5	100.4	100.0
输配电及控制设备制造	100.1	99.9	101.4	99.0	99.2	100.5
电线、电缆、光缆及电工器材制造	100.6	101.1	97.4	97.7	97.6	100.9
电池制造	99.8	99.9	100.2	100.3	100.0	100.2
照明器具制造	100.0	100.0	100.0	100.0	100.0	99.9
计算机、通信和其他电子设备制造业	**100.1**	**100.2**	**99.7**	**101.3**	**100.7**	**97.5**
计算机制造	99.4	98.7	100.9	100.2	100.1	100.1
电子器件制造	100.2	100.2	98.8	100.9	100.6	98.2
电子元件制造	100.1	100.4	100.7	102.0	101.0	96.2
其他电子设备制造	100.0	100.0	100.0	100.0	100.0	100.0
仪器仪表制造业	**101.0**	**99.0**	**100.0**	**100.0**	**98.0**	**100.0**
通用仪器仪表制造	101.0	99.0	100.0	100.0	98.0	100.0
光学仪器及眼镜制造	99.9	100.0	100.1	99.9	99.7	99.9
废弃资源综合利用业	**100.0**	**99.8**	**97.7**	**98.4**	**99.6**	**100.6**
金属废料和碎屑加工处理	100.1	100.0	97.2	98.7	100.5	100.6
非金属废料和碎屑加工处理	99.3	98.9	100.0	96.9	95.6	100.6
金属制品、机械和设备修理业	**101.0**	**100.0**	**100.0**	**98.1**	**100.0**	**100.0**
专用设备修理	101.0	100.0	100.0	98.1	100.0	100.0
电力、热力生产和供应业	**107.0**	**100.3**	**100.9**	**100.7**	**98.1**	**96.1**
电力供应	107.2	100.1	101.3	101.0	98.0	95.7
热力生产和供应	105.1	101.7	97.1	97.1	99.2	100.2
燃气生产和供应业	**103.0**	**100.6**	**98.4**	**93.1**	**97.4**	**100.6**
水的生产和供应业	**100.0**	**100.0**	**100.0**	**99.9**	**100.0**	**99.9**
自来水生产和供应	100.0	100.0	100.0	99.9	100.0	99.9
其他水的处理、利用与分配	99.7	100.6	100.0	100.2	101.1	99.6

3-25 续表 4

(上月=100)

类 别	7月	8月	9月	10月	11月	12月
总指数	**100.3**	**100.2**	**100.1**	**100.0**	**100.4**	**101.3**
农业	**100.4**	**100.7**	**100.9**	**100.9**	**101.4**	**100.6**
谷物种植	100.9	101.0	101.3	101.6	101.8	100.9
豆类、油料和薯类种植	101.1	100.7	101.6	101.3	100.8	100.3
棉、麻、糖、烟草种植	98.2	99.8	99.5	99.9	103.6	101.6
蔬菜、食用菌及园艺作物种植	99.9	100.2	100.1	99.7	100.1	100.1
水果种植	99.9	100.5	100.4	99.8	99.5	99.9
坚果、含油果、香料和饮料作物种植	100.3	100.1	100.1	100.0	100.0	100.0
中药材种植	99.8	99.9	99.7	99.3	100.0	98.8
其他农业	98.6	98.7	100.0	99.8	100.0	100.0
林业	**100.5**	**99.9**	**100.1**	**101.1**	**100.2**	**100.0**
木材和竹材采运	100.7	100.0	100.2	100.8	100.0	100.0
林产品采集	99.7	99.6	99.6	101.9	100.7	100.0
畜牧业	**101.9**	**101.7**	**98.9**	**97.6**	**99.4**	**102.0**
牲畜饲养	104.0	102.8	97.5	96.7	97.5	103.4
家禽饲养	99.7	100.7	100.7	98.4	101.6	100.3
其他畜牧业	98.7	99.1	100.0	100.3	101.0	100.3
煤炭开采和洗选业	**99.5**	**99.9**	**100.4**	**100.1**	**101.1**	**101.4**
烟煤和无烟煤开采洗选	99.5	99.9	100.4	100.0	101.1	101.4
其他煤炭采选	99.5	100.5	99.7	100.6	103.5	100.6
石油和天然气开采业	**104.2**	**100.8**	**98.5**	**97.8**	**100.3**	**102.0**
石油开采	113.2	101.8	95.4	94.1	99.1	104.9
天然气开采	99.3	100.1	100.4	100.0	101.0	100.4
黑色金属矿采选业	**101.7**	**100.3**	**100.8**	**100.8**	**100.2**	**103.2**
铁矿采选	101.8	100.4	100.7	100.9	100.2	103.4
锰矿、铬矿采选	99.4	97.6	103.1	100.4	100.1	100.0
有色金属矿采选业	**100.1**	**102.9**	**101.3**	**98.9**	**100.7**	**100.8**
常用有色金属矿采选	100.9	103.0	98.9	98.4	100.1	101.1
稀有稀土金属矿采选	98.8	102.6	105.6	99.8	101.6	100.4
非金属矿采选业	**100.0**	**99.6**	**99.7**	**98.9**	**100.0**	**100.2**
土砂石开采	99.9	99.3	99.7	99.5	100.5	100.1
化学矿开采	100.3	99.9	99.8	99.1	99.4	99.5
采盐	99.6	100.1	99.5	98.3	99.2	102.7
石棉及其他非金属矿采选	99.9	100.0	100.0	95.5	100.0	100.0
农副食品加工业	**100.2**	**100.2**	**99.9**	**100.7**	**99.3**	**100.5**
谷物磨制	100.4	100.2	99.9	100.4	101.0	100.3
饲料加工	100.0	100.0	100.0	100.0	100.0	100.0
植物油加工	100.4	102.1	100.4	101.0	101.4	99.9
制糖业	99.4	99.6	100.2	100.0	99.9	99.2
屠宰及肉类加工	100.2	99.8	99.9	100.7	97.6	101.2
水产品加工	104.3	100.1	100.1	100.1	100.0	99.1
蔬菜、水果和坚果加工	98.8	99.4	99.2	101.3	101.5	100.4
其他农副食品加工	100.3	99.5	97.9	101.8	98.1	99.1

3-25 续表 5

(上月=100)

类别	7月	8月	9月	10月	11月	12月
食品制造业	**100.4**	**99.8**	**99.8**	**99.6**	**99.8**	**103.2**
乳制品制造	100.3	99.6	99.8	100.0	99.8	106.3
调味品、发酵制品制造	101.1	100.5	100.3	100.7	100.2	102.3
其他食品制造	100.2	99.7	99.6	98.6	99.7	99.5
酒、饮料和精制茶制造业	**100.4**	**100.1**	**100.1**	**100.6**	**100.1**	**100.8**
酒的制造	100.4	100.1	100.0	100.8	100.1	101.2
饮料制造	100.0	100.0	100.0	100.0	100.0	100.0
精制茶加工	101.9	101.1	100.5	100.7	100.3	100.7
烟草制品业	**100.0**	**100.0**	**100.0**	**100.0**	**100.0**	**100.0**
烟叶复烤	100.0	100.0	100.0	100.0	100.0	100.0
其他烟草制品制造	100.0	100.0	100.0	100.0	100.0	100.0
纺织业	**99.9**	**100.1**	**100.4**	**101.6**	**101.5**	**100.6**
棉纺织及印染精加工	100.0	100.1	100.5	101.9	101.7	100.8
毛纺织及染整精加工	100.0	100.1	99.4	100.0	99.7	102.5
麻纺织及染整精加工	97.1	99.0	97.6	102.0	98.1	95.3
丝绢纺织及印染精加工	99.9	100.3	100.1	99.9	100.9	99.9
非家用纺织制成品制造	100.0	100.0	100.0	100.0	100.0	100.0
皮革、毛皮、羽毛及其制品和制鞋业	**99.5**	**100.0**	**99.9**	**99.6**	**99.7**	**99.6**
皮革鞣制加工	99.5	100.1	100.1	99.9	99.6	99.6
羽毛(绒)加工及制品制造	99.0	99.5	99.0	97.2	100.5	99.5
木材加工和木、竹、藤、棕、草制品业	**100.0**	**100.0**	**100.0**	**100.1**	**100.2**	**99.8**
木材加工	100.0	100.0	100.0	99.9	100.2	100.0
人造板制造	100.3	100.1	99.8	101.0	100.7	99.1
木制品制造	100.0	100.0	100.0	100.0	100.0	100.0
竹、藤、棕、草等制品制造	98.9	100.2	99.9	100.9	99.9	99.9
造纸和纸制品业	**100.1**	**99.0**	**100.3**	**100.2**	**100.5**	**100.3**
纸浆制造	99.5	100.7	100.3	99.7	99.4	99.5
造纸	100.6	97.8	100.6	101.0	101.0	100.8
纸制品制造	99.7	100.0	100.0	99.2	100.2	100.0
印刷和记录媒介复制业	**100.0**	**100.0**	**100.0**	**96.5**	**100.0**	**100.0**
印刷	100.0	100.0	100.0	96.5	100.0	100.0
石油加工、炼焦和核燃料加工业	**99.4**	**99.6**	**100.0**	**100.5**	**101.3**	**100.9**
精炼石油产品制造	99.7	100.3	99.8	99.8	100.7	100.2
炼焦	99.0	98.7	100.2	101.4	102.1	101.8
化学原料和化学制品制造业	**99.5**	**99.7**	**100.6**	**100.4**	**101.9**	**102.9**
基础化学原料制造	99.3	99.6	101.1	101.0	102.1	103.5
肥料制造	99.3	100.4	100.0	99.5	100.3	100.7
农药制造	100.0	98.3	100.1	99.9	96.0	99.2
涂料、油墨、颜料及类似产品制造	100.6	99.9	98.8	97.6	99.9	100.8

3-25 续表 6

(上月=100)

类别	7月	8月	9月	10月	11月	12月
合成材料制造	98.9	100.0	99.1	100.5	102.5	102.8
专用化学产品制造	100.8	100.1	102.7	99.9	103.0	103.1
炸药、火工及焰火产品制造	100.0	99.9	100.1	99.8	99.7	100.0
日用化学产品制造	100.0	100.0	100.0	100.0	100.1	100.0
医药制造业	**100.1**	**100.1**	**100.1**	**100.2**	**99.3**	**101.3**
化学药品原料药制造	100.1	100.2	100.3	100.3	100.0	101.7
中成药生产	100.0	100.0	97.3	100.0	88.9	100.0
兽用药品制造	100.0	100.0	100.0	99.1	104.3	96.0
生物药品制造	101.9	100.3	99.8	100.3	99.5	101.3
化学纤维制造业	**98.4**	**96.6**	**97.8**	**102.6**	**97.1**	**113.4**
纤维素纤维原料及纤维制造	100.0	101.0	99.5	100.8	100.3	102.9
合成纤维制造	98.3	96.4	97.7	102.7	96.9	114.1
橡胶和塑料制品业	**100.3**	**99.7**	**100.3**	**99.7**	**100.4**	**100.7**
橡胶制品业	100.1	100.2	100.0	100.0	100.4	100.2
塑料制品业	100.3	99.6	100.3	99.7	100.4	100.7
非金属矿物制品业	**99.9**	**99.5**	**99.2**	**99.5**	**100.3**	**99.9**
水泥、石灰和石膏制造	99.9	99.7	98.7	100.0	100.2	99.7
砖瓦、石材等建筑材料制造	101.1	98.8	99.8	100.0	100.0	100.6
玻璃制造	100.2	100.2	100.0	100.2	100.2	104.8
玻璃制品制造	100.0	100.0	100.0	96.7	100.0	100.0
玻璃纤维和玻璃纤维增强塑料制品制造	99.6	100.2	99.8	100.4	100.4	100.2
陶瓷制品制造	100.0	100.0	100.0	100.0	100.0	100.0
耐火材料制品制造	100.0	100.0	100.0	100.0	100.0	100.0
石墨及其他非金属矿物制品制造	99.5	97.6	100.4	99.9	101.7	100.4
黑色金属冶炼和压延加工业	**100.6**	**100.3**	**100.4**	**100.0**	**100.1**	**101.2**
炼铁	100.1	100.3	100.4	100.2	100.3	101.2
炼钢	100.7	100.5	100.2	99.6	99.4	101.3
黑色金属铸造	100.1	101.1	100.1	100.1	100.1	99.8
钢压延加工	100.7	100.3	100.4	100.2	100.4	101.3
铁合金冶炼	100.2	99.5	100.7	98.4	99.4	99.1
有色金属冶炼和压延加工业	**102.4**	**102.1**	**101.0**	**100.0**	**100.9**	**102.4**
常用有色金属冶炼	102.2	102.7	101.2	100.0	100.8	102.4
贵金属冶炼	100.0	100.0	100.0	100.0	100.0	100.0
稀有稀土金属冶炼	100.1	100.8	99.7	97.6	97.7	102.0
有色金属合金制造	100.1	99.9	101.2	99.9	100.7	101.1
有色金属压延加工	103.4	101.6	100.7	100.3	101.4	102.6
金属制品业	**101.3**	**101.6**	**100.7**	**100.3**	**99.7**	**100.4**
结构性金属制品制造	97.4	100.0	100.0	100.0	96.9	100.0
集装箱及金属包装容器制造	99.6	100.0	100.0	100.0	100.0	100.0
金属丝绳及其制品制造	102.9	103.1	101.3	100.5	99.6	100.8
建筑、安全用金属制品制造	100.0	98.6	100.0	100.0	100.0	100.0
金属制日用品制造	104.4	103.5	99.0	100.0	101.8	105.9
其他金属制品制造	99.7	100.0	100.0	100.1	99.9	100.3

3-25 续表 7

(上月=100)

类　　别	7月	8月	9月	10月	11月	12月
通用设备制造业	**99.7**	**100.1**	**100.0**	**100.4**	**100.2**	**100.0**
锅炉及原动设备制造	99.7	100.0	100.0	100.0	100.2	100.0
泵、阀门、压缩机及类似机械制造	100.0	100.2	100.6	102.6	100.0	100.2
轴承、齿轮和传动部件制造	99.7	100.2	99.3	100.0	100.3	100.0
通用零部件制造	100.0	99.3	100.3	100.2	100.0	100.9
专用设备制造业	**100.0**	**100.0**	**100.0**	**100.0**	**100.1**	**100.0**
环保、社会公共服务及其他专用设备制造	100.0	100.0	100.0	100.0	100.1	100.0
汽车制造业	**100.0**	**100.0**	**100.0**	**100.1**	**100.1**	**100.0**
汽车整车制造	100.0	100.0	100.0	100.0	100.2	100.0
铁路、船舶、航空航天和其他运输设备制造业	**100.1**	**99.6**	**100.3**	**99.9**	**99.7**	**100.7**
铁路运输设备制造	100.0	100.5	100.0	100.0	100.0	100.0
摩托车制造	100.2	99.5	100.4	99.9	99.7	100.8
电气机械和器材制造业	**101.1**	**100.6**	**100.8**	**100.8**	**100.2**	**100.3**
电机制造	100.0	100.5	99.9	100.0	100.0	100.3
输配电及控制设备制造	101.0	100.0	100.7	100.2	100.8	99.7
电线、电缆、光缆及电工器材制造	102.3	101.9	101.6	102.4	99.4	101.0
电池制造	99.8	99.8	99.6	99.8	99.8	99.7
照明器具制造	100.1	100.2	100.1	99.9	100.0	104.5
计算机、通信和其他电子设备制造业	**99.2**	**99.3**	**100.2**	**100.4**	**99.1**	**101.5**
计算机制造	99.2	100.2	98.7	99.2	99.0	99.7
电子器件制造	99.2	99.5	98.9	101.0	99.2	100.4
电子元件制造	99.2	99.0	102.4	99.7	99.0	103.3
其他电子设备制造	100.2	100.6	100.0	100.0	100.0	100.0
仪器仪表制造业	**100.0**	**100.0**	**100.0**	**100.0**	**100.0**	**100.0**
通用仪器仪表制造	100.0	100.0	100.0	100.0	100.0	100.0
光学仪器及眼镜制造	100.0	99.9	100.0	100.3	100.0	100.0
废弃资源综合利用业	**100.6**	**101.0**	**102.4**	**99.7**	**100.8**	**103.8**
金属废料和碎屑加工处理	100.9	101.5	102.8	99.7	100.6	104.4
非金属废料和碎屑加工处理	99.0	98.7	100.6	100.2	101.6	101.2
金属制品、机械和设备修理业	**100.0**	**98.1**	**100.0**	**100.0**	**97.1**	**100.0**
专用设备修理	100.0	98.1	100.0	100.0	97.1	100.0
电力、热力生产和供应业	**98.3**	**99.7**	**99.7**	**99.9**	**100.0**	**101.2**
电力供应	98.1	99.7	99.7	100.0	100.0	100.3
热力生产和供应	100.9	99.8	99.4	99.7	99.8	111.0
燃气生产和供应业	**99.9**	**99.8**	**100.1**	**100.3**	**101.9**	**103.4**
水的生产和供应业	**100.0**	**99.9**	**100.2**	**100.1**	**99.9**	**100.0**
自来水生产和供应	100.0	99.9	100.2	100.1	99.9	100.0
其他水的处理、利用与分配	99.7	100.6	99.7	99.7	100.2	99.2

3-26 分月新建商品住宅销售价格指数(2020年)

城市	同比(上年同月=100)											
	1月	2月	3月	4月	5月	6月	7月	8月	9月	10月	11月	12月
成都	110.0	110.6	110.5	110.3	110.4	110.0	109.6	109.9	109.5	108.0	107.2	106.3
泸州	97.9	96.8	96.4	96.2	96.5	97.2	97.4	98.3	98.7	99.4	99.6	99.8
南充	102.0	101.1	100.5	100.7	101.3	100.3	100.2	99.6	99.2	98.9	98.7	99.1

3-26 续表

城市	环比(上月=100)											
	1月	2月	3月	4月	5月	6月	7月	8月	9月	10月	11月	12月
成都	100.3	101.2	100.5	100.7	100.5	100.9	100.9	101.0	100.3	100.1	100.0	99.7
泸州	99.8	99.3	99.8	100.0	100.3	100.5	100.2	100.5	100.2	99.6	99.9	99.8
南充	99.6	99.4	100.5	101.1	101.3	99.1	99.6	99.5	100.0	99.5	99.6	99.9

3-27 分月二手住宅销售价格指数(2020年)

城市	同比(上年同月=100)											
	1月	2月	3月	4月	5月	6月	7月	8月	9月	10月	11月	12月
成都	100.6	101.0	101.8	104.1	104.9	105.4	105.2	107.5	108.1	108.4	109.0	108.2
泸州	100.0	99.1	98.6	98.8	98.3	98.7	98.6	98.1	97.6	97.6	97.6	96.9
南充	99.7	99.0	99.5	99.2	98.5	97.4	97.0	96.4	95.6	95.4	95.0	94.6

3-27 续表

城市	环比(上月=100)											
	1月	2月	3月	4月	5月	6月	7月	8月	9月	10月	11月	12月
成都	99.9	100.9	100.7	102.1	101.3	100.6	100.7	101.2	100.3	100.2	100.4	99.7
泸州	99.9	99.2	99.5	99.7	99.6	99.9	99.8	99.5	100.2	99.9	99.8	99.9
南充	99.8	99.1	100.0	99.6	99.5	99.6	99.7	99.4	99.4	99.5	99.1	99.7

3-28 成都市新建商品住宅销售环比价格指数(2020年)

(上月=100)

指　标	1月	2月	3月	4月	5月	6月	7月	8月	9月	10月	11月	12月
新建商品住宅	**100.3**	**101.2**	**100.5**	**100.7**	**100.5**	**100.9**	**100.9**	**101.0**	**100.3**	**100.1**	**100.0**	**99.7**
(一)90平方米以下	100.6	101.6	100.8	101.0	100.3	101.4	100.7	101.2	100.3	100.2	100.2	99.7
(二)90-144平方米	99.8	100.8	100.3	100.0	100.7	100.6	100.8	100.7	100.2	100.3	99.8	99.9
(三)144平方米以上	100.3	101.2	100.6	101.0	100.6	100.6	101.8	100.9	100.4	99.9	99.9	99.5

3-29 泸州市新建商品住宅销售环比价格指数(2020年)

(上月=100)

指　标	1月	2月	3月	4月	5月	6月	7月	8月	9月	10月	11月	12月
新建商品住宅	**99.8**	**99.3**	**99.8**	**100.0**	**100.3**	**100.5**	**100.2**	**100.5**	**100.2**	**99.6**	**99.9**	**99.8**
(一)90平方米以下	99.6	100.0	99.3	100.2	99.9	100.7	100.4	100.6	100.1	100.0	99.9	99.5
(二)90-144平方米	99.9	99.0	100.0	100.0	100.6	100.4	100.2	100.5	100.2	99.4	99.8	99.9
(三)144平方米以上	99.3	99.5	100.4	99.5	100.3	101.0	99.4	100.3	100.7	99.7	100.8	99.9

3-30 南充市新建商品住宅销售环比价格指数(2020年)

(上月=100)

指　标	1月	2月	3月	4月	5月	6月	7月	8月	9月	10月	11月	12月
新建商品住宅	**99.6**	**99.4**	**100.5**	**101.1**	**101.3**	**99.1**	**99.6**	**99.5**	**100.0**	**99.5**	**99.6**	**99.9**
(一)90平方米以下	99.3	100.0	100.6	101.5	101.0	99.0	99.5	99.2	100.1	100.1	99.7	99.5
(二)90-144平方米	99.7	99.1	100.4	101.0	101.5	99.1	99.7	99.5	100.0	99.2	99.6	100.0
(三)144平方米以上	99.1	99.1	100.9	101.1	101.4	99.9	99.8	100.2	99.9	99.9	99.2	99.7

3-31 农产品生产价格总指数(2020年)

(上年同期=100)

农产品名称	全年	1季度	2季度	3季度	4季度
全省总指数	**116.1**	**132.5**	**127.3**	**118.7**	**103.4**
农业产品	**102.9**	**102.0**	**101.1**	**102.8**	**107.3**
谷物	102.8	98.9	101.1	103.9	108.0
稻谷	104.1	100.4	107.8	102.9	108.1
晚籼稻	102.7	98.4		104.6	105.4
中籼稻	105.5	102.4	107.8	101.2	110.7
小麦	101.1	100.0	100.0	103.8	100.4
玉米	100.1	93.1	91.7	107.0	108.7
薯类	102.7	103.6	102.3	97.8	102.8
马铃薯	101.1	101.6	102.1	97.8	102.4
甘薯	103.3	104.0	102.6		102.9
油料	103.9	110.3	101.7	103.0	104.6
花生	105.6	113.5	101.1	102.9	105.2
油菜籽	103.2	103.5	101.8	103.5	104.1
豆类	101.3	98.9	100.5	102.3	107.5
大豆	101.2	96.6	97.5	102.8	108.2
绿豆	105.1	113.3	107.7	100.0	100.0
干豌豆	100.4	100.0	100.2	101.1	100.3
生麻	100.7	104.7	99.8	98.2	100.3
糖料	105.4	107.6	103.7		
未加工烟草	99.6			102.1	97.4
未去梗烤烟叶	99.6			102.1	97.4
蔬菜及食用菌	104.3	103.0	102.6	103.6	108.9
蔬菜	105.1	103.0	103.0	104.2	109.3
叶菜类蔬菜	107.8	97.5	111.2	106.1	113.9
芹菜	109.7	100.5	114.7	112.0	111.5
油菜	110.2	82.3	131.8		117.1
菠菜	106.3	103.5	103.1	100.0	119.3
空心菜	105.2		103.1	105.0	109.1
香菜	89.2	95.9	82.6	62.2	110.6
小白菜	106.4	106.1	105.5	107.5	106.2
冬寒菜	98.6	101.8	89.3		103.6
白菜类蔬菜	109.1	107.7	120.3	111.0	103.4
大白菜	108.9	104.8	120.5	106.7	103.5
紫菜薹	102.3	118.8	114.3	100.0	77.1
芥菜类蔬菜	97.3	92.0	101.8	104.8	98.9
叶用芥菜	94.7	75.8	103.0	104.8	99.7
茎用芥菜	102.6	105.3	100.0		102.0
甘蓝类蔬菜	107.2	108.0	101.3	111.6	111.0
结球甘蓝	108.7	111.9	99.5	109.3	113.4
花椰菜	103.2	104.2	104.5		100.9
青花菜	101.3	96.9	97.2	150.0	100.2
根茎类蔬菜	106.3	105.1	104.7	105.6	106.5
白萝卜	107.7	105.2	104.3	112.3	106.3
红萝卜	104.4	103.8		104.8	104.4
胡萝卜	102.1	108.3	109.9	92.9	100.0
生姜	104.9	100.2	100.3	111.6	109.4
芋头	110.3	105.3			116.7

3-31 续表 1

(上年同期=100)

农产品名称	全年	1季度	2季度	3季度	4季度
瓜菜类蔬菜	102.5	97.5	101.4	109.9	102.9
黄瓜	100.4	95.8	101.9	107.7	98.8
冬瓜	104.2	100.0	98.3	109.5	115.8
西葫芦	93.2	96.3	100.0		61.8
苦瓜	102.3	101.2	99.0	111.4	100.0
南瓜	104.6	96.6	107.6	119.1	96.2
丝瓜	101.5		94.6	103.8	108.4
豆类蔬菜	107.3	120.0	103.6	94.7	112.5
豇豆	101.1		101.6	97.7	104.1
豌豆	140.6		140.6		
四季豆	109.6	120.0	98.3	100.3	116.3
毛豆	87.3		105.3	66.4	87.9
茄果类蔬菜	103.1	96.2	93.3	104.9	109.6
茄子	107.2	112.1	98.3	105.2	114.3
青椒	104.0	97.9	95.9	108.3	114.5
辣椒	94.9	90.0	82.8	107.5	104.5
西红柿	108.9	123.9	100.8	98.1	109.1
莴苣及菊苣类蔬菜	101.4	102.6	97.5	99.5	106.9
莴笋	102.1	103.3	97.0	100.0	108.5
葱蒜类蔬菜	100.4	99.7	98.2	103.5	105.1
洋葱	88.1		50.0	104.8	
大葱	89.5	93.2	81.3	77.1	101.2
细香葱	102.8	100.4	96.7	101.5	111.2
大蒜	109.2	94.1	131.7	125.0	104.3
蒜苗	99.5	105.6	75.5	100.0	109.1
蒜苔	99.1	108.7	88.3		
韭菜	106.5	104.1	117.0	111.4	97.3
水生蔬菜	105.9	107.4	124.2	73.4	138.8
莲藕	105.9	107.4	124.2	73.4	138.8
养植蔬菜	100.7	102.2	100.2	100.0	99.4
豌豆苗	100.2	102.3	100.0	100.0	98.8
食用菌	100.1	103.2	100.1	99.6	98.6
平菇	100.2	102.9	99.3	98.4	100.4
金针菇	96.5	100.6	101.8	91.1	92.6
香菇	101.9	103.4	100.5	102.4	101.2
黑木耳	102.5	103.5	99.5	98.8	107.0
水果及坚果	98.2	103.7	94.5	100.1	98.3
水果(园林水果)	97.8	103.7	94.5	100.8	93.1
梨	88.4			84.8	97.2
柑橘类水果	100.7	105.1	103.8	101.4	91.4
柑橘	100.3	107.9	103.3		87.9
橙	104.0	103.7	104.3	101.4	106.5
柚类	94.9	97.9			91.5
葡萄	93.0			93.6	
瓜类水果	102.9		95.7	112.4	
其他水果	97.0	84.0	84.0	107.0	96.3
桃	97.7		84.0	108.7	
猕猴桃	94.7	84.0		99.6	96.3

3-31 续表 2

(上年同期＝100)

农产品名称	全年	1季度	2季度	3季度	4季度
食用坚果	101.6			89.3	110.0
核桃	103.3			88.8	110.0
板栗	89.8			89.8	
茶及饮料原料	102.1	95.8	103.7	111.2	98.4
茶叶	102.1	95.8	103.7	111.2	98.4
绿茶	102.1	95.8	103.7	111.2	98.4
中草药材	102.8	95.7	111.2	98.8	111.4
林业产品	**98.4**	**98.3**	**96.6**	**97.8**	**98.4**
木材采伐产品	96.3	95.0	95.7	97.3	97.0
原木	96.3	95.0	95.7	97.3	97.0
针叶原木	96.3	95.0	95.7	97.3	97.0
竹材采伐产品	100.0	100.6	96.7	98.3	99.6
竹材	100.0	100.6	96.7	98.3	99.6
毛竹	99.8	99.5	99.6	100.0	100.0
慈竹	97.2	101.8	93.7	96.1	97.6
其他竹材	102.6	107.6	101.0	100.1	101.0
林产品	101.1	100.0	102.2		
其他林产品	101.1	100.0	102.2		
竹笋干	101.1	100.0	102.2		
饲养动物及其产品	**128.8**	**162.0**	**150.9**	**133.0**	**100.0**
活牲畜	146.8	188.3	179.4	155.1	103.8
猪	152.0	196.8	188.5	161.3	103.2
牛	108.4	109.5	110.2	107.5	108.5
羊	107.5	105.0	107.3	109.8	107.6
山羊	107.5	105.0	107.3	109.8	107.6
活家禽	94.8	98.7	94.0	92.6	92.4
活鸡	98.1	106.8	98.3	90.9	96.3
活鸭	88.7	87.1	83.8	96.2	87.0
畜禽产品	96.7	97.8	98.4	95.5	94.7
生奶	100.1	100.7	99.8	100.8	99.2
禽蛋	96.4	97.9	98.6	95.5	93.9
动物毛类	94.8	95.4	90.3	89.7	95.6
绵羊毛	97.3	100.0	101.0	90.5	93.1
兔毛	92.3	83.3	88.3	88.9	112.0
渔业产品	**104.6**	**106.3**	**102.5**	**103.7**	**105.7**
淡水养殖产品	104.6	106.3	102.5	103.7	105.7
养殖淡水鱼	104.6	106.3	102.5	103.7	105.7
养殖淡水鲤鱼	102.9	97.6	103.0	104.4	106.6
养殖淡水草鱼	103.7	109.4	103.8	99.7	102.3
养殖淡水鳙鱼(胖头鱼)	105.4	109.8	95.5	104.5	111.7
养殖淡水罗非鱼	104.4	101.1			107.7
养殖淡水鲢鱼	105.4	112.7	104.2	103.2	101.5
养殖淡水鲫鱼	106.5	101.0	104.9	111.1	109.6
养殖淡水鳊鲂	101.0	101.0			
养殖淡水鲶鱼	99.6	102.2	98.0	100.0	98.2
养殖淡水鮰鱼	100.0	100.0			

3-32 农产品集贸市场价格(2020年)

单位：元/公斤

指标	1月	2月	3月	4月	5月	6月	7月	8月	9月	10月	11月	12月
粮食类												
籼稻	2.56	2.56	2.56	2.62	2.60	2.60	2.60	2.61	2.65	2.74	2.75	2.76
粳稻	3.00	3.00	3.00	3.00	3.00	3.00	3.00	3.00	3.00	2.70	3.00	3.00
小麦	2.48	2.48	2.48	2.48	2.49	2.51	2.51	2.54	2.56	2.60	2.62	2.62
玉米	2.37	2.39	2.40	2.42	2.42	2.46	2.49	2.55	2.54	2.68	2.77	2.74
大豆	6.66	6.68	6.70	6.77	6.81	6.98	7.28	7.28	7.42	7.43	7.45	7.45
籼米	4.77	4.77	4.75	4.77	4.77	4.77	4.76	4.76	4.69	4.82	4.87	4.87
粳米	5.93	5.93	5.93	5.93	5.93	5.93	5.93	5.93	5.83	5.90	5.90	5.80
经济作物类												
棉花(籽棉)												
花生仁	13.92	13.92	14.00	14.80	14.80	14.60	14.60	14.92	14.02	14.39	14.38	14.33
油菜籽	5.31	5.37	5.43	5.43	5.49	5.65	5.65	5.71	5.63	5.85	5.92	5.89
畜产品类												
活猪	35.70	37.23	34.70	33.75	30.51	33.32	36.28	37.73	35.92	32.70	32.51	35.35
仔猪	53.30	57.80	64.30	69.90	68.00	70.40	71.60	73.60	76.34	71.00	68.80	69.70
猪肉	55.63	62.80	54.97	51.33	47.19	52.30	57.38	59.18	55.63	49.88	48.75	51.45
活牛	33.01	33.40	32.76	32.96	32.86	33.24	33.85	34.42	34.82	34.76	35.33	35.98
牛肉	80.05	81.85	78.45	78.38	77.94	80.20	80.30	83.20	81.93	82.80	83.98	84.70
活羊	39.93	41.28	39.67	39.50	36.88	36.25	37.00	37.10	40.13	40.12	40.43	42.90
羊肉	78.05	81.89	79.33	78.44	77.35	76.38	77.25	77.54	79.26	77.96	78.69	81.80
活鸡	28.50	32.67	29.71	26.50	26.56	25.75	27.22	28.00	29.78	29.00	28.10	28.55
鸡蛋	11.90	11.32	10.88	10.52	9.83	9.68	10.74	11.59	11.23	11.02	10.63	11.36
水产品类												
草鱼	18.45	19.90	18.90	18.75	18.95	18.83	18.89	18.89	18.75	18.89	19.10	18.90
鲤鱼	18.40	19.45	18.50	18.70	18.45	18.45	18.50	18.40	18.33	18.40	18.95	19.00
鲢鱼	20.44	21.78	21.11	21.11	21.11	21.11	21.33	21.33	21.88	20.44	20.00	19.44
带鱼	22.72	22.92	22.92	22.92	22.92	22.92	22.92	22.92	22.92	23.52	23.92	24.32
蔬菜类												
大白菜	3.36	4.06	4.00	3.94	3.70	3.96	3.98	5.28	4.33	4.44	3.89	3.89
黄瓜	8.88	9.05	7.70	6.01	5.95	5.81	5.53	7.50	6.53	7.47	7.20	7.02
西红柿	9.57	10.50	9.06	9.51	7.20	6.28	7.00	7.50	8.23	8.51	7.65	8.22
菜椒	8.44	8.86	8.74	9.57	8.10	6.33	6.30	7.90	8.66	9.35	10.06	11.71
四季豆	11.48	11.49	9.84	9.45	7.44	6.35	6.94	8.96	8.67	8.49	7.82	8.75
水果类												
红富士苹果	11.75	11.63	11.53	11.38	11.58	11.38	11.26	11.33	11.03	11.21	11.41	11.81
香蕉	7.20	9.02	8.85	8.55	8.10	7.20	6.98	6.68	7.09	6.96	6.91	6.96
橙子	6.64	6.53	6.64	6.53	6.29	6.16	6.79	6.79	6.93	6.81	6.56	6.57

3-33 农产品集贸市场价格同比指数(2020年)

(上年同期=100)

指　标	1月	2月	3月	4月	5月	6月	7月	8月	9月	10月	11月	12月
粮食类												
籼稻	100.0	100.0	100.4	102.8	102.0	102.4	101.2	102.0	103.5	106.6	107.0	107.8
粳稻	100.0	100.0	100.0	100.0	100.0	100.0	100.0	100.0	100.0	90.0	100.0	100.0
小麦	102.1	102.1	102.1	102.1	103.8	104.2	104.2	102.8	103.2	104.8	105.7	105.2
玉米	101.7	103.0	103.9	104.8	104.8	106.5	108.7	111.4	109.5	116.0	118.4	115.6
大豆	101.7	102.1	102.6	103.7	104.3	106.6	111.5	111.7	113.1	112.8	112.5	112.0
籼米	95.6	95.2	94.8	95.2	95.2	95.2	95.0	96.6	96.1	99.6	101.3	101.7
粳米	100.0	100.0	100.0	100.0	100.0	100.0	100.0	100.0	98.3	99.5	99.5	97.8
经济作物类												
棉花(籽棉)												
花生仁	103.3	104.3	105.7	111.0	110.0	107.6	106.1	105.7	102.2	104.1	103.3	103.0
油菜籽	98.9	100.4	102.5	103.0	104.6	107.0	106.8	107.5	106.0	111.0	111.9	110.9
畜产品类												
活猪	209.5	236.5	209.2	204.7	190.3	217.8	227.9	157.5	116.0	86.6	97.3	100.9
仔猪	250.9	269.5	270.3	287.1	279.2	308.0	305.9	226.3	187.7	144.2	138.7	135.8
猪肉	196.3	240.2	207.3	195.8	181.4	206.7	211.1	142.4	112.6	84.3	92.7	93.1
活牛	112.4	114.1	112.5	113.6	113.5	114.8	114.9	109.8	103.8	101.6	102.5	107.7
牛肉	120.2	123.8	119.3	119.6	119.1	122.4	118.6	115.0	103.7	102.3	103.5	106.5
活羊	122.9	126.5	122.1	131.7	122.5	121.3	123.3	119.2	113.3	104.0	102.2	105.5
羊肉	118.2	122.9	120.1	121.4	119.7	119.0	122.1	121.0	113.8	97.7	100.5	102.9
活鸡	119.1	141.3	128.5	114.8	114.0	111.0	112.5	101.1	103.0	93.6	94.6	98.5
鸡蛋	99.0	99.6	96.9	96.1	84.1	84.5	87.7	91.7	82.8	81.8	82.4	90.9
水产品类												
草鱼	105.7	113.6	108.6	108.4	109.1	108.4	105.6	103.2	101.4	101.6	103.2	102.7
鲤鱼	100.8	108.3	102.4	105.1	104.2	103.7	100.5	98.9	97.5	99.2	103.6	103.8
鲢鱼	92.5	97.5	96.4	97.4	97.4	97.4	97.4	95.1	98.5	92.9	93.8	93.1
带鱼	97.9	95.5	98.8	98.8	98.8	98.8	98.8	101.4	104.2	106.0	107.8	109.6
蔬菜类												
大白菜	99.7	128.5	110.5	108.8	97.4	115.5	108.5	136.8	114.0	118.4	112.4	115.1
黄瓜	102.8	109.0	98.7	95.4	112.3	123.1	117.9	140.2	108.8	113.7	99.0	94.2
西红柿	118.9	128.8	114.0	121.9	101.7	115.2	122.0	128.9	133.8	133.0	111.7	85.6
菜椒	112.4	102.3	95.4	108.1	99.8	106.6	96.2	123.2	127.2	144.7	146.9	167.3
四季豆	131.2	122.9	112.5	106.8	105.2	110.4	100.4	120.8	113.3	116.0	97.5	82.1
水果类												
红富士苹果	98.7	98.1	96.7	92.4	84.2	80.0	72.0	69.3	75.0	85.6	95.5	100.1
香蕉	94.2	121.1	119.1	113.1	106.7	95.1	93.2	86.6	95.0	93.9	97.2	101.6
橙子	112.0	112.2	114.9	111.1	98.6	96.6	100.9	100.9	104.1	97.3	96.8	98.5

3-34 农产品集贸市场价格环比指数(2020年)

(上月同期=100)

指　标	1月	2月	3月	4月	5月	6月	7月	8月	9月	10月	11月	12月
粮食类												
籼稻	100.0	100.0	100.0	102.3	99.2	100.0	100.0	100.4	101.5	103.4	100.4	100.4
粳稻	100.0	100.0	100.0	100.0	100.0	100.0	100.0	100.0	100.0	90.0	111.1	100.0
小麦	99.6	100.0	100.0	100.0	100.4	100.8	100.0	101.2	100.8	101.6	100.8	100.0
玉米	100.0	100.8	100.4	100.8	100.0	101.7	101.2	102.4	99.6	105.5	103.4	98.9
大豆	100.2	100.3	100.3	101.0	100.6	102.5	104.3	100.0	101.9	100.1	100.3	100.0
籼米	99.6	100.0	99.6	100.4	100.0	100.0	99.8	100.0	98.5	102.8	101.0	100.0
粳米	100.0	100.0	100.0	100.0	100.0	100.0	100.0	100.0	98.3	101.2	100.0	98.3
经济作物类												
棉花(籽棉)												
花生仁	100.0	100.0	100.6	105.7	100.0	98.7	100.0	102.2	94.0	102.6	99.9	99.7
油菜籽	100.0	101.1	101.1	100.0	101.1	102.9	100.0	101.1	98.6	103.9	101.2	99.5
畜产品类												
活猪	101.9	104.3	93.2	97.3	90.4	109.2	108.9	104.0	95.2	91.0	99.4	108.7
仔猪	103.8	108.4	111.3	108.7	97.3	103.5	101.7	102.8	103.7	93.0	96.9	101.3
猪肉	100.6	112.9	87.5	93.4	91.9	110.8	109.7	103.1	94.0	89.7	97.7	105.5
活牛	98.8	101.2	98.1	100.6	99.7	101.2	101.8	101.7	101.2	99.8	101.6	101.8
牛肉	100.6	102.3	95.9	99.9	99.4	102.9	100.1	103.6	98.5	101.1	101.4	100.9
活羊	98.2	103.4	96.1	99.6	93.4	98.3	102.1	100.3	108.2	100.0	100.8	106.1
羊肉	98.2	104.9	96.9	98.9	98.6	98.8	101.1	100.4	102.2	98.4	100.9	104.0
活鸡	98.3	114.6	90.9	89.2	100.2	97.0	105.7	102.9	106.4	97.4	96.9	101.6
鸡蛋	95.2	95.1	96.1	96.7	93.4	98.5	111.0	107.9	96.9	98.1	96.5	106.9
水产品类												
草鱼	100.3	107.9	95.0	99.2	101.1	99.4	100.3	100.0	99.3	100.8	101.1	99.0
鲤鱼	100.6	105.7	95.1	101.1	98.7	100.0	100.3	99.5	99.6	100.4	103.0	100.3
鲢鱼	97.9	106.6	96.9	100.0	100.0	100.0	101.0	100.0	102.6	93.4	97.9	97.2
带鱼	102.3	100.9	100.0	100.0	100.0	100.0	100.0	100.0	100.0	102.6	101.7	101.7
蔬菜类												
大白菜	99.4	120.8	98.5	98.5	93.9	107.0	100.5	132.7	82.0	102.5	87.6	100.0
黄瓜	119.2	101.9	85.1	78.1	99.0	97.7	95.2	135.6	87.1	114.4	96.4	97.5
西红柿	99.7	109.7	86.3	105.0	75.7	87.2	111.5	107.1	109.7	103.4	89.9	107.5
菜椒	120.6	105.0	98.7	109.5	84.6	78.2	99.5	125.4	109.6	108.0	107.6	116.4
四季豆	107.7	100.1	85.6	96.0	78.7	85.4	109.3	129.1	96.8	97.9	92.1	111.9
水果类												
红富士苹果	99.6	99.0	99.1	98.7	101.8	98.3	99.0	100.6	97.4	101.6	101.8	103.5
香蕉	105.1	125.3	98.1	96.6	94.7	88.9	96.9	95.7	106.1	98.2	99.3	100.7
橙子	99.6	98.3	101.7	98.3	96.3	97.9	110.2	100.0	102.1	98.3	96.3	100.2

主要统计指标解释

居民消费价格指数 是度量一定时期内居民消费商品和服务价格水平变动的相对数，综合反映居民消费商品和服务价格水平的变动趋势和变动程度。

城市居民消费价格指数 是度量一定时期内城市居民消费商品和服务价格水平变动的相对数，综合反映居民消费商品和服务价格水平的变动趋势和变动程度。

农村居民消费价格指数 是度量一定时期内农村居民消费商品和服务价格水平变动的相对数，综合反映居民消费商品和服务价格水平的变动趋势和变动程度。

商品零售价格指数 是反映一定时期内城乡商品零售价格变动趋势和程度的相对数。商品零售价格的变动直接影响到城乡居民的生活支出和国家的财政收入，影响居民购买力和市场供需的平衡，影响到消费与积累的比例关系。

农业生产资料价格指数 指反映一定时期内农业生产资料价格变动趋势和程度的相对数。农业生产资料价格指数分为小农具、饲料、产品畜、役畜、半机械化农具、机械化农具、化学肥料、农药及农药械、农机用油、其他农业生产资料十大类。

代表规格品 选择用来反映某个基本分类价格变化的具有特定产地、规格、等级、牌号、花色等特征的具体商品和服务，称为代表规格品。

价格调查点 抽选一部分有代表性的商业业态、农贸市场以及服务类单位实施抽样调查。选取用来采集计算 CPI 的原始价格的地点和场所称为价格调查点。

工业生产者价格 包括工业企业产品第一次出售时的出厂价格和企业作为中间投入的原材料、燃料、动力购进价格。工业生产者价格调查的目的在于及时、准确、科学地反映全国及各地区的各工业行业产品价格水平和各种工业产品价格的变动趋势及幅度，为国民经济核算、计算工业发展速度、宏观经济分析和调控、理顺价格体系提供科学、准确的依据。

房地产价格指数 70 个大中城市的新建住宅销售价格、面积、金额等资料直接采用当地房地产管理部门的网签数据。二手住宅销售价格调查为非全面调查，采用重点调查和典型调查相结合的方法，按照房地产经纪机构上报、房地产管理部门提供与调查员实地采价相结合的方式收集基础数据。

农产品生产价格 是指农产品生产者第一手(直接)出售其产品时实际获得的单位产品价格。

农产品生产价格指数 是反映一定时期内，农产品生产者出售的农产品价格水平变动趋势及幅度的相对数。

农产品集贸市场价格 是指全国农产品主产区集贸市场主要农产品的成交价格。

四 农业调查

4-1 粮食生产情况(2020年)

单位：千公顷、公斤/公顷、万吨

指　标	播种面积	单位面积产量	总产量
粮食	**6312.6**	**5588**	**3527.4**
其中：夏收粮食	1095.0	3893	426.3
秋收粮食	5217.6	5944	3101.1
一、谷物	**4444.3**	**6383**	**2836.8**
(一)稻谷	1866.3	7905	1475.3
(二)小麦	596.8	4134	246.7
(三)玉米	1839.4	5790	1065.0
(四)其他谷物	141.8	3512	49.8
其中：高粱	54.9	4970	27.3
二、豆类	**599.5**	**2316**	**138.8**
其中：大豆	432.7	2339	101.3
三、薯类(折粮)	**1268.9**	**4349**	**551.8**
马铃薯	683.6	4226	288.8
红　苕	585.3	4493	262.9

说明：计算机小数点自动收舍，分项有微小出入(下同)。

4-2 粮食作物播种面积(2019-2020年)

单位：千公顷

指　标	2020	2019	增长(%)
粮食	**6312.6**	**6279.3**	**0.5**
其中：夏收粮食	1095.0	1103.4	-0.8
秋收粮食	5217.6	5175.9	0.8
一、谷物	**4444.3**	**4459.1**	**-0.3**
(一)稻谷	1866.3	1870.0	-0.2
(二)小麦	596.8	611.1	-2.3
(三)玉米	1839.4	1844.0	-0.2
(四)其他谷物	141.8	134.0	5.8
其中：高粱	54.9	50.0	9.8
二、豆类	**599.5**	**559.8**	**7.1**
其中：大豆	432.7	402.0	7.6
三、薯类(折粮)	**1268.9**	**1260.4**	**0.7**
马铃薯	683.6	679.4	0.6
红　苕	585.3	581.0	0.7

4-3 粮食作物单位面积产量(2019-2020年)

单位：公斤/公顷

指 标	2020	2019	增长(%)
粮食	**5588**	**5571**	**0.3**
其中：夏收粮食	3893	3833	1.6
秋收粮食	5944	5942	0.0
一、谷物	**6383**	**6330**	**0.8**
(一)稻谷	7905	7860	0.6
(二)小麦	4134	4035	2.5
(三)玉米	5790	5760	0.5
(四)其他谷物	3512	3524	-0.3
其中：高粱	4970	5145	-3.4
二、豆类	**2316**	**2325**	**-0.4**
其中：大豆	2339	2355	-0.7
三、薯类(折粮)	**4349**	**4305**	**1.0**
马铃薯	4226	4185	1.0
红 苕	4493	4455	0.9

4-4 粮食作物产量(2019-2020年)

单位：万吨

指 标	2020	2019	增长(%)
粮食	**3527.4**	**3498.5**	**0.8**
其中：夏收粮食	426.3	422.9	0.8
秋收粮食	3101.1	3075.6	0.8
一、谷物	**2836.8**	**2825.4**	**0.4**
(一)稻谷	1475.3	1469.8	0.4
(二)小麦	246.7	246.2	0.2
(三)玉米	1065.0	1062.1	0.3
(四)其他谷物	49.8	47.2	5.5
其中：高粱	27.3	25.7	6.2
二、豆类	**138.8**	**129.9**	**6.9**
其中：大豆	101.3	94.7	7.0
三、薯类(折粮)	**551.8**	**543.2**	**1.6**
马铃薯	288.8	284.4	1.5
红 苕	262.9	258.8	1.6

4-5 粮食生产情况(1985-2020年)

单位：千公顷、公斤/公顷、万吨

年 份	全年粮食			夏收粮食			小 麦		
	播种面积	单位面积产量	总产量	播种面积	单位面积产量	总产量	播种面积	单位面积产量	总产量
1985	6636.0	4392	2914.6	2069.7	3077	636.8	1516.0	3344	507.0
1986	6678.0	4411	2945.5	2056.1	3113	640.1	1511.0	3319	501.5
1987	6715.0	4331	2908.6	2078.1	3105	645.2	1545.0	3367	520.2
1988	6798.0	4219	2868.0	2046.9	2767	566.3	1597.0	2948	470.8
1989	6887.0	4442	3058.9	2078.9	2861	594.7	1638.0	3059	501.1
1990	6985.0	4717	3294.8	2176.9	3154	686.7	1680.0	3349	562.7
1991	7048.0	4727	3331.5	2146.6	3244	696.4	1716.0	3433	589.1
1992	7029.0	4791	3367.4	2163.3	3248	702.7	1734.0	3443	597.0
1993	7050.3	4411	3110.1	2228.5	2839	632.6	1779.0	3023	537.8
1994	7015.0	4319	3029.9	2187.1	3202	700.4	1768.0	3394	600.0
1995	7055.0	4659	3286.8	2198.8	3283	721.8	1780.0	3490	621.3
1996	7138.0	4760	3398.0	2225.6	3131	696.8	1810.0	3310	599.1
1997	7214.0	4798	3461.3	2272.7	3186	724.1	1826.0	3347	611.1
1998	7337.7	4797	3519.7	2315.5	3064	709.5	1864.6	3224	601.2
1999	7296.7	4867	3551.4	2264.4	2853	646.0	1818.3	2986	543.0
2000	6854.5	4920	3372.4	2060.3	3101	638.8	1604.9	3315	532.0
2001	6702.4	4354	2918.5	1965.2	2781	546.6	1499.3	2971	445.5
2002	6645.9	4713	3132.4	1937.6	2961	573.8	1456.9	3151	459.0
2003	6387.2	4782	3054.1	1772.9	3009	533.5	1319.1	3231	426.2
2004	6476.5	4859	3146.7	1798.7	3048	548.2	1255.8	3310	415.7
2005	6564.9	4891	3211.1	1803.1	3134	565.0	1262.3	3386	427.4
2006	6455.5	4430	2859.7	1803.0	3206	578.0	1287.2	3446	443.6
2007	6434.6	4713	3032.7	1712.8	3306	566.2	1257.1	3440	432.5
2008	6408.8	4854	3111.0	1626.1	3285	534.1	1172.5	3400	398.7
2009	6213.0	5022	3120.4	1537.3	3250	499.6	1111.4	3295	366.2
2010	6195.1	5138	3182.8	1470.8	3357	493.7	1051.2	3386	355.9
2011	6196.7	5244	3249.5	1419.4	3399	482.4	998.5	3469	346.4
2012	6255.6	5229	3271.3	1369.7	3443	471.6	934.1	3549	331.5
2013	6269.9	5321	3336.1	1333.6	3448	459.8	878.7	3539	311.0
2014	6249.6	5320	3324.6	1274.8	3546	452.1	814.3	3660	298.0
2015	6286.1	5400	3394.6	1199.8	3682	441.8	746.9	3809	284.5
2016	6291.3	5515	3469.9	1147.8	3705	425.3	684.0	3795	259.6
2017	6292.0	5545	3488.9	1135.3	3722	422.6	652.7	3855	251.6
2018	6265.6	5576	3493.7	1113.2	3768	419.5	635.0	3895	247.3
2019	6279.3	5571	3498.5	1103.4	3833	422.9	611.1	4035	246.2
2020	6312.6	5588	3527.4	1095.0	3893	426.3	596.8	4134	246.7

4-5 续表

单位：千公顷、公斤/公顷、万吨

年 份	秋收粮食			稻谷(2005年前为中稻)			玉　米		
	播种面积	单位面积产量	总产量	播种面积	单位面积产量	总产量	播种面积	单位面积产量	总产量
1985	4566.3	4988	2277.8	2308.0	6609	1525.3	1072.0	3894	417.4
1986	4621.9	4988	2305.3	2292.0	6639	1521.7	1120.0	3970	444.6
1987	4636.9	4881	2263.4	2222.0	6688	1486.1	1154.0	3362	388.0
1988	4751.1	4845	2301.7	2255.0	6698	1510.4	1158.0	3565	412.8
1989	4808.1	5125	2464.2	2292.0	7014	1607.6	1166.0	3682	429.3
1990	4808.1	5424	2608.1	2300.0	6688	1538.3	1199.0	4150	497.6
1991	4901.4	5376	2635.1	2293.0	7158	1641.4	1228.0	4023	494.0
1992	4865.7	5476	2664.7	2298.0	7435	1708.6	1211.0	3902	472.5
1993	4821.8	5138	2477.5	2237.0	6889	1541.0	1200.0	3688	442.5
1994	4827.9	4825	2329.5	2184.0	6751	1474.4	1198.0	3336	399.6
1995	4856.2	5282	2565.0	2203.0	7330	1614.9	1202.0	3759	451.8
1996	4912.4	5499	2701.2	2218.0	7596	1684.9	1247.0	4260	531.2
1997	4941.3	5539	2737.2	2185.5	7559	1651.9	1288.3	4508	580.7
1998	5022.3	5595	2810.1	2150.0	7599	1633.8	1364.8	4566	623.1
1999	5032.3	5773	2905.4	2163.5	7769	1680.7	1359.2	4709	640.0
2000	4794.2	5702	2733.6	2115.9	7661	1620.9	1235.5	4413	545.2
2001	4737.2	5007	2371.9	2087.0	6828	1425.0	1200.8	3767	452.3
2002	4708.3	5434	2558.7	2070.7	7246	1500.5	1207.9	4347	525.1
2003	4614.4	5462	2520.6	2036.4	7214	1469.1	1161.3	4454	517.3
2004	4677.8	5555	2598.5	2059.1	7367	1516.9	1172.6	4750	557.0
2005	4761.8	5557	2646.1	2083.1	7215	1503.0	1196.6	4854	580.8
2006	4652.5	4904	2281.7	2081.9	6421	1336.7	1291.7	4282	553.1
2007	4721.8	5224	2466.6	2024.0	6974	1411.6	1369.4	4755	651.2
2008	4782.7	5388	2576.9	2011.6	7358	1480.1	1402.3	4812	674.8
2009	4675.7	5605	2620.8	1990.9	7501	1493.3	1454.8	4819	701.0
2010	4724.3	5692	2689.1	1966.9	7545	1484.1	1520.9	4936	750.7
2011	4777.3	5792	2767.1	1943.2	7607	1478.1	1574.3	5147	810.3
2012	4885.9	5730	2799.6	1929.8	7690	1484.0	1629.8	5115	833.6
2013	4936.4	5827	2876.2	1905.4	7785	1483.4	1685.8	5458	920.1
2014	4974.9	5774	2872.5	1892.4	7665	1450.5	1739.1	5444	946.7
2015	5086.3	5805	2952.8	1878.7	7799	1465.2	1816.9	5462	992.3
2016	5143.5	5919	3044.6	1874.0	7830	1467.3	1866.0	5670	1058.0
2017	5156.7	5946	3066.3	1874.9	7860	1473.7	1863.9	5730	1068.0
2018	5152.4	5967	3074.2	1874.0	7890	1478.6	1856.0	5745	1066.3
2019	5175.9	5942	3075.6	1870.0	7860	1469.8	1844.0	5760	1062.1
2020	5217.6	5944	3101.1	1866.3	7905	1475.3	1839.4	5790	1065.0

4-6 全省及各市(州)粮食作物播种面积(2019年)

单位：千公顷

地　区	粮食作物播种面积	谷　物	#稻　谷	#小　麦	#玉　米	豆　类	薯　类
全　省	**6279.3**	**4459.1**	**1870.0**	**611.1**	**1844.0**	**559.8**	**1260.4**
成都市	376.6	280.0	148.5	35.9	95.7	39.4	57.2
自贡市	231.5	137.0	80.9	0.9	44.0	50.8	43.7
攀枝花市	45.2	37.1	9.2	2.7	24.4	4.7	3.4
泸州市	395.6	274.2	134.3	3.6	118.5	24.6	96.9
德阳市	310.7	261.5	119.7	81.1	60.2	22.9	26.3
绵阳市	399.9	350.4	118.4	82.9	148.4	19.1	30.4
广元市	312.4	246.0	65.5	75.2	105.2	29.1	37.3
遂宁市	269.4	204.1	56.5	55.8	91.5	22.8	42.6
内江市	309.6	182.9	81.7	1.0	100.3	47.3	79.3
乐山市	217.8	156.6	84.7	0.5	71.5	20.3	40.9
南充市	558.4	418.3	151.6	116.2	149.0	37.1	103.0
眉山市	195.6	157.4	98.7	7.0	51.6	18.0	20.1
宜宾市	423.8	297.5	153.8	1.2	127.7	31.9	94.4
广安市	286.7	208.4	131.0	6.9	70.4	21.2	57.1
达州市	556.9	344.6	191.5	11.2	137.6	50.3	162.0
雅安市	69.1	51.7	16.9	0.1	34.6	3.9	13.5
巴中市	338.4	238.4	96.2	53	88.8	17.1	82.92
资阳市	337.9	195.7	70.0	16.5	109.1	66.3	75.9
阿坝州	48.6	28.3		3.7	16.2	5.2	15.2
甘孜州	67.0	50.6	0.2	8.9	12.5	2.9	13.5
凉山州	528.2	338.4	60.7	46.7	186.8	24.9	164.8

4-7 全省及各市(州)粮食作物播种面积(2020年)

单位：千公顷

地 区	粮食作物播种面积	谷 物	#稻 谷	#小 麦	#玉 米	豆 类	薯 类
全 省	**6312.6**	**4444.3**	**1866.3**	**596.8**	**1839.4**	**599.5**	**1268.9**
成都市	379.0	279.4	148.6	34.6	96.2	41.5	58.1
自贡市	233.8	137.0	81.4	0.6	42.6	52.9	44.0
攀枝花市	45.1	36.9	9.2	2.4	24.5	4.8	3.5
泸州市	399.3	274.3	134.0	4.0	117.0	27.4	97.6
德阳市	310.5	259.5	119.5	79.3	60.2	24.5	26.5
绵阳市	401.5	348.8	118.2	81.6	148.3	21.9	30.8
广元市	312.8	244.6	65.0	74.1	105.3	31.3	36.9
遂宁市	271.7	202.9	56.1	54.7	91.7	25.7	43.1
内江市	311.3	181.8	81.4	0.5	99.9	49.9	79.6
乐山市	220.6	156.1	84.4	0.3	71.3	23.3	41.2
南充市	561.8	416.9	151.9	114.8	148.8	40.4	104.5
眉山市	197.3	157.6	98.8	7.0	51.7	19.4	20.3
宜宾市	426.9	297.0	153.5	0.8	126.7	34.7	95.2
广安市	288.4	207.6	130.6	6.5	70.1	24.2	56.5
达州市	560.1	343.5	191.0	10.8	137.4	53.3	163.3
雅安市	69.3	51.5	16.5	0.1	34.9	4.0	13.8
巴中市	338.9	237.5	96.0	52.0	89	18.4	83.1
资阳市	336.2	192.9	69.6	13.9	109.1	66.7	76.7
阿坝州	49.3	28.8		3.6	16.5	5.3	15.3
甘孜州	68.1	51.8	0.2	9.0	11.6	4.6	11.7
凉山州	530.5	337.9	60.3	46.2	186.6	25.4	167.2

4-8 全省及各市(州)主要粮食产量(2019年)

单位：万吨

地区	粮食	谷物				豆类	薯类
			#稻谷	#小麦	#玉米		
全省	**3498.5**	**2825.4**	**1469.8**	**246.2**	**1062.1**	**129.9**	**543.2**
成都市	225.9	191.7	118.9	16.3	56.5	9.1	25.2
自贡市	138.7	105.1	73.0	0.3	26.0	13.9	19.7
攀枝花市	25.7	23.3	7.6	0.9	14.6	0.9	1.4
泸州市	229.1	182.9	108.9	0.9	63.9	5.5	40.7
德阳市	195.3	178.0	99.5	39.7	38.6	5.7	11.7
绵阳市	230.5	212.6	93.3	36.7	82.3	4.9	13
广元市	157.7	135.8	49.9	28.9	57.0	6.0	15.8
遂宁市	142.4	118.3	44.5	22.0	51.8	5.1	18.9
内江市	170.7	123.4	64.9	0.3	58.3	12.5	34.8
乐山市	122.2	101.6	65.2	0.1	36.3	3.9	16.7
南充市	307.8	253.4	119.3	48.4	85.0	9.9	44.5
眉山市	125.0	112.3	78.9	2.6	30.8	4.0	8.7
宜宾市	253.0	204.0	123.0	0.3	73.1	8.5	40.6
广安市	180.0	151.7	104.7	2.1	44.8	4.2	24.0
达州市	317.8	239.3	139.3	3.4	94.4	10.6	67.9
雅安市	35.9	30.4	12.3	0.0	18.1	0.6	4.9
巴中市	191.0	150.8	69.9	20.7	60.0	3.9	36.3
资阳市	166.1	119.6	52.1	4.5	63.1	14.0	32.6
阿坝州	15.8	9.4		0.9	6.9	1.0	5.4
甘孜州	22.7	16.7	0.1	2.6	5.7	0.7	5.2
凉山州	245.2	165.2	44.7	14.6	95.0	4.9	75.2

4-9 全省及各市(州)主要粮食产量(2020年)

单位：万吨

地区	粮食	谷物	#稻谷	#小麦	#玉米	豆类	薯类
全省	**3527.4**	**2836.8**	**1475.3**	**246.7**	**1065.0**	**138.8**	**551.8**
成都市	227.9	192.4	119.3	16.2	57.0	9.6	25.8
自贡市	140.8	105.9	74.2	0.2	25.2	14.5	20.4
攀枝花市	25.9	23.4	7.6	0.8	14.9	0.9	1.5
泸州市	231.6	184.5	109.8	1.1	64.1	6.1	40.9
德阳市	196.4	178.4	99.9	39.9	38.4	6.0	12.0
绵阳市	231.1	212.2	93.3	36.9	81.7	5.7	13.37
广元市	159.4	137.0	50.1	29.1	57.7	6.5	15.9
遂宁市	144.3	119.0	44.4	22.1	52.3	5.8	19.5
内江市	172.2	123.8	65.1	0.2	58.5	13.2	35.2
乐山市	123.5	101.9	65.4	0.1	36.4	4.6	17.0
南充市	311.6	255.1	120.0	48.8	85.6	10.6	45.9
眉山市	125.9	112.8	79.2	2.7	30.9	4.3	8.8
宜宾市	255.3	205.0	123.5	0.2	73.1	9.2	41.2
广安市	181.1	152.1	104.9	2.0	45.0	4.8	24.2
达州市	319.4	239.3	139.4	3.3	94.6	11.1	68.9
雅安市	36.2	30.6	12.1	0.0	18.5	0.6	5.0
巴中市	192.8	151.8	70.1	20.9	60.7	4.2	36.8
资阳市	166.1	119.2	52.0	4	63.1	13.9	33.0
阿坝州	16.0	9.7		0.9	7.0	1.0	5.3
甘孜州	23.1	17.2	0.1	2.8	5.3	1.2	4.7
凉山州	247.0	165.5	44.7	14.7	95.1	5.0	76.5

4-10 产粮大县粮食产量抽样调查数据(2020年)

单位：千公顷、公斤/公顷、万吨

县名	全年粮食			夏收粮食			秋收粮食		
	播种面积	单位面积产量	总产量	播种面积	单位面积产量	总产量	播种面积	单位面积产量	总产量
新都区	19.3	7183	13.8	4.7	4894	2.3	14.6	7912	11.6
双流区	17.2	6535	11.3	1.8	4154	0.7	15.4	6813	10.5
金堂县	49.3	5329	26.2	8.9	3941	3.5	40.4	5635	22.7
大邑县	25.2	6405	16.1	7.6	4789	3.6	17.6	7099	12.5
彭州市	36.1	6890	24.9	4.5	4323	2.0	31.6	7258	23.0
邛崃市	37.7	6424	24.2	7.8	4586	3.6	29.9	6905	20.6
崇州市	31.3	7050	22.1	7.5	4642	3.5	23.8	7813	18.6
简阳市	110.1	4960	54.6	15.7	2341	3.7	94.4	5396	50.9
沿滩区	27.2	6102	16.6	2.5	3476	0.9	24.6	6374	15.7
荣　县	68.9	6249	43.0	6.1	3436	2.1	62.8	6522	40.9
富顺县	87.3	6290	54.9	10.2	3563	3.6	77.1	6652	51.3
江阳区	32.2	6344	20.4	3.2	3291	1.0	29.0	6679	19.4
纳溪区	45.9	6148	28.2	3.8	3599	1.4	42.1	6381	26.9
泸　县	83.0	6537	54.3	4.7	3219	1.5	78.4	6735	52.8
合江县	79.3	6420	50.9	8.1	3512	2.8	71.2	6750	48.1
叙永县	73.8	4860	35.9	9.9	3552	3.5	64.0	5062	32.4
古蔺县	74.0	4732	35.0	8.5	3442	2.9	65.6	4898	32.1
旌阳区	34.5	6776	23.4	12.2	5066	6.2	22.3	7712	17.2
中江县	143.7	5653	81.2	30.8	4659	14.4	112.9	5924	66.9
广汉市	43.7	7182	31.4	18.3	5521	10.1	25.4	8378	21.3
什邡市	26.1	7332	19.1	5.9	5108	3.0	20.2	7981	16.1
绵竹市	44.3	6312	27.9	19.1	4560	8.7	25.2	7638	19.3
游仙区	38.6	6231	24.0	11.8	4530	5.3	26.8	6979	18.7
安州区	38.2	6805	26.0	9.1	4687	4.3	29.1	7467	21.7
三台县	118.0	5614	66.2	25.9	4371	11.3	92.0	5965	54.9
盐亭县	52.3	5641	29.5	16.2	4521	7.3	36.2	6141	22.2
梓潼县	50.7	5781	29.3	16.7	4373	7.3	34.1	6469	22.0
江油市	45.8	6265	28.7	9.9	4470	4.4	35.9	6761	24.3
旺苍县	43.4	5434	23.6	14.4	4309	6.2	28.9	5994	17.4
剑阁县	89.2	5184	46.2	28.7	4337	12.4	60.6	5585	33.8
苍溪县	80.0	5536	44.3	24.9	4322	10.8	55.1	6084	33.5
安居区	77.1	5188	40.0	20.2	3917	7.9	56.9	5640	32.1
蓬溪县	58.5	5550	32.5	15.7	4046	6.4	42.8	6104	26.1
射洪县	73.3	5272	38.7	16.8	4193	7.1	56.5	5594	31.6
大英县	39.1	5331	20.8	7.4	4116	3.0	31.7	5614	17.8
东兴区	68.0	5469	37.2	6.2	3309	2.0	61.8	5684	35.1
威远县	62.6	5418	33.9	5.3	3660	1.9	57.3	5581	32.0
资中县	107.2	5262	56.4	7.6	3104	2.4	99.6	5426	54.1
隆昌市	50.9	6452	32.8	2.2	3077	0.7	48.7	6603	32.2
犍为县	43.8	6272	27.5	1.5	3984	0.6	42.3	6355	26.9

4-10 续表

单位：千公顷、公斤/公顷、万吨

县 名	全年粮食			夏收粮食			秋收粮食		
	播种面积	单位面积产量	总产量	播种面积	单位面积产量	总产量	播种面积	单位面积产量	总产量
井研县	43.7	5566	24.3	1.3	2666	0.4	42.3	5658	23.9
高坪区	35.9	5808	20.8	8.2	4278	3.5	27.6	6264	17.3
嘉陵区	66.3	5335	35.3	16.9	4029	6.8	49.4	5780	28.6
南部县	95.4	5447	52.0	29.8	4192	12.5	65.6	6017	39.5
营山县	68.8	5764	39.7	17.5	4173	7.3	51.3	6308	32.4
蓬安县	53.9	5669	30.5	12.2	4296	5.3	41.6	6072	25.3
仪陇县	76.0	5668	43.0	16.4	4002	6.6	59.5	6127	36.5
西充县	55.5	5671	31.5	13.8	4341	6.0	41.7	6111	25.5
阆中市	84.2	5240	44.1	22.5	4298	9.7	61.7	5583	34.5
东坡区	38.0	7778	29.5	0.7	4128	0.3	37.3	7842	29.3
仁寿县	115.5	5629	65.0	14.8	3818	5.7	100.7	5895	59.4
翠屏区	52.7	6526	34.4	2.5	3873	1.0	50.2	6657	33.4
南溪区	27.8	6845	19.0	0.7	4063	0.3	27.2	6914	18.8
叙州区	100.5	5669	56.9	10.5	3999	4.2	89.9	5864	52.7
江安县	40.6	6669	27.1	2.0	3719	0.8	38.6	6826	26.3
长宁县	33.2	6301	20.9	1.2	3479	0.4	32.0	6407	20.5
高 县	46.0	5759	26.5	2.7	3509	0.9	43.3	5898	25.5
兴文县	39.8	6076	24.2	4.2	3954	1.7	35.6	6327	22.6
广安区	54.5	6076	33.1	9.2	3654	3.3	45.3	6566	29.8
岳池县	72.4	6697	48.5	6.8	3857	2.6	65.5	6993	45.8
武胜县	50.6	6444	32.6	4.2	3503	1.5	46.3	6714	31.1
邻水县	77.2	5925	45.7	9.3	2986	2.8	67.9	6325	43.0
达川区	88.7	6026	53.5	12.4	3390	4.2	76.3	6454	49.3
宣汉县	96.5	6112	59.0	15.6	3655	5.7	80.8	6588	53.2
开江县	52.1	5795	30.2	8.6	3296	2.8	43.5	6286	27.4
大竹县	111.6	5451	60.8	24.9	3138	7.8	86.7	6114	53.0
渠 县	118.5	5505	65.2	19.4	3431	6.7	99.1	5911	58.6
万源市	60.8	5313	32.3	11.5	3786	4.4	49.3	5669	28.0
巴州区	59.6	5666	33.8	18.9	4222	8.0	40.7	6337	25.8
恩阳区	60.2	5663	34.1	17.9	4139	7.4	42.3	6309	26.7
通江县	82.3	5631	46.4	18.9	4116	7.8	63.4	6083	38.6
南江县	69.2	5663	39.2	19.1	4033	7.7	50.1	6285	31.5
平昌县	67.5	5825	39.3	17.8	4148	7.4	49.7	6424	31.9
雁江区	110.0	4714	51.8	18.6	2803	5.2	91.4	5103	46.6
安岳县	143.2	5132	73.5	14.1	2940	4.1	129.1	5370	69.3
乐至县	83.1	4909	40.8	7.7	2242	1.7	75.4	5181	39.1
西昌市	41.3	5907	24.4	10.7	3679	4.0	30.6	6690	20.4
会理县	67.5	5046	34.0	16.9	3427	5.8	50.6	5586	28.3
会东县	56.0	4581	25.6	14.9	3163	4.7	41.1	5096	20.9
冕宁县	44.3	4979	22.1	12.5	3906	4.9	31.8	5400	17.2

4-11 主要畜禽生产情况(2019-2020年)

指标名称	单位	2020	2019	增长(%)
一、畜禽存栏	—	—	—	—
1.猪	万头	3875.4	2870.7	35.0
其中：能繁殖母猪	万头	372.1	274.0	35.8
2.牛	万头	880.3	851.7	3.4
其中：肉牛	万头	547.8	502.3	9.1
奶牛	万头	78.9	79.8	-1.2
役用牛	万头	253.6	269.5	-5.9
3.羊	万只	1524.8	1504.1	1.4
其中：山羊	万只	1353.9	1339.5	1.1
绵羊	万只	170.9	164.6	3.8
4.活家禽	万只	43406.2	43949.4	-1.2
其中：活鸡	万只	31022.7	28047.7	10.6
其中：肉鸡	万只	17694.3	15099.7	17.2
蛋鸡	万只	13328.5	12948.0	2.9
二、畜禽出栏	—	—	—	—
1.猪	万头	5614.4	4852.6	15.7
2.牛	万头	296.4	291.7	1.6
3.羊	万只	1792.1	1780.2	0.7
4.活家禽	万只	77444.5	78756.6	-1.7
三、畜禽产品产量	—	—	—	—
1.猪肉	万吨	394.8	353.4	11.7
2.牛肉	万吨	37.0	36.4	1.6
3.羊肉	万吨	27.3	27.1	0.8
4.禽肉	万吨	115.8	119.7	-3.3
5.禽蛋	万吨	167.9	161.7	3.8
6.生牛奶	万吨	68.0	66.7	1.9

4-12 生猪生产情况(2012-2020年)

单位：万头、万吨

年份	出栏头数	存栏头数	#能繁母猪	猪肉产量
2012	7170.7	4718.5	468.5	496.4
2013	7314.1	4507.7	470.0	510.8
2014	7445.0	4510.2	455.3	527.2
2015	7236.5	4288.4	427.2	512.4
2016	6907.8	4078.8	400.3	492.3
2017	6579.1	4376.6	430.0	472.2
2018	6638.3	4258.5	402.9	481.2
2019	4852.6	2870.7	274.0	353.4
2020	5614.1	3875.4	372.1	394.8

说明：根据第三次全国农业普查情况对2012-2017年数据重新核定修订。

4-13 牛生产情况(2012-2020年)

单位：万头、万吨

年份	出栏头数	存栏头数	牛肉产量
2012	238.2	857.2	27.2
2013	242.0	858.7	28.4
2014	251.6	869.9	30.2
2015	263.3	857.8	31.5
2016	268.6	831.2	32.4
2017	267.3	853.2	33.3
2018	276.2	824.3	34.5
2019	291.7	851.7	36.4
2020	296.4	880.3	37.0

说明：根据第三次全国农业普查情况对2012-2017年数据重新核定修订。

4-14 羊生产情况(2012-2020年)

单位：万只、万吨

年份	出栏只数	存栏只数	羊肉产量
2012	1562.7	1390.8	24.0
2013	1583.6	1362.8	24.5
2014	1632.7	1369.7	25.3
2015	1698.0	1352.3	26.3
2016	1739.2	1296.0	26.8
2017	1780.4	1599.3	27.2
2018	1740.9	1462.9	26.3
2019	1780.2	1504.1	27.1
2020	1792.1	1524.8	27.3

说明：根据第三次全国农业普查情况对2012-2017年数据重新核定修订。

4-15 家禽生产情况(2012-2020年)

单位：万只、万吨

年 份	出栏只数	存栏只数	禽肉产量
2012	61999.6	36245.8	93.0
2013	63774.7	36052.6	95.6
2014	64667.6	37353.5	97.4
2015	66154.9	39869.8	99.7
2016	68489.7	38754.1	103.1
2017	65259.8	36619.2	99.0
2018	66071.0	38440.7	100.6
2019	78756.6	43949.4	119.7
2020	77444.5	43406.2	115.8

说明：根据第三次全国农业普查情况对2012-2017年数据重新核定修订。

4-16 蛋奶生产情况(2012-2020年)

单位：万吨

年 份	牛 奶	禽 蛋
2012	71.7	146.4
2013	70.6	145.2
2014	70.8	145.3
2015	67.5	146.7
2016	62.8	149.7
2017	63.7	144.5
2018	64.2	148.8
2019	66.7	161.7
2020	68.0	167.9

说明：根据第三次全国农业普查情况对2012-2017年数据重新核定修订。

4-17 全省及各市(州)生猪生产情况(2019-2020年)

单位：万头、万吨

地 区	2019			2020		
	生猪存栏	生猪出栏	猪肉产量	生猪存栏	生猪出栏	猪肉产量
全 省	**2870.7**	**4852.6**	**353.4**	**3875.4**	**5614.4**	**394.8**
成都市	158.2	369.2	26.9	260.0	400.4	28.1
自贡市	74.2	132.8	9.6	109.5	160.5	11.4
攀枝花市	30.0	45.0	3.3	38.6	51.2	3.7
泸州市	203.0	323.2	23.5	245.6	355.1	25.4
德阳市	97.4	204.8	14.7	153.2	237.0	16.8
绵阳市	175.6	279.1	20.3	227.1	324.3	22.7
广元市	189.3	300.9	22.1	235.1	334.5	23.6
遂宁市	145.5	284.2	21.1	209.3	321.2	23.1
内江市	88.7	176.4	12.7	143.2	225.6	15.6
乐山市	92.5	193.2	14.2	152.9	245.2	16.9
南充市	285.3	415.7	29.9	380.3	521.7	36.7
眉山市	94.9	166.6	12.0	139.1	190.4	13.4
宜宾市	265.4	398.8	30.5	318.4	437.0	31.6
广安市	171.8	258.6	18.5	208.6	324.2	22.5
达州市	196.2	321.8	23.3	255.0	370.2	26.0
雅安市	60.6	99.5	7.1	78.2	108.4	7.9
巴中市	148.4	250.7	18.1	205.8	294.3	20.7
资阳市	106.1	187.6	15.0	160.0	243.1	16.8
阿坝州	26.5	28.6	2.1	35.6	33.0	2.3
甘孜州	17.1	19.4	1.3	18.8	21.0	1.5
凉山州	244.2	396.5	28.5	301.1	416.2	28.5

4-18 全省及各市(州)牛生产情况(2019-2020年)

单位：万头、万吨

地　区	2019			2020		
	牛存栏	牛出栏	牛肉产量	牛存栏	牛出栏	牛肉产量
全　省	**851.7**	**291.7**	**36.4**	**880.3**	**296.4**	**37.0**
成 都 市	7.2	3.6	0.4	7.5	3.8	0.5
自 贡 市	4.8	2.6	0.3	5.7	2.8	0.4
攀枝花市	8.8	3.4	0.4	8.9	3.6	0.5
泸 州 市	18.7	7.1	0.9	19.5	7.5	0.9
德 阳 市	11.4	6.6	0.7	12.2	6.7	0.8
绵 阳 市	23.2	11.7	1.3	24.2	11.8	1.5
广 元 市	21.9	8.5	1.1	25.1	8.9	1.1
遂 宁 市	6.9	3.4	0.4	7.2	3.4	0.4
内 江 市	3.3	1.7	0.2	4.6	2.1	0.3
乐 山 市	5.8	3.1	0.4	6.4	3.4	0.4
南 充 市	26.0	12.2	1.5	30.0	12.9	1.5
眉 山 市	4.9	2.2	0.3	5.5	2.3	0.3
宜 宾 市	27.2	13.0	1.6	32.4	14.1	1.8
广 安 市	5.0	2.4	0.3	7.0	2.6	0.3
达 州 市	57.7	32.0	3.8	59.1	33.5	4.2
雅 安 市	12.8	5.3	0.6	12.2	5.7	0.7
巴 中 市	38.3	19.5	2.3	38.0	18.3	2.1
资 阳 市	3.4	1.7	0.2	3.6	1.9	0.2
阿 坝 州	228.8	58.8	7.8	231.7	57.4	7.5
甘 孜 州	220.9	56.2	7.1	223.5	55.2	7.0
凉 山 州	114.8	37.6	4.7	116.0	38.7	4.8

4-19 全省及各市(州)羊生产情况(2019-2020年)

单位：万只、万吨

地区	2019			2020		
	羊存栏	羊出栏	羊肉产量	羊存栏	羊出栏	羊肉产量
全省	**1504.1**	**1780.2**	**27.1**	**1524.8**	**1792.1**	**27.3**
成都市	40.4	81.4	1.3	41.1	83.0	1.2
自贡市	48.4	92.2	1.4	50.2	94.4	1.4
攀枝花市	43.3	47.7	0.7	44.1	49.5	0.8
泸州市	38.5	51.9	0.8	39.0	53.0	0.8
德阳市	18.3	22.3	0.3	18.6	22.6	0.4
绵阳市	74.5	98.7	1.5	69.2	95.5	1.4
广元市	36.6	58.2	0.9	40.1	63.4	1.0
遂宁市	24.1	37.7	0.6	24.6	38.1	0.5
内江市	34.5	52.7	0.8	36.0	54.1	0.8
乐山市	23.3	33.2	0.5	24.1	33.5	0.5
南充市	127.2	196.4	2.9	137.0	201.4	3.1
眉山市	32.9	47.3	0.7	34.7	42.6	0.6
宜宾市	29.4	42.2	0.5	30.3	43.3	0.6
广安市	14.6	21.1	0.3	16.1	23.8	0.3
达州市	85.3	122.4	1.9	90.0	124.3	1.9
雅安市	17.4	22.5	0.3	17.6	23.1	0.3
巴中市	72.6	98.5	1.5	73.8	77.1	1.1
资阳市	72.8	118.7	1.7	68.1	130.4	1.9
阿坝州	95.5	47.9	0.8	95.7	48.1	0.8
甘孜州	72.7	41.0	0.7	65.3	41.3	0.7
凉山州	501.5	436.9	7.1	509.0	449.7	7.2

4-20 全省及各市(州)家禽生产情况(2019-2020年)

单位：万只、万吨

地区	2019			2020		
	禽存栏	禽出栏	禽肉产量	禽存栏	禽出栏	禽肉产量
全　省	**43949.4**	**78756.6**	**119.7**	**43406.2**	**77444.5**	**115.8**
成都市	3520.4	7964.4	13.2	3387.0	7651.1	12.3
自贡市	1644.9	3245.6	5.0	1691.0	3174.8	4.8
攀枝花市	356.2	472.2	0.7	359.4	455.6	0.7
泸州市	2482.1	4092.6	6.3	2503.3	4100.5	6.1
德阳市	3471.7	7367.7	11.2	3087.0	7181.8	11.0
绵阳市	3641.8	7551.9	11.3	3570.6	7430.0	11.6
广元市	2376.4	2602.3	3.6	2444.5	3468.3	4.7
遂宁市	1592.6	2424.9	3.9	1568.3	2352.2	3.9
内江市	2070.5	3459.0	5.1	2030.7	3348.9	4.8
乐山市	2248.3	4453.5	6.8	2326.0	4468.8	6.7
南充市	5132.3	7460.1	10.8	5164.9	7405.8	10.2
眉山市	1698.9	3865.1	6.1	1682.3	3955.3	5.5
宜宾市	2814.8	5005.6	7.2	2900.6	4724.9	7.1
广安市	2375.8	3530.6	5.1	2291.7	3516.5	4.8
达州市	3475.4	8164.8	12.6	3491.7	7721.7	11.6
雅安市	779.4	866.7	1.8	673.8	730.9	1.6
巴中市	951.8	1344.7	2.0	876.1	1183.5	1.8
资阳市	1725.2	2616.6	3.9	1704.5	2511.1	3.7
阿坝州	50.3	75.5	0.1	48.6	69.5	0.1
甘孜州	27.2	24.5	0.0	29.0	24.2	0.0
凉山州	1513.4	2168.4	3.2	1575.2	2069.2	3.1

4-21 全省及各市(州)蛋奶生产情况(2019-2020年)

单位：万吨

地　区	2019		2020	
	牛奶	禽蛋	牛奶	禽蛋
全　省	**66.7**	**161.7**	**68.0**	**167.9**
成都市	7.7	19.5	8.0	18.4
自贡市	1.5	5.1	1.6	6.5
攀枝花市	0.0	1.0	0.0	1.1
泸州市	0.1	4.5	0.1	4.7
德阳市	1.1	12.6	1.1	12.8
绵阳市	1.7	15.2	1.7	15.9
广元市		4.0		5.0
遂宁市	0.1	9.5	0.1	9.6
内江市	0.8	4.8	0.8	5.2
乐山市	0.1	13.4	0.1	14.6
南充市	2.6	22.1	2.7	23.6
眉山市	12.8	6.0	13.9	5.3
宜宾市	0.4	4.5	0.3	4.8
广安市	0.3	7.8	0.3	7.9
达州市	1.8	11.0	1.8	11.4
雅安市	3.5	2.6	3.6	2.6
巴中市		6.7		7.0
资阳市	1.3	8.2	1.4	8.6
阿坝州	14.3	0.2	14.0	0.2
甘孜州	11.6	0.0	11.6	0.1
凉山州	5.1	2.8	5.1	2.9

4-22 各生猪调出大县生猪生产情况(2020年)

单位：万头、万吨

县　名	生猪存栏	#能繁母猪存栏	生猪出栏	猪肉产量
金堂县	30.8	3.0	47.2	3.4
大邑县	31.6	2.8	43.7	2.9
蒲江县	28.1	2.7	38.6	2.8
彭州市	23.1	2.3	34.9	2.4
邛崃市	42.3	4.1	70.2	5.0
崇州市	29.8	2.5	45.0	3.1
简阳市	50.5	4.3	70.1	4.9
荣　县	41.0	4.0	59.5	4.2
富顺县	41.6	3.7	54.3	3.9
江阳区	17.0	1.5	23.6	1.7
纳溪区	34.1	3.0	48.6	3.4
泸　县	59.6	6.6	90.9	6.6
合江县	50.8	4.6	68.7	4.9
叙永县	40.1	3.9	58.7	4.1
古蔺县	37.7	3.8	55.9	4.0
旌阳区	20.0	1.7	29.5	2.1
罗江区	24.1	2.1	35.2	2.4
中江县	60.0	5.8	97.8	7.0
广汉市	12.5	1.0	18.9	1.3
什邡市	11.5	0.8	18.8	1.3
绵竹市	25.0	2.1	36.8	2.6
三台县	64.0	7.1	103.6	7.2
盐亭县	35.6	3.1	45.2	3.2
梓潼县	35.3	3.5	50.0	3.6
江油市	38.2	3.4	50.5	3.6
昭化区	39.1	3.9	54.8	3.8
旺苍县	35.5	3.3	47.2	3.5
剑阁县	60.0	5.5	88.1	6.4
苍溪县	66.0	6.4	93.3	6.6
船山区	35.0	3.0	50.4	3.6
安居区	48.2	4.2	81.8	5.9
蓬溪县	44.3	4.1	60.2	4.2
射洪县	49.3	4.5	79.6	5.7
大英县	32.5	3.0	49.3	3.6
东兴区	32.8	2.7	53.6	3.8
威远县	29.6	3.0	44.5	3.1
资中县	41.6	4.8	67.3	4.6
隆昌市	26.3	2.9	38.0	2.6
乐山市中区	16.6	1.6	28.1	2.0
犍为县	31.6	3.2	48.3	3.5
井研县	41.2	3.7	55.1	3.9
高坪区	35.5	4.0	50.0	3.5

4-22 续表

单位：万头、万吨

县 名	生猪存栏	#能繁母猪存栏	生猪出栏	猪肉产量
嘉陵区	40.3	4.0	55.0	3.9
南部县	54.0	4.7	78.3	5.5
营山县	51.2	5.0	66.1	4.6
蓬安县	38.1	3.8	50.2	3.5
仪陇县	57.6	5.6	73.4	5.0
西充县	40.1	3.7	58.2	4.1
阆中市	49.1	4.7	67.5	4.7
东坡区	33.0	3.3	45.0	3.2
仁寿县	66.0	5.8	91.7	6.4
翠屏区	32.8	3.2	43.4	3.3
南溪区	23.6	2.3	32.0	2.3
宜宾县	50.7	5.1	74.1	5.3
江安县	32.6	3.4	48.1	3.5
长宁县	33.3	3.4	42.5	3.1
高 县	29.6	3.0	41.4	2.9
珙 县	33.4	3.6	44.7	3.2
筠连县	34.1	3.4	43.5	3.2
兴文县	34.0	3.6	46.6	3.4
广安区	45.0	4.6	69.4	4.8
岳池县	50.0	5.1	75.8	5.3
武胜县	48.3	5.0	82.9	5.8
邻水县	48.5	5.0	71.1	4.9
达川区	46.6	4.9	67.6	4.7
宣汉县	48.6	4.5	67.0	4.7
大竹县	46.5	4.7	65.0	4.6
渠 县	45.6	4.6	79.9	5.8
万源市	25.1	2.4	32.3	2.3
名山区	36.2	3.6	48.0	3.5
巴州区	35.4	3.3	47.4	3.3
恩阳区	32.1	3.2	43.8	3.0
通江县	47.5	4.3	70.3	4.9
南江县	44.7	4.0	60.7	4.4
平昌县	46.1	4.4	72.1	5.1
雁江区	54.0	5.6	75.3	5.2
安岳县	63.9	6.6	102.1	7.0
乐至县	42.1	4.3	65.8	4.7
西昌市	16.6	1.9	30.5	2.3
盐源县	26.1	2.3	32.3	2.2
会理县	55.1	5.3	73.1	5.3
会东县	35.5	3.3	44.1	3.0
冕宁县	23.1	2.1	31.8	2.3

主要统计指标解释

粮食 按收获季节分包括夏粮、早稻、秋粮；按作物品种分包括谷物、薯类、豆类。

夏收粮食 指上年秋、冬季和本年春季播种、夏季收获的全部粮食作物，如冬小麦、夏收春小麦、大麦、元麦、蚕豆、豌豆、夏收马铃薯等。

早稻 指早籼稻。

秋收粮食 指本年春、夏季播种，秋季收获的粮食作物。如：中稻、晚稻、玉米、高粱、谷子、甘薯、大豆等。

谷物 指禾本科和蓼科粮食作物。这类作物具体包括稻谷、小麦、玉米、谷子、高粱和其他谷物。其他谷物包括大麦、燕麦、荞麦等，其中西藏、青海、甘肃等地种植的青稞是大麦中的裸麦，按大麦统计。

薯类 包括甘薯和马铃薯。不包括芋头、木薯等。芋头作为蔬菜统计，木薯作为其他作物统计。

豆类 是以食用种籽及其制成品为主的一类豆科植物，包括大豆、绿豆、红小豆、杂豆等。

粮食播种面积 指农业生产经营者应在日历年度内收获的粮食作物在全部土地（耕地或非耕地）上的播种或移植面积。凡是本年内收获的粮食作物，无论是本年还是上年播种，都算为当年播种面积，但不包括本年播种，下年收获的粮食作物面积。移植的粮食作物面积按移植后的面积计算，不计算移植前的秧田面积。如果因灾害等原因，应该收获却未能收获，也要按原播种面积计算，新补或改种，并在本年收获的，也要按复种作物计算面积。间种、混种的作物面积按比例折算各个作物的面积，如果完全混合、同步生长、收获的作物，按混合面积平均分配。复种、套种的作物，按次数计算面积，每种一次计算一次。再生稻、再生高粱等，因其没有经过播种或移植，不计入播种面积。

粮食产量 指稻谷、小麦、玉米、高粱等谷物及薯类和豆类的全社会的产量。包括国有经济经营的、集体统一经营的和农民家庭经营的粮食产量，还包括工矿企业办的农场和其他生产单位的产量。其产量计算方法，豆类按去荚后的干豆计算；薯类（包括甘薯和马铃薯，不包括芋头和木薯），按每 5 公斤鲜薯折 1 公斤粮食计算。城市效区作为蔬菜的薯类（如马铃薯等）不作粮食统计。其他粮食一律按脱粒后的原粮计算。

生猪期（年）末存栏 指本调查期末饲养生猪的总量，包括 15 公斤以下仔猪、待育肥猪（架子猪）和种猪等数量之和。

能繁母猪 是指猪龄约在 9 个月（包括 9 个月）以上的、具备繁殖能力的母猪。

生猪期内增加头数 指本调查期内以各种形式增加的生猪总量。增加的方式主要有自繁、购进、他人赠送等。

生猪期内减少头数 指本调查期内以各种形式减少的生猪总量。减少方式主要有自宰活肥猪、出售活肥猪、出售仔猪、待育肥猪（架子猪）、种猪等，以及赠送、丢失、死亡、疫病捕杀等。

猪肉产量 指本调查期内出栏肥猪头数折算出的鲜、冷鲜、冷冻猪肉总量，按胴体重计算。

牛总量 指肉牛、奶牛、役用牛的合计数量。

牛期（年）末存栏 指本调查期末饲养各类型的牛总量，包括牛犊、待育肥牛（架子牛）、奶牛和种牛等数量之和。

牛期内增加头数 指本调查期内以各种形式增加的牛犊、架子牛、成年牛等数量。增加的方式主要有自行繁殖、购进、他人赠送等。

牛期内减少头数 指本调查期内以各种形式减少的牛数量。减少的方式主要有自宰育肥肉牛、出售育肥肉牛、出售牛犊、架子牛、奶牛、种牛，赠送他人、丢失、死亡、疫病捕杀等。

牛肉产量 指本调查期内出栏肉牛头数折算出的鲜、冷鲜、冷冻牛肉产量，按胴体重计算。

生牛奶产量 指本调查期内奶牛所生产的牛奶总产量。

羊期末存栏 指本调查期末饲养各种羊只总量。包括羊羔、待育肥羊（架子羊）、奶羊和种羊等数量之和。

羊期内增加头数 指本调查期内以各种形式增加的羊只总量，增加的方式主要有自行繁殖、购进、他人赠送等。

羊期内减少头数 指本调查期内因各种原因减少的羊只数量。减少的方式主要有自宰肥羊、出售肥羊、出售羊羔或待育肥羊、出售种羊，赠送他人、丢失、死亡、疫病捕杀等。

羊肉产量 指本调查期内出栏肥羊头数折算出的鲜、冷鲜、冷冻羊肉产量，按胴体重计算。

绵羊毛产量 指本调查期内绵羊所生产的羊毛总量。

山羊绒产量 指本调查期内山羊所生产的羊绒总量。

家禽种类 主要包括鸡、鸭、鹅三个种类。

家禽期末存栏 指本调查期末饲养家禽的总量，包括幼禽、肉用家禽、蛋用家禽和种家禽等。

家禽期内减少只数 指本调查期内以各种形式减少的家禽总量。减少的方式主要有自宰活家禽、出售活家禽、出售幼禽、赠送他人、丢失、死亡、疫病捕杀等。

禽肉产量 指本调查期内出栏肉用家禽产出的禽肉总量。

禽蛋产量 指本调查期内饲养的蛋用家禽生产的禽蛋总重量。包括出售的和农民自产自用的部分。品种主要为鸡鸭鹅。

肉类总产量 指调查期内各种牲畜及家禽、兔等动物肉产量总计。猪、牛、羊、马、驴、骡、骆驼肉产量按去掉头蹄下水后带骨肉的胴体重量计算,兔禽肉产量按屠宰后去毛和内脏后的重量计算。猪牛羊禽四个品种肉产量由主要畜禽监测抽样调查获得，马、驴、骡、骆驼、兔肉产量由全面统计获得，其他特种养殖肉产量可用住户调查资料推算获得。

五 附录

5-1 全国及各省(自治区、直辖市)农产品生产价格总指数(2020年)

(上年同期=100)

地 区	全 年	1季度	2季度	3季度	4季度
全国总计	**115.01**	**139.0**	**121.1**	**114.8**	**101.9**
北 京	110.9	149.4	119.8	112.9	99.7
天 津	114.9	140.4	121.1	117.0	112.7
河 北	111.5	123.5	109.8	112.2	108.2
山 西	109.4	127.5	113.9	112.2	107.2
内 蒙 古	111.0	110.2	107.6	112.0	111.4
辽 宁	108.1	125.9	105.5	103.4	104.8
吉 林	117.1	123.2	122.4	118.7	115.8
黑 龙 江	118.5	118.1	120.7	115.7	119.0
上 海	106.7	122.5	107.2	115.0	99.3
江 苏	107.5	118.8	106.9	110.7	100.9
浙 江	107.3	116.7	105.5	108.0	99.3
安 徽	115.6	142.1	112.7	110.2	99.6
福 建	102.3	118.5	102.7	100.7	96.8
江 西	111.0	140.5	116.8	107.9	101.8
山 东	108.7	128.2	103.3	105.2	112.8
河 南	116.8	159.5	126.8	115.9	107.6
湖 北	118.1	152.0	126.0	121.8	104.4
湖 南	123.3	156.0	158.1	125.6	102.3
广 东	104.7	111.1	119.9	105.0	98.3
广 西	115.5	145.4	136.0	119.7	97.6
海 南	112.8	106.4	108.9	113.8	122.2
重 庆	113.6	132.0	114.0	116.2	105.1
四 川	**116.1**	**132.5**	**127.3**	**118.7**	**103.4**
贵 州	122.6	153.1	132.9	121.9	104.8
云 南	120.2	145.5	118.4	125.5	109.9
西 藏					
陕 西	112.3	127.2	109.8	109.8	114.3
甘 肃	106.6	120.2	107.0	110.3	104.8
青 海	122.6	116.3	135.6	126.7	111.6
宁 夏	113.1	123.5	112.8	117.6	114.4
新 疆	111.0	119.7	107.1	104.7	112.4

注：西藏未开展农产品生产价格调查。

5-2 全国及各省(自治区、直辖市)城镇居民人均可支配收入(2015-2020年)

单位：元/人

地　　区	2015	2016	2017	2018	2019	2020
全　　国	**31195**	**33616**	**36396**	**39251**	**42359**	**43834**
北　　京	52859	57275	62406	67990	73849	75602
天　　津	34101	37110	40278	42976	46119	47659
河　　北	26152	28249	30548	32977	35738	37286
山　　西	25828	27352	29132	31035	33262	34793
内 蒙 古	30594	32975	35670	38305	40782	41353
辽　　宁	31126	32876	34993	37342	39777	40376
吉　　林	24901	26530	28319	30172	32299	33396
黑 龙 江	24203	25736	27446	29191	30945	31115
上　　海	52962	57692	62596	68034	73615	76437
江　　苏	37173	40152	43622	47200	51056	53102
浙　　江	43714	47237	51261	55574	60182	62699
安　　徽	26936	29156	31640	34393	37540	39442
福　　建	33275	36014	39001	42121	45620	47160
江　　西	26500	28673	31198	33819	36546	38556
山　　东	31545	34012	36789	39549	42329	43726
河　　南	25576	27233	29558	31874	34201	34750
湖　　北	27051	29386	31889	34455	37601	36706
湖　　南	28838	31284	33948	36698	39842	41698
广　　东	34757	37684	40975	44341	48118	50257
广　　西	26416	28324	30502	32436	34745	35859
海　　南	26356	28453	30817	33349	36017	37097
重　　庆	27239	29610	32193	34889	37939	40006
四　　川	**26205**	**28335**	**30727**	**33216**	**36154**	**38253**
贵　　州	24580	26743	29080	31592	34404	36096
云　　南	26373	28611	30996	33488	36238	37500
西　　藏	25457	27802	30671	33797	37410	41156
陕　　西	26420	28440	30810	33319	36098	37868
甘　　肃	23767	25693	27763	29957	32323	33822
青　　海	24542	26757	29169	31515	33830	35506
宁　　夏	25186	27153	29472	31895	34328	35720
新　　疆	26275	28463	30775	32764	34664	34838

5-3　全国及各省(自治区、直辖市)农村居民人均可支配收入(2015-2020年)

单位：元/人

地　区	2015	2016	2017	2018	2019	2020
全　国	**11422**	**12363**	**13432**	**14617**	**16021**	**17131**
北　京	20569	22310	24240		28928	30126
天　津	18482	20076	21754	23065	24804	25691
河　北	11051	11919	12881	14031	15373	16467
山　西	9454	10082	10788	11750	12902	13878
内蒙古	10776	11609	12584	13803	15283	16567
辽　宁	12057	12881	13747	14656	16108	17450
吉　林	11326	12123	12950	13748	14936	16067
黑龙江	11095	11832	12665	13804	14982	16168
上　海	23205	25520	27825	30375	33195	34911
江　苏	16257	17606	19158	20845	22675	24198
浙　江	21125	22866	24956	27302	29876	31930
安　徽	10821	11720	12758	13996	15416	16620
福　建	13793	14999	16335	17821	19568	20880
江　西	11139	12138	13242	14460	15796	16981
山　东	12930	13954	15118	16297	17775	18753
河　南	10853	11697	12719	13831	15164	16108
湖　北	11844	12725	13812	14978	16391	16306
湖　南	10993	11930	12936	14093	15395	16585
广　东	13360	14512	15780	17168	18818	20143
广　西	9467	10359	11325	12435	13676	14815
海　南	10858	11843	12902	13989	15113	16279
重　庆	10505	11549	12638	13781	15133	16361
四　川	**10247**	**11203**	**12227**	**13331**	**14670**	**15929**
贵　州	7387	8090	8869	9716	10756	11642
云　南	8242	9020	9862	10768	11902	12842
西　藏	8244	9094	10330	11450	12951	14598
陕　西	8689	9396	10265	11213	12326	13316
甘　肃	6936	7457	8076	8804	9629	10344
青　海	7933	8664	9462	10393	11499	12342
宁　夏	9119	9852	10738	11708	12858	13889
新　疆	9425	10183	11045	11975	13122	14056

5-4 全国及各省(自治区、直辖市)全体居民人均可支配收入(2015-2020年)

单位：元/人

地　区	2015	2016	2017	2018	2019	2020
全　国	**21966**	**23821**	**25974**	**28228**	**30733**	**32189**
北　京	48458	52530	57230	62361	67756	69434
天　津	31291	34074	37022	39506	42404	43854
河　北	18118	19725	21484	23446	25665	27136
山　西	17854	19049	20420	21990	23828	25214
内蒙古	22310	24127	26212	28376	30555	31497
辽　宁	24576	26040	27835	29701	31820	32738
吉　林	18684	19967	21368	22798	24563	25751
黑龙江	18593	19838	21206	22726	24254	24902
上　海	49867	54305	58988	64183	69442	72232
江　苏	29539	32070	35024	38096	41400	43390
浙　江	35537	38529	42046	45840	49899	52397
安　徽	18363	19998	21863	23984	26415	28103
福　建	25404	27608	30048	32644	35616	37202
江　西	18437	20110	22031	24080	26262	28017
山　东	22703	24685	26930	29205	31597	32886
河　南	17125	18443	20170	21964	23903	24810
湖　北	20026	21787	23757	25815	28319	27881
湖　南	19317	21115	23103	25241	27680	29380
广　东	27859	30296	33003	35810	39014	41029
广　西	16873	18305	19905	21485	23328	24562
海　南	18979	20653	22553	24579	26679	27904
重　庆	20110	22034	24153	26386	28920	30824
四　川	**17221**	**18808**	**20580**	**22461**	**24703**	**26522**
贵　州	13697	15121	16704	18430	20397	21795
云　南	15223	16720	18348	20084	22082	23295
西　藏	12254	13639	15457	17286	19501	21744
陕　西	17395	18874	20635	22528	24666	26226
甘　肃	13467	14670	16011	17488	19139	20335
青　海	15813	17302	19001	20757	22618	24037
宁　夏	17329	18832	20562	22400	24412	25735
新　疆	16859	18355	19975	21500	23103	23845

5-5 全国与四川主要价格分类指数(2016-2020年)

(上年=100)

指 标	2016		2017		2018		2019		2020	
	全国平均	四川	全国平均	四川	全国平均	四川	全国平均	四川	全国平均	四川
居民消费价格总指数	**102.0**	**101.9**	**101.6**	**101.4**	**102.1**	**101.7**	**102.9**	**103.2**	**102.5**	**103.2**
一、食品烟酒	103.8	104.1	99.6	98.6	101.9	101.3	107.0	108.9	108.3	111.0
粮 食	100.5	101.1	101.5	101.0	100.8	100.3	100.5	100.3	101.2	100.7
鲜 菜	111.7	107.9	91.9	93.5	107.1	109.2	104.1	102.2	107.1	110.4
畜 肉	111.0	113.4	95.0	92.2	96.2	96.0	129.1	137.0	138.4	139.3
水产品	104.6	102.8	104.4	104.0	102.3	100.9	100.3	100.8	103.0	103.8
蛋	96.8	96.7	96.0	97.8	112.0	109.6	105.1	103.5	90.6	94.9
鲜 果	97.4	97.7	103.8	104.0	105.6	104.5	112.3	110.5	88.9	91.6
二、衣着	101.4	100.6	101.3	102.5	101.2	101.1	101.6	101.2	99.8	99.7
三、居住	101.6	101.2	102.6	102.4	102.4	102.6	101.4	101.5	99.6	98.9
四、生活用品及服务	100.5	100.3	101.1	101.2	101.6	101.5	100.9	100.2	100.0	99.9
五、交通通信	98.7	98.6	101.1	101.6	101.7	101.2	98.3	97.1	96.5	96.4
六、教育文化娱乐	101.6	102.5	102.4	104.1	102.2	101.5	102.2	100.8	101.3	101.2
七、医疗保健	103.8	101.6	106.0	104.2	104.3	102.8	102.4	102.8	101.8	100.7
八、其他用品及服务	102.8	102.9	102.4	103.7	101.2	102.4	103.4	103.2	104.3	103.1
商品零售价格总指数	**100.7**	**100.8**	**101.1**	**100.5**	**101.9**	**101.4**	**102.0**	**102.7**	**101.4**	**102.7**
一、食品	103.9	104.5	99.4	98.3	102.1	101.5	107.8	110.6	109.0	112.5
二、饮料、烟酒	101.2	100.8	100.9	101.4	101.5	101.6	101.3	101.6	101.2	101.5
三、服装、鞋帽	101.3	100.1	101.1	101.6	101.3	100.9	101.6	101.4	99.7	99.6
四、纺织品	100.5	99.8	100.4	100.6	100.8	100.6	100.7	101.3	99.8	99.4
五、家用电器及音像器材	98.2	98.9	99.8	100.1	99.5	98.7	98.8	97.5	98.0	96.4
六、文化办公用品	98.9	96.2	99.6	94.7	100.0	99.4	99.9	99.2	100.2	98.9
七、日用品	100.2	99.7	100.5	99.7	101.1	100.9	100.7	101.1	100.2	100.0
八、体育娱乐用品	100.4	99.8	100.6	100.3	100.8	103.8	100.3	100.8	99.8	99.2
九、交通、通信用品	97.8	97.4	98.5	99.0	98.6	96.4	98.4	96.0	98.6	98.9
十、家具	100.7	99.3	102.0	103.0	102.5	103.8	101.1	101.8	99.8	102.2
十一、化妆品	101.1	101.7	101.2	101.2	101.0	99.7	101.5	100.1	101.3	101.9
十二、金银珠宝	106.8	106.3	101.9	102.3	97.9	98.5	108.3	107.8	117.0	113.7
十三、中西药品及医疗保健用品	104.1	104.2	105.4	102.6	104.5	104.9	103.9	103.7	100.9	100.9
十四、书报杂志及电子出版物	101.3	102.1	101.7	101.4	103.5	102.8	104.6	102.7	101.5	100.5
十五、燃料	97.0	98.5	108.4	108.1	109.7	109.1	97.0	99.4	91.1	92.7
十六、建筑材料及五金电料	100.3	99.8	102.1	102.0	102.8	102.8	101.0	100.7	100.3	100.0
农业生产资料价格指数	**100.1**	**103.7**	**100.6**	**99.8**	**103.1**	**101.8**	**104.6**	**109.0**	**106.1**	**120.9**

5-6 全国及各省(自治区、直辖市)居民消费价格指数(2016-2020年)

(上年=100)

地　区	2016	2017	2018	2019	2020
全国平均	**102.0**	**101.6**	**102.1**	**102.9**	**102.5**
北　京	101.4	101.9	102.5	102.3	101.7
天　津	102.1	102.1	102.0	102.7	102.0
河　北	101.5	101.7	102.4	103.0	102.1
山　西	101.1	101.1	101.8	102.7	102.9
内蒙古	101.2	101.7	101.8	102.4	101.9
辽　宁	101.6	101.4	102.5	102.4	102.4
吉　林	101.6	101.6	102.1	103.0	102.3
黑龙江	101.5	101.3	102.0	102.8	102.3
上　海	103.2	101.7	101.6	102.5	101.7
江　苏	102.3	101.7	102.3	103.1	102.5
浙　江	101.9	102.1	102.3	102.9	102.3
安　徽	101.8	101.2	102.0	102.7	102.7
福　建	101.7	101.2	101.5	102.6	102.2
江　西	102.0	102.0	102.1	102.9	102.6
山　东	102.1	101.5	102.5	103.2	102.8
河　南	101.9	101.4	102.3	103.0	102.8
湖　北	102.2	101.5	101.9	103.1	102.7
湖　南	101.9	101.4	102.0	102.9	102.3
广　东	102.3	101.5	102.2	103.4	102.6
广　西	101.6	101.6	102.3	103.7	102.8
海　南	102.8	102.8	102.5	103.4	102.3
重　庆	101.8	101.0	102.0	102.7	102.3
四　川	**101.9**	**101.4**	**101.7**	**103.2**	**103.2**
贵　州	101.4	100.9	101.8	102.4	102.6
云　南	101.5	100.9	101.6	102.5	103.6
西　藏	102.5	101.6	101.7	102.3	102.2
陕　西	101.3	101.6	102.1	102.9	102.5
甘　肃	101.3	101.4	102.0	102.3	102.0
青　海	101.8	101.5	102.5	102.5	102.6
宁　夏	101.5	101.6	102.3	102.1	101.5
新　疆	101.4	102.2	102.0	101.9	101.5

5-7　全国及各省(自治区、直辖市)商品零售价格指数(2016-2020年)

(上年=100)

地　区	2016	2017	2018	2019	2020
全国平均	**100.7**	**101.1**	**101.9**	**102.0**	**101.4**
北　京	98.1	99.2	101.1	100.5	101.0
天　津	100.5	100.8	101.6	101.7	101.0
河　北	101.2	101.4	102.2	101.8	101.4
山　西	100.5	101.3	101.7	101.8	100.9
内蒙古	100.6	101.2	101.6	101.5	100.5
辽　宁	101.0	100.7	101.4	101.7	101.1
吉　林	101.3	101.4	102.4	102.1	100.7
黑龙江	101.1	99.9	101.1	102.1	101.5
上　海	100.8	100.9	101.6	100.4	100.9
江　苏	100.8	101.9	102.6	102.6	101.8
浙　江	101.0	101.4	102.1	102.5	101.2
安　徽	100.8	101.7	101.9	101.9	101.6
福　建	100.7	100.6	101.5	101.9	101.3
江　西	100.6	101.0	101.0	101.9	101.6
山　东	101.3	100.8	102.2	102.2	102.0
河　南	100.3	101.3	102.9	102.4	100.9
湖　北	100.8	100.3	101.2	102.6	102.2
湖　南	101.0	101.3	102.3	102.3	101.3
广　东	100.8	101.6	102.1	101.4	100.8
广　西	100.4	101.2	101.6	103.2	101.4
海　南	101.0	102.0	102.5	102.5	101.6
重　庆	101.3	100.8	101.2	101.6	102.2
四　川	**100.8**	**100.5**	**101.4**	**102.7**	**102.7**
贵　州	100.2	100.9	101.8	101.7	101.6
云　南	100.7	101.3	101.5	101.5	102.4
西　藏	102.1	101.4	101.5	102.0	102.0
陕　西	100.3	101.3	102.1	102.4	101.9
甘　肃	100.9	101.4	101.7	101.9	101.3
青　海	100.4	101.2	102.1	102.0	102.4
宁　夏	100.7	101.8	102.9	101.1	100.6
新　疆	100.5	100.9	100.9	101.3	100.6

5-8 全国及36个大中城市居民消费价格指数(2016-2020年)

(上年=100)

地 区	2016	2017	2018	2019	2020
全国平均	**102.2**	**101.8**	**102.2**	**102.8**	**102.1**
北 京	101.4	101.9	102.5	102.3	101.7
天 津	102.1	102.1	102.0	102.7	102.0
石家庄	101.6	101.4	102.3	102.7	102.3
太 原	101.2	101.8	101.8	102.7	102.6
呼和浩特	101.4	101.4	102.1	102.6	102.0
沈 阳	101.7	101.4	103.0	102.4	102.3
大 连	101.9	102.1	103.0	102.4	102.1
长 春	101.4	101.3	102.0	102.9	101.9
哈尔滨	101.8	101.6	102.5	102.6	101.4
上 海	103.2	101.7	101.6	102.5	101.7
南 京	102.7	101.9	102.4	103.1	102.4
杭 州	102.6	102.5	102.3	103.1	102.1
宁 波	102.1	101.8	102.2	103.0	101.9
合 肥	102.6	101.4	102.0	102.9	102.3
福 州	102.5	101.4	101.5	102.5	102.4
厦 门	101.7	102.0	101.8	103.0	102.5
南 昌	102.1	102.1	102.3	102.8	102.5
济 南	102.7	102.0	102.6	103.3	102.4
青 岛	102.5	102.0	102.1	103.3	102.4
郑 州	102.3	101.8	102.4	103.1	102.3
武 汉	102.4	101.9	101.9	103.2	102.4
长 沙	101.9	101.3	102.0	102.9	101.8
广 州	102.7	102.3	102.4	103.0	102.6
深 圳	102.4	101.4	102.8	103.4	102.3
南 宁	101.4	102.3	102.5	103.4	102.3
海 口	103.0	103.3	102.4	103.3	101.6
重 庆	101.8	101.0	102.0	102.7	102.3
成 都	102.2	102.0	101.4	102.8	102.5
贵 阳	101.1	101.0	101.7	102.7	102.4
昆 明	101.7	100.5	101.7	102.3	103.1
拉 萨	102.6	101.4	101.1	102.2	102.0
西 安	100.9	102.0	101.9	102.7	102.1
兰 州	100.8	101.5	101.7	102.2	102.0
西 宁	102.1	101.8	102.7	102.5	102.7
银 川	101.7	101.7	102.2	102.2	101.8
乌鲁木齐	101.5	102.8	102.2	102.0	100.9

5-9 全国及36个大中城市商品零售价格指数(2016-2020年)

(上年=100)

地 区	2016	2017	2018	2019	2020
全国平均	**100.7**	**100.9**	**101.7**	**101.6**	**101.2**
北 京	98.1	99.2	101.1	100.5	101.0
天 津	100.5	100.8	101.6	101.7	101.0
石家庄	101.7	100.9	101.9	101.6	101.3
太 原	100.8	101.7	101.7	101.5	100.5
呼和浩特	101.1	101.2	101.6	101.3	99.9
沈 阳	100.6	101.0	101.7	101.4	100.8
大 连	102.0	101.5	101.5	102.1	101.4
长 春	101.2	101.2	102.9	102.2	100.0
哈尔滨	101.6	99.7	100.7	102.2	101.5
上 海	100.8	100.9	101.6	100.4	100.9
南 京	100.5	101.6	102.8	102.1	101.4
杭 州	101.5	101.0	102.0	103.1	100.9
宁 波	101.8	101.1	102.1	102.3	100.2
合 肥	100.8	102.3	101.7	101.6	101.3
福 州	100.7	100.3	101.5	101.8	100.8
厦 门	100.0	100.8	101.8	102.5	102.1
南 昌	100.4	101.0	100.8	101.3	101.5
济 南	100.8	101.0	102.6	102.5	101.9
青 岛	102.0	100.8	101.8	102.4	101.5
郑 州	100.2	101.7	103.6	103.0	100.8
武 汉	101.3	100.1	101.4	102.5	102.2
长 沙	100.9	101.4	102.5	102.2	100.8
广 州	101.2	102.0	102.2	100.6	100.6
深 圳	100.3	101.5	102.0	101.3	100.5
南 宁	99.8	100.9	101.1	103.1	100.9
海 口	100.9	101.7	102.4	102.4	101.3
重 庆	101.3	100.8	101.2	101.6	102.2
成 都	100.8	99.4	100.7	101.9	102.2
贵 阳	99.5	101.4	102.3	102.3	101.2
昆 明	100.8	101.3	101.1	101.5	102.3
拉 萨	102.4	101.2	101.1	102.3	102.1
西 安	100.1	101.7	102.2	102.1	101.5
兰 州	100.7	101.8	101.7	102.0	101.4
西 宁	100.6	101.4	102.0	101.9	102.4
银 川	100.8	101.5	102.7	101.1	100.5
乌鲁木齐	100.6	100.7	100.5	101.2	100.7

5-10 全国及各省(自治区、直辖市)工业生产者出厂价格指数(2015-2020年)

(上年=100)

地区	2015	2016	2017	2018	2019	2020
全国	**94.8**	**98.6**	**106.3**	**103.5**	**99.7**	**98.2**
北京	96.9	98.1	100.7	100.0	99.6	99.1
天津	90.3	97.9	108.4	105.4	99.3	97.1
河北	89.1	99.9	115.0	106.2	100.2	98.5
山西	87.7	96.8	119.4	106.7	99.7	96.7
内蒙古	94.0	98.9	110.6	103.2	102.1	99.7
辽宁	93.9	98.8	108.1	104.8	99.5	97.0
吉林	95.3	98.4	103.1	102.8	98.9	98.6
黑龙江	86.0	95.1	109.3	109.0	98.2	93.4
上海	96.1	98.8	103.5	101.7	98.8	98.3
江苏	95.3	98.1	104.8	102.8	98.9	97.8
浙江	96.4	98.3	104.8	103.4	98.9	96.9
安徽	93.9	98.5	108.0	103.0	100.3	99.1
福建	97.0	99.1	104.1	102.8	100.6	98.4
江西	93.7	98.6	107.9	104.2	98.9	98.3
山东	95.2	98.5	105.5	103.7	99.7	98.1
河南	95.4	99.0	106.8	103.6	100.2	99.2
湖北	96.7	99.0	105.6	104.2	100.2	99.1
湖南	96.3	98.9	105.8	103.2	99.6	99.0
广东	96.8	99.4	103.3	101.8	100.2	99.0
广西	97.0	99.1	107.6	103.2	99.3	99.4
海南	89.8	96.0	108.8	108.2	97.4	93.8
重庆	97.2	98.6	104.1	102.1	99.8	99.1
四川	**96.4**	**98.9**	**106.5**	**103.6**	**100.4**	**98.8**
贵州	96.1	97.9	107.2	101.8	99.8	98.3
云南	94.9	97.6	105.2	102.4	100.0	98.6
西藏	93.2	102.9	110.0	100.1	98.9	99.4
陕西	90.8	97.6	110.8	105.4	100.8	95.1
甘肃	87.0	94.9	114.5	109.5	98.3	93.9
青海	93.1	98.5	116.7	104.8	98.5	96.6
宁夏	93.7	99.1	112.1	107.3	99.4	96.9
新疆	82.4	94.5	113.7	111.2	98.5	91.6

5-11　全国及各省(自治区、直辖市)工业生产者出厂价格指数(2020年)

(上年同期=100)

地　区	全年	1月	2月	3月	4月	5月	6月
全　国	**98.2**	**100.1**	**99.6**	**98.5**	**96.9**	**96.3**	**97.0**
北　京	99.1	100.6	100.7	100.4	99.1	98.3	98.3
天　津	97.1	101.9	99.9	96.5	93.0	93.6	95.9
河　北	98.5	100.8	99.3	98.0	95.5	95.3	96.7
山　西	96.7	98.1	97.6	97.9	95.8	93.8	93.9
内蒙古	99.7	102.2	102.0	100.2	98.7	97.3	97.9
辽　宁	97.0	100.4	99.5	97.5	95.4	94.3	95.0
吉　林	98.6	100.5	100.3	99.1	97.4	96.6	97.8
黑龙江	93.4	104.8	99.7	94.6	87.2	84.9	90.2
上　海	98.3	99.5	99.3	98.8	97.7	97.2	98.0
江　苏	97.8	98.9	98.9	98.2	96.8	96.4	96.9
浙　江	96.9	98.9	98.9	97.6	95.6	95.1	95.8
安　徽	99.1	101.0	100.4	99.0	98.0	97.3	97.4
福　建	98.4	100.0	99.9	99.4	98.2	97.6	97.7
江　西	98.3	99.9	99.3	97.8	95.8	95.2	96.4
山　东	98.1	99.9	99.4	98.4	96.8	96.4	97.3
河　南	99.2	100.9	100.9	99.7	98.6	97.9	98.0
湖　北	99.1	100.1	100.2	99.8	98.5	98.1	98.4
湖　南	99.0	99.7	99.3	98.3	97.8	97.8	98.5
广　东	99.0	100.2	100.2	99.6	98.6	98.4	98.5
广　西	99.4	100.9	100.6	99.1	97.7	97.8	98.8
海　南	93.8	100.3	98.4	94.9	91.1	90.3	91.8
重　庆	99.1	98.9	99.3	99.1	98.5	98.4	98.8
四　川	**98.8**	**99.7**	**99.6**	**99.2**	**98.1**	**97.5**	**97.9**
贵　州	98.3	98.7	98.8	98.5	97.8	97.4	97.6
云　南	98.6	100.3	99.3	98.4	96.8	96.7	97.1
西　藏	99.4	101.5	100.8	100.4	98.3	96.7	97.5
陕　西	95.1	101.1	99.2	95.7	91.4	89.6	91.8
甘　肃	93.9	104.2	100.0	95.0	89.6	88.2	90.9
青　海	96.6	101.2	100.2	97.1	93.0	90.9	93.2
宁　夏	96.9	98.8	97.9	96.0	94.3	94.7	95.2
新　疆	91.6	103.7	100.1	93.3	85.5	82.1	86.3

5-11 续表

(上年同期=100)

地　区	7月	8月	9月	10月	11月	12月
全　国	**97.6**	**98.0**	**97.9**	**97.9**	**98.5**	**99.6**
北　京	98.6	98.5	98.8	98.4	98.6	99.0
天　津	97.0	97.7	97.2	97.1	97.1	98.4
河　北	97.0	97.8	99.2	99.4	100.5	102.6
山　西	95.3	94.3	94.9	97.2	99.4	102.6
内蒙古	98.7	98.6	99.0	99.5	99.8	102.4
辽　宁	96.2	96.6	97.0	96.7	97.3	98.7
吉　林	98.7	98.5	98.5	98.3	98.6	99.6
黑龙江	93.6	93.8	93.7	92.3	92.4	94.4
上　海	98.5	98.4	98.0	98.0	98.4	98.4
江　苏	97.2	97.3	97.4	97.6	98.2	99.3
浙　江	96.1	96.6	96.5	96.7	97.3	98.3
安　徽	98.1	98.9	99.3	99.2	99.8	100.8
福　建	98.0	98.1	97.7	97.8	98.2	98.6
江　西	97.8	98.9	99.2	98.8	99.4	101.2
山　东	97.7	97.8	97.6	97.6	98.6	100.0
河　南	98.7	99.0	98.9	98.6	98.8	100.2
湖　北	98.6	98.9	98.8	98.6	98.9	99.6
湖　南	98.8	99.7	99.6	99.0	99.6	100.5
广　东	98.9	99.3	98.6	98.5	98.5	98.8
广　西	99.2	99.8	99.8	99.3	99.7	100.5
海　南	92.1	93.2	93.1	92.3	93.1	95.1
重　庆	99.2	99.4	99.4	99.4	99.5	99.9
四　川	**98.1**	**98.8**	**98.7**	**98.5**	**99.0**	**100.0**
贵　州	97.9	98.1	98.3	98.5	98.5	100.0
云　南	97.3	98.3	98.7	98.8	99.9	101.4
西　藏	98.1	99.7	100.0	100.0	100.7	99.6
陕　西	94.1	94.3	94.8	94.5	96.7	97.9
甘　肃	93.5	93.4	92.5	91.5	93.0	96.0
青　海	95.9	96.6	97.3	97.1	97.8	99.1
宁　夏	95.4	95.6	96.2	97.0	99.6	101.9
新　疆	90.7	91.4	91.3	90.5	91.4	93.8

5-12 全国及各省(自治区、直辖市)工业生产者购进价格指数(2020年)

(上年同期=100)

地 区	全年	1月	2月	3月	4月	5月	6月
全 国	**97.7**	**99.7**	**99.5**	**98.4**	**96.2**	**95.0**	**95.6**
北 京	99.5	100.0	100.2	100.0	98.2	95.6	96.9
天 津	96.9	100.0	99.3	97.1	93.8	92.2	94.0
河 北	98.4	102.8	101.3	99.4	96.0	93.7	94.9
山 西	97.2	98.4	99.0	98.4	97.2	95.2	96.4
内蒙古	99.5	101.5	101.4	100.7	99.3	98.1	98.0
辽 宁	98.2	100.9	100.7	99.2	96.5	94.8	95.9
吉 林	98.7	101.2	100.6	98.6	96.9	96.3	97.3
黑龙江	95.1	106.6	102.4	97.9	90.3	88.6	93.2
上 海	96.9	100.8	100.6	98.8	95.4	92.6	94.4
江 苏	96.5	97.8	97.8	96.2	94.1	93.2	94.3
浙 江	95.9	97.9	98.1	96.4	93.5	92.2	93.3
安 徽	98.5	99.9	99.3	98.1	96.8	96.4	96.3
福 建	98.6	100.0	100.4	99.7	98.2	96.8	96.7
江 西	97.0	97.9	97.8	96.9	95.2	95.0	95.2
山 东	97.5	99.3	98.9	97.8	96.0	95.0	95.5
河 南	99.4	101.7	101.9	101.3	98.9	97.9	97.6
湖 北	98.4	100.5	101.4	99.7	96.7	95.6	96.1
湖 南	98.9	100.2	100.3	98.7	97.5	97.2	97.4
广 东	97.4	99.2	99.0	99.3	97.3	96.2	95.1
广 西	98.5	99.1	99.1	98.5	97.2	96.6	97.1
海 南	92.0	107.5	105.7	100.5	90.3	82.7	83.9
重 庆	99.9	100.0	100.0	100.0	99.6	99.3	99.4
四 川	**98.1**	**99.3**	**99.4**	**98.7**	**97.1**	**96.3**	**97.2**
贵 州	98.6	98.2	98.4	98.5	97.7	97.3	97.3
云 南	97.3	97.5	97.3	97.0	96.5	96.0	96.2
西 藏							
陕 西	97.6	100.7	100.2	98.1	95.3	93.9	95.6
甘 肃	94.1	102.6	99.4	95.8	89.0	86.7	90.3
青 海	96.1	100.6	96.3	95.0	92.9	93.0	93.8
宁 夏	94.7	97.0	96.1	94.0	91.5	91.0	92.1
新 疆	93.4	100.3	100.0	97.7	91.4	87.1	88.1

5-12 续表

(上年同期=100)

地　区	7月	8月	9月	10月	11月	12月
全　国	**96.7**	**97.5**	**97.7**	**97.6**	**98.4**	**100.0**
北　京	100.1	100.3	100.1	100.5	100.1	101.5
天　津	96.5	97.0	97.7	97.5	98.4	99.6
河　北	95.2	97.8	99.2	98.5	99.9	102.9
山　西	96.6	96.1	95.9	96.6	97.5	99.5
内蒙古	98.2	99.6	99.2	99.3	98.7	100.4
辽　宁	97.4	97.7	98.3	97.9	98.9	100.3
吉　林	98.2	98.9	98.9	98.5	98.6	100.2
黑龙江	94.5	94.7	94.1	92.6	92.5	94.2
上　海	95.6	97.0	96.8	96.5	97.1	97.7
江　苏	95.6	96.5	96.9	97.2	98.4	100.5
浙　江	94.9	95.9	96.5	96.5	97.3	98.8
安　徽	97.2	98.4	98.7	98.8	100.0	101.9
福　建	98.0	98.7	98.7	98.3	98.3	99.4
江　西	96.0	96.9	97.4	97.7	98.7	99.7
山　东	96.2	97.2	97.4	97.5	98.5	100.2
河　南	98.2	98.9	99.0	98.9	98.7	100.2
湖　北	97.8	98.4	98.3	98.3	98.4	99.4
湖　南	97.6	98.7	99.0	99.1	99.6	100.9
广　东	96.4	96.6	96.4	95.9	97.8	99.3
广　西	97.8	98.5	99.1	99.2	99.8	100.2
海　南	84.8	90.1	92.3	89.3	89.1	88.9
重　庆	99.7	99.9	100.1	100.1	100.2	100.9
四　川	**97.9**	**98.1**	**97.8**	**97.7**	**98.1**	**99.5**
贵　州	97.8	98.1	99.1	99.6	99.9	101.1
云　南	96.4	97.1	97.6	97.7	98.3	100.1
西　藏						
陕　西	97.0	97.0	97.6	97.5	98.2	99.9
甘　肃	93.5	94.3	94.4	93.4	94.0	95.8
青　海	95.9	95.9	97.3	96.7	97.6	97.9
宁　夏	93.8	94.3	95.0	95.7	97.1	98.5
新　疆	91.0	91.9	92.4	93.0	93.4	95.0

5-13 全国70个大中城市二手住宅同比价格指数(2020年)

(上年同月=100)

城市	1月	2月	3月	4月	5月	6月
北京	100.0	99.6	99.3	99.8	101.5	102.2
天津	99.2	98.2	97.7	96.7	95.7	95.4
石家庄	100.3	99.7	99.1	98.5	97.9	97.6
太原	103.3	102.4	103.8	101.9	100.4	99.1
呼和浩特	109.5	107.9	106.3	104.7	102.3	101.4
沈阳	109.9	109.3	109.0	110.0	110.4	110.4
大连	105.0	104.4	103.8	104.0	103.9	104.1
长春	107.3	107.3	106.5	105.7	105.3	105.3
哈尔滨	112.2	111.7	111.5	110.8	110.0	108.3
上海	101.4	101.6	101.6	102.3	102.8	103.3
南京	105.6	105.3	104.6	105.0	105.3	105.7
杭州	103.0	103.1	103.1	103.2	102.7	103.3
宁波	108.8	108.3	108.1	108.1	108.2	108.6
合肥	103.1	103.1	103.1	103.0	103.3	103.2
福州	103.8	103.5	102.7	103.0	103.4	103.7
厦门	105.9	105.6	104.1	103.3	103.8	104.3
南昌	101.5	101.1	100.0	99.3	99.4	99.6
济南	97.2	96.4	95.9	96.1	96.4	96.4
青岛	94.5	94.2	94.1	94.3	94.5	95.4
郑州	96.6	97.0	96.6	96.0	95.3	95.5
武汉	97.8	97.8	97.7	97.7	98.0	98.1
长沙	98.8	98.7	98.7	98.1	98.3	98.9
广州	98.7	98.8	99.1	99.5	100.1	101.0
深圳	108.8	108.8	109.7	110.3	112.0	114.3
南宁	109.0	107.7	106.8	105.5	104.4	103.9
海口	98.6	98.6	98.2	97.2	97.1	97.1
重庆	100.9	100.1	99.3	98.4	98.1	97.7
成都	100.6	101.0	101.8	104.1	104.9	105.4
贵阳	97.2	96.8	96.6	96.1	95.5	95.5
昆明	105.7	105.3	105.5	106.0	105.5	105.2
西安	100.3	100.4	99.0	98.1	97.7	97.7
兰州	108.6	108.4	107.0	107.4	106.4	106.3
西宁	112.8	111.7	110.4	109.2	109.1	109.7
银川	107.0	107.0	106.3	107.2	108.3	109.2
乌鲁木齐	101.5	100.3	101.4	100.9	101.0	101.3

5-13 续表 1

(上年同月=100)

城　　市	1月	2月	3月	4月	5月	6月
唐　　山	116.1	116.6	116.4	115.6	115.2	115.0
秦 皇 岛	108.8	107.6	106.2	104.8	104.9	104.4
包　　头	106.1	105.4	104.3	103.0	103.6	103.4
丹　　东	108.9	108.4	107.8	107.2	106.5	106.1
锦　　州	102.5	102.2	102.5	101.5	101.1	101.5
吉　　林	108.0	107.6	106.5	105.7	105.3	105.0
牡 丹 江	99.3	98.3	97.8	96.0	94.5	93.0
无　　锡	109.3	109.1	109.3	110.0	109.8	110.0
扬　　州	105.1	104.7	104.9	104.6	104.5	103.9
徐　　州	104.8	105.4	105.1	105.8	106.3	106.5
温　　州	103.3	103.1	102.7	102.9	103.1	103.7
金　　华	101.4	101.2	101.3	101.0	100.6	100.5
蚌　　埠	104.5	104.4	103.9	104.0	104.1	103.8
安　　庆	96.3	96.1	96.4	97.7	97.5	97.7
泉　　州	102.3	102.2	101.6	101.7	102.3	102.6
九　　江	107.1	107.0	106.5	105.9	105.9	106.0
赣　　州	105.4	105.0	104.3	104.1	104.1	104.4
烟　　台	103.4	102.3	101.0	100.0	98.8	97.9
济　　宁	108.2	107.6	107.1	106.5	105.9	106.0
洛　　阳	109.6	109.7	110.2	109.1	108.5	107.9
平 顶 山	106.7	106.0	106.1	105.6	105.3	105.3
宜　　昌	96.3	96.1	95.5	95.4	95.3	96.1
襄　　阳	104.6	103.7	102.7	101.5	100.8	100.1
岳　　阳	98.6	98.2	98.2	98.6	98.5	98.8
常　　德	98.6	98.6	97.7	97.8	97.5	97.7
惠　　州	103.4	103.5	103.1	102.6	102.8	102.9
湛　　江	97.6	97.3	96.4	96.0	95.9	95.9
韶　　关	99.9	99.3	99.1	98.4	97.9	97.9
桂　　林	105.1	105.3	104.4	104.1	103.9	103.6
北　　海	101.7	101.0	100.0	99.0	98.0	97.8
三　　亚	99.7	98.9	97.5	96.6	95.6	96.5
泸　　州	100.0	99.1	98.6	98.8	98.3	98.7
南　　充	99.7	99.0	99.5	99.2	98.5	97.4
遵　　义	96.6	95.6	95.6	95.5	95.6	96.1
大　　理	110.6	109.2	107.5	106.8	105.9	105.4

5-13　续表 2

(上年同月=100)

城　市	7月	8月	9月	10月	11月	12月
北　京	102.5	103.6	104.5	105.4	106.4	106.3
天　津	95.8	95.5	95.4	95.8	95.6	96.0
石家庄	97.5	97.0	97.6	97.5	97.5	97.5
太　原	97.7	97.7	96.6	96.5	96.7	96.9
呼和浩特	101.0	101.0	100.4	99.7	99.3	99.2
沈　阳	110.3	109.4	108.8	109.1	108.3	107.8
大　连	104.6	104.8	105.1	105.5	105.7	106.1
长　春	104.5	103.8	102.7	101.8	100.9	99.8
哈尔滨	106.7	104.9	102.6	100.4	98.4	97.0
上　海	103.3	104.1	104.6	105.2	105.5	106.3
南　京	105.2	104.9	103.9	103.8	104.0	104.5
杭　州	104.6	105.4	105.9	106.4	106.5	106.9
宁　波	108.3	107.7	107.7	107.8	107.9	108.5
合　肥	102.5	102.6	103.0	103.5	104.4	104.7
福　州	103.5	104.4	104.8	103.6	102.8	102.5
厦　门	103.5	103.3	103.3	104.2	104.9	104.8
南　昌	99.4	99.1	98.9	99.0	99.7	99.6
济　南	96.7	97.1	96.9	97.3	97.5	97.2
青　岛	95.8	96.6	97.0	97.2	97.7	97.9
郑　州	95.4	95.6	95.5	95.5	95.7	96.4
武　汉	98.8	99.0	100.1	100.5	100.5	100.2
长　沙	99.5	99.7	100.0	100.3	100.7	101.3
广　州	102.2	103.9	104.9	105.7	106.7	107.5
深　圳	114.9	115.9	115.7	115.5	114.6	114.1
南　宁	104.1	103.7	103.2	103.6	103.7	103.7
海　口	98.0	99.5	100.7	101.1	101.9	102.4
重　庆	97.7	98.6	99.5	99.4	99.3	99.4
成　都	105.2	107.5	108.1	108.4	109.0	108.2
贵　阳	95.0	95.3	95.8	95.9	96.2	96.5
昆　明	104.8	103.3	103.1	103.3	102.9	103.0
西　安	98.1	99.0	100.2	101.2	101.7	102.4
兰　州	106.2	105.5	105.3	104.7	104.4	104.3
西　宁	109.5	109.5	108.7	108.3	107.7	107.9
银　川	109.6	109.1	108.9	109.2	108.8	108.5
乌鲁木齐	101.9	103.0	104.0	104.1	105.0	105.8

5-13 续表 3

(上年同月=100)

城市	7月	8月	9月	10月	11月	12月
唐山	115.3	114.6	112.2	110.8	109.3	108.3
秦皇岛	104.9	104.5	104.3	103.6	103.2	102.7
包头	102.5	102.2	102.2	102.7	102.2	101.9
丹东	106.0	106.1	105.9	105.7	105.2	104.7
锦州	100.6	101.0	100.1	100.0	99.6	99.3
吉林	104.6	103.6	102.1	100.5	99.7	98.5
牡丹江	91.9	90.7	90.9	90.6	90.5	90.0
无锡	109.9	109.2	108.9	107.8	107.6	107.4
扬州	103.5	103.7	104.0	104.6	104.3	104.7
徐州	107.0	107.3	107.7	107.6	108.0	108.5
温州	104.7	105.2	105.0	104.9	104.6	105.2
金华	100.7	101.6	102.6	103.0	103.7	104.5
蚌埠	103.1	103.0	102.8	103.5	103.8	103.9
安庆	97.5	98.3	98.6	98.6	98.4	98.4
泉州	102.4	102.6	103.5	103.7	103.9	104.5
九江	105.2	104.6	103.7	102.5	102.5	101.8
赣州	104.3	104.4	104.3	104.1	103.6	102.8
烟台	96.8	96.4	96.6	97.1	97.8	98.7
济宁	105.9	105.9	105.5	105.3	105.3	105.3
洛阳	107.1	106.9	105.1	104.6	103.7	103.2
平顶山	105.2	105.8	105.5	105.1	104.4	103.4
宜昌	97.1	97.9	98.6	99.0	99.2	99.2
襄阳	99.2	99.1	99.0	98.6	98.7	98.7
岳阳	98.5	99.1	99.7	99.9	100.7	100.8
常德	97.5	97.8	97.9	98.0	98.2	98.5
惠州	102.8	102.9	103.6	104.1	103.7	103.6
湛江	95.8	95.8	96.8	97.0	97.4	97.9
韶关	97.5	97.5	98.0	98.3	99.6	99.2
桂林	103.6	103.0	102.7	102.1	102.5	102.5
北海	97.0	96.5	96.9	96.5	96.5	96.5
三亚	97.1	97.3	98.3	98.9	99.4	100.0
泸州	98.6	98.1	97.6	97.6	97.6	96.9
南充	97.0	96.4	95.6	95.4	95.0	94.6
遵义	96.7	97.5	98.0	98.3	98.8	99.0
大理	104.9	105.2	104.5	104.0	103.3	102.5

5-14　全国70个大中城市二手住宅环比价格指数(2020年)

(上月=100)

城　市	1月	2月	3月	4月	5月	6月
北　京	100.4	99.8	100.2	101.1	101.8	100.7
天　津	99.4	99.6	99.5	99.8	99.5	99.7
石家庄	99.5	100.0	100.0	99.7	99.8	99.9
太　原	99.6	99.5	101.4	99.4	99.1	99.0
呼和浩特	100.0	100.0	99.4	100.0	99.5	100.4
沈　阳	100.5	100.3	100.4	101.7	101.0	100.9
大　连	100.0	100.0	100.5	101.0	100.9	100.7
长　春	100.4	100.2	100.4	100.3	100.2	100.5
哈尔滨	100.9	100.0	100.2	100.4	100.0	99.1
上　海	100.2	100.2	100.3	101.2	100.6	100.4
南　京	100.1	100.0	100.2	100.5	100.4	100.5
杭　州	100.1	100.0	100.7	101.0	100.8	101.0
宁　波	100.7	99.6	100.5	100.7	101.1	101.2
合　肥	100.3	100.0	100.2	100.5	100.4	100.2
福　州	99.7	99.9	99.8	100.8	101.0	100.2
厦　门	100.4	100.0	100.1	100.5	100.9	100.8
南　昌	100.1	100.0	99.5	99.7	100.4	99.9
济　南	99.8	99.6	100.0	99.9	100.0	99.9
青　岛	99.9	99.4	99.6	100.0	99.9	100.2
郑　州	99.6	100.0	99.4	99.5	99.4	99.8
武　汉	99.6	100.0	100.0	99.8	99.9	99.8
长　沙	99.8	99.9	100.0	99.6	100.0	100.5
广　州	100.3	99.9	99.8	100.0	100.4	100.8
深　圳	100.7	100.5	101.6	101.7	101.6	101.9
南　宁	100.6	100.0	100.1	100.2	100.1	100.3
海　口	100.0	100.0	99.4	99.8	99.6	100.1
重　庆	99.6	99.5	99.3	99.9	100.0	100.3
成　都	99.9	100.9	100.7	102.1	101.3	100.6
贵　阳	99.6	100.0	99.7	99.6	99.8	99.7
昆　明	99.8	100.3	100.5	100.6	100.3	100.5
西　安	99.8	100.0	99.7	99.9	100.2	100.5
兰　州	101.1	100.0	99.7	100.6	100.2	100.4
西　宁	100.0	100.2	100.5	100.9	101.0	101.4
银　川	99.7	100.2	100.4	101.2	101.3	101.4
乌鲁木齐	99.9	99.6	100.7	100.8	100.9	100.9

5-14 续表 1

(上月=100)

城市	1月	2月	3月	4月	5月	6月
唐山	101.0	100.6	101.0	100.8	100.7	100.9
秦皇岛	99.7	99.6	99.9	100.2	100.7	100.4
包头	100.2	100.0	99.7	99.4	101.1	100.7
丹东	100.4	100.3	100.1	100.2	100.3	100.2
锦州	99.6	100.0	100.3	99.3	99.6	100.2
吉林	100.4	99.9	100.2	100.0	100.0	99.9
牡丹江	99.7	99.8	99.5	98.6	98.5	98.2
无锡	100.3	99.7	100.5	101.0	100.9	101.6
扬州	100.2	100.0	100.3	100.4	100.2	100.2
徐州	100.5	100.5	100.4	100.6	100.8	100.9
温州	99.9	100.0	99.8	100.9	100.6	100.9
金华	99.8	99.7	100.3	100.2	100.0	100.7
蚌埠	100.3	100.0	99.9	100.6	100.5	100.4
安庆	99.8	99.7	100.3	100.5	99.8	99.9
泉州	100.2	99.8	99.8	100.0	100.8	100.5
九江	100.2	100.2	99.9	100.0	100.6	100.5
赣州	100.4	100.1	99.7	100.2	100.4	100.4
烟台	99.5	99.3	99.6	99.7	99.8	99.9
济宁	100.4	99.9	100.2	100.3	100.1	100.6
洛阳	100.6	100.0	100.3	100.1	100.2	100.3
平顶山	100.3	100.0	100.3	100.2	100.2	100.4
宜昌	99.6	100.0	99.4	99.8	99.9	100.1
襄阳	99.8	100.0	99.8	99.9	100.0	99.9
岳阳	99.9	99.6	100.0	100.5	100.4	100.3
常德	100.1	100.0	99.3	100.0	99.6	99.7
惠州	100.4	100.0	100.0	99.7	100.3	100.2
湛江	99.8	99.6	99.3	99.5	99.6	99.7
韶关	99.5	99.5	100.0	99.6	99.7	100.3
桂林	100.5	100.2	100.0	100.3	100.4	100.2
北海	99.7	99.8	99.9	99.6	99.5	99.7
三亚	100.0	100.0	99.5	99.9	99.2	100.2
泸州	99.9	99.2	99.5	99.7	99.6	99.9
南充	99.8	99.1	100.0	99.6	99.5	99.6
遵义	99.5	99.3	100.0	99.8	99.9	100.3
大理	100.7	100.0	100.2	100.1	100.3	100.0

5-14 续表 2

（上月=100）

城 市	7月	8月	9月	10月	11月	12月
北 京	100.0	100.7	100.4	100.4	100.5	100.5
天 津	99.9	99.2	99.8	99.9	99.8	99.9
石家庄	99.7	99.6	100.1	99.6	99.8	99.7
太 原	99.7	100.4	99.5	99.5	99.8	99.9
呼和浩特	100.3	100.5	100.1	99.8	99.7	99.6
沈 阳	100.5	100.7	100.3	100.8	100.5	100.1
大 连	100.6	100.7	100.4	100.3	100.2	100.6
长 春	99.6	100.1	99.8	99.5	99.6	99.4
哈尔滨	99.3	99.5	99.3	99.6	99.5	99.3
上 海	100.5	100.8	101.0	100.5	100.3	100.6
南 京	100.4	100.5	100.6	100.3	100.4	100.4
杭 州	101.3	100.7	100.3	100.3	100.1	100.5
宁 波	101.1	100.9	100.8	100.7	100.4	100.6
合 肥	100.3	100.5	100.4	100.5	100.7	100.7
福 州	99.8	99.9	100.4	100.4	99.9	100.8
厦 门	100.5	100.0	99.9	100.4	100.5	100.7
南 昌	99.5	99.8	100.0	99.8	100.4	100.5
济 南	100.1	99.5	99.6	99.7	99.6	99.5
青 岛	99.8	100.4	99.7	99.6	99.7	99.8
郑 州	99.7	99.9	99.5	99.8	99.7	99.9
武 汉	100.5	100.7	100.3	100.1	99.8	99.7
长 沙	100.4	100.2	100.0	100.2	100.2	100.5
广 州	101.6	101.7	100.7	100.6	100.8	100.7
深 圳	101.2	101.1	101.1	100.9	100.6	100.5
南 宁	100.7	100.2	100.2	100.5	100.3	100.3
海 口	100.7	101.0	100.4	100.7	100.4	100.3
重 庆	100.1	100.5	100.4	99.7	100.3	99.9
成 都	100.7	101.2	100.3	100.2	100.4	99.7
贵 阳	99.2	99.8	99.9	99.7	99.8	99.6
昆 明	100.0	99.6	100.6	100.5	100.2	100.1
西 安	100.6	100.9	100.7	100.3	99.7	100.2
兰 州	100.5	100.2	100.4	100.4	100.3	100.4
西 宁	101.0	100.9	100.3	100.4	100.5	100.5
银 川	101.2	101.0	100.5	100.8	100.5	100.2
乌鲁木齐	100.5	100.0	100.9	100.6	100.3	100.5

5-14 续表 3

(上月=100)

城　　市	7月	8月	9月	10月	11月	12月
唐　　山	100.8	101.1	100.5	100.1	100.4	100.2
秦 皇 岛	101.0	100.8	100.3	100.0	100.3	99.7
包　　头	100.3	100.1	100.3	99.9	100.0	100.1
丹　　东	100.4	100.7	100.6	100.4	100.5	100.4
锦　　州	100.0	100.6	100.1	99.7	100.1	99.8
吉　　林	99.5	99.7	99.8	99.7	99.8	99.6
牡 丹 江	98.7	98.4	99.5	99.5	99.5	99.8
无　　锡	101.2	101.0	100.9	100.0	100.2	99.9
扬　　州	100.1	100.9	100.7	100.8	100.1	100.9
徐　　州	100.7	100.8	101.3	100.5	100.7	100.4
温　　州	100.8	101.0	100.4	100.0	100.3	100.2
金　　华	100.7	101.2	100.5	100.3	100.2	100.8
蚌　　埠	100.2	100.7	100.1	100.2	100.5	100.4
安　　庆	99.6	99.8	99.9	99.8	99.6	99.7
泉　　州	100.3	100.8	100.6	100.4	100.5	100.6
九　　江	100.0	99.8	100.2	99.8	100.5	100.3
赣　　州	100.3	100.4	100.5	100.1	100.4	99.9
烟　　台	99.6	100.2	100.4	100.3	100.3	100.1
济　　宁	100.6	101.0	100.7	100.4	100.3	100.6
洛　　阳	100.8	100.5	100.2	100.1	99.8	100.3
平 顶 山	100.3	100.5	100.5	100.4	100.1	100.1
宜　　昌	100.7	99.8	100.2	100.0	99.9	99.8
襄　　阳	99.5	100.2	100.0	99.9	99.8	99.9
岳　　阳	100.1	100.0	100.2	99.5	100.2	100.0
常　　德	99.9	100.2	99.9	99.8	100.3	99.8
惠　　州	100.6	100.9	100.8	100.4	100.0	100.3
湛　　江	99.9	100.0	100.7	100.1	100.0	99.8
韶　　关	100.2	100.4	99.9	99.9	100.4	99.7
桂　　林	100.4	100.0	100.3	100.2	100.2	99.8
北　　海	99.5	99.9	99.7	99.5	99.7	99.9
三　　亚	100.3	99.5	100.5	100.1	100.2	100.6
泸　　州	99.8	99.5	100.2	99.9	99.8	99.9
南　　充	99.7	99.4	99.4	99.5	99.1	99.7
遵　　义	100.0	100.5	99.9	99.8	100.2	99.8
大　　理	100.4	100.8	100.3	99.9	99.9	99.8

5-15 全国70个大中城市新建商品住宅同比价格指数(2020年)

(上年同月=100)

城 市	1月	2月	3月	4月	5月	6月
北 京	104.1	104.4	104.1	103.3	103.1	103.6
天 津	101.3	100.5	100.1	99.6	99.7	100.0
石家庄	108.8	107.6	106.5	106.7	105.6	104.6
太 原	102.9	102.1	101.7	101.3	101.4	101.4
呼和浩特	114.8	113.9	113.7	113.7	113.8	112.0
沈 阳	109.2	109.2	108.7	108.8	108.8	108.7
大 连	108.4	106.9	106.1	105.9	105.3	105.0
长 春	108.6	107.8	108.0	107.9	107.8	107.2
哈尔滨	109.4	108.8	108.1	108.2	107.5	106.5
上 海	102.7	102.3	102.4	102.7	103.5	103.7
南 京	103.3	103.2	103.3	104.5	105.0	106.1
杭 州	105.0	104.4	105.4	105.2	105.1	105.2
宁 波	108.2	107.4	106.5	105.8	106.1	106.0
合 肥	103.7	102.9	102.3	101.3	101.1	101.4
福 州	103.5	104.0	104.0	103.8	103.4	103.7
厦 门	104.4	104.2	103.5	102.8	103.0	103.1
南 昌	103.3	103.3	102.3	102.1	101.9	102.0
济 南	99.7	99.0	97.8	96.8	96.9	96.9
青 岛	103.7	103.3	102.3	102.4	101.9	102.5
郑 州	101.4	101.1	100.5	100.2	99.8	99.6
武 汉	111.5	110.3	109.5	108.3	107.4	107.9
长 沙	104.6	104.7	105.0	105.3	104.8	105.4
广 州	104.2	103.0	101.7	100.7	100.2	100.5
深 圳	104.3	104.3	105.2	104.8	104.9	105.3
南 宁	112.0	111.3	110.5	110.0	110.2	110.9
海 口	106.6	106.3	105.8	105.3	103.8	102.9
重 庆	107.5	106.5	106.2	106.0	105.0	105.2
成 都	110.0	110.6	110.5	110.3	110.4	110.0
贵 阳	104.4	103.6	102.6	101.3	100.6	100.0
昆 明	110.5	109.5	108.6	108.4	108.3	108.3
西 安	112.8	111.6	111.0	110.4	108.8	107.8
兰 州	104.7	104.5	104.1	104.6	104.4	104.7
西 宁	114.7	112.7	113.2	113.4	113.9	114.4
银 川	112.8	112.0	112.5	113.0	114.7	115.7
乌鲁木齐	101.1	100.3	99.9	100.2	100.6	100.8

5-15 续表 1

(上年同月=100)

城市	1月	2月	3月	4月	5月	6月
唐山	113.6	113.2	113.2	114.7	115.0	115.3
秦皇岛	110.4	109.1	108.1	106.9	107.0	106.6
包头	105.9	105.1	104.4	103.4	103.7	103.9
丹东	107.9	107.8	106.2	106.2	106.0	106.0
锦州	108.5	108.9	107.5	107.9	108.2	108.7
吉林	109.2	109.0	108.8	108.9	108.3	108.4
牡丹江	105.1	104.9	104.5	103.5	102.3	102.1
无锡	109.0	109.5	109.0	109.5	109.1	109.0
扬州	110.5	110.1	109.5	109.5	109.5	109.3
徐州	111.5	111.1	111.3	111.6	111.1	111.2
温州	104.5	103.9	102.4	103.3	103.4	104.5
金华	107.9	107.5	107.1	106.6	105.9	106.3
蚌埠	103.4	103.7	103.8	103.7	103.6	104.1
安庆	102.1	101.7	100.0	99.5	98.8	98.0
泉州	103.5	103.5	103.7	103.6	104.5	105.2
九江	108.6	108.6	107.7	107.6	107.5	107.5
赣州	102.7	103.0	103.2	104.0	104.0	104.7
烟台	109.7	109.9	109.6	109.2	108.7	108.1
济宁	109.3	107.9	107.8	107.7	107.3	106.8
洛阳	112.4	111.9	111.5	110.7	109.0	106.6
平顶山	108.6	107.4	106.2	105.6	105.5	105.2
宜昌	100.1	99.3	98.4	98.2	98.2	98.9
襄阳	110.0	109.2	108.7	107.8	107.1	106.9
岳阳	97.9	97.9	97.7	98.0	98.6	99.0
常德	103.4	103.7	101.8	100.7	100.7	100.0
惠州	105.0	105.2	104.9	105.1	105.7	106.8
湛江	104.1	103.1	101.9	101.5	100.7	100.2
韶关	99.5	99.1	99.2	99.3	98.0	97.8
桂林	106.7	105.7	104.9	105.5	105.1	104.2
北海	107.7	107.2	106.0	104.7	103.5	102.2
三亚	106.7	106.6	105.8	105.6	104.6	104.1
泸州	97.9	96.8	96.4	96.2	96.5	97.2
南充	102.0	101.1	100.5	100.7	101.3	100.3
遵义	104.2	102.5	102.2	101.6	101.1	100.9
大理	114.1	112.1	110.9	110.3	108.2	106.0

5-15　续表 2

(上年同月=100)

城　市	7月	8月	9月	10月	11月	12月
北　京	103.3	103.4	103.8	104.2	102.4	102.3
天　津	100.7	100.9	100.8	100.8	101.1	101.1
石家庄	104.9	103.6	103.3	103.1	103.6	102.8
太　原	101.2	100.1	99.3	99.0	98.5	99.0
呼和浩特	111.8	109.9	109.0	107.0	105.9	105.1
沈　阳	109.0	109.2	108.2	106.8	106.0	105.0
大　连	104.5	104.2	105.0	105.1	104.9	104.8
长　春	107.3	107.0	106.3	104.8	103.4	102.3
哈尔滨	106.0	105.3	104.1	102.8	101.9	100.8
上　海	104.2	104.5	104.5	104.4	104.1	104.2
南　京	104.9	105.1	104.3	104.5	104.8	104.9
杭　州	104.9	105.3	105.1	105.2	105.1	104.5
宁　波	105.7	105.4	105.1	104.9	104.9	104.4
合　肥	101.1	100.6	101.4	102.2	103.1	103.6
福　州	103.6	103.3	103.2	103.1	103.5	104.4
厦　门	102.4	101.9	102.8	103.7	104.4	104.5
南　昌	101.7	101.0	100.5	100.2	100.4	100.8
济　南	96.8	96.7	97.1	97.9	98.3	99.0
青　岛	102.3	102.5	102.9	102.9	102.8	102.8
郑　州	99.3	99.6	99.3	98.8	99.0	99.2
武　汉	107.4	106.8	106.4	105.8	105.1	104.5
长　沙	105.7	106.3	106.5	106.4	105.8	105.0
广　州	101.0	101.6	102.1	102.7	104.1	105.2
深　圳	105.9	106.2	105.3	105.1	104.9	104.1
南　宁	111.2	109.6	108.0	106.0	105.6	105.2
海　口	102.4	103.2	103.1	102.3	102.8	102.7
重　庆	104.6	105.3	105.3	105.4	104.7	104.6
成　都	109.6	109.9	109.5	108.0	107.2	106.3
贵　阳	99.1	99.4	99.9	100.5	101.5	102.5
昆　明	107.5	107.3	106.1	105.4	105.0	105.6
西　安	107.3	108.0	108.0	107.6	107.1	106.9
兰　州	104.5	105.3	105.6	105.8	105.3	105.2
西　宁	113.2	113.4	112.7	110.3	109.5	109.1
银　川	117.6	117.6	116.8	116.6	115.0	114.2
乌鲁木齐	101.3	101.7	101.7	102.5	103.7	103.1

5-15 续表 3

(上年同月=100)

城　市	7月	8月	9月	10月	11月	12月
唐　山	116.1	115.4	115.4	113.4	111.7	111.2
秦皇岛	106.0	105.6	106.0	104.7	103.9	103.5
包　头	104.3	104.0	103.8	103.4	103.2	102.6
丹　东	106.7	106.9	106.7	106.3	106.5	106.6
锦　州	109.7	111.5	110.6	109.7	108.5	107.5
吉　林	108.0	107.7	107.5	106.3	105.1	104.1
牡丹江	100.8	101.0	101.3	100.3	100.0	99.0
无　锡	109.6	110.0	108.7	107.8	107.1	106.3
扬　州	109.1	108.3	107.5	107.7	107.1	106.6
徐　州	111.6	111.6	111.9	111.9	111.4	110.0
温　州	105.1	106.1	105.6	105.0	104.4	104.3
金　华	105.4	105.7	105.7	105.5	104.9	105.0
蚌　埠	103.8	104.3	104.3	104.5	104.8	105.3
安　庆	97.7	96.9	96.5	96.8	97.5	98.0
泉　州	105.2	105.6	106.1	105.5	105.6	105.5
九　江	107.3	106.3	106.1	105.2	104.7	104.1
赣　州	104.5	105.0	104.3	104.2	104.4	104.2
烟　台	107.5	107.7	107.1	106.7	106.3	105.5
济　宁	107.4	107.4	107.2	107.2	107.9	108.3
洛　阳	106.9	106.6	104.8	103.1	102.5	102.1
平顶山	103.9	103.9	104.3	103.7	103.8	103.4
宜　昌	99.3	99.9	100.3	101.3	102.1	102.5
襄　阳	107.0	106.4	105.9	105.1	104.8	104.0
岳　阳	99.1	99.7	100.5	100.2	100.4	101.0
常　德	100.3	99.5	99.4	98.4	98.4	98.6
惠　州	107.3	108.7	109.2	109.0	108.1	107.6
湛　江	100.1	100.1	100.7	100.5	101.4	100.5
韶　关	97.1	98.4	98.4	99.0	99.4	99.6
桂　林	103.1	101.7	101.4	101.5	100.9	100.9
北　海	101.2	99.5	99.1	98.2	97.9	97.0
三　亚	104.6	105.0	105.5	105.9	105.9	105.7
泸　州	97.4	98.3	98.7	99.4	99.6	99.8
南　充	100.2	99.6	99.2	98.9	98.7	99.1
遵　义	100.5	100.3	99.7	99.8	100.6	100.1
大　理	104.9	104.7	104.2	103.5	102.5	101.7

5-16 全国70个大中城市新建商品住宅环比价格指数(2020年)

(上月=100)

城 市	1月	2月	3月	4月	5月	6月
北 京	100.0	100.1	100.0	99.7	100.5	100.4
天 津	99.8	99.6	99.9	100.2	100.4	100.6
石家庄	100.0	100.0	100.2	100.6	100.2	100.1
太 原	99.4	100.0	100.1	100.3	100.5	100.6
呼和浩特	100.5	100.0	100.1	100.5	101.0	100.1
沈 阳	100.3	100.5	100.4	100.8	101.0	100.9
大 连	100.1	100.4	100.2	100.5	100.8	100.9
长 春	100.0	99.9	100.4	100.5	100.4	100.7
哈尔滨	100.3	100.0	100.3	101.0	100.0	100.1
上 海	100.5	100.0	100.1	100.6	100.8	100.5
南 京	100.1	99.9	100.2	101.8	101.2	101.0
杭 州	100.3	99.9	101.3	100.9	100.7	101.2
宁 波	100.6	99.8	100.3	100.0	101.4	100.8
合 肥	100.4	100.0	100.1	99.5	99.9	100.7
福 州	99.5	100.6	100.4	100.5	100.5	100.6
厦 门	100.2	100.0	100.0	99.9	100.5	101.0
南 昌	100.3	100.0	99.7	100.6	100.3	100.2
济 南	99.5	99.8	99.6	100.0	100.5	100.3
青 岛	100.1	100.0	99.5	100.5	100.3	100.8
郑 州	100.0	99.7	99.8	100.1	99.8	100.4
武 汉	100.4	100.0	100.0	99.8	100.4	101.4
长 沙	100.6	100.3	100.3	100.5	100.4	101.4
广 州	100.3	99.9	99.5	100.0	100.3	100.6
深 圳	100.5	100.0	100.5	100.0	100.6	100.8
南 宁	100.4	100.0	100.2	100.4	100.6	101.1
海 口	99.9	100.0	100.0	100.5	99.7	100.3
重 庆	100.0	99.7	100.3	101.0	100.8	100.9
成 都	100.3	101.2	100.5	100.7	100.5	100.9
贵 阳	99.5	100.5	99.9	99.6	100.3	100.2
昆 明	100.0	99.8	100.0	101.0	100.6	101.2
西 安	100.3	100.0	100.5	100.6	100.5	100.8
兰 州	100.6	100.0	99.8	100.6	100.4	100.5
西 宁	100.8	100.5	101.4	100.7	100.8	101.0
银 川	101.0	100.0	101.1	101.0	102.1	101.9
乌鲁木齐	99.9	99.8	100.0	100.9	100.5	101.0

5-16 续表 1

(上月=100)

城 市	1月	2月	3月	4月	5月	6月
唐 山	101.2	100.2	100.9	101.8	101.2	101.5
秦皇岛	100.0	99.7	100.4	100.7	100.9	100.8
包 头	100.0	99.9	100.1	99.8	100.8	99.9
丹 东	100.6	100.5	100.4	100.6	100.3	99.8
锦 州	101.4	100.1	100.2	100.8	101.0	100.6
吉 林	101.0	100.2	100.5	100.7	100.2	100.4
牡丹江	100.7	100.3	99.9	99.4	99.8	100.0
无 锡	100.8	100.2	100.5	100.6	101.0	100.9
扬 州	100.4	100.0	100.4	100.5	100.6	100.7
徐 州	100.8	100.8	100.6	101.0	100.9	101.1
温 州	100.3	99.7	99.4	101.0	100.7	101.1
金 华	100.4	100.0	100.0	100.4	100.8	100.9
蚌 埠	100.7	100.0	100.4	100.5	100.5	101.0
安 庆	99.6	99.8	99.4	99.6	99.9	99.4
泉 州	100.3	99.6	100.4	100.3	101.0	100.8
九 江	101.1	100.4	99.8	100.7	100.5	100.9
赣 州	100.1	100.3	99.9	100.5	100.3	100.5
烟 台	100.5	100.6	100.3	100.3	100.4	100.5
济 宁	100.2	100.0	100.4	100.6	100.7	100.6
洛 阳	100.1	100.1	99.9	100.3	100.1	100.2
平顶山	100.2	100.0	100.1	100.0	100.5	100.7
宜 昌	99.5	100.0	99.7	100.3	100.4	100.3
襄 阳	100.6	100.0	100.0	99.9	100.0	100.5
岳 阳	99.7	99.6	100.0	100.5	100.5	100.6
常 德	99.8	100.2	99.6	99.8	100.3	99.8
惠 州	100.7	100.0	99.8	100.4	101.0	101.5
湛 江	99.5	99.8	99.3	100.0	99.8	100.0
韶 关	99.8	99.5	99.9	100.0	99.8	100.2
桂 林	100.3	99.7	99.8	100.5	100.4	100.3
北 海	100.4	100.1	100.0	99.9	99.8	99.4
三 亚	101.3	100.0	99.5	100.7	99.6	100.3
泸 州	99.8	99.3	99.8	100.0	100.3	100.5
南 充	99.6	99.4	100.5	101.1	101.3	99.1
遵 义	100.2	99.6	100.2	100.1	99.9	100.2
大 理	100.8	100.0	100.3	100.0	99.9	99.7

5-16 续表 2

(上月=100)

城 市	7月	8月	9月	10月	11月	12月
北 京	100.3	100.6	100.3	100.2	99.9	100.3
天 津	100.5	100.3	100.2	99.6	100.3	100.0
石家庄	100.3	100.1	100.6	100.2	100.4	99.9
太 原	99.9	99.8	99.6	99.7	99.6	99.8
呼和浩特	100.6	100.5	100.4	100.6	100.4	100.2
沈 阳	100.8	101.1	100.0	99.9	99.9	99.6
大 连	100.5	100.3	100.5	100.3	100.0	100.2
长 春	100.3	100.6	100.3	99.9	99.7	99.6
哈尔滨	100.0	100.2	99.8	100.1	99.7	99.4
上 海	100.4	100.6	100.5	100.3	100.0	100.2
南 京	100.1	100.0	100.0	100.4	100.1	100.1
杭 州	100.2	100.4	100.0	100.0	99.8	99.7
宁 波	100.4	100.7	100.3	100.1	100.0	99.8
合 肥	100.4	100.3	100.6	100.5	100.6	100.7
福 州	100.4	100.3	100.3	100.1	100.5	100.7
厦 门	100.7	100.4	100.6	100.2	100.4	100.6
南 昌	100.2	99.7	100.1	99.6	99.6	100.5
济 南	100.1	99.6	100.0	99.8	99.7	99.9
青 岛	100.4	100.8	100.5	99.8	99.9	100.3
郑 州	100.0	100.6	99.9	99.5	99.7	99.8
武 汉	100.7	100.6	100.4	100.4	100.2	100.3
长 沙	100.5	100.9	100.2	100.0	99.8	100.3
广 州	100.8	100.9	100.6	100.5	100.9	100.7
深 圳	100.6	100.5	100.4	100.2	100.0	99.9
南 宁	100.7	100.9	100.6	100.2	99.9	100.2
海 口	100.4	100.8	100.4	100.2	100.3	100.1
重 庆	100.5	100.4	100.6	100.2	99.9	100.3
成 都	100.9	101.0	100.3	100.1	100.0	99.7
贵 阳	100.3	100.7	100.2	100.4	100.5	100.5
昆 明	100.3	100.9	100.2	100.8	100.2	100.3
西 安	100.9	101.1	100.8	100.5	100.2	100.5
兰 州	100.6	100.7	100.6	100.5	100.6	100.3
西 宁	100.0	101.0	100.6	100.6	100.6	100.7
银 川	102.0	101.8	101.0	100.6	100.4	100.5
乌鲁木齐	100.6	100.0	100.2	100.5	100.2	99.5

5-16 续表 3

(上月=100)

城市	7月	8月	9月	10月	11月	12月
唐山	101.4	101.3	100.6	100.0	100.3	100.3
秦皇岛	100.1	100.5	100.4	99.7	100.2	100.0
包头	100.5	100.8	100.5	100.1	99.9	100.2
丹东	101.0	100.8	100.8	100.4	100.7	100.6
锦州	101.1	101.4	99.8	100.1	100.4	100.2
吉林	100.3	100.8	100.9	99.8	99.7	99.7
牡丹江	99.6	100.8	100.0	99.5	99.7	99.3
无锡	101.3	101.1	100.3	99.9	99.9	99.7
扬州	100.9	100.9	100.4	100.9	100.1	100.8
徐州	101.6	100.8	101.4	100.7	99.9	100.0
温州	100.7	101.3	100.0	100.3	99.7	100.0
金华	100.4	101.1	100.2	99.8	100.2	100.5
蚌埠	100.3	100.6	100.4	100.4	100.2	100.3
安庆	99.7	99.3	100.2	100.5	100.3	100.4
泉州	100.5	100.9	100.7	100.3	100.2	100.5
九江	100.3	99.9	100.5	100.0	99.8	100.1
赣州	100.7	100.5	100.2	100.3	100.4	100.3
烟台	100.5	101.0	100.6	100.4	100.2	100.1
济宁	101.1	101.2	100.9	100.6	101.2	100.4
洛阳	100.8	100.3	100.3	100.0	100.1	100.0
平顶山	100.4	100.3	100.4	100.1	100.6	100.1
宜昌	100.7	100.1	100.2	100.6	100.4	100.1
襄阳	100.8	100.7	100.5	100.4	100.5	100.2
岳阳	100.2	100.4	100.3	99.3	99.9	100.0
常德	100.3	99.9	99.6	99.4	99.8	100.1
惠州	101.0	101.9	100.7	100.3	99.8	100.4
湛江	100.3	100.5	100.6	100.5	100.5	99.8
韶关	100.0	100.5	99.8	100.4	100.0	99.8
桂林	100.0	99.0	100.7	100.3	99.8	100.2
北海	99.7	99.3	99.6	99.3	99.8	99.5
三亚	100.9	101.0	100.8	100.7	100.4	100.5
泸州	100.2	100.5	100.2	99.6	99.9	99.8
南充	99.6	99.5	100.0	99.5	99.6	99.9
遵义	99.6	100.3	99.8	99.9	100.3	99.9
大理	100.4	100.7	100.2	100.0	99.9	99.8

5-17 全国及贫困地区农村居民收入对比(2020年)

地 区	全国农村		贫困地区	
	人均可支配收入(元)	增长(%)	人均可支配收入(元)	增长(%)
全 国	**17131**	**6.9**	**12588**	**8.8**
北 京	30126	4.1		
天 津	25691	3.6		
河 北	16467	7.1	12712	8.8
山 西	13878	7.6	10352	10.4
内 蒙 古	16567	8.4	13458	9.7
辽 宁	17450	8.3		
吉 林	16067	7.6	11490	9.5
黑 龙 江	16168	7.9	11933	10.3
上 海	34911	5.2		
江 苏	24198	6.7		
浙 江	31930	6.9		
安 徽	16620	7.8	14763	9.5
福 建	20880	6.7		
江 西	16981	7.5	12877	9.4
山 东	18753	5.5		
河 南	16108	6.2	14366	8.4
湖 北	16306	-0.5	13075	1.6
湖 南	16585	7.7	12023	9.9
广 东	20143	7.0		
广 西	14815	8.3	13141	9.9
海 南	16279	7.7	13917	8.8
重 庆	16361	8.1	15019	8.6
四 川	**15929**	**8.6**	**13240**	**9.2**
贵 州	11642	8.2	11478	8.5
云 南	12842	7.9	11740	9.0
西 藏	14598	12.7	14598	12.7
陕 西	13316	8.0	12491	9.4
甘 肃	10344	7.4	9385	9.2
青 海	12342	7.3	12342	7.3
宁 夏	13889	8.0	11858	9.8
新 疆	14056	7.1	13052	8.4

5-18 全国及贫困地区农村居民消费支出对比(2020年)

地 区	全国农村居民消费支出(元)	贫困地区农村居民消费支出(元)
全 国	**13713**	**10758**
北 京	20913	
天 津	16844	
河 北	12644	10534
山 西	10290	8536
内 蒙 古	13594	12045
辽 宁	12311	
吉 林	11864	10775
黑 龙 江	12360	10133
上 海	22095	
江 苏	17022	
浙 江	21555	
安 徽	15024	13732
福 建	16339	
江 西	13579	11299
山 东	12660	
河 南	12201	10412
湖 北	14472	12817
湖 南	14974	11641
广 东	17132	
广 西	12431	11066
海 南	13169	11075
重 庆	14140	13158
四 川	**14953**	**11660**
贵 州	10818	9967
云 南	11069	9715
西 藏	8917	8917
陕 西	11376	10531
甘 肃	9923	8701
青 海	12134	12134
宁 夏	11724	10213
新 疆	10778	9007

5-19　全国与四川农民工总量(2013-2020年)

单位：万人

年　份	总　量		外出农民工		本地农民工	
	全国	四川	全国	四川	全国	四川
2013	26894	2049.7	16610	1521.3	10284	528.4
2014	27395	2061.4	16821	1535.6	10574	525.8
2015	27747	2110.3	16884	1569.4	10863	540.9
2016	28171	2116.7	16934	1531.4	11237	585.3
2017	28652	2162.8	17185	1539.4	11467	623.4
2018	28836	2163.0	17266	1552.7	11570	610.3
2019	29077	2165.6	17425	1578.4	11652	587.2
2020	28560	2117.6	16959	1537.9	11601	579.7

5-20　全国与四川城镇调查失业率(2018-2020年)

单位：%

月　份	2018		2019		2020	
	全国	四川	全国	四川	全国	四川
1月	5.0	_	5.1	_	5.3	_
2月	5.0	_	5.3	_	6.2	_
3月	5.1	_	5.2	_	5.9	_
一季度	_	4.8	_	4.9	_	6.1
4月	4.9	_	5.0	_	6.0	_
5月	4.8	_	5.0	_	5.9	_
6月	4.8	_	5.1	_	5.7	_
二季度	_	4.7	_	4.8	_	6.0
7月	5.0	_	5.3	_	5.7	_
8月	5.1	_	5.2	_	5.6	_
9月	4.9	_	5.2	_	5.4	_
三季度	_	4.9	_	5.2	_	5.7
10月	4.9	_	5.1	_	5.3	_
11月	4.8	_	5.1	_	5.2	_
12月	4.9	_	5.2	_	5.2	_
四季度	_	4.7	_	5.3	_	5.5
全　年	_	_	_	_	5.6	5.8

主要统计指标解释

就业人员 是指在一定年龄以上，有劳动能力，为取得劳动报酬或经营收入而从事一定社会劳动的人员。具体指年满 16 周岁，为取得报酬或经营利润，在调查周内从事了 1 小时（含 1 小时）以上劳动的人员；或由于学习、休假等原因在调查周内暂时处于未工作状态，但有工作单位或场所的人员；或由于临时停工放假、单位不景气放假等原因在调查周内暂时处于未工作状态，但不满一个月的人员。

调查失业率 是指失业人口占全部劳动力（就业人口和失业人口之和）的百分比。衡量劳动力的利用情况和反映未找到工作的情况。

城镇调查失业率 是指城镇失业人口占城镇劳动力（城镇就业人口和失业人口之和）的百分比。